코드로 배우는 인공지능

개발자의,
개발자에 의한,
개발자를 위한 AI

장리커, 판후이 지음 / **김태헌** 옮김

Jpub
제이펍

코드로
배우는
인공지능

程序员的AI书: 从代码开始

Copyright ©2020 PUBLISHING HOUSE OF ELECTRONIC INDUSTRY CO., LTD. All rights reserved.

First published in the Chinese language under the title *AI Fundamentals for Software Engineers: An Code First Approach* ISBN: 978-7-121-38270-3
Korean translation rights arranged with PUBLISHING HOUSE OF ELECTRONICS INDUSTRY CO., LTD
through Media Solutions, Tokyo Japan(info@mediasolutions.jp)

코드로 배우는 인공지능

1쇄 발행 2021년 11월 24일

지은이 장리커, 판후이
옮긴이 김태헌
펴낸이 장성두
펴낸곳 주식회사 제이펍

출판신고 2009년 11월 10일 제406-2009-000087호
주소 경기도 파주시 회동길 159 3층 3-B호 / **전화** 070-8201-9010 / **팩스** 02-6280-0405
홈페이지 www.jpub.kr / **원고투고** submit@jpub.kr / **독자문의** help@jpub.kr / **교재문의** textbook@jpub.kr

편집부 김정준, 이민숙, 최병찬, 이주원, 송영화
소통기획부 이상복, 송찬수, 배인혜 / **소통지원부** 민지환, 김수연 / **총무부** 김유미

진행 및 교정·교열 이주원 / **내지디자인 및 편집** 최병찬 / **표지디자인** 미디어픽스
용지 신승지류유통 / **인쇄** 해외정판사 / **제본** 일진제책사

ISBN 979-11-91600-42-1 (93000)
값 25,000원

제이펍은 독자 여러분의 아이디어와 원고 투고를 기다리고 있습니다. 책으로 펴내고자 하는 아이디어나 원고가 있는
분께서는 책의 간단한 개요와 차례, 구성과 저(역)자 약력 등을 메일(submit@jpub.kr)로 보내 주세요.

CHAPTER 04   예측과 분류: 간단한 머신러닝 응용

하 편

CHAPTER 05   추천 시스템 기초

이 책의 저자 두 분은 각각 중국 인터넷 시장을 양분하고 있는 알리바바의 알고리즘 연구소와 텐센트의 인공지능 연구소에서 책임자로 일하고 있습니다. 사실 저자들의 화려한 이력만으로 이 책을 선택하고 살펴볼 이유는 충분하다고 생각했습니다. 비록 저는 개발자 출신이 아니지만, 책의 구성이나 설명 방식이 새로워 매우 흥미롭게 읽고 결국 번역 작업까지 참여하게 되었습니다.

이 책의 가장 큰 특징은 개발자의 시각에서 인공지능을 설명하고 있다는 점입니다. 아무래도 두 저자모두 컴퓨터과학 전공이다 보니, 자연스럽게 개발자의 시선으로 인공지능을 개발하고 적용하는 문제를 고민하기 시작했을 것이라 생각합니다. 주변에 많은 개발자들이 인공지능 열풍에 흥미를 느끼거나, 반대로 불안감을 느껴 관련 공부를 시작하고 있습니다. 물론 대학교 때 배웠던 선형대수, 미적분을 다시 복습하고 고급 통계를 배우는 정도正道를 걷는 것은 매우 권장할 일이지만, 저자의 의도처럼 경험 있는 개발자들이 인공지능에 대해 빠르게 습득하고 적용할 수 있는 가이드도 필요하다고 생각합니다. 이 책은 인공지능 개념이 아직은 생소한 개발자가 머신러닝과 딥러닝의 핵심 개념들을 코드로 실습해 가며 빠르게 습득할 수 있도록 도와줍니다. 그리고 자주 사용하는 API Application Programming Interface의 핵심 요소들을 상세히 설명하고 있기 때문에, 실제 인공지능 알고리즘을 배포하는 과정에서도 큰 도움이 될 수 있을 것입니다. 한 권의 책으로 인공지능 전문가가 될 수는 없겠지만, 이 책이 여러분이 인공지능 학습 여정을 시작하는 데 있어 조금이나마 도움이 될 수 있기를 바랍니다.

사실 더 일찍 출간되어야 했을 책인데, 이런저런 개인적인 사정으로 인해 출간 일정이 많이 지연되었습니다. 그럼에도 불구하고 넓은 마음으로 양해해 주시고 항상 많은 도움을 주신 장성두 대표님께 감사드리고, 편집이 쉽지 않은 중국어 책인데도 세부적인 내용까지 꼼꼼하게 신경 써주신 이주원 과장님께도 감사의 인사를 드리고 싶습니다. 그리고 마지막까지 이 책의 퀄리티 향상을 위해 좋은 피드백을 주신 베타리더 분들께도 감사의 인사를 전합니다. 마지막으로, 번역을 무사히 마칠 수 있는 체력을 주신 하나님께 감사드리며, 최근 코로나를 잘 이겨낸 아들 라온이, 그리고 사랑하는 딸 라엘과 아내 유리나에게 감사하고 사랑한다는 말을 전하고 싶습니다.

옮긴이 **김태헌**

AI 기술의 보편화로 인해 많은 프로그래머에게 AI 기술을 빠르게 이해하고 응용하는 능력이 매우 중요해졌습니다. 이 책은 케라스Keras 프레임워크를 사용해 코드 구현을 중심으로 프로그래머들이 AI 알고리즘을 공부할 때 자주 만나게 되는 문제에 대한 해답을 제시하고, 머신러닝과 딥러닝 등의 핵심 개념을 실전 예제를 통해 보다 논리적이고 체계적으로 설명하고 있습니다.

이 책은 상편과 하편으로 구성되어 있습니다. 상편(제1장~제4장)은 독자 여러분이 간단한 머신러닝 애플리케이션을 이해하고 개발할 수 있도록 도와줍니다. 하편(제5장~제9장)에서는 AI 기술의 3대 영역인 추천 시스템, 자연어 처리(NLP), 그리고 이미지 처리에 초점을 맞춥니다. 제1장에서는 구체적인 실전 구현을 통해 빠르게 케라스 구현 방법을 소개하고 관련 개념을 정리합니다. 제2장에서는 간단한 뉴런부터 시작해 실전 문제와 코드 구현을 통해 복잡한 신경망 구현까지 살펴봅니다. 제3장에서는 케라스의 핵심 개념과 사용 방법을 상세히 설명해, 독자 여러분이 빠르게 케라스에 입문할 수 있도록 돕고 있습니다. 제4장에서는 머신러닝에서 자주 사용되는 개념과 정의, 알고리즘에 대해 배웁니다. 제5장에서는 협업 필터링 등 추천 시스템에서 자주 사용되는 방안을 보여주고 wide&deep 모델 등에 대한 구현을 소개합니다. 제6장에서는 순환 신경망RNN의 원리 및 Seq2Seq, Attention 등 기술이 자연어 처리 영역에서 어떻게 사용되는지 소개합니다. 제7~8장에서는 이미지 처리와 객체 인식에 대한 심도 있는 논의를 진행하고, 코드를 통해 Faster RCNN과 YOLO v3 두 가지 알고리즘에 대해 설명합니다. 제9장에서는 AI 모델을 배포하는 문제를 텐서플로 서빙TensorFlow Serving을 통해 소개합니다.

이 책이 AI 개발자 혹은 데이터 과학자로 전향하고 싶은 개발자 여러분께 큰 도움이 될 수 있다고 믿으며, 단순히 케라스를 배우거나 케라스를 통해 여러 가지 영역에서 AI 프로덕트 구현을 해보고 싶은 독자 여러분께도 도움이 되길 바랍니다.

조우징거(周竟舸)

핀터레스트 데이터 플랫폼 기술 책임자

저자를 알고 지낸 세월도 몇 년이 흘렀네요. 그는 언제나 한결같은 사람입니다. 코드로 이야기하는 것을 좋아하고 불필요한 논쟁을 싫어합니다. 그리고 기술이나 상품을 통해 증명할 줄 알고, '형식'이나 '특정 사상'에 얽매이는 것을 싫어하죠. 저는 이 책에 그의 성품이 녹아 있다고 생각합니다. 이 책은 본인답게 매우 직관적이고 군더더기가 없는 그런 책입니다.

머신러닝 혹은 산업계 AI 기술이 최근 몇 년 동안 각광을 받고 있는데, 정작 개발자들이 보고 배울 만한 양질의 교육 콘텐츠는 많지 않았던 것이 현실입니다. 어떤 교재는 깊이가 너무 얕아서 그저 그런 입문 교재 수준에 머물러 실전에서 사용하기 힘든 수준이고, 어떤 교육 과정은 너무 이론에 초점을 맞추고 있어 개발자들의 갈증을 풀어주지 못했습니다. 물론 수리적인 내용은 개발자에게도 큰 도움이 되지만, 모든 개발자가 미적분, 확률 통계, 편미분 방정식, 선형 대수 등의 내용을 하나하나 살펴보고 공부할 시간이나 인내심이 없는 것이 현실입니다. 이 책은 수학적인 이론 부분과 실전 엔지니어링 부분 사이에 균형점을 찾아, 실전 경험이 풍부한 개발자분들이 실질적인 가치를 찾아 나갈 수 있도록 돕고 있습니다. 이는 저도 머신러닝 교과 과정에서 중요하게 생각하는 요소입니다. 다행히도 이제 이 책이 있기 때문에 많은 분들이 위와 같은 고민에서 해방될 수 있으리라 생각됩니다.

이 책은 개발자에게 바치는 머신러닝 가이드북입니다. 철저하게 개발자의 시선에서 접근하고(많은 책들이 수학적인 관점에서 접근하는 경향이 있습니다), 실제 산업계에서 자주 사용되는 모델에 관해 설명합니다. 동시에 신경망의 원리와 기초 구현 방법, 케라스 라이브러리의 사용 방법과 텐서플로를 활용한 모델 배포 방안도 포함합니다. 그 외에도 책의 내용이 많은 편이 아니기 때문에 단시간 내에 배울 수 있다는 장점이 있습니다. 이 책은 교과서도 아니고, 백과사전도 아닙니다. 단지 코드가 포함된, 개발과 구현에 관한 책입니다. 하지만 저는 이 책이 요즘 머신러닝 학습에서 가장 부족한 유형의 책이 아닌가 싶습니다.

이 책의 상편을 보고 있으면 몇 년 전 저자와 실리콘밸리에서 귀국했을 당시에 나눈 대화가 생각이 납니다. 당시 우리는 '어떤 면접 문제를 내야 좋은 데이터 엔지니어를 뽑을 수 있을까?'에 대해 토론했습니다. 당시에는 AI에 대한 열기가 막 뜨거워지기 시작한 상황으로, 시장에는 각종 배경과 경력을 가진 인재가 있었으며, 각각의 편차도 큰 편이었습니다. 그만큼 인재를 채용할 때 적용할 보편적인 절차나 획일화된 기준이 존재하지 않던 시절이었지요. 저자가 낸 면접 문제는 다소 '난폭'했다고 표현할 수 있을 것 같습니다. 그는 후보자가 직접 기초적인 파이썬 라이브러리를 사용해 신경망 모델을 구현하도록 했습니다. 당시에 저는 이러한 면접 문제가 다소 상식을 벗어난다고 생각했습니다. 하지만 지금 돌이켜보면 많은 기업들이 비슷한 문제를 출제 중이고, 또한 후보자의 능력을 평가할 때 이보다 적합한 문제는 없다고 생각합니다. 복잡한 모델을 배제하고, 가장 기본으로 돌아가 역전파 방법 등 기초적인 구현을 코드 레벨에서 시작하게 함으로써, 비록 수학은 고등 수학의 일부만 사용하긴 하지만 전체적으로 봤을 때 후보자의 엔지니어링 역량과 수리적 능력을 동시에 고려할 수 있는 방법을 추구하였습니다. 최근 몇 년간 많은 머신러닝, 딥러닝 관련 교육이 쏟아져 나오고 있지만, 신경망을 구성하는 기초적인 요소를 구현하는 방법을 자세히 설명한 책과 강의는 많지 않았습니다. 이 책의 상편, 특히 제2장에서는 뉴런, 활성화 함수, 손실함수 등 기초 개념에 대한 구현을 자세히 소개하고 있어, 코드 레벨에서 앞서 나온 질문에 대한 해답을 줍니다. 이는 저자의 일관적인 생각과 집념을 엿볼 수 있는 부분입니다. 그리고 하편에서는 비교적 표준화된 딥러닝에 대한 입문 내용을 담고 있습니다.

'스포일러'가 되는 일을 막기 위해 여기까지만 이야기하겠습니다. 독자분들도 실전 관점에서 읽다 보면 이 책의 진가를 분명 알아볼 수 있을 것입니다.

위지에(喻杰) 박사

화웨이 Intelligent Vehicle Cloud Services 기술 책임자

최근 십여 년 동안 IT 영역에서는 딥러닝 기술을 중심으로 매우 큰 성과를 이룬 결과물들이 쏟아져 나왔습니다. 이미지 인식, 기계 번역, 자율주행 등 수십 년간 컴퓨터 과학자들이 씨름하던 문제가 딥러닝의 도움으로 쉽게 해결되고 있습니다. 이러한 것들은 인류 과학 역사 무대에 등장한 스타가 아닐 수 없습니다.

AI 기술은 매우 빠르게 발전하고 있지만, 구시대 개발자들은 고민이 생길 수밖에 없습니다. 이전에 자주 사용한 자료 구조, 정렬 검색, 링크 배열 등은 이제 모델, 합성곱, 가중치 그리고 활성화 함수 등으로 대체되고 있습니다. AI 애플리케이션을 개발하던 데이터 과학자와 함께 일하던 이들은 공통된 고민을 품게 되었습니다. AI 기술을 어떻게 배울지, 데이터 과학자가 말하는 개념을 어떻게 이해해야 할지, 더 중요한 것은 어떻게 AI와 관련된 코드를 기존의 소프트웨어 개발 경험과 연결시킬지에 대한 고민입니다.

시중에는 이미 많은 머신러닝, 딥러닝 관련 서적이 출간되었습니다. 실제 예제를 통해 설명한 책이나 코드 중심으로 개념을 설명하는 책도 적지 않습니다. 하지만 개발자의 관점에서 딥러닝 기술을 바라본 책은 많지 않습니다. 대부분의 서적은 딥러닝 이론에 초점을 맞추기 때문에 사용한 예제가 딥러닝 이론을 설명하기 위한 것이 많습니다. 많은 책이 이론과 코드를 깊게 설명하고 있지만, 다음과 같은 핵심적인 질문에는 답을 해주지 않습니다.

- 문제를 해결하기 위해 왜 반드시 딥러닝 혹은 머신러닝 방법을 써야 하는가?
- 이러한 방법이 아니면 문제를 해결할 수 없는 것인가?
- 딥러닝 방법을 사용해 문제를 해결할 경우 장점은 무엇이 있는가?
- 이러한 방법에는 문제가 없는가?

이 책을 펼치는 순간 시중의 다른 책과 다르게 독자가 새로운 개념을 받아들이도록 일방적으로 강요하는 게 없어 좋았습니다. 이 책은 머신러닝 개념부터 설명하는 방법을 택하지 않고, 간단한 AI 구현 코드를 보여주며 구조와 프로세스를 설명합니다. 그리고 초보 학습자가 궁금해할 문제를 골라 이러한 문제와 연계해 새로운 내용을 소개하는데, 이 책의 모든 장에서 비슷한 방법을 사용하고 있습니다. 먼저 실제 필드에서 부딪히게 되는 실전 문제를 설명하고, 각기 다른 해결 방법을 제시합니다. 그리고 각 방법에 관해 설명하고 사람이 쉽게 해결하기 힘든 문제를 찾아 머신러닝 혹은 딥러닝 방법으로 문제를 해결하는 원리에 관해 설명합니다. 독자는 단순하게 머신러닝 이론만 이해하는 것이 아니라, 각기 다른 영역에서 발생하는 구체적인 문제와 이를 머신러닝, 딥러닝으로 해결할 수 있는 방법을 알려줍니다. 그리고 이를 토대로 머신러닝의 진정한 가치를 배울 수 있도록 합니다.

저자는 미국에서 오랜 기간 일하면서 실용적이고 독립적으로 사고하는 습관을 길렀고, 그의 이러한 모습은 책을 통해서도 충분히 느껴지고 체험되는 것 같습니다. 이 책은 이론을 설명하면서도 지루하지 않고, 기술에 대한 비판이나 개인의 의견을 섞어 독자들이 다른 측면에서 생각해 볼 수 있는 요소를 많이 넣은 것 같습니다. 아울러 코드를 통해 설명하는 부분에서는 전체적인 구조와 프로세스를 중심으로 전개해, 이론상의 네트워크 구조가 어떻게 코드를 통해 구현되는지에 대해 군더더기 없이 설명하고 있습니다.

이 책을 통해 각기 다른 영역에서 적용되는 AI 기술을 배울 수 있을 뿐만 아니라 프로 개발자의 시선에서 관련 코드를 살펴보는 경험도 얻을 것입니다. 이 책이 개발자뿐만 아니라 머신러닝 연구원, 데이터 과학자에게도 큰 가치가 있을 것이라 믿습니다.

왕윈지(王昀绩)

구글 AI 연구원

알파고AlphaGo의 승리 이후 머신러닝 연구에 대한 관심은 매우 높아졌습니다. 머신러닝과 딥러닝은 검색, 광고, 자율주행, IoT 등 IT 영역 곳곳에서 광범위하게 응용되고 있습니다. AI의 폭발적인 발전의 주요 동력은 다음과 같습니다.

첫째, 누적된 데이터의 양입니다. 각 IT 회사는 대부분 데이터 플랫폼을 보유하고 있으며, 데이터가 누적되는 속도 역시 갈수록 빨라지고 있습니다. 학교를 포함한 각 연구 기관도 각자의 분야에 맞는 데이터를 누적해서 쌓아가고 있습니다.

둘째, 컴퓨터 성능의 향상입니다. CPU에서 GPU로, 그리고 GPU에서 AI를 위해 전문적으로 설계된 칩까지, 갈수록 강력한 계산 능력이 컴퓨터에 부여되고 있으며, 이는 AI 알고리즘의 진화를 이뤄냈습니다.

셋째, AI 이론과 모델의 발전입니다. CNN이나 LSTM 같은 알고리즘이 개발되며 큰 도움을 주고 있습니다.

넷째, 딥러닝 오픈 소스 환경입니다. 텐서플로TensorFlow는 현재 딥러닝 오픈 소스 프레임워크 중 가장 널리 활용되고 있으며, 컴퓨터 비전, 자연어 처리, 음성 인식뿐만 아니라 일반 예측 분석 작업에도 널리 사용되고 있습니다. 케라스 역시 사용하기 쉬운 API를 제공해 딥러닝 발전에 도움을 주고 있습니다.

이 책은 코드에서 출발해 AI 관련 원리나 이론으로 회귀합니다. 매우 체계적으로 케라스와 자주 사용되는 딥러닝 네트워크에 대해 소개하고 있으며, 각기 다른 영역에서 딥러닝이 활용되는 방식을 잘 보여주고 있습니다. 한 장씩 따라가다 보면, AI 알고리즘의 신비함을 깨닫고 문제 해결의 즐거움도 동시에 느낄 수 있을 것입니다. 부디 AI를 공부하고자 하는 독자분들이 이번 기회를 잘 잡고 준비해 AI 시대에서 앞서 나가기를 바랍니다.

강찬석(LG전자)

짧은 분량으로 인공지능에서 다루는 다양한 기술을 훑어볼 수 있는 책입니다. 단순히 코드 구현이나 예제 소개에만 그치는 것이 아닌, 어느 정도의 이론 설명이 뒷받침되므로 실제로 코드를 구현하고자 하는 사람에게 분명 도움이 될 것입니다.

공민서

케라스와 텐서플로 서빙까지 기술하여 기초적인 모델 학습 및 테스트, 서비스를 위한 모델 서빙까지 경험해 볼 수 있습니다. 코드 위주의 설명에다 무난하고 쉽게 기술되어 있어, 이론보다는 실행하며 배우려는 분들께 추천합니다.

김용현(Microsoft MVP)

코드가 곁들여진 알고리즘 소개와 공들인 기반 개념 및 용어 설명은 독자가 최소의 시간으로 AI를 명쾌하게 배울 수 있게 합니다. 특히, 직접 타이핑해 보라거나 코드보다는 이해에 초점을 맞추게 하는 등 챕터 서두에 가이드를 제공해 주어, 자칫 불필요한 암기나 노력으로 인해 지루해지고 진도가 더딜 수 있는 부분을 방지하고, 효율적으로 학습할 수 있도록 도움을 줍니다. AI의 주요 개념을 잘 정리할 수 있게 해주는 도서였습니다. 좋은 서적을 출간하는 데 기여한 모든 분께 박수를 보냅니다.

박조은(오늘코드)

머신러닝과 딥러닝을 배우다 보면 알아야 할 지식이 너무 많아 배워도 끝이 없는 느낌이 들곤 합니다. 핵심적인 내용만 뽑아 실제 프로젝트에 적용하고자 해도 어떻게 적용해야 할지는 막막하기만 했었는데, 이 책은 이론과 프로젝트를 상편과 하편으로 나눠 구성하여 기본적인 이론을 바탕으로 실제 프로젝트에 적용해 볼 수 있는 예시로 구성되어 있는 점이 좋았습니다. 머신러닝과 딥러닝이 어떤 차이가 있고 내가 가진 데이터에 어떤 알고리즘을 사용해야 할지 알 수 없을 때 좋은 가이드가 되어 줄 것입니다. 구성도 좋고 API의 옵션에 대한 설명이 자세하고 친절해서 그동안 API 문서를 보며 궁금했던 점들을 해소할 수 있었고 새로 알게 된 내용도 많았습니다. 배웠던 내용을 프로젝트에 적용하고, 새로이 머신러닝과 딥러닝을 시작하는 분에게 많이 추천하고 싶습니다. 아울러 책 만듦새나 편집도 간결하고, 번역도 잘 되어 있어 좋았습니다.

 사지원(뉴빌리티)

인공지능 기술을 활용하는 개발자 입장에서 복잡한 수식은 때론 진입 장벽이 되기도 합니다. 이 책은 엔지니어 입장에서 새로운 기술의 빠른 적용을 위해 코드 단위로 인공지능 기술을 설명하고 있습니다. 자연어 처리와 객체 검출과 같은 응용 기술의 기초가 되는 모델 설명과 학습 코드를 설명하고 있어 손으로 코드를 작성하기 망설이는 분께 큰 도움이 될 것 같습니다.

 이석곤(엔컴㈜)

전반부에는 머신러닝에 대한 기초 및 케라스에 대해서 배우고, 후반부에서는 실전 프로젝트로 챗봇 만들기, 추천 시스템, 이미지 분류 등 다양한 예제로 실전에서도 사용 가능한 수준의 코드를 배우면서 실전 감각을 키울 수 있습니다. 인공지능에 대한 지식이 없는 개발자라도 책의 코드를 한 줄씩 실습해 보면서 인공지능이 어떻게 동작하는지 이해하는 데 많은 도움이 될 것입니다. 책의 편집과 내용이 훌륭해서 베타리딩하는 데도 큰 어려움이 없었습니다.

 이지현

실습을 통해 머신러닝을 폭넓게 경험하고 싶으신 분들께 추천해 드립니다. 머신러닝의 기본 개념, 케라스를 사용하는 방법, 대표적인 활용 예제 등을 실제 코드와 설명을 따라가며 익힐 수 있습니다. 코드에서 사용되지는 않았지만 자주 사용하는 함수, 레이어, 파라미터 등에 대한 설명도 잘 정리되어 있어서 개념을 정리하는 데 큰 도움이 됩니다. AI 분야에 대한 실습을 시작하는 개발자에게 강력히 추천하고 싶은 책입니다. 번역도 매끄러워 읽는 데 어려움이 없었습니다.

제이펍은 책에 대한 애정과 기술에 대한 열정이 뜨거운 베타리더의 도움으로
출간되는 모든 IT 전문서에 사전 검증을 시행하고 있습니다.

상편

CHAPTER 1

머신러닝의 Hello World

최근에 주목받고 있는 기술인 머신러닝machine learning은 전통 통계학, 데이터 마이닝, 병렬 계산, 빅데이터 등 다양한 영역의 융합 학문일 뿐만 아니라, 개발 모듈, 과정 그리고 사고방식이 기존 프로그래밍 방식과 많이 달라 전통적인 프로그래밍 개발 방식에도 큰 영향을 미치고 있습니다. 어떤 면에서 많은 소프트웨어 엔지니어들이 머신러닝을 접할 때 가장 어려워하는 것은 개념이나 원리에 대해 이해하지 못해서가 아니라, 원래 가지고 있는 프로그래밍적 사고방식을 쉽게 전환하지 못하기 때문입니다. 즉, 전통적인 '논리 프로세스의 구현'에서 '데이터와 결과를 적합fit하기 위한 구현'으로 사고방식을 전환해야 합니다. 따라서 우리는 이론과 원리에 대한 이해부터 시작하는 기존의 전통적인 입문 방식을 버리고, 머신러닝 코드부터 살펴보고 직접 구현하며 독자들에게 머신러닝 방식으로 문제를 해결하는 과정에 대해 보다 직관적으로 설명하고자 합니다.

> 이번 장은 입문 수준의 내용으로 매우 간결하게 구성되어 있습니다. 컴퓨터를 준비하고 여러분의 첫 번째 머신러닝 프로그래밍을 시작해 보세요.

1.1 머신러닝에 대한 간략한 소개

머신러닝은 지도학습supervised learning, 비지도학습unsupervised learning, 강화학습reinforcement learning 이렇게 세 가지 큰 카테고리로 나눌 수 있습니다.

3

1. 지도학습

지도학습은 머신러닝 영역에서 가장 널리 사용되고 신뢰받는 방법 중 하나입니다. 간단히 설명하면, 지도학습의 목적은 레이블된labeled 데이터에 대해 모델 훈련을 진행하고, 훈련된 모델을 사용해 새로운 데이터에 대한 예측 혹은 분류를 진행하는 것입니다. 여기서 '지도supervised'란 단어는 이미 레이블된(이미 알고 있는) 데이터셋을 의미합니다.

지도학습은 스팸 메일 필터링, 부동산 가격 예측, 이미지 분류 등 매우 다양한 환경에서 사용되고 있습니다. 그러나 대량의 레이블된 데이터가 필요해 (데이터 구매나 확보를 위한) 초기 투자 비용이 높다는 점이 가장 큰 단점으로 지적되고 있습니다.

2. 비지도학습

대량의 레이블 데이터가 필요한 지도학습과 달리, 비지도학습은 대규모의 레이블 데이터 없이도 특정 목적을 달성할 수 있습니다. 하지만 주의해야 할 점은 모든 상황에서 비지도학습을 사용할 수는 없다는 점입니다. 비지도학습은 다음의 두 가지 경우에 많이 사용됩니다.

- **군집**clustering: 군집이 필요한 상황에서 비지도학습을 사용하는 경우가 대부분일 것입니다. 예를 들어, 여러 개의 이미지가 있고 비슷한 이미지들을 나누고자 할 때 군집을 사용할 수 있습니다. 클래스 수를 미리 지정하는 준지도학습법semi-supervised을 사용할 수도 있고, 임곗값threshold을 미리 설정해 놓고 이미지에 대한 자동 군집을 실행할 수도 있습니다.
- **차원 축소**dimensionality reduction: 데이터 특징이 지나치게 많거나 차원이 높을 경우, 우리는 고차원의 데이터를 합리적인 저차원 공간으로 축소해서 처리해야 합니다. 가장 중요한 정보를 가진 특성 데이터는 보존하면서 말이죠. 주성분 분석Principal Component Analysis, PCA은 이러한 역할을 수행하면서 가장 자주 사용되는 알고리즘입니다.

3. 강화학습

지도학습과 비지도학습 모두 데이터 자체에 대한 훈련을 바탕으로 합니다. 강화학습의 가장 큰 특징은 환경과 모종의 상호 작용 관계가 필요하다는 점인데, 이는 연구자들로 하여금 컴퓨터 게임과 비슷한 환경에서 상호 작용과 AI 훈련을 시뮬레이션하도록 만들었습니다. 예를 들어, 딥마인드DeepMind는 2015년에 DQN을 이용해 ATARI 게임을 학습했고, OpenAI에서는 Gym 등을 발표했습니다.

강화학습의 구현과 응용 환경은 비교적 특수한데, 비록 몇몇 대기업에서 이미 추천 시스템과 다이내믹 프라이싱dynamic pricing * 등에 사용하고 있지만, 아직은 실험적 성질이 더 강합니다. 이 책에서는 강화학습을 다루지 않고 있기 때문에 강화학습에 관심이 있는 독자라면 다른 학습 자료를 참고하기 바랍니다.

---

* **옮긴이** 다이내믹 프라이싱이란, 정해진 금액 없이 제품, 서비스 가격을 유동적으로 바꾸는 전략을 뜻합니다.

1.2 머신러닝 애플리케이션의 핵심 개발 프로세스

머신러닝 연구원은 '특성', '모델'이라는 단어를 입에 달고 삽니다. 그리고 '파라미터 튜닝을 해야겠어'라는 말도 자주 합니다. 이들이 말하는 이러한 단어에는 어떤 뜻이 있을까요? 머신러닝 용어를 이해하기 위해서는 먼저 머신러닝 애플리케이션 개발의 핵심 프로세스를 알아야 합니다.

그림 1-1은 머신러닝 애플리케이션의 핵심 개발 프로세스를 네 가지 단계로 나눈 것입니다. 사실상 대부분 머신러닝 프로젝트의 개발 과정은 이 네 가지 단계에 따라 분할하고 실행한다고 볼 수 있습니다.

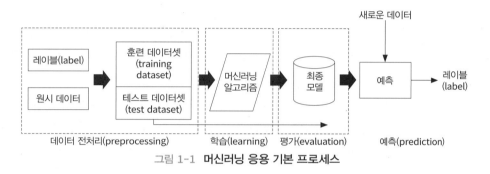

그림 1-1 머신러닝 응용 기본 프로세스

그럼 이제 그림 1-1에 있는 네 가지 단계에 대해 자세히 알아봅시다.

1. 데이터 전처리

머신러닝의 첫 번째 단계는 원시 데이터raw data(혹은 원천 데이터)를 처리하는 것입니다. 그림 1-1에서 볼 수 있듯이, 우리는 레이블된 데이터를 처리해 모델 훈련에 사용되는 훈련 세트train set와 모델 효과 검증에 사용되는 테스트 세트test set로 만들어야 합니다. 이 과정에는 두 가지 핵심 작업이 필요합니다.

1 **특성 공학**feature engineering: 우리가 처리하고자 하는 데이터는 대부분의 경우 일관된 형식으로 존재하지 않습니다. MySQL 데이터베이스 곳곳에 있기도 하고, 숫자뿐만 아니라 이미지, 영상, 음성 등 다양한 형식으로 존재하기도 합니다. 하지만 머신러닝 알고리즘의 입력input으로 사용되는 데이터 형식은 대부분 부동소수점float으로 이뤄진 행렬 혹은 벡터 형식입니다. 이처럼 각양각색의 데이터 형식을 머신러닝 모델링에 적합한 데이터 형식으로 만들어주는 것이 첫 번째로 해야할 일이며, 우리는 이를 '특성 공학'이라고 부릅니다. 그리고 원시 데이터에서 선정되고 변환되어 머신러닝 모델링에 사용되는 수치를 '특성값'이라고 부릅니다. 예를 들어, 꽃의 종류를 식별하는 문제가 있다고 했을 때 꽃 이미지에서 꽃잎 색깔, 꽃잎 모양, 꽃잎 길이, 줄기의 길이, 잎의 형태 등 속성을 수치화한다면, 이러한 수치가 꽃의 '특성'으로 정의되는 것입니다. 한 가지 주의해

야 할 점은, 이 예제에서 우리는 과거 경험을 토대로 직관적으로 생각했을 때 유용하다고 판단되는 특성값을 사용했습니다. 하지만 실무에서 천 단위, 만 단위가 넘어가는 후보 특성을 만나게 되는 것은 매우 보편적입니다. 이 모든 속성을 사용하는 것은 무리이기 때문에 우리는 특성 선별feature selection을 위해 특성 공학을 실시하기도 합니다. 특성 선별은 특성 공학의 주목적이기도 합니다. 그러나 경험에만 의존하는 작업은 100% 신뢰할 수 없습니다. 따라서 실무에서는 도메인 전문가domain experts와 함께 논의하고 실험하며 우리가 선택한 특성값이 프로젝트 목표에 부합한 것인지에 대해 고민해야 합니다.

2 **데이터 정제**data cleaning: 어떤 경우에는 원시 데이터를 모델링에 적합한 입력 형식으로 변환한다고 해도 많은 문제가 발생합니다. 예를 들면, 입력에 필요한 어떤 특성이 존재하지 않거나, 특성 사이의 수치 범위 차이가 너무 크고 혹은 문자 형식의 데이터를 포함하고 있을 수도 있습니다. 이때 우리는 상황에 따라 이렇게 불규칙한 특성값에 대한 처리를 해줘야 합니다. 예를 들면, 결측치를 0이나 평균으로 대체replace하거나, 문자 형식의 특성을 원-핫 인코딩one-hot encoding 등의 방법을 통해 더미 변수dummy variable로 변환해 주고, 수치 구간 차이가 심한 데이터에 대해서는 정규화normalization를 진행할 수 있습니다. 데이터 정제의 목적은 알고리즘 훈련에 사용되는 데이터를 최대한 이상적으로 만들어 노이즈noise(잡음)를 줄이는 동시에 모델의 훈련 정확도를 향상하는 데 있습니다.

데이터 전처리data preprocessing가 마무리되면, 우리는 일반적으로 데이터를 훈련 세트와 테스트 세트로 나눕니다. 일반적으로 이러한 분할은 랜덤으로 진행되며, 80% 정도의 데이터를 훈련에 사용하고, 남은 20% 정도의 데이터를 테스트 용도로 사용합니다. 사실, 서로 다른 머신러닝 프레임워크에 따라 데이터를 분할하는 APIApplication Programming Interface가 내재되어 있어 분할을 간편하게 진행할 수 있습니다. 여기서는 이에 대해 자세히 기술하진 않겠습니다.

2. 학습

이 학습learning 단계는 사람들이 흔히 말하는 훈련 단계입니다. 우리는 데이터 전처리 단계에서 이미 적절한 데이터셋을 만들었습니다. 이번 단계에서는 프로젝트 목표에 따른 적합한 알고리즘 모델을 선정하는 작업이 필요합니다. 추가로 데이터셋에 기반한 합리적인 파라미터 선정을 하고, 모델 훈련을 시작해야 합니다.

모델 훈련이란 무엇일까요? 학창 시절에 배웠던 다변량 함수를 떠올려 봅시다.

$$y = ax_1 + bx_2 + cx_3$$

여기서 y는 이미 레이블된 레이블 변수이고, x_1, x_2, x_3는 이전에 언급했던 특성값입니다. 이를 다음과 같이 쉽게 묘사할 수도 있습니다.

$$\text{꽃의 종류} = a \times \text{꽃술 색깔} + b \times \text{꽃잎 색깔} + c \times \text{잎사귀 색깔}$$

여기서 y는 꽃의 종류를 나타내고, x_1, x_2, x_3는 각각 꽃술 색깔, 꽃잎 색깔, 잎사귀 색깔을 나타냅니다.

만약 이 공식이 정확하다면, 우리가 다음으로 해야 할 일은 훈련 세트 데이터를 입력해 a, b, c를 계산해 내는 것입니다. 당연한 이야기이지만, 보통의 상황에서 완벽한 a, b, c를 찾아내 앞서 나온 알고리즘으로 얻은 결과를 훈련 세트에서의 모든 입력과 일치하게 만드는 것은 어렵습니다. 따라서 손실함수loss function를 설정해 전체 오차를 최소화하는 방법으로, 결과가 최대한 원래 데이터에 가깝게 만드는 것이 최선일 것입니다. 이런 경우 실무에서는 일반적으로 MSEMean Squared Error(평균제곱오차)를 사용해 손실함수의 오차를 계산합니다.

앞서 나온 예제는 너무 간단해서 산출해야 할 파라미터가 많지 않습니다. 실제 딥러닝 모델을 구현할 때 사용하는 파라미터는 만에서 백만 단위까지 늘어나기도 합니다. 이러한 파라미터를 '가중치weight'라고 부르며, 특정한 형식의 문서에 보관됩니다(사용하는 프레임워크에 따라 서로 다른 가중치 저장 방식을 가지고 있음). 2장에서 딥러닝에 대해 알아보면서 이 과정에 대해 더 설명하겠습니다.

3. 평가

다음은 평가evaluation 단계인데, 학습 단계의 오차가 충분히 작다면 훈련을 중단하고 데이터 전처리 단계에서 만든 테스트 세트에서 훈련된 모델의 성능을 검증해 봅니다. 테스트 세트에 있는 데이터는 훈련에 사용되지 않았기 때문에 우리는 테스트 세트를 '새로운 데이터셋*'이라고 간주할 수 있으며, 실제 환경에서 새로운 데이터가 들어왔을 경우의 모델 예측 성능을 미리 시뮬레이션해 볼 수 있습니다.

4. 예측

다음은 예측prediction 단계인데, 평가 단계에서 우리가 만든 모델이 예상 정확도(혹은 정밀도)에 도달했다면 모델을 런칭할 수 있습니다. 주의해야 할 점은 작은 규모의 연구 프로젝트에서는 훈련된 모델을 바로 사용할 수 있지만, 트래픽traffic이 많은 프로덕트 환경에서는 전문적인 모델 서비스 프레임워크(예: 텐서플로 서빙)를 사용해 모델을 이에 맞는 형식으로 변환해 줘야 해당 프레임워크에서 고효율의 서비스를 제공할 수 있습니다. 9장에서는 어떻게 텐서플로 서빙TensorFlow serving에서 모델을 배포deploy하고 검증할 수 있는지에 대해 살펴보겠습니다.

---

* [옮긴이] 혹은 기존에 만나지 못했던 데이터라고 이해하면 됩니다.

1.3 코드로 시작하기

'Talk is cheap, show me the code'라는 문구는 프로그래밍을 배울 때뿐만 아니라 머신러닝을 배울 때도 적용할 수 있습니다. 소프트웨어 엔지니어에게 원리, 분석, 그리고 추론은 실제 코드로 구현했을 때 더 쉽게 접근할 수 있는 것들입니다. 그렇다면 코드를 통해 문제를 해결하는 방법에 대해 살펴보겠습니다.

1.3.1 분석 환경

여러분이 실제 개발환경에서 코드를 최대한 빠르게 구현해 볼 수 있도록 텐서플로의 케라스Keras를 개발환경(현재 케라스는 텐서플로의 일부분이 되었다)으로 설정했습니다. 이 외에도 몇 가지 추가 파이썬 라이브러리가 필요합니다. 이 책에서는 파이썬 3.9 이상의 버전을 사용하고 있으며, 여러분이 이미 파이썬 3.9를 설치했다고 가정하고 진행합니다. 다음의 코드를 통해 패키지를 설치합니다.

```
pip install tensorflow
pip install numpy scipy pandas matplotlib
```

1.3.2 간단한 코드 한 줄

양수인 경우 1을, 음수인 경우에는 0을 반환하는 매우 간단한 양수/음수 분류 문제를 생각해 봅시다. 일반적인 파이썬 코드로 구현하는 방법은 매우 간단합니다. 다음의 코드와 같이 두 줄이면 됩니다.

```
def get_number_class(num):
    return 1 if num > 0 else 0
```

그렇다면 머신러닝으로는 어떻게 구현할 수 있을까요? 케라스를 사용해 양수/음수 분류기 문제를 구현해 보겠습니다.

```
1   import tensorflow as tf
2   from tensorflow.keras.models import Sequential
3   from tensorflow.keras.layers import Dense
4
5   model = Sequential()
6   model.add(Dense(units=8, activation='relu', input_dim=1))
7   model.add(Dense(units=1, activation='sigmoid'))
8   model.compile(loss='mean_squared_error', optimizer='sgd')
9
10  x = [1, 2, 3, 10, 20, -2, -10, -100, -5, -20]
11  y = [1.0, 1.0, 1.0, 1.0, 1.0,  0.0, 0.0, 0.0, 0.0, 0.0]
12  model.fit(x, y, epochs=10, batch_size=4)
```

```
13
14   test_x = [30, 40, -20, -60]
15   test_y = model.predict(test_x)
16
17   for i in range(len(test_x)):
18       print('input {} => predict: {}'.format(test_x[i], test_y[i]))
```

총 18행의 코드가 필요합니다. 그렇다면 각 행에서 어떤 작업을 수행한 것인지 자세히 알아봅시다.

1~3번 행 텐서플로 라이브러리에서 케라스 관련 모듈module을 불러옵니다.

5~8번 행 이 네 줄의 코드로 두 개의 층을 가진 신경망 모델을 만들었습니다. 5번 행에서 Sequential 유형의 네트워크를 정의해 주었고, 이름에서 알 수 있듯이 이는 순서에 따라 층을 쌓는 네트워크를 뜻합니다. 6번 행에서 첫 번째 층을 더하고, 입력 차원을 의미하는 input_dim을 1로 설정합니다(1개의 입력만 있다는 뜻입니다. 우리의 목적이 하나의 숫자가 양수인지 음수인지 판별하는 것임을 잊지 마세요). 하지만 출력은 8(units=8)로 설정합니다. 이 숫자는 사실 임의로 정의한 것인데, 해당 층 뉴런의 개수라고 볼 수 있습니다(뉴런에 대해서는 2장에서 다시 설명하겠습니다). 일반적으로 뉴런의 개수는 많을수록 효과가 좋습니다(훈련 시간도 길어집니다). 데이터 과학자들은 최적의 뉴런 수를 찾기 위해 많은 시간을 할애합니다. 7번 행에서 층을 하나 더 쌓습니다. 앞에서 출력이 8이었기 때문에 8을 입력으로 받지만, 마지막 층이기 때문에 하나의 출력(units=1)만 설정해 줍니다. 이 출력값이 최종 분류 결과를 결정합니다. 8번 행은 전체 모델에 대한 설정으로 mean_sqaured_error(MSE, 평균제곱오차)를 손실함수로 사용하고, 확률적 경사 하강법stochastic gradient descent, SGD을 옵티마이저 optimizer로 설정했습니다. 여기서는 일단 이론 관점에서 확률적 경사 하강법에 대해 설명하진 않겠지만, 2장에서 코드를 통해 확률적 경사 하강법을 구현하는 방법에 대해 배울 것입니다.

10~12번 행 한 쌍의 훈련 세트인 x와 y를 만들어 줍니다. 여기서 x는 10개의 수를 포함하고 있으며, y는 이에 대응하는 분류 결과를 포함하고 있습니다. 만약 x에서 어떤 값이 양수라면 이에 대응하는 y값은 1.0이고, 반대로 음수 $x[i]$에 대응하는 $y[i]$는 0.0인 것을 확인할 수 있습니다. 다음으로 model.fit 함수를 사용해 훈련을 진행하는데, 에포크epochs는 10으로 설정하고, batch_size는 4로 설정합니다.*

14~18번 행 4개의 입력 데이터에 대해 예측할 수 있도록 테스트 세트를 만들어 줍니다. 우리가 만든 test_X에는 4개의 숫자가 있습니다. model.predict 메서드를 사용해 test_X에 대한 예측을 합니다. 17~18번 행은 각 입력에 대응하는 예측 결과를 출력하도록 만듭니다.

---

* 옮긴이 batch_size를 4로 설정한다는 의미는 가중치를 4개의 샘플 단위마다 한 번씩 업데이트한다는 뜻입니다. 만약 총 100개의 훈련 샘플이 있는데 배치 사이즈가 4라면, 가중치가 25번(=100/4) 업데이트됩니다. 에포크는 학습 횟수를 의미하고, 에포크가 10이면 가중치를 25번 업데이트하는 것을 10번 반복한다는 뜻입니다. 총 $10 \times 25 = 250$번 업데이트하는 것입니다.

이상 18행의 코드를 실행한 결과는 다음과 같습니다.

```
10/10 [==============================] - 0s 6ms/sample - loss: 0.2353
Epoch 2/10
10/10 [==============================] - 0s 205us/sample - loss: 0.1688
Epoch 3/10
10/10 [==============================] - 0s 182us/sample - loss: 0.1493
Epoch 4/10
10/10 [==============================] - 0s 175us/sample - loss: 0.1341
Epoch 5/10
10/10 [==============================] - 0s 176us/sample - loss: 0.1234
Epoch 6/10
10/10 [==============================] - 0s 177us/sample - loss: 0.1161
Epoch 7/10
10/10 [==============================] - 0s 171us/sample - loss: 0.1103
Epoch 8/10
10/10 [==============================] - 0s 173us/sample - loss: 0.1051
Epoch 9/10
10/10 [==============================] - 0s 180us/sample - loss: 0.1013
Epoch 10/10
10/10 [==============================] - 0s 172us/sample - loss: 0.0978
input 30 => predict: [0.95692104]
input 40 => predict: [0.9840995]
input -20 => predict: [0.03060886]
input -60 => predict: [3.1581865e-05]
```

최종 예측 결과에서 모든 양수에 대한 예측값은 1에 가깝고, 모든 음수에 대한 예측값은 0.01보다 작은 것을 확인할 수 있습니다. 이전 절에서 머신러닝은 일종의 확률 예측 수단이기 때문에 완벽하게 일치하는 값을 낼 수는 없지만, 앞의 결과는 양수/음수 구분에 대해 비교적 명확한 분별력을 가진 것으로 간주할 수 있습니다.

앞의 코드 구현을 과정에서 일부 내용이 잘 이해가 되지 않는 독자들도 있을 것입니다. 경사 하강법이 무엇이고 뉴런이 무엇인지, 그리고 층을 더하고 뺀다는 것은 또 무슨 이야기인지, 파라미터 설정은 구체적으로 어떻게 해야 하는지 등등에 대한 궁금증이 생겼을 텐데, 이에 대해서는 2~4장을 통해 자세히 설명하겠습니다.

앞의 코드는 케라스에 기반해 구현된 것입니다. 케라스는 머신러닝 연구의 주류 개발 프레임워크 중 하나이며, 자주 사용하는 많은 알고리즘과 모듈을 내재하고 있습니다. 2장에서 가장 기본적인 파이썬 코드를 사용해 가장 간단한 신경망을 구현하면서 이 프레임워크에 대해 더 자세히 파헤쳐 보겠습니다.

1.4 마무리

이번 장에서는 머신러닝에 대한 개괄적인 개념과 주요 프로세스에 대해 간단히 살펴본 후, 실제 코드 구현 단계로 신속하게 돌입해 실제 개발환경에서 사용하는 도구를 소개했습니다. 그리고 머신러닝 개발에 대한 기초적인 감각을 익힐 수 있도록 간단한 숫자 분류 예제를 통해 케라스 코드 구현 과정을 살펴보았습니다.

하지만 뉴런, 경사 하강법, 손실함수, 활성화 함수 등에 대한 어떤 원리나 개념도 설명하지 않았습니다. 이어지는 2장에서는 코드를 직접 구현하며, 이런 개념들에 대해 프로그래머적인 시각으로 배우고 사고할 수 있도록 할 것입니다.

1.5 참고자료

[1] HBO *Silicon Valley*, https://en.wikipedia.org/wiki/Silicon_Valley_(TV_series)

[2] Google Deepmind, *Human Level control through deep reinforcement learning*, Nature, 2015

[3] OpenAI Gym, https://gym.openai.com/

[4] https://github.com/tensorflow/serving

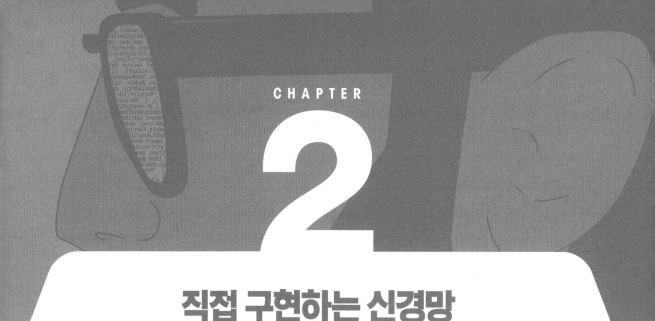

2

직접 구현하는 신경망

1장에서는 머신러닝의 기본 개념과 개발 프로세스에 대해 간단히 소개하고, 짧은 코드를 통해 케라스를 사용한 머신러닝 프레임워크를 구현하는 방법에 대해서도 살펴봤습니다.

이번 장에서는 머신러닝 프레임워크는 잠시 제쳐 두고, 순수하게 파이썬 코드만 활용해 간단한 신경망을 구현해 보겠습니다. 그리고 1장에서 케라스로 구현했던 코드를 재현해 보겠습니다.

> 이번 장은 코드 위주로 설명하며, 이론에 대해서는 부차적인 설명만 더합니다. 만약 코드를 한 줄씩 따라 하다 선뜻 이해가 가지 않는 부분이 있다고 하더라도 조급해하지 마세요. 이번 장 마지막 부분의 예시 코드에 모든 문제에 대한 해답이 있습니다.

2.1 퍼셉트론

2.1.1 뉴런에서 퍼셉트론까지

먼저, 신경망의 역사에 대해 살펴봅시다. 1943년, 워렌 스터기스 맥컬록Warren Sturgis McCulloch과 월터 피츠Walter Pitts는 인간 대뇌 세포에 대한 간단한 논문인 〈A Logical Calculus of the Ideas Immanent in Nervous Activity(신경작용에 내재된 관념의 논리적 계산법)〉(참고자료 [1])를 발표했습니다. 해당 논문에서 뉴런neuron을 대뇌 중 신경세포를 상호 연결하고, 각종 화학 신호와 생물 신호를 처리하거나 전달하는 데 사용하는 것이라고 정의했습니다. 그리고 논문에서 뉴런을 각종 신호를 입력받고 통합하는 하나의 단순한 논리 게이트logic gate로 정의했습니다. 만약 신호의 가중치가 어떤 임계점threshold을 넘으면 해당 뉴런의 출력 신호를 다음 뉴런으로 전달하게 됩니다.

1957년, 프랑크 로젠블라트Frank Rosenblatt는 〈The Perceptron, a Perceiving and Recognizing Automaton(퍼셉트론, 감지와 인지의 자동화)〉(참고자료 [2])이라는 글에서 퍼셉트론perceptron이라는 개념과 계산 방법을 소개했습니다. 이 알고리즘은 자동으로 가중치를 학습할 수 있으며, 해당 가중치와 입력과의 곱을 통해 뉴런의 출력 여부를 결정할 수 있게 만듭니다. 더 엄밀하게 말하면, 우리는 이 문제를 1(출력)과 0(비출력)으로 분류를 정의하는 하나의 이진 분류 문제로 설명할 수 있습니다. 입력과 가중치의 곱을 계속해서 더해 최종 출력을 생성하고, 출력값에 어떤 전환 함수transfer function를 정의해 해당 결과를 우리가 원하는 분류로 전환합니다. 이 전환 함수는 일반적으로 활성화 함수activation function라고 부릅니다. 전체 과정은 다음과 같습니다.

$$w = \begin{bmatrix} w_1 \\ w_2 \\ \vdots \\ w_m \end{bmatrix}, \; x = \begin{bmatrix} x_1 \\ x_2 \\ \vdots \\ x_m \end{bmatrix}, \; z = w^T \cdot x = w_1 \cdot x_1 + w_2 \cdot x_2 + \cdots + w_m \cdot x_m$$

$$\emptyset(z) = \begin{cases} 1, z > 임곗값 \\ 0, 기타 \end{cases}$$

여기서 w는 가중치라고 부르며, x는 입력 특성, z는 네트워크 입력network input, 그리고 $\emptyset$는 출력을 결정하는 활성화 함수입니다.

$\emptyset$가 활성화 함수라고 불리는 이유는, 초기 뇌신경 연구에서 출력(1)을 한다면 해당 뉴런이 활성화되고, 출력하지 않는다면(0, 비출력) 해당 뉴런이 활성화되지 않기 때문입니다.

동시에 w, x, z, $\emptyset$에 대해서 다음과 같은 사실을 기억해야 합니다.

- 지도 훈련 단계에서 w는 미리 알 수 없고, 훈련과 학습의 목표[*]가 됩니다. 우리는 훈련 세트 중 이미 알고 있는 x와 $\emptyset$ 출력값으로 w 값을 유추합니다. 이런 유추 과정을 역전파라고 부르며, 일반적으로 경사 하강법gradient descent 알고리즘을 사용합니다. 경사 하강법에 대해서는 뒤에서 자세히 설명합니다. 이러한 과정은 반복적으로 순환되기 때문에 계산에 걸리는 시간과 자원이 많이 필요합니다.
- 실제 운영과 예측 단계에서 우리는 훈련된 가중치(w)와 실시간 입력 데이터를 기반으로 $\emptyset$ 출력값을 계산합니다. 기본적으로 몇 차례 행렬 연산만 실행하면 되기 때문에 역전파에 비해 복잡도가 낮습니다.

---

[*]　옮긴이 주어진 입력을 정확한 타깃에 매핑하기 위해 신경망의 모든 층에 있는 가중치 값을 찾는 것이 목표입니다.

그림 2-1에서 기본적인 퍼셉트론 계산 과정을 확인할 수 있습니다. 뉴런이 입력 x를 받고, 입력 x와 가중치 w는 서로 곱해진 후 더해져 네트워크 입력을 형성합니다. 네트워크 입력은 활성화 함수로 전해지고, 출력output(1 혹은 0)을 생성합니다. 만약 훈련 단계라면 출력된 값과 실제 값 사이에 오차에 대한 계산을 진행해 가중치(w)를 업데이트합니다.

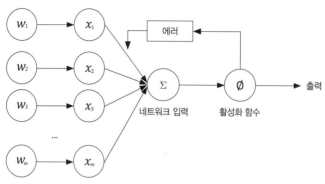

그림 2-1 **퍼셉트론**

아직 우리는 신경망에 대해서 이야기하지 않았습니다. 아직까지는 신경망이 뉴런으로 구성되고, 퍼셉트론은 뉴런의 작동 방식이라는 것만 기억하면 됩니다. 신경망을 이해하기 위해, 먼저 단일 뉴런이 작동하는 방식에 대해 알아봅시다.

2.1.2 간단한 퍼셉트론 구현하기

그림 2-1에 설명된 내용을 따라 간단한 퍼셉트론을 구현해 보겠습니다. 퍼셉트론에 대한 기본적 아이디어를 설명하기 위해, 이번 코드에서는 넘파이Numpy를 포함한 어떠한 별도의 라이브러리도 사용하지 않습니다. 여기서는 가중치(w)와 편향bias 파라미터만 설정합니다. 따라서 network_input은 $wx+bias$(편향 역시 가중치 w_0로 간주되고, 입력이 1인 상수에 해당한다는 점에 주의하세요)이고, 동시에 위에서 정의한 Ø(z)를 활성화 함수로 사용합니다. 네트워크 입력 값을 바탕으로 1 혹은 0을 출력하는데, 이것이 바로 가장 간단한 퍼셉트론 모델입니다.

1장에서 사용했던 훈련 세트, 테스트 세트를 다시 사용합니다. 10쌍의 숫자 데이터가 훈련 세트이고, 4개의 숫자 조합이 테스트 세트입니다. 전체 코드(Simple_perceptron.py)는 다음과 같습니다.

```
1    class Perceptron(object):
2        def __init__(self, eta=0.01, iterations=10):
3            self.lr = eta
4            self.iterations = iterations
5            self.w = 0.0
6            self.bias = 0.0
7
```

```
8
9       def fit(self, X, Y):
10          for _ in range(self.iterations):
11              for i in range(len(X)):
12                  x = X[i]
13                  y = Y[i]
14                  update = self.lr * (y - self.predict(x))
15                  self.w += update * x
16                  self.bias += update
17
18
19      def net_input(self, x):
20          return self.w * x + self.bias
21
22
23      def predict(self, x):
24          return 1.0 if self.net_input(x) > 0.0 else 0.0
25
26
27
28  x = [1, 2, 3, 10, 20, -2, -10, -100, -5, -20]
29  y = [1.0, 1.0, 1.0, 1.0, 1.0, 0.0, 0.0, 0.0, 0.0, 0.0]
30
31  model = Perceptron(0.01, 10)
32  model.fit(x, y)
33
34  test_x = [30, 40, -20, -60]
35  for i in range(len(test_x)):
36      print('input {} => predict: {}'.format(test_x[i],
37  model.predict(test_x[i])))
38
39  print(model.w)
40  print(model.bias)
```

이제 코드를 한번 살펴봅시다.

1~6번 행 초기화 파라미터 lr_{learning rate}(학습률을 뜻하며 훈련 스텝을 조정하는 데 사용됩니다), iterations(반복 횟수), 가중치 w, 그리고 편향_{bias}을 설정합니다.

9~29번 행 이 부분이 모델 훈련의 핵심입니다. iterations 설정에 따라 동일한 데이터에 대한 훈련을 정해진 횟수만큼 반복합니다. 매번 훈련 때마다 파라미터에 대한 조정을 진행하는데, 이것을 모델 훈련이라고 부릅니다. 훈련 세트에는 실제 레이블 y가 포함되어 있는데, 입력된 x가 실제로 속한 클래스를 나타냅니다. 따라서 설정해 놓은 y'(예측값) $= \emptyset(wx+\text{bias})$을 바탕으로 y'의 예측값을 얻을 수 있습니다. 이 예측은 23~24번 행의 predict 함수를 통해 실행됩니다. 이는 사실 19~20번 행의 network_input 입력을 바탕으로 판단된 것입니다.

14번 행에서 먼저 실젯값 y와 예측값 y'의 편차를 얻지만, 이 편차를 가지고 w와 bias를 계산하거나 조정하지 않고 파라미터 lr을 곱합니다. 매번 훈련을 할 때마다 w와 bias에 대해 미세한 조정을 진행하고, 여러 번 반복과 조정을 거친 후 w와 bias는 최적해optimized value에 가까워지게 됩니다. 따라서 조정 폭을 너무 크게 할 필요는 없습니다. 사실 이러한 조정에서 완벽한 균형을 달성하기란 어려운데, lr 값이 너무 작으면 훈련 시간이 너무 길어져 실제 테스트에서 수렴하지 못하게 될 수도 있고,* 반대로 lr 값이 너무 크면 보폭이 너무 커져 수렴하지 못하는 현상이 발생합니다. **14번 행**에서 업데이트해야 할 값update를 얻은 후, 이번 장 참고자료 [2]에 나오는 퍼셉트론 학습률에 따라 w와 bias를 조절하면 됩니다(알고리즘마다 구현 방법이 다를 것이므로 다음의 두 공식이 어떻게 나온 것인지에 대해서는 자세히 설명하지 않습니다. 이 부분에 대해서는 2.2.2절 경사 하강법에서 다시 설명하도록 하겠습니다).

$$\Delta w = lr \cdot (y - y') \cdot x$$
$$\Delta bias = lr \cdot (y - y')$$

15~16번 행 단순히 앞 오차 업데이트에 기반해 w와 bias를 조정합니다.

그렇다면 이렇게 간단한 모델의 성능은 어느 정도일까요? **28~39번 행**에서 우리가 1장에서 사용했던 훈련 세트와 테스트 세트를 바탕으로 훈련 효과가 어떤지 알아봤습니다. 이 코드를 실행하면 다음 출력을 확인할 수 있습니다.

```
input 30 => predict: 1.0
input 40 => predict: 1.0
input -20 => predict: 0.0
input -60 => predict: 0.0
0.01
0.01
```

입력된 4개의 숫자에 대해 정확하게 예측하고 있다는 것을 확인할 수 있습니다. 마지막 두 줄의 출력값은 각각 w와 bias 값입니다.

이상으로 파이썬을 활용해 신경망의 기원이라 할 수 있는 퍼셉트론을 구현했습니다. 물론 이번 예제에서 ① 단일 입력에 대한 처리밖에 하지 않았고, ② 분류 역시 매우 간단한 이진 분류이며, ③ 사용한 활성화 함수도 매우 단순했기 때문에 정말로 단순하고 간단한 예제임을 명심해야 합니다. 실제 상황에서는 이렇게 단순한 모델을 사용하지 않습니다. 그러나 이 코드를 통해 신경망이 작동하는 가장 기본적인 원리와 모델은 설명했다고 볼 수 있습니다.

---

* **옮긴이** 지역 최솟값(local minimum)에 갇힐 수 있습니다.

이번 장 후반부에서는 경사 하강법에 기반한 알고리즘 구현(즉, 경사 하강법을 바탕으로 가중치를 어떻게 조절하는지)과 관련 개념을 알아볼 것입니다. 당연히 이 책에서 계속 강조하는 것처럼, 우리는 수식이 아닌 파이썬 코드 구현을 통해 이 모든 개념들을 알아볼 것이며, 단순한 개념 해석에 머물진 않을 것입니다.

2.2 선형 회귀와 경사 하강법 구현

2.2.1 분류의 원리

2.1절에서 우리는 코드를 통해 간단한 퍼셉트론을 구현했고, 기본적인 신경망 원리 구현에 대해서 배웠습니다. 아울러 코드 구현 과정에서 퍼셉트론이 어떤 규칙에 따라 가중치 w와 편향 bias를 조정하는지에 대해서 언급했습니다.

$$\Delta w = lr \cdot (y - y') \cdot x$$

$$\Delta \text{bias} = lr \cdot (y - y')$$

이전 절에서는 자세히 설명하지 않았지만 이는 모든 훈련 과정의 핵심입니다. 따라서 이번 절을 통해 이 문제에 대해 자세히 설명하도록 하겠습니다. 먼저, 우리는 왜 네트워크 입력을 $wx+b$로 정의했는지에 대해 알아야 합니다.

사실 여기에는 한 가지 가정이 깔려 있습니다. 그것은 바로 예측하려는 데이터가 선형 분리 가능하기 때문에 간단한 사선 하나로 입력된 데이터가 어느 구간(클래스)에 위치할지 판단 가능하다는 가정입니다. 여기서 말하는 '선형 분리 가능'이란 무슨 뜻일까요? 그림 2-2를 한번 살펴보죠.

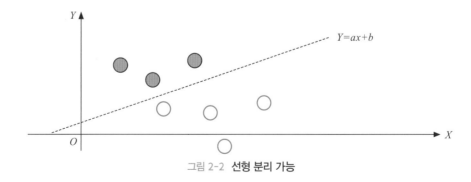

그림 2-2 **선형 분리 가능**

그림 2-2에서 볼 수 있듯이, 색깔 점과 흰색 점은 하나의 직선으로 분리될 수 있습니다. 만약 우리가 가진 데이터가 하나의 직선을 사용해 두 클래스(혹은 여러 개의 클래스)로 나눌 수 있다면, 우리는 이를 선형 분리 가능이라 부릅니다. 그림 2-2는 2차원 좌표상의 데이터 분할인데, 2.4절에서는 신

경망을 사용해 동일한 분할을 진행해 보겠습니다. 2.1절에서 사용한 예제인 양수/음수 분류 문제는 더 분류하기 쉽습니다. 왜냐하면 그림 2-3처럼 x축상의 점들에 대해 분할하면 되기 때문입니다.

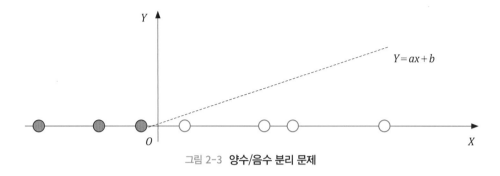

그림 2-3 **양수/음수 분리 문제**

이제 우리는 왜 y'(예측값) = $\emptyset(wx+b)$을 정의해야 하는지에 대해 알았습니다. 그렇다면 이제 정말로 중요한 문제로 넘어가 보죠. 바로, w와 b를 어떻게 구하는지에 대한 문제입니다.

이 문제는 사실상 하나의 선형 회귀linear regression 문제입니다. 선형 회귀는 $y' = \emptyset(w_1 \cdot x_1 + w_2 \cdot x_2 + w_3 \cdot x_3)$ 처럼 입력이 하나 이상인 형식을 처리할 수 있습니다. 이 예제에서 사실상 $x_0=1$이고 $w_0=bias$입니다. 즉, $y' = \emptyset(w_0 \cdot x_0 + w_1 \cdot x_1) = \emptyset(w_0 + w_1 \cdot x_1) = \emptyset(w \cdot x + b)$이 됩니다. 입력 파라미터에 하나의 고정된 1이라는 상수를 추가해, 별도로 bias 파라미터를 처리하지 않고 가중치로서 한번에 계산하는 방법은 자주 사용되는 테크닉입니다. 자세한 계산 방법은 2.4절에서 설명하겠습니다.

2.2.2 손실함수와 경사 하강법

2.1절에서는 다음 식을 가정했습니다.

$$\emptyset(z) = \begin{cases} 1, z > \text{임곗값} \\ 0, \text{기타} \end{cases}$$

이는 참고자료 [2]에 나오는 퍼셉트론의 활성화 함수입니다. 하지만 실제 응용에서는 이렇게 간단한 방법을 사용하진 않습니다. 퍼셉트론 이후, 사람들은 ADALINEADAptive LInear NEuron 개념을 만들었는데, 해당 알고리즘의 활성화 함수와 입력은 동일합니다.

$$\emptyset(w^{T}x) = w^{T}x$$

이렇게 ADALINE에서 활성화 함수의 출력은 이전에 설명한 퍼셉트론처럼 단순한 이진 분류가 아닌, 하나의 연속값입니다. 이런 변화는 중요한 두 가지 개념을 만들어 냈는데, 바로 손실함수와 경사 하강법입니다.

손실함수란 그림 2-1의 에러error 값을 어떻게 계산하느냐에 대한 것입니다. 일반적으로 우리는 MSE를 사용합니다.

$$\text{MSE} = \frac{\sum_{i=1}^{n}(y_i - y_i')^2}{N} = \frac{\sum_{i=1}^{n}(y_i - (wx_i + b))^2}{N}$$

여기서 y_i는 실젯값이고 y_i'는 예측값입니다. 파이썬 코드로는 다음과 같이 구현할 수 있습니다.

```python
def cost_function(self, X, Y, weight, bias):
    n = len(X)
    total_error = 0.0
    for i in range(n):
        total_error += (Y[i] - (weight*X[i] + bias))**2
    return total_error / n
```

손실함수를 얻은 후, 우리는 경사 하강법을 사용해 w와 bias(b로 표기)를 조정해야 합니다. 어떻게 조정해야 할까요? 사실 방법은 간단합니다. w와 bias에 대한 손실함수의 경사(기울기) 변화 Δw와 Δb를 계산하고, w와 bias 중에서 각각 Δw와 Δb를 빼주면 됩니다. 이런 식으로 손실함수 값이 충분이 작아질 때까지 계속해서 반복합니다.

위에서 설명한 MSE 공식에 기반해 f를 MSE라고 가정하고 w와 b에 대해 미분하면 다음을 얻을 수 있습니다.

$$\Delta w = \frac{\partial f}{\partial w} = \frac{\partial \frac{\sum_{i=1}^{n}(y_i - (wx_i + b))^2}{N}}{\partial w} = \frac{\sum_{i=1}^{n} -2x_i \cdot (y_i - (wx_i + b))}{N}$$

$$\Delta b = \frac{\partial f}{\partial b} = \frac{\partial \frac{\sum_{i=1}^{n}(y_i - (wx_i + b))^2}{N}}{\partial b} = \frac{\sum_{i=1}^{n} -2(y_i - (wx_i + b))}{N}$$

이렇게 Δw와 Δb를 얻고 $w(w-\Delta w)$와 $b(b-\Delta b)$를 업데이트하면 됩니다. 이를 파이썬 코드로 구현해 보면 다음과 같습니다.

```python
def update_weights(self, X, Y, weight, bias, learning_rate):
    dw = 0
    db = 0
    n = len(X)

    for i in range(n):
        dw += -2 * X[i] * (Y[i] - (weight*X[i] + bias))
        db += -2 * (Y[i] - (weight*X[i] + bias))

    weight -= (dw / n) * learning_rate
    bias -= (db / n) * learning_rate
```

```
            return weight, bias
```

앞 코드에서 주의해야 할 것은, 우리는 w와 bias에서 기울기 값을 바로 뺀 것이 아니라, 기울기 값에 학습률learning rate을 곱해줘 훈련 보폭을 조정한 부분입니다. 선형함수에 기반한 신경망을 구현하기 전에 한 가지 더 처리해야 할 부분은 바로 데이터 정규화입니다.

퍼셉트론에서는 이 부분에 대해 다루지 않았습니다. 왜냐하면 퍼셉트론의 활성화 함수는 사실상 단위 계단 함수unit step function이기 때문입니다. 이 함수는 임의의 입력값을 모두 0 혹은 1 이라는 두 개의 값으로만 투영합니다. 그러나 ADALINE에서는 활성화 함수가 네트워크 입력 자체이고, x의 값이 [0, 1] 구간에서 많이 벗어나기 때문에 최종 출력이 [0, 1] 구간에 떨어질 수 있도록 입력값 범위에 대한 처리가 필요합니다(다른 한 가지 방법은 활성화 함수를 변경해 임의의 입력값을 모두 [0, 1] 구간으로 투영시키는 것인데, 이 방법에 대해서는 추후에 다시 설명하겠습니다). 이를 위해 일반적으로 입력값을 다음과 같은 방법을 통해 정규화해 줍니다.

$$x_i = \frac{x_i - x_{\min}}{x_{\max} - x_{\min}}$$

2.2.3 신경망의 선형 회귀 구현

그럼 이제 경사 하강법을 사용한 단일 신경망을 구현해 봅시다(은닉층은 포함하지 않았습니다).

```
1    class LinearRegression(object):
2        def __init__(self, eta=0.01, iterations=10):
3            self.lr = eta
4            self.iterations = iterations
5            self.w = 0.0
6            self.bias = 0.0
7
8        def cost_function(self, X, Y, weight, bias):
9            n = len(X)
10           total_error = 0.0
11           for i in range(n):
12               total_error += (Y[i] - (weight*X[i] + bias))**2
13           return total_error / n
14
15       def update_weights(self, X, Y, weight, bias, learning_rate):
16           dw = 0
17           db = 0
18           n = len(X)
19
20           for i in range(n):
21               dw += -2 * X[i] * (Y[i] - (weight*X[i] + bias))
```

```
22              db += -2 * (Y[i] - (weight*X[i] + bias))
23
24          weight -= (dw / n) * learning_rate
25          bias -= (db / n) * learning_rate
26
27          return weight, bias
28
29
30      def fit(self, X, Y):
31          cost_history = []
32
33          for i in range(self.iterations):
34              self.w, self.bias = self.update_weights(X, Y, self.w, self.bias,
35      self.lr)
36
37              # 수정 목적을 위한 계산 비용
38              cost = self.cost_function(X, Y, self.w, self.bias)
39              cost_history.append(cost)
40              # 로그 프로세스
41              if i % 10 == 0:
42                  print("iter={:d}    weight={:.2f}    bias={:.4f}
43      cost={:.2}".format(i, self.w, self.bias, cost))
44
45          return self.w, self.bias, cost_history
46
47      def predict(self, x):
48          x = (x+100)/300
49          return self.w * x + self.bias
50
51
52  x = [1, 2, 3, 10, 20, 50, 100, -2, -10, -100, -5, -20]
53  y = [1.0, 1.0, 1.0, 1.0, 1.0,  1,0, 1.0, 0.0, 0.0, 0.0, 0.0, 0.0]
54
55  model = LinearRegression(0.01, 500)
56
57  X = [(k+100)/300 for k in x]
58
59  model.fit(X, y)
60
61  test_x = [90, 80,81, 82, 75, 40, 32, 15, 5, 1, -1, -15, -20, -22, -33, -45,
62  -60, -90]
63  for i in range(len(test_x)):
64      print('input {} => predict: {}'.format(test_x[i],
65  model.predict(test_x[i])))
```

앞에서 논의한 내용 덕분에 이번 코드에 대해 쉽게 이해할 수 있을 것입니다.

8~27번 행은 손실함수와 기울기gradient를 이용해 w와 bias 계산을 조정하는 코드입니다.

30~39번 행은 fit을 구현하는 과정인데, 우리는 cost_function으로 얻은 cost를 통해 훈련 횟수를 정하지 않고 고정된 횟수를 사용했습니다. 즉, 반복해서 update_weight를 사용해 w와 bias를 조정합니다.

47~49번 행 에서는 w와 bias를 사용해 분류 예측을 진행합니다. 먼저, 입력값의 최솟값이 -100이고 최댓값은 200이기 때문에 입력값 x를 정규화해 줍니다. 그리고 미리 설정해 둔 활성화 함수에 기반해 $wx+bias$를 출력으로 한 값을 반환합니다.

52~59번 행 은 훈련 과정을 구현한 것입니다. 이전 예제보다 더 많은 데이터를 사용해 결과에 대한 신뢰성을 높이려고 한 것을 확인할 수 있습니다. 57번 행 은 모든 훈련 데이터에 대해 정규화를 진행해 [0, 1] 구간에 떨어지도록 만듭니다. 그리고 fit 함수를 사용해 500번의 훈련을 사용합니다(매번 훈련할 때마다 모든 데이터를 사용합니다).

65번 행 에서는 predict 메서드*를 사용합니다. 훈련을 통해 얻은 w와 bias를 사용해 61번 행 에서 만든 테스트 세트test set x에 대한 예측을 진행합니다.

코드 실행 결과는 다음과 같습니다.

```
iter=0 weight=0.01 bias=0.0117 cost=0.57
...
iter=100 weight=0.25 bias=0.4164 cost=0.24
...
iter=300 weight=0.29 bias=0.4336 cost=0.23
...
iter=490 weight=0.32 bias=0.4207 cost=0.23
input 90 => predict: 0.7238852731029148
input 80 => predict: 0.7078964168036423
input 81 => predict: 0.7094953024335697
input 82 => predict: 0.7110941880634969
input 75 => predict: 0.6999019886540062
input 40 => predict: 0.6439409916065527
input 32 => predict: 0.6311499065671348
input 15 => predict: 0.6039688508583716
input 5 => predict: 0.5879799945590992
input 1 => predict: 0.5815844520393902
input -1 => predict: 0.5783866807795357
input -15 => predict: 0.5560022819605543
input -20 => predict: 0.5480078538109181
input -22 => predict: 0.5448100825510637
input -33 => predict: 0.5272223406218639
input -45 => predict: 0.5080357130627371
input -60 => predict: 0.4840524286138284
input -90 => predict: 0.4360858597160111
```

이 실행 결과에서 우리는 훈련 손실이 수렴하고 있음을 확인할 수 있습니다. 그리고 300번째 훈련 이후에는 손실값에 큰 변화가 없다는 것도 확인할 수 있습니다.

＊ 옮긴이 메서드(method) 혹은 메소드는 함수와 비슷한데, 클래스에 묶여서 클래스의 인스턴스와 관계되는 일을 하는 함수를 뜻합니다. 즉, 이번 예제에서는 LinearRegression이라는 클래스에 속한 함수인 것입니다.

모든 테스트 데이터에 대한 임곗값이 기본적으로 0.58 정도인 것을 확인할 수 있습니다. 양수는 클수록 1에 가깝고, 음수는 작을수록 0에 가까워지기 때문에 우리가 원하는 결괏값에 부합합니다.

선형 회귀에 대한 내용은 4장에서 자세히 다루도록 하겠습니다.

2.3 확률적 경사 하강법의 구현

2.2.3절 선형 회귀 구현에서 update_weights(가중치 업데이트) 방법을 사용할 때 업데이트할 때마다 모든 입력 데이터를 사용하고, 모든 입력을 훈련마다 사용했던 것을 기억할 것입니다.

```
for i in range(n):
    dw += -2 * X[i] * (Y[i] - (weight*X[i] + bias))
    db += -2 * (Y[i]- (weight*X[i] + bias))
```

앞 예제의 훈련 데이터 크기가 작기 때문에 훈련 때마다 모든 데이터를 사용한다고 해서 큰 문제가 되지 않았습니다. 하지만 실무에서 사용하는 데이터의 크기는 이보다 훨씬 크기 때문에 훈련 때마다 모든 데이터를 사용하는 것은 비현실적입니다. 그렇기 때문에 훈련 방식을 변환해 훈련 때마다 랜덤 데이터셋을 사용해 훈련하는 방법이 고안되었는데, 이것이 바로 확률적 경사 하강법stochastic gradient descent의 원리입니다.

이런 방식의 변환으로 훈련 시간을 대폭 개선할 수 있습니다. 일반적으로 미니 배치mini batch 방법을 많이 사용하는데, 자세히 설명하면 매번 가중치를 업데이트할 때마다 모든 데이터를 사용하지 않고 랜덤으로 하위 세트subset(혹은 부분 세트)를 추출해 훈련에 사용하는 것입니다. 예를 들어, 1,000개의 데이터가 있다고 가정했을 때, 훈련마다 16개 혹은 64개의 데이터만 사용하는 것입니다. 미니 배치 크기 설정은 매우 흥미로운 연구 주제이기도 합니다. 이는 사실 모델 혹은 데이터 특성과 관련이 있습니다. 여기서는 이에 대해 더 자세히 설명하진 않겠습니다. 다음의 코드는 2.2절의 선형 회귀 구현 코드를 수정한 것입니다.* 미니 배치 방법을 어떻게 사용하는지 한번 확인해 보도록 합시다.

```
1   def update_weights(self, X, Y, weight, bias, learning_rate):
2       dw = 0
3       db = 0
4       n = len(X)
5
6       indexes = [0:n]
7       random.shuffle(indexes)
```

---

* [옮긴이] 이 코드는 2.3에 있는 코드가 아니라, 2.2절에 있는 코드를 참고해서 다시 만든 것이므로 2.2 코드를 참고해야 합니다. 학습 시 유의해 주세요.

```
8          batch_size = 4
9
10         for k in range(batch_size):
11             i = indexes[k]
12             dw += -2 * X[i] * (Y[i] - (weight*X[i] + bias))
13             db += -2 * (Y[i] - (weight*X[i] + bias))
14
15         weight -= (dw / n) * learning_rate
16         bias -= (db / n) * learning_rate
17
18     return weight, bias
```

여기서 확인할 수 있듯이, update_weights 함수를 수정해 주기만 하면 됩니다. 6번 행에서는 훈련 데이터의 인덱스를 저장하기 위한 리스트를 만듭니다. 7번 행에서는 모든 인덱스를 랜덤으로 섞습니다shuffle. 8번 행에서는 매번 훈련할 때마다 사용할 데이터 수를 지정해 줍니다. 10~11번 행에서는 이미 셔플된 데이터 인덱스에서 4개의 데이터를 추출해 훈련에 사용하기만 하면 됩니다. 훈련 결과는 다음과 같습니다.

```
...
iter=470    weight=0.32    bias=0.4220    cost=0.23
iter=480    weight=0.32    bias=0.4213    cost=0.23
iter=490    weight=0.32    bias=0.4207    cost=0.23
input 90 => predict: 0.7238852731029148
input 80 => predict: 0.7078964168036423
input 81 => predict: 0.7094953024335697
input 82 => predict: 0.7110941880634969
input 75 => predict: 0.6999019886540062
input 40 => predict: 0.6439409916065527
input 32 => predict: 0.6311499065671348
input 15 => predict: 0.6039688508583716
input 5 => predict: 0.5879799945590992
input 1 => predict: 0.5815844520393902
input -1 => predict: 0.5783866807795357
input -15 => predict: 0.5560022819605543
input -20 => predict: 0.5480078538109181
input -22 => predict: 0.5448100825510637
input -33 => predict: 0.5272223406218639
input -45 => predict: 0.5080357130627371
input -60 => predict: 0.4840524286138284
input -90 => predict: 0.4360858597160111
```

2.2절에서 모든 데이터를 사용해 훈련했던 결과와 비교해 보면 예측 결과에 차이는 크지 않은 것을 확인할 수 있습니다. 따라서 (더 적은 시간으로 비슷한 효과를 내기 때문에) 미니 배치의 효율성을 증명할 수 있습니다. 확률적 경사 하강법은 배치 사이즈(batch_size)가 1인 특수한 경우를 칭하는 것일 뿐입니다.

2.4 파이썬을 통한 단층 신경망 구현

머신러닝 알고리즘은 컴퓨팅 파워의 발전과 함께 향상되고 진화했습니다. 초기 머신러닝은 뉴런에 착안하여 간단한 파라미터 조정과 적합 알고리즘을 개발해냈습니다. 그러나 문제가 비교적 복잡해지면 단일 뉴런으로 해결하지 못했습니다. 뉴런이 고안된 것은 인간 대뇌 신경 돌기의 작동 방식을 모방하기 위함이었으므로 단일 뉴런의 작동 원리를 이해한 후, 자연스럽게 다수의 뉴런을 모델에 포함시키는 연구가 진행되었고, 그렇게 탄생한 것이 신경망이었습니다.

2.4.1 뉴런에서 신경망으로

이전에 살펴봤던 코드 구현은 모두 그림 2-1의 퍼셉트론 구조에 대해 여러 알고리즘을 사용해 가중치를 훈련한 것입니다. 핵심은 어떻게 경사 하강법을 통해 가중치를 수정하고 최적해에 근접하는 목적을 달성하는가에 대한 것이었습니다.

하지만 이는 진정한 의미에서의 신경망이라고 할 수 없습니다. 일반적으로 신경망은 입력층, 은닉층 그리고 출력층을 포함하는데, 앞서 설명한 내용은 은닉층에 존재하는 뉴런 하나의 가중치를 조절하는 방법에 불과합니다.

그림 2-4에서 왼쪽 그림은 그림 2-1에서 설명한 퍼셉트론 뉴런을 나타내고, 오른쪽 그림은 하나의 완전한 단층 신경망을 나타냅니다. 뉴런은 신경망 안에서 아주 작은 부분에 불과합니다(굵은 선으로 표시). 신경망의 출력은 더 이상 단일 뉴런에 의해 결정되지 않고, 다수의 뉴런의 출력에 의해 공동으로 결정됩니다.

그림 2-4에서는 한 그룹의 뉴런을 설계했는데, 이 그룹의 뉴런을 신경망의 은닉층hidden layer이라고 부릅니다. 초기 신경망은 기본적으로 하나의 은닉층만 포함하고, 그림 2-5의 다층 퍼셉트론Multi Layer Perceptron, MLP과 같은 소수의 신경망만이 다수의 은닉층을 포함하고 있습니다.

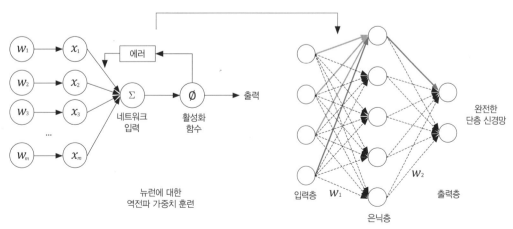

그림 2-4 뉴런에서 신경망까지

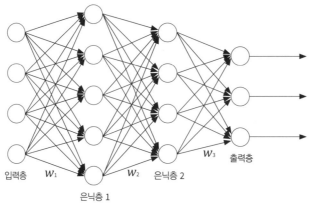

입력층 W_1 은닉층 1 W_2 은닉층 2 W_3 출력층

그림 2-5 **여러 개의 은닉층을 포함하는 다층 퍼셉트론**

만약 그림 2-5를 기초로 계속해서 층을 더해간다면 층이 깊어질 것입니다. 이렇게 형성된 네트워크를 딥 네트워크deep network라고 부르는데, 이것이 바로 딥러닝의 유래입니다. 일반적으로 은닉층의 층수를 네트워크의 깊이depth로, 그리고 각 층의 뉴런 개수를 넓이width로 간주합니다. 동일 개수의 뉴런에 대해 넓이를 넓히고 깊이를 줄이는 것이 효과적인지, 아니면 반대로 깊이를 더하고 넓이를 줄이는 것이 효과적인지에 대한 '깊이와 넓이에 대한 최적화 균형 문제'는 머신러닝 연구자가 계속해서 고민해야 할 문제입니다. 이 문제에 대해서는 아직까지 표준 답안이 존재하지 않습니다. 실제 응용에서는 〈Wide & Deep learning for Recommendation Systems(추천 시스템을 위한 와이드&딥 러닝)〉(참고자료 [3])라는 논문에서 언급하고 있는 것처럼, 다양한 깊이와 넓이를 조합하며 실험을 통해 최적의 효과를 달성합니다.

2.4.2 단층 신경망: 초기화

단일 뉴런의 훈련과 비교했을 때 신경망은 확실히 훨씬 더 복잡합니다. 하지만 계산 횟수와 파라미터가 더 많아지고 복잡해졌을 뿐, 그 원리와 훈련 방식은 실직적으로 동일합니다. 그림 2-4와 비슷한 단층 신경망을 구현해 보면서 은닉층을 추가했을 때 어떻게 훈련과 예측을 진행하는지에 대해 살펴봅시다.

먼저, 문제를 정의합니다. 이번에는 양수/음수에 대한 분류가 아닌, 그림 2-6과 같은 평면 좌표상의 점들에 대한 분류 문제입니다.

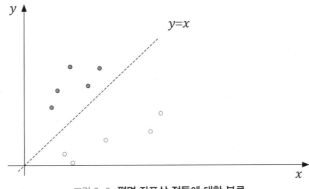

그림 2-6 **평면 좌표상 점들에 대한 분류**

그림 2-6에서 사선 $y=x$는 평면 좌표상의 점들을 두 개로 분류합니다. 사선 위에 위치한 점들을 0, 다음에 위치한 점들을 1로 간주합니다. 우리는 임의의 좌표 점에 대해 자동으로 분류해 주는 신경망을 만들고자 합니다. 그림 2-4를 따라 여기서의 입력층은 x, y 두 가지 입력을 가지며, 출력은 0과 1을 포함하는 두 개의 클래스(분류)입니다. 따라서 네트워크 구조는 그림 2-7처럼 표현 가능합니다.

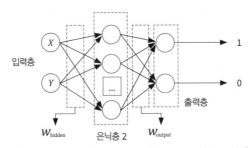

그림 2-7 **만들고자 하는 단층 신경망. 은닉층의 뉴런 개수를 설정할 수 있다.**

그림 2-7에서의 네트워크 출력은 은닉층에 있는 여러 개의 뉴런의 출력에 의해 결정됩니다. 동시에 출력은 더 이상 단일 뉴런에 의존하지 않게 되며, 따라서 은닉층에 존재하는 각 뉴런에 대응하는 입력 가중치 계산(W_{hidden})이 필요할 뿐만 아니라, 출력층에 존재하는 각 은닉층의 뉴런 입력에 대한 출력에 대응하는 가중치(W_{output})도 계산이 필요합니다.

그렇다면 코드를 통해 앞 네트워크를 구현하는 방법에 대해 살펴봅시다.

여기서는 데이터 특성이 비교적 명확하기 때문에 두 그룹의 데이터셋을 수작업으로 만들어 각각 훈련과 테스트에 사용합니다.

```
dataset = [[2.7810836,4.550537003,0],
    [3.396561688,4.400293529,0],
    [1.38807019,1.850220317,0],
    [3.06407232,3.005305973,0],
    [7.627531214,2.759262235,1],
```

```
        [5.332441248,2.088626775,1],
        [6.922596716,1.77106367,1]]

test_data = [[1.465489372,2.362125076,0],
        [8.675418651,-0.242068655,1],
        [7.673756466,3.508563011,1]]
```

그리고 입력과 출력의 개수를 정의해 줍니다. 입력은 x와 y, 두 좌표를 포함하고 있으며, 출력은 각기 다른 클래스를 뜻하는 1과 0을 포함하고 있기 때문에 모두 2로 정의합니다.

```
n_inputs = 2
n_outputs = 2
```

이어서 신경망을 정의해 줍니다. initialize_network 함수를 만들어 구현합니다.

```
def initialize_network(n_inputs, n_hidden, n_outputs):
    network = list()
    # weights number contains an extra one for input theta0 which is always 1 (according
to coursera ml course)
    hidden_layer1 = [{'weights': [random() for i in range(n_inputs + 1)]} for i in
range(n_hidden)]
    hidden_layer2 = [{'weights': [random() for i in range(n_hidden + 1)]} for i in
range(n_hidden)]
    output_layer = [{'weights': [random() for i in range(n_hidden + 1)]} for i in
range(n_outputs)]
    network.append(hidden_layer1)
    network.append(hidden_layer2)
    network.append(output_layer)
    return network
```

앞서 나온 코드 중에서 우리는 네트워크 모형을 두 개의 리스트(hidden_layer1, hidden_layer2)를 포함하고, 두 리스트 조합이 각각 그림 2-7의 두 개의 가중치 조합(W_{hidden}과 W_{output})에 대응하도록 정의했습니다.

은닉층의 가중치에 대해서는 그림 2-7을 참고했습니다. 은닉층의 각 뉴런이 모든 입력을 받았고, 해당 개수는 n_inputs+1개임을 확인할 수 있습니다(여기서 +1이 된 것은 bias입니다. 혹은 이것을 대다수 선형 회귀에서 정의하는 $y = w_0 + w_1 \cdot x_1 + w_2 \cdot x_2 + \cdots + w_k \cdot x_k$ 중에 w_0라고 이해할 수 있습니다). 여기서 완전 연결층(각 출력이 모든 입력과 직접적인 관련이 있음을 뜻함)의 가중치 파라미터 총 개수는 (n_inputs+1)*n_hidden개입니다.

그리고 output의 가중치에 대해서도 동일한 처리를 합니다. 주의해야 할 점은, 출력층의 가중치 파라미터 총 개수는 (n_hidden+1)*n_output개라는 점입니다.

2.4.3 단층 신경망: 핵심 개념

이어서 네트워크 훈련을 시작해 봅시다. 훈련 과정은 이전 프로세스와 상당히 유사합니다. 이전 코드 예제인 simple_perceptron과 linear_regression에서는 코드가 너무 간단해 훈련 과정에서 일정 개념에 대한 구현을 보여줄 수 없었습니다. 예를 들어, simple_perceptron 코드 예시에서 손실함수와 가중치 업데이트 방법에 대해 정의하지 않고 net_input과 predict를 단독으로 실행했습니다(실질적으로 활성화 함수에 해당합니다). 그리고 linear_regression 코드 예제에서는 손실함수와 가중치 업데이트 update_weight의 개념에 대해서 강조하고 경사 하강법을 사용한 최적화에 대해서는 설명했지만, 네트워크 입력과 활성화 함수에 대해서는 언급하지 않았습니다.

사실 어떤 모델을 훈련하든지 가장 관건은 다음의 핵심 함수를 구현하는 것입니다.

- net_input: 뉴런의 네트워크 입력을 계산
- activation: 활성화 함수. 뉴런의 네트워크 입력을 다음 층의 입력 공간으로 투영
- cost_function: 손실오차를 계산
- update_weights: 가중치 업데이트

그리고 추가로 다음 두 가지 개념이 중요합니다.

- **순전파**forward propagation: 데이터를 신경망으로 입력한 후 각 은닉층의 뉴런이 네트워크 입력을 받아 활성화 함수를 통한 처리를 진행한 후, 다음 층으로 가거나 혹은 출력이 되는 과정을 뜻합니다. 앞서 나온 linear_regression 예제에서 사용한 predict 메서드는 사실상 간단한 순전파 방법의 한 종류입니다.
- **역전파**back propagation: 네트워크에서의 모든 가중치의 손실함수 기울기를 계산하고, 해당 기울기를 사용해 가중치를 업데이트하며, 손실함수를 최소화할 수 있도록 알고리즘을 최적화하는 방법입니다. 사실상 경사 하강법을 바탕으로 체인 룰chain rule을 이용해 신경망을 훈련시켜, 재귀적인 순환 형태로 각 층의 가중치 업데이트를 효과적으로 구현해 기대 효과를 달성하게 해주는 모든 알고리즘을 뜻합니다. 앞서 나온 linear_regression 예제에서 역전파를 사용해 기울기를 계산하는 내용과 가중치 업데이트에 대한 내용을 함께 놓고 설명했습니다.

이 개념들을 이해했다면 각 단계를 모두 모듈화하지 않았을 뿐, 우리는 이미 대부분의 관련 내용들을 이전 예제를 통해 구현해 봤음을 알 수 있을 것입니다. 이제부터 다룰 내용들은 더 이상 단일 뉴런 같은 간단한 것이 아니기 때문에 효율적인 계산을 위한 모듈화는 필수입니다. 단계마다 어떻게 구현하는지에 대해 살펴보도록 합시다.

2.4.4 단층 신경망: 순전파

먼저 각 뉴런의 네트워크 입력을 정의합니다.

```
def net_input(weights, inputs):
    # a = sum(w * input.T) + bias
    total_input = weights[-1]
    for i in range(len(weights)-1):
        total_input += weights[i] * inputs[i]
    return total_input
```

여기서 weights는 bias와 유사한 추가 파라미터를 포함하고 있다는 점에 주의해야 합니다. 즉, weights의 개수는 입력(inputs) 개수보다 1개 많습니다. 따라서 우리는 먼저 total_input에 weights[-1]를 지정해 주고, 각 입력과 대응하는 가중치의 곱을 더해 줍니다. 형식은 total_input = weights[:-2] * inputs + weights[-1]입니다. 그리고 활성화 함수 activation을 만들어 줍니다.

```
def activation(total_input):
    # 시그모이드, ReLU 등 활성화 함수
    return 1.0 / (1.0 + exp(-total_input))
```

여기서는 시그모이드sigmoid 활성화 함수를 사용해 네트워크 입력을 (-1, 1) 구간으로 투영했습니다. 이 밖에도 여러 가지 다양한 활성화 함수가 존재하는데, 3장에서 자세히 설명할 예정이기 때문에 여기서 더 깊게 설명하진 않겠습니다. 일단은 일정 구간으로 투영시키는 함수라고만 알고 있어도 됩니다. 앞서 나온 두 함수를 정의했다면 순전파 함수를 구현할 수 있습니다.

```
def forward_propagate(network, row):
    inputs = row
    for layer in network:
        outputs = []
        for neuron in layer:
            total_input = net_input(neuron['weights'], inputs)
            neuron['output'] = activation(total_input)
            outputs.append(neuron['output'])
        inputs = outputs
    return inputs
```

사실 순전파는 각 층에 대해 이전 층의 출력을 다음 층의 입력으로 전환해 순환 계산하는 것입니다. 이 네트워크는 완전 연결 네트워크이기 때문에 각 뉴런은 모든 inputs를 받고, 동일한 net_input 처리를 해 얻은 total_input 결과를 활성화 함수인 activation으로 주입해 해당 뉴런의 최종 결과를 얻습니다. 그리고 결과를 해당 층의 출력에 더해 줍니다. 우리는 현재 층의 출력(outputs)을 다음 층의 입력(inputs)으로 간주하고 최종 결과를 반환할 때까지 계속해서 반복합니다.

2.4.5 단층 신경망: 역전파

각 뉴런이 계산을 진행하는 과정은 동일합니다. 유일하게 결과에 영향을 미칠 수 있는 것은 가중치 파라미터(neuron['weights'])입니다. 이어서 역전파와 가중치 업데이트를 구현해 각 뉴런이 자신과 관련된 파라미터를 조절할 수 있게 도와줄 것입니다.

앞서 설명한 부분과 가장 큰 차이점은 활성화 함수가 더 이상 선형방정식이 아니라는 점입니다. 여기서는 시그모이드 활성화 함수를 사용했습니다. 따라서 기울기 변화를 계산하는 미분 방법에 변화가 생길 것입니다. 그렇다면 시그모이드 활성화 함수의 형태와 해당 함수의 미분 결과를 살펴봅시다.

$$\text{sigmoid}(z) = \emptyset(z) = \frac{1}{1 + e^{-z}}$$

$$\frac{\partial \emptyset}{\partial z} = \frac{\partial (\frac{1}{1 + e^{-z}})}{\partial z} = z(1 - z)$$

앞서 살펴본 forward_propagation 함수를 참고해 보면, $\emptyset(z)$의 입력 z는 이전 층의 출력이라는 것을 알 수 있습니다(각 층의 입력은 이전 층의 출력입니다).

이번 장에서 구현한 간단한 뉴런 simple_perceptron과 linear_regression에서 가중치에 대한 조정은 다음과 같이 진행했습니다:

```
update = self.lr * (y - self.predict(x))
self.w += update * x
```

퍼셉트론에 뉴런이 하나만 있을 때 가중치에 대한 조절은 매우 간단합니다.

$$w' = w + lr \cdot x \cdot (y - y')$$

은닉층이 없는 단일 뉴런 퍼셉트론에서 명확한 결과(y)와 예측 결과(y')가 존재한다면 오차 결과는 cost_function(이 경우에는 MSE)에 의해 결정됩니다. 앞서 살펴본 선형 회귀 예제에서 w에 대해 미분하면 $\Delta w = x \cdot (y - y')$을 얻을 수 있었습니다. 따라서 다음과 같이 정리할 수 있습니다.

$$w' = w + lr \cdot \Delta w$$

그러므로 이를 Δw에 대한 계산 문제로 볼 수 있습니다.

다시 그림 2-7에서 구현한 단층 신경망으로 돌아가보면, 출력층에 대한 처리 방식이 단일 뉴런 퍼셉트론과 유사합니다. 그 이유는 출력이 최종 예측값 y'이고, 손실함수로 MSE를 사용해 계산하면 되기 때문입니다. 주의해야 할 점은 출력층의 입력이 초기 입력값 x, y가 아닌 이전 층(은닉층)의 출력이라는 점입니다. 그러나 은닉층에 대해서는 출력 오차를 직접적으로 계산할 수 없습니다. 그 이유는 출력층의 실제 값인 y가 존재하지 않으므로 체인 룰을 통해서만 간접적으로 추론할 수 있기 때문입니다. 즉, 만약 은닉층에 가중치 w가 있다면 우리는 해당 가중치를 수정하길 원할 것인데, 이를 위한 유일한 방법은 최후 출력의 손실함수로 계산한 오차를 역으로 추론(역전파)하는 것뿐입니다.

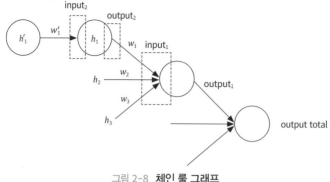

그림 2-8 **체인 룰 그래프**

그림 2-8처럼 최종 output_total의 오차와 w_1의 관계를 계산하기 위해서 다음과 같은 공식을 얻을 수 있습니다.

$$\Delta w = \frac{\partial E_{\text{output\_total}}}{\partial w_1} = \frac{\partial E_{\text{output\_total}}}{\partial \text{output}_1} \cdot \frac{\partial \text{output}_1}{\partial \text{input}_1} \cdot \frac{\partial \text{input}_1}{\partial w_1}$$

여기서 다음과 같이 됩니다.

$$\frac{\partial E_{\text{output\_total}}}{\partial \text{output}_1} = \frac{\partial (\Sigma (y - \text{output}_i)^2)}{\partial \text{output}_1} = -2 \cdot (y - \text{output}_1)$$

$$\frac{\partial \text{output}_1}{\partial \text{input}_1} = \frac{\partial \big(\text{sigmoid}(\text{input}_1)\big)}{\partial \text{input}_1} = \text{input}_1(1 - \text{input}_1)$$

$$\frac{\partial \text{input}_1}{\partial w_1} = \frac{\partial (w_1 \cdot h_1 + w_2 \cdot h_2 + w_3 \cdot h_3)}{\partial w_1} = h_1$$

그리고 최종적으로는 다음 식을 얻을 수 있습니다.

$$\Delta w_1 = -2 \cdot (y - \text{output}_1) \cdot \text{input}_1(1 - \text{input}_1) \cdot h_1$$

그림 2-8의 w_1'처럼 은닉층에서 계속 반복되어 진행할 수 있습니다. 우리는 다음과 같이 기록합니다.

$$\delta(h1) = \frac{\partial E_{\text{output\_total}}}{\partial \text{output}_1} \cdot \frac{\partial \text{output}_1}{\partial \text{input}_1} = -2 \cdot (y - \text{output}_1) \cdot \text{input}_1(1 - \text{input}_1),$$

즉, 다음과 같습니다.

$$\Delta w_1^{\,'} = \delta(h_1) \cdot \frac{\partial \text{input}_1}{\partial \text{output}_2} \cdot \frac{\partial \text{output}_2}{\partial \text{input}_2} \cdot \frac{\partial \text{input}_2}{\partial w_1'}$$

$$= \delta(h_1) \cdot w_1 \cdot \frac{\partial \big(\text{sigmoid}(\text{input}_2)\big)}{\partial \text{input}_2} \cdot h_1'$$

$$= \delta(h_1) \cdot w_1 \cdot \text{input}_2 (1 - \text{input}_2) \cdot h_1'$$

사실 각 Δw를 단독으로 계산할 필요가 없습니다. 그냥 이전 연산 결과 $\delta(h_1)$을 사용해 현재 뉴런의 속성과 곱하면 됩니다. 그렇다면 우리는 순환 반복 과정에서 $\delta(h_1)$만 보존하고 있다면, 연산 효율을 대폭 향상시킬 수 있습니다. 이것이 바로 역전파의 핵심 포인트입니다.

역전파 과정에서의 가중치 업데이트 과정에 대해 살펴봤는데, 구체적으로 어떻게 구현하는지에 대해서도 살펴봅시다. 먼저 동일하게 cost_function 함수를 설정해 줍니다.

```python
def cost_function(expected, outputs):
    n = len(expected)
    total_error = 0.0

    for i in range(n):
        total_error += (expected[i] - outputs[i])**2
    return total_error
```

한 가지 설명해야 할 부분은 역전파 계산 중에 cost_function 함수는 필수가 아니라는 점입니다. 반면, cost_function 함수에 기반해 미분값을 구하는 것은 필수입니다. 그러나 cost_function 함수를 명확히 정의해 놓으면 전체 구현 부분을 이해하기 쉽습니다.

그리고 시그모이드 활성화 함수를 미분하는 부분을 구현합니다.

```python
def transfer_derivative(output):
    # d(sigmoid(z)) = z * (1-z), 기본 역전파 알고리즘
    return output * (1.0 - output)
```

앞서 나온 두 부분을 완성하면 가장 중요한 부분인 역전파를 구현할 수 있습니다. 다음 코드를 먼저 살펴보도록 합니다.

```python
1   def backward_propagate(network, expected):
2       for i in reversed(range(len(network))):
3           layer = network[i]
4           errors = list()
```

```
5
6              if i == len(network) - 1:
7                  for j in range(len(layer)):
8                      neuron = layer[j]
9                      error = -2 * (expected[j] - neuron['output'])
10                     errors.append(error)
11             else:
12                 for j in range(len(layer)):
13                     error = 0.0
14                     for neuron in network[i+1]:
15                         error += (neuron['weights'][j] * neuron['delta'])
16                     errors.append(error)
17
18             for j in range(len(layer)):
19                 neuron = layer[j]
20                 neuron['delta'] = errors[j] * transfer_derivative(neuron['output'])
```

해당 코드 내용을 자세히 살펴봅시다.

1번 행 두 개의 파라미터를 설정합니다. 하나는 업데이트해야 하는 네트워크 모델 network입니다 (network는 리스트라는 점을 기억해야 합니다. 각 item은 모두 파라미터이고, 가중치와 기타 속성을 포함하고 있습니다). 다른 하나는 기댓값 expected이며, 결과의 실제 클래스를 포함합니다.

2~4번 행 네트워크의 마지막층(출력층)부터 계산을 시작해 현재 층(layer)을 얻고, 변수 errors를 리스트로 만듭니다. errors에는 해당 층 각 뉴런의 예측값 오차를 저장합니다. 주의해야 할 점은 이 오차는 출력층으로부터 시작해 계속해서 반복 누적된 것이고, 실제 목적값 y와의 절대 오차가 아니라는 점입니다.

6번 행 출력층과 은닉층에 대해 다른 처리를 하기 위한 구분을 해줍니다.

7~10번 행 마지막층(출력층)에 대한 처리를 진행합니다. 출력층의 각 뉴런neuron에 대해, 앞서 정의한 공식 $\Delta w = -2 \cdot (y - \text{output}_1) \cdot \text{input}_1(1 - \text{input}_1) \cdot h_1$을 바탕으로 첫 번째 부분인 $-2 \cdot (y - \text{output}_1)$ 을 errors(리스트)에 저장합니다.

18~20번 행 만약 해당 층이 출력층이라면, 해당 층 뉴런에 $\Delta w = -2 \cdot (y - \text{output}_1) \cdot \text{input}_1(1 - \text{input}_1)$ 을 저장하는데, 여기서 $\text{input}_1(1 - \text{input}_1)$은 입력값에 대한 시그모이드 활성화 함수의 미분값입니다. 그리고 다시 뒤에서 두 번째 층(은닉층)으로 진입합니다. 이러한 논리 과정은 매우 간단명료합니다. 각 뉴런의 delta 속성에 이전에 계산된 $\delta(h)$가 저장됩니다.

다시 **12~16번 행**을 살펴보면, 위에서 유도한 공식을 바탕으로 이전 층의 $\sum \delta(h) \cdot w$를 계산합니다. 여기서 이전 층과 현재 층 뉴런과 관련된 모든 출력 오차를 전부 누적해서 더해 줍니다(완전연결층은 현재 층의 각 뉴런의 출력이 모두 다음 층의 각 뉴런의 입력으로 작용한다는 것을 뜻하기 때문입니다).

따라서 다시 18~20번 행이 실행될 때 은닉층에 대응하는 시그모이드 미분값을 곱합니다. 이때 neuron['delta']에 마지막으로 $\sum\delta(h)\cdot w\cdot output\cdot(1-output)$이 저장됩니다. 최종 Δw를 얻기 위해서는 마지막에 현재 뉴런의 inputs(즉 이전 층의 output 속성)를 곱해 주기만 하면 됩니다. 가중치 업데이트를 위한 코드 구현은 다음과 같습니다.

```
1    def update_weights(network, row, learning_rate):
2        for i in range(len(network)):
3            inputs = row[:-1]
4            if i != 0:
5                inputs = [neuron['output'] for neuron in network[i-1]]
6            for neuron in network[i]:
7                for j in range(len(inputs)):
8                    neuron['weights'][j] -= learning_rate * neuron['delta'] * inputs[j]
9
10               neuron['weights'][-1] -= learning_rate * neuron['delta']
```

update_weights 함수에서, 먼저 2번 행 코드를 통해 모든 층의 네트워크를 순회합니다. 앞서 알아본 back_propagate 함수와 다른 점은 뒤에서부터 순회하지 않고 순서대로 순회한다는 점입니다(그 이유는 초기 입력값이 첫 번째 층에 있기 때문입니다).

이 밖에도 update_weight 함수는 back_propagate 함수 뒤에 사용됩니다. 왜냐하면 back_propagate 함수에서 각 층 모든 뉴런의 delta 속성에 $\sum\delta(h)\cdot w\cdot output\cdot(1-output)$을 저장하고, 해당 뉴런의 net_inputs을 곱해야 하기 때문입니다(즉, 이전 층의 output 속성에 있는 모든 값을 뜻합니다).

따라서 3~5번 행에서 inputs를 입력 데이터 row로 초기화합니다. 만약 입력층(첫 번째 입력)이 아니라면, 입력은 이전의 출력으로 변경됩니다.

6번 행부터 시작해 해당 층의 모든 뉴런을 순회하고, 해당 뉴런의 각 입력 inputs[j]에 대응하는 가중치 neuron['weights'][j]에서 Δw를 빼줍니다. 여기서 Δw는 back_propagate 함수에서 계산된 neuron['delta']*inputs[j]입니다. 따라서 8번 행의 계산으로 이어집니다.

```
neuron['weights'][j] -= learning_rate * neuron['delta'] * inputs[j]
```

마지막으로, 추가적인 가중치 파라미터 bias를 처리해 줍니다. 해당 입력을 1로 설정했기 때문에 10번 행에서 설정한 마지막 가중치는 learning_rate * neuron['delta']가 됩니다.

2.4.6 네트워크 훈련과 조율

이제 역전파 가중치 조정 과정에서 필요한 모든 함수를 정의했습니다. 다음으로 구체적인 훈련 코드를 구현해 봅시다.

```
1    def train_network(network, training_data, learning_rate, n_epoch, n_outputs):
2        for epoch in range(n_epoch):
3            sum_error = 0
4            for row in training_data:
5                outputs = forward_propagate(network, row)
6                expected = [0 for i in range(n_outputs)]
7                expected[row[-1]] = 1
8                sum_error += cost_function(expected, outputs)
9                backward_propagate(network, expected)
10               update_weights(network, row, learning_rate)
11           print('>epoch: %d, learning rate: %.3f, error: %.3f' % (epoch, learning_rate,
12   sum_error))
```

앞에서 모든 함수를 구현했기 때문에 실제 모델 훈련에는 간단한 코드 12줄만 필요합니다.

1번 행 훈련 함수를 정의할 때 네트워크 모델 대상, 훈련 데이터, 학습률, 훈련 횟수 그리고 출력 클래스의 수량을 지정해 주어야 합니다.

2번 행 지정한 훈련 횟수 n_epoch에 따라 반복적인 훈련을 진행하게 합니다.

3번 행 sum_error는 현재 에포크$_{epoch}$(각 에포크마다 모든 훈련 데이터를 사용해 훈련합니다)의 오차를 뜻합니다. 이는 사실 훈련 자체에는 아무런 영향을 주지 않고, 다음 손실$_{loss}$을 확인하는 데 사용됩니다.

4번 행 모든 훈련 데이터를 순회하고, 하나를 선택해 훈련을 시작합니다.

5번 행 순전파 계산을 하고, 최종 출력을 얻습니다. 주의해야 할 점은 이 출력에는 n_outputs에서 정의한 클래스 개수가 포함되어 있고, 각 클래스에 대해 하나의 확률을 생성합니다. 이번 예제에서 출력은 길이가 2인 1차원 숫자 배열$_{array}$이고, 0, 1 두 가지 클래스를 뜻합니다. 이는 아직 최종 예측 결과가 아닙니다. 이 두 가지 클래스 중에서 확률이 높은 하나를 선택해 예측 결과로 반환해야 합니다.

6~7번 행 각 입력 데이터에 대해 대응하는 기대 출력$_{expected}$를 만들었습니다. 먼저, **6번 행**에서 기대 출력을 0으로 설정하고, **7번 행**에서 입력 데이터의 마지막 수치[(학습하고자 하는 데이터의) 실제 클래스 ground truth(레이블, 구체적으로 어떤 클래스인지를 나타냄)]를 바탕으로 기대 출력 중에 대응하는 위치를 1로 설정합니다.

8번 행 cost_function을 통해 오차를 계산합니다.

9~10번 행 먼저 back_propagate를 사용해 각 뉴런의 delta 속성을 설정하고, update_weights를 사용해 가중치를 조절합니다.

11~12번 행 각 에포크가 끝날 때마다 필요한 파라미터를 보여줄 수 있도록 합니다.

그렇다면 도대체 모델은 어떻게 예측을 진행하는 것일까요? 사실 이전에 소개했던 forward_

propagate와 유사하게 마지막에 가장 큰 확률을 가진 클래스를 선택하기만 하면 됩니다.

```
def predict(network, row):
    outputs = forward_propagate(network, row)
    return outputs.index(max(outputs))
```

마지막으로, 다음 코드를 실행합니다.

```
n_inputs = 2
n_outputs = 2
network = initialize_network(n_inputs, 1, n_outputs)
train_network(network, training_data = dataset, learning_rate = 0.5, n_epoch = 2000,
n_outputs = n_outputs)
# 네트워크층에 대해:
#     print(layer)

for row in test_data:
    result = predict(network, row)
    print('expected: %d, predicted: %d\n' % (row[-1], result))
```

이 코드는 먼저 initialize_network를 사용해 네트워크 모델을 초기화합니다. 여기서는 은닉층에 한 개의 뉴런을 설정했습니다. 그리고 train_network를 사용해 네트워크 모델을 훈련합니다. 훈련이 완료된 후, 테스트 세트인 test_data에서 검증을 진행하고, predict 함수를 사용해 예측 결과와 테스트 데이터의 레이블을 비교합니다.

network 가중치의 초깃값은 랜덤값이기 때문에 코드를 세 번 실행해 본 결과는 다음과 같습니다.

첫 번째	expected: 0, predicted: 1
	expected: 1, predicted: 1
	expected: 1, predicted: 1
두 번째	expected: 0, predicted: 1
	expected: 1, predicted: 1
	expected: 1, predicted: 1
세 번째	expected: 0, predicted: 0
	expected: 1, predicted: 1
	expected: 1, predicted: 1

첫 두 번의 실행 결과에서 잘못 예측한 결과가 있음을 확인할 수 있습니다. 마지막 실행 결과는 모두 정확하게 예측했습니다. 그렇다면 어떻게 정확도를 높일 수 있을까요? 먼저 신경망의 넓이width를 증가하는 방법을 시도해 볼 수 있습니다. 기존의 하나의 뉴런만을 가진 구조에 뉴런을 추가하면 두

개의 뉴런을 가진 구조로 바뀌고, 이는 initialize_network를 사용할 때 n_hidden 파라미터를 2로 설정하는 것입니다.

```
network = initialize_network(n_inputs, 2, n_outputs)
```

이때 다시 연속으로 3회 실행하면 모든 테스트 결과가 정확하게 나오는 것을 확인할 수 있습니다(결과는 완전히 일치합니다. 따라서 자세한 결괏값은 생략하겠습니다).

다른 한 가지 아이디어는 깊이를 늘리는 것입니다. 기존 단일 은닉층 구조에서 하나의 층을 더합니다. 여기서는 initialize_network를 수정해야 하는데, 코드는 다음과 같습니다.

```
def initialize_network(n_inputs, n_hidden, n_outputs):
    network = list()
    hidden_layer1 = [{'weights': [random() for i in range(n_inputs + 1)]} for i in
range(n_hidden)]
    hidden_layer2 = [{'weights': [random() for i in range(n_hidden + 1)]} for i in
range(n_hidden)]
    output_layer = [{'weights': [random() for i in range(n_hidden + 1)]} for i in
range(n_outputs)]
    network.append(hidden_layer1)
    network.append(hidden_layer2)
    network.append(output_layer)
    return network
```

앞서 말한 initialize_network 함수에서 이전의 단일 hidden_layer를 hidden_layer1과 hidden_layer2로 변경했습니다. 이 두 개의 새로운 은닉층의 뉴런 수는 모두 n_hidden으로 지정해 주며, 서로 일치합니다.

n_hidden=1을 유지하고 실행하면, 층을 증가한 후의 예측 결과는 이전만큼 좋지 않다는 것을 확인할 수 있습니다.

첫 번째	expected: 0, predicted: 0
	expected: 1, predicted: 0
	expected: 1, predicted: 0
두 번째	expected: 0, predicted: 0
	expected: 1, predicted: 0
	expected: 1, predicted: 0
세 번째	expected: 0, predicted: 1
	expected: 1, predicted: 1
	expected: 1, predicted: 1

왜 층을 증가했는데도 결과가 좋지 않을까요? 깊이를 증가한 후에 훈련 파라미터 개수와 기울기 반복의 횟수도 증가했기 때문에 더 많은 훈련과 조율을 해야 하는 것은 아닐까요? n_epoch의 횟수를 20에서 200으로 향상시킨 결과를 한번 확인해 봅시다.

첫 번째	expected: 0, predicted: 0 expected: 1, predicted: 1 expected: 1, predicted: 1
두 번째	expected: 0, predicted: 0 expected: 1, predicted: 1 expected: 1, predicted: 1
세 번째	expected: 0, predicted: 0 expected: 1, predicted: 0 expected: 1, predicted: 0
네 번째	expected: 0, predicted: 0 expected: 1, predicted: 0 expected: 1, predicted: 0

훈련 횟수를 20에서 200으로 향상시킨 효과는 미미해 보입니다. 그렇다면 2000으로 향상시키면 어떻게 될까요? 훈련 횟수를 2000으로 향상시킨 후 확인해 보면 테스트 정확도가 100%에 달하는 것을 알 수 있습니다(결과표는 생략합니다).

이번 장에서 우리는 간단한 숫자 분류 예제를 통해 신경망 깊이를 증가하면 예측 정확도를 향상시킬 수 있지만, 동시에 계산량이 대폭 증가한다는 것을 확인할 수 있습니다. 하나의 은닉층을 유지한 채 뉴런을 더하는 방법은 빠른 효과를 얻는 동시에 상대적으로 계산량이 증가하는 현상도 피할 수 있었습니다.

머신러닝은 아주 긴 시간 동안 넓이를 강조하고 뉴런 수를 늘리는 단계에 머물러 있었습니다. 깊이를 증가시키는 방법에 대해서는 깊게 고민하지 않았고, 그냥 단순히 심층 신경망Deep Neural Network, DNN 방향으로만 발전해갔습니다. 이는 심층 신경망 알고리즘이 그 위력을 발휘할 수 있는 응용 환경을 만나지 못했기 때문입니다. 그리고 하드웨어와 소프트웨어 또한 심층 신경망이 실전에서 활용될 만한 수준의 계산 능력을 제공하지 못한 이유도 있습니다.

하지만 합성곱 신경망Convolutional Neural Network, CNN이 이미지 분류 문제에서 뛰어난 성과를 보이기 시작하면서, 딥러닝deep learning에 기반한 심층 신경망이 주류로 자리잡게 되었습니다. 따라서 각종 개발 프레임워크가 탄생했고, 하드웨어와 소프트웨어가 심층 신경망의 훈련과 응용을 도울 수 있도록 길을 열어주었습니다. 다음 3장에서 소개할 케라스Keras는 많은 연구자가 딥러닝 개발 프레임워크의 기본 사용 방법을 쉽고 체계적으로 이해할 수 있도록 돕습니다. 따라서 추천 시스템, 자연어처리, 이미지 인식 등 다양한 방면의 학습과 응용을 촉진시켰습니다.

2.5　요약

이번 장에서는 여러분이 머신러닝 프레임워크에 대한 지식이나 관련 수학적 배경이 없이도, 가장 기초 파이썬 코드만을 사용해 간단한 단층 네트워크를 구현하고 머신러닝의 분류 및 예측 문제를 완성할 수 있도록 구성했습니다.

이번 장에서는 가장 간단한 퍼셉트론 원리에서 시작해, 파이썬을 사용한 분류 퍼셉트론을 구현했습니다. 그리고 선형 분류에 대한 개념을 통해 머신러닝 분류의 기본 원리를 설명하고, 동시에 가장 핵심적인 두 개념인 '손실함수'와 '경사 하강법'을 소개했습니다. 다음으로 실제 파이썬 코드를 사용해 선형 회귀 알고리즘을 구현하고, 경사 하강법에 대한 구체적인 구현 과정을 살펴봤습니다. 여기서 확률적 경사 하강법과 미니 배치에 대한 개념 소개와 더불어 코드를 통한 최적화 방법도 소개했습니다. 마지막으로, 단일 뉴런을 가진 퍼셉트론 구현으로부터 시작해 완전한 신경망의 설계와 개발까지 살펴보며 이번 장에서 배운 개념들을 모두 종합적으로 설명했습니다. 그리고 좌표점 분류 문제를 예로 들어 순수 파이썬 코드를 사용해 순전파, 역전파, 체인 룰, 가중치 업데이트 등의 개념을 포함하고, 동시에 은닉층의 뉴런 개수를 유연하게 정의할 수 있는 완전 연결 신경망을 구현했습니다. 이를 바탕으로 실험을 통해 네트워크 넓이와 깊이를 증가했을 때의 효과도 살펴보았고, 간단한 분석과 비교를 진행하며 심층 신경망과 관련한 개념에 대해 소개했습니다.

2.6　참고자료

[1]　W. McCullock, W. Pitts, *A Logical Calculus of the Ideas Immanent in Nervous Activity*, 1943

[2]　F. Rosenblatt, *The Perceptron, a Perceiving and Recognizing Automaton*, 1957

[3]　H.T.Cheng,et.al, *Wide & Deep Learning for Recommendation Systems*, 2016

CHAPTER

3

케라스 시작하기

이전 두 챕터에서 머신러닝의 기본 개념을 소개하고, 직접 파이썬 코드로 간단한 신경망을 구현해 봤습니다. 파이썬을 사용한 신경망의 코드 구현이 특별히 복잡해 보이지 않는다고 생각할 수 있지만, 층수가 깊어짐에 따라 정의해야 하는 파라미터와 알고리즘이 늘어나 더 이상 순수 파이썬 코드만으로 구현하기 힘들어집니다. 학술 연구와 AI 산업의 발전을 위해 네트워크 구조, 파라미터 설정, 알고리즘 구현 등이 간편한 머신러닝 개발 프레임워크가 필요했고, 이러한 필요에 따라 많은 프레임워크가 제공되고 있습니다.

현재, 비교적 많이 사용하는 머신러닝 개발 프레임워크에는 텐서플로TensorFlow, 케라스Keras, 파이토치PyTorch, MXNet 등이 있습니다. 이 책에서는 케라스에 기반한 머신러닝 개발 방법을 소개하기 때문에 먼저 케라스에 대해 소개한 뒤 다음 실전 내용으로 넘어가겠습니다.

> 이번 챕터에서도 많은 코드가 등장하지만, 기본적으로 도표나 개념에 대한 보충 설명을 위한 것이기 때문에 반드시 실행하지는 않아도 됩니다.

3.1 케라스 소개

앞서 언급한 것과 같이, 많은 머신러닝 개발 프레임워크가 존재하고 계속해서 발전하고 있습니다. 어떤 관점에서는 현재의 머신러닝 개발 프레임워크가 몇 년 전에 일어났던 윈도우Windows 플랫폼상의 개발 도구 경쟁과 흡사합니다. 우리는 아직 미래에 어떤 프레임워크가 업계의 표준이 될지 알 수 없고, 심지어 어떤 표준이 존재할지조차 알지 못합니다.

현재 기준으로만 이야기하면, 활용도 면에서 파이토치와 케라스가 가장 두각을 드러냈습니다. 파이토치는 네트워크 구조를 정의하는 측면에서 유연성이 더 뛰어납니다. 반대로 조금 더 엔지니어링적 관점에서 본다면, 텐서플로가 업계 선두를 달리고 있다고 말할 수 있습니다. 깃허브Github에서 케라스, 파이토치, 그리고 텐서플로를 검색해 보면 케라스를 사용한 코드가 파이토치에 비해 월등히 많은 것을 확인할 수 있습니다. 하지만 실제 응용 환경에서는 텐서플로의 활용도가 케라스를 뛰어 넘습니다.

하지만 텐서플로의 인터페이스는 사용자 친화적이지 않다는 의견이 많습니다. 인터페이스와 더불어 정적 그래프static graph에 기반한 설계 아이디어는 유연한 알고리즘 디버그debug가 필요한 연구에 활용하기가 불편하나, 알고리즘이 정해진 후 구체적인 최적화나 구현을 하는 작업에는 용이합니다. 구글Google이 최근에 개최한 텐서플로 관련 세미나에서도 모델 연구나 구현에는 케라스를 사용하고, 생산 환경이나 애플리케이션 배치에는 텐서플로를 사용하는 방안을 반복 권장했습니다(참고자료 [1]).

이 책에서는 케라스를 주요 프레임워크로 선택했습니다. 하지만 케라스 자체는 완전한 머신러닝 프레임워크라고 할 수 없습니다. 실제로는 모종의 저층에 존재하는 머신러닝 백엔드 엔진의 고급 '래퍼(wrapper)' 라이브러리라고 볼 수 있습니다. 사용자에게는 간단하고 편리한 인터페이스를 제공합니다. 처음에 케라스에서는 사용자가 대응하는 백엔드 엔진(씨아노Theano 혹은 텐서플로)을 직접 지정하고 설정해 주어야 했습니다. 하지만 현재 출시된 텐서플로 2.0과 1.1x 버전은 이미 케라스를 포함하고 있어 사용자가 추가로 설치할 필요가 없습니다. 텐서플로에 포함된 케라스는 커뮤니티 버전 케라스의 상위 버전이라고 볼 수 있지만, 디테일한 부분에서 완전히 동일하지는 않다는 점에 주의해야 합니다. 여기서는 설치 및 학습의 편리함을 고려해 텐서플로에 내장된 케라스를 사용하겠습니다.

3.2 케라스 개발 입문

앞서 나온 코드를 통한 신경망 구현 과정에서 우리는 파이썬을 통해 직접 순전파, 역전파, 가중치 업데이트, 기울기 계산 등 일련의 작업이 반복적이고 오류를 내기 쉬우며, 또 새로운 알고리즘을 실험하기 위해서 많은 부분을 수정해야 한다는 사실을 알 수 있었습니다. 반면 케라스에는 이미 머신러닝 개발을 위해 자주 사용하는 내용을 구현해 놓았고, 사용자 친화적인 인터페이스를 가지고 있기 때문에 복잡한 네트워크 모델을 빠르고 쉽게 구현할 수 있습니다.

케라스에서 신경망을 구성하고 훈련하는 과정도 앞서 파이썬을 통해 살펴본 과정과 유사하지만, 파이썬보다 더욱 사용자 친화적인 인터페이스를 가졌습니다.

3.2.1 모델 구성

다음의 코드를 통해 네트워크 모델을 바로 구현할 수 있습니다.

```
import numpy as np
import tensorflow as tf
from tensorflow.keras.models import Sequential
from tensorflow.keras.layers import Dense, Activation
from tensorflow.keras.utils import plot_model

model = Sequential([
    Dense(4, input_shape=(2,)),
    Activation('sigmoid'),
    Dense(1),
    Activation('sigmoid'),
])
```

앞 코드로 정의한 네트워크를 그래프로 그려보면 그림 3-1과 같습니다.

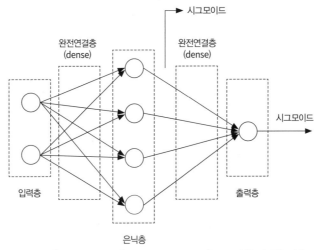

그림 3-1 케라스에서 순차 모델(sequential model)로 구성한 간단한 단층 신경망

먼저, Dense(4, input_shape = (2,))를 사용해 완전연결층dense Layer을 정의하는데, 여기에는 4개의 뉴런이 포함되어 있고 입력은 길이가 2인 일차원 배열array입니다. 이는 사실 입력층을 2개의 입력으로 하고 은닉층의 각 뉴런의 입력net_input이 모두 연결된 형식으로 정의한 것입니다.

그리고 해당 완전연결층의 활성화 함수(입력)를 시그모이드sigmoid로 정의하면, 모든 은닉층에 대한 정의가 완성됩니다.

마지막으로 출력층 역시 완전연결 형식으로 정의하고, 출력이 하나의 시그모이드 활성화 함수의 결괏값을 갖도록 정의합니다. 순차 모델은 층을 순서대로 더해 만든 네트워크 구조이기 때문에 각 층의 입력은 이전 층의 출력입니다. 따라서 출력층과 완전연결층의 입력 양식을 중복해서 지정해 주지 않아도 되며, 네트워크는 이전 층의 정보를 자동으로 가져와 사용하게 됩니다.

추가로, 더 구체적이고 명확하게 네트워크 구조를 표현하기 위해 케라스에서 plot_model 함수라는 편리한 기능을 제공하고 있습니다.

```
from keras.utils.vis_utils import plot_model
plot_model(model, to_file='training_model.png', show_shapes=True)
```

앞 코드를 실행해 보면 코드 목록에 새로운 그림 training_model.png가 생성된 것을 확인할 수 있습니다. 이것은 그림 3-2와 같이 케라스로 만든 네트워크 구조 그래프입니다.

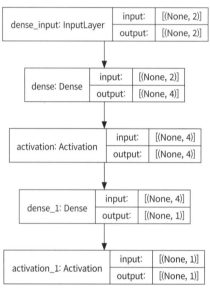

그림 3-2 **케라스로 만든 네트워크 구조 그래프**

여기까지는 네트워크 모델에 대한 정의만 완성했을 뿐입니다. 2장에서 구현한 간단한 네트워크를 참조해 진정한 모델을 만들려면 학습률과 손실값에 대한 정의가 필요합니다. 케라스에서 이러한 작업은 컴파일complie 함수를 통해 구현할 수 있습니다.

```
model.compile(optimizer=tf.keras.optimizers.Adam(0.001), loss='mse', metrics=['accuracy'])
```

여기서는 0.001의 학습률을 지정해 주었고, 손실함수를 뜻하는 loss(즉, 최종 결괏값과 실제 결괏값 사이의 오차 계산 방식)로는 MSE를 지정했습니다. 그리고 예측을 평가할 기준으로는 정확도accuracy를 지정했습니다.

3.2.2 훈련과 테스트

우리가 앞에서 구성한 간단한 모델은 두 개의 입력을 받아 (0, 1) 구간의 값을 출력합니다. 그렇다면 이 모델을 어떻게 사용할까요?

우리는 자연스럽게 이 모델을 앞서 살펴본 좌표 분류 예제에 적용해 볼 수 있습니다. y보다 작은 x를 하나의 클래스로, 그리고 y보다 큰 x를 다른 클래스로 분류하는 것입니다. 이 모델은 다음 코드를 통해 구현 가능합니다.

```
1   training_number = 100
2   training_data = np.random.random((training_number, 2))
3   labels = np.array([(1 if data[0]<data[1] else 0) for data in training_data])
4   model.fit(training_data, labels, epochs=20, batch_size=32)
5
6   test_number = 100
7   test_data = np.random.random((test_number, 2))
8   expected = [(1 if data[0]<data[1] else 0) for data in test_data]
9   error = 0
10  for i in range(0, test_number):
11      data = test_data[i].reshape(1, 2)
12      pred = 0 if model.predict(data) < 0.5 else 1
13
14      if (pred != expected[i]):
15          error+=1
16
17  print("total errors:{}, accuracy:{}".format(error, 1.0-error/test_number))
```

앞 코드는 해당 모델의 훈련과 테스트 과정입니다.

1~2번 행 훈련 데이터를 정의합니다. 그리고 넘파이NumPy의 random 함수를 사용해 랜덤으로 (100,2) 크기의 벡터를 만듭니다. 즉, 2개의 랜덤 수로 구성된 100개의 넘파이 배열입니다.

3번 행 훈련 데이터에 대응하는 레이블label을 생성합니다. 각 행에 대해 첫 번째 수가 두 번째 수보다 작다면 1을, 반대의 경우라면 0의 값을 레이블링합니다.

4번 행 훈련을 시작합니다. 여기서 설정한 훈련 횟수는 20이고, batch_size는 32입니다(미니 배치에 대한 개념은 2장에서 이미 설명했습니다).

6번 행 부터 훈련된 모델에 대한 테스트를 진행합니다. 먼저, 훈련 데이터와 동일한 형식의 테스트 데이터를 랜덤으로 만듭니다. 6~8번 행의 코드는 앞서 훈련 데이터를 만들고 레이블링했던 코드와 동일합니다.

9번 행 에러 횟수를 0으로 초기화합니다.

10번 행 테스트 데이터를 대상으로 테스트를 진행합니다. 모델은 shape가 (2,)인 벡터를 받습니다.

11번 행 원래 데이터를 재구성reshape해 줍니다.

12번 행 모델의 predict 메서드를 사용해 출력에 대한 조정을 실시합니다. 모델의 출력은 시그모이드 활성화 함수를 통해 (0, 1) 구간으로 투영되기 때문에 0.91234나 0.25768과 같은 확률값이 됩니다. 따라서 우리는 해당 값을 1 혹은 0으로 바꿔 주어야 합니다.

14~17번 행 예측값prediction과 기댓값이 부합하지 않는 오류 개수를 카운트하고, 출력해 줍니다. 한 번만 실행했을 경우 오차율이 높다는 것을 확인할 수 있습니다.

```
total errors:41, accuracy:0.59
```

그렇다면 어떻게 해야 개선할 수 있을까요? 네트워크 구조를 바꾸지 않는 전제하에 유일한 방법은 바로 훈련 횟수를 늘리거나 훈련 데이터를 늘리는 것입니다. 즉, **4번 행** 의 model.fit 부분의 epochs 파라미터를 수정하거나 혹은 training_number 파라미터를 수정하는 것입니다.

실험 결과는 표 3-1과 같습니다.

표 3-1 **실험 결과**

파라미터 설정	총 에러 횟수	정확도
Epochs = 500	17	0.83
Epochs = 1000	1	0.99
Training_number = 1000	28	0.72
Training_number = 10000	0	1.00

빠른 실험을 통해 훈련 횟수나 훈련 샘플을 늘리는 방법이 매우 효과적임을 확인할 수 있었습니다. 훈련 횟수가 20번에서 1,000번까지 증가한 후 정확도가 99%에 달했고, 훈련 샘플이 기존 100개에서 10,000개로 증가한 후 정확도는 놀랍게도 100%를 달성했습니다.

3.3 케라스 개념 설명

간단한 예제 소개를 통해 우리는 케라스가 얼마나 사용자 친화적인지 확인할 수 있었습니다. 케라스는 모델과 층layer 위주로 네트워크를 구성하고 활성화 함수, 경사 하강법, 손실함수 등 다양한 파라미터 설정 기능을 제공해 다양한 전략을 구현할 수 있도록 해줍니다. 그렇다면 케라스가 우리에게 제공하는 내용에는 구체적으로 어떤 것들이 있는지 알아봅시다.

3.3.1 모델

케라스에서 모델model은 다음 두 종류만을 포함하고 있습니다. 바로 순차 모델sequential model과 입력 텐서input tensor와 출력 텐서output tensor를 사용해 만든 함수형 모델functional model[*]입니다.

앞선 예제에서는 순차 모델의 사용법을 보여줬습니다. 이름에서 알 수 있듯이 순차 모델은 층이 계속해서 더해지는 신경망을 만들기에 적합합니다. 특히, CNN과 같은 층을 깊게 만드는 데 집중된 신경망(7장에서 소개)의 경우가 그렇습니다. 그러나 더 복잡하고 여러 가지 네트워크를 조합해서 만들어진 LSTM(6장에서 소개)이나 Faster RNN(8장에서 소개)과 같은 네트워크는 이전 네트워크에 새로운 은닉층을 직접적으로 더해 구현할 수 없습니다. 이들은 서로 다른 네트워크의 입력을 조합한 후, 새로운 네트워크 구조로 출력해야 합니다. 이때는 순차 모델이 아닌 함수형 API를 사용해야 합니다.

먼저 다음 코드를 살펴봅시다.

```
1    from tensorflow.keras.models import Model, Sequential
2    from tensorflow.keras.layers import Input, Dense, Activation, concatenate
3
4    from tensorflow.keras.utils import plot_model
5
6    model1 = Sequential()
7    model1.add(Dense(units = 32, input_shape=(32,), activation='sigmoid'))
8    plot_model(model1, to_file='m1.png', show_shapes=True)
9
10   a = Input(shape=(32,))
11   b = Dense(1, activation='sigmoid')(a)
12   model2 = Model(inputs=a, outputs=b)
13   plot_model(model2, to_file='m2.png', show_shapes=True)
```

앞 코드에서 model1은 Sequential 방식으로 만들었습니다. 반면 model2는 inputs와 outputs 파라미터를 자체적으로 정의하는 방식으로 만들었습니다. 그러나 그림 3-3의 출력되는 모델 구조 그래프를 살펴보면, 이 두 모델이 동일하다는 것을 확인할 수 있습니다.

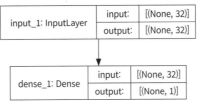

그림 3-3 **앞의 코드로 생성된 두 개의 모델**

---

[*] 옮긴이 함수형 API를 말합니다. 원서에서는 그냥 모델을 순차 모델과 구분하기 위한 용어로 사용하고 있지만, 일반적으로 함수형 (functional) 모델 혹은 함수형 API라는 용어를 많이 사용하기 때문에 보다 명확한 표기를 위해 '함수형 API'라는 용어를 사용하겠습니다.

그러나 만약 그림 3-4의 네트워크처럼 두 입력 input1과 input2에 대해, input1은 완전연결층 연산을 거쳐 하나의 값으로 출력되고, 다시 input2와 함께 새로운 네트워크로 입력되도록 만들고 싶다면 어떻게 해야 할까요?

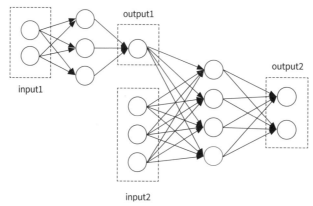

그림 3-4 **다수의 서로 다른 입력을 가진 신경망**

그림 3-4와 같은 네트워크는 다음 코드를 통해 구현할 수 있습니다.

```
1    input1 = Input(shape=(2,))
2    h1 = Dense(3, activation='sigmoid')(input1)
3    output1 = Dense(1, activation='sigmoid')(h1)
4
5    input2 = Input(shape=(3,))
6    new_input = concatenate([output1, input2])
7    h2 = Dense(4, activation='sigmoid')(new_input)
8    output2 = Dense(2, activation='sigmoid')(h2)
9    model3 = Model(inputs=[input1, input2], outputs=[output1, output2])
10   plot_model(model3, to_file='m3.png', show_shapes=True)
```

코드 내용을 자세히 살펴보겠습니다.

1~3번 행 input1에서 output2까지의 과정을 구현합니다.

5~9번 행 새로운 입력 input2를 정의하고 concatenate 함수를 통해 output1과 output2를 결합해 새로운 입력 new_input을 만듭니다. 그리고 은닉층과 output2를 구현합니다.

10번 행 네트워크 구조 그래프를 그립니다. 생성된 네트워크는 그림 3-5입니다. 이는 그림 3-4의 네트워크와 동일한 네트워크입니다.

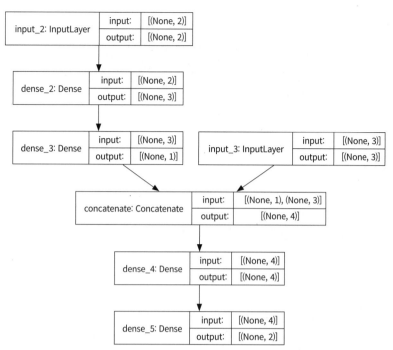

그림 3-5 **케라스 함수 API를 사용해 생성한 그림 3-4의 구조를 가진 네트워크 그래프**

우리는 다음 코드를 더해 output1의 결과를 동시에 출력할 수도 있습니다.

```
model3 = Model(inputs=[input1, input2], outputs=[output1, output2])
```

기본적인 sequential 모델과 함수형 API외에도 파이썬에서 함수형 API와 비슷한 형태로 자체 정의해 사용할 수 있습니다. 케라스 공식 홈페이지*(참고자료 [2])에서는 다음과 같은 예제를 보여주고 있습니다.

```
import keras

class SimpleMLP(keras.Model):

    def __init__(self, use_bn = False, use_dp = False, num_classes = 10):
        super(SimpleMLP, self).__init__(name = 'mlp')
        self.use_bn = use_bn
        self.use_dp = use_dp
        self.num_classes = num_classes

        self.dense1 = keras.layers.Dense(32, activation = 'relu')
        self.dense2 = keras.layers.Dense(num_classes, activation = 'softmax')
        if self.use_dp:
```

---

* [옮긴이] 별도 부록 형태의 코드를 제공하지 않으니, 반드시 다음 참고자료를 살펴보세요.

```
            self.dp = keras.layers.Dropout(0.5)
        if self.use_bn:
            self.bn = keras.layers.BatchNormalization(axis = -1)

    def call(self, inputs):
        x = self.dense1(inputs)
        if self.use_dp:
            x = self.dp(x)
        if self.use_bn:
            x = self.bn(x)
        return self.dense2(x)
```

먼저 새로운 SimpleMLP 클래스의 __init__ 함수에서 새로운 층을 정의할 수 있으며, 파라미터를 설정할 수도 있습니다. 하지만 층을 구성한 후에 직접적으로 이어 붙이지 못합니다. 예를 들어, __init__ 함수에서 dense2(dense1(x))와 같은 연산은 할 수 없고, 단순히 층에 대한 정의만 할 수 있습니다.

진짜 연산은 call() 함수에서 진행됩니다. 우리는 call() 함수를 모델의 순전파를 구현한 것으로 간주할 수 있습니다. 여기서는 이전 예제와 유사하게 단지 층 사이의 데이터 처리를 call() 함수에 캡슐화encapsulation했을 뿐입니다. 해당 모델은 다음과 같은 의사 코드pseudocode를 사용해 쉽게 처리할 수 있습니다.

```
model = SimpleMLP()
model.compile(...)
model.fit(...)
```

케라스의 함수형 API는 inputs, outputs, layers, get_weights(), save_weights(), compile(), fit() 등과 같은 통용적인 속성attribute과 함수를 포함하고 있습니다. 자세한 내용은 케라스 공식 홈페이지에서 확인 바랍니다.

3.3.2 층

앞서 나온 케라스 예제에서 케라스에서의 딥러닝 모델이란, 사실상 각종 서로 다른 층을 더하고 연결하는 작업임을 우리는 확인할 수 있었습니다. 여러분은 앞의 예제에서 이미 가장 자주 사용하는 Dense층이나 활성화층 등 기본적인 유형의 층을 만나 보았습니다. 그렇다면 케라스에서 제공하는 층에는 어떤 유형이 있을까요?

다음 내용을 통해 케라스에서 제공하는 핵심적인 층layer의 유형에 대해 알아봅시다. 만약 각 층의 파라미터에 대해 자세히 알고 싶다면 케라스 공식 홈페이지에 나와 있는 상세 설명을 참고바랍니다.

1. Dense

Dense는 가장 자주 사용되는 완전연결층입니다. Output = activation(dot(input, kernel) + bias) 과 같은 기본적인 작업을 구현할 수 있습니다. 해당 층의 구성 파라미터는 비교적 많은 편입니다. 자주 사용되는 파라미터에 대해서는 다음 내용을 참고합시다.

- units: 뉴런의 개수

- activation: 활성화 함수를 선택합니다. 기본값default은 None입니다. 만약 설정하지 않는다면 출력에 아무런 활성화 함수도 사용하지 않고 출력은 입력과 동일해집니다. 즉 activation(x) = x가 되는 것입니다.

- use_bias: bias 사용 여부에 대해 결정합니다. 기본값은 True입니다. 즉, bias 파라미터를 사용한다는 뜻입니다.

이미 이전 예제에서 해당 층이 자주 사용되는 것을 확인할 수 있었습니다. 여기서는 입력 데이터에 대해 조금 더 설명하겠습니다. 완전연결층(그리고 기타 층)의 구조 함수에서는 입력 데이터의 구조를 지정해 주지 않습니다. 이는 3.3.1절의 코드에서 확인했던 것처럼, 모델을 만들 때 정의해 주는 것입니다.

```
model1 = Sequential()
model1.add(Dense(32, input_shape=(32,), activation='sigmoid'))
...
input1 = Input(shape=(2,))
h1 = Dense(3, activation = 'sigmoid')(input1)
```

여기서 model1은 add 메서드를 통해 추가 파라미터 input_shape를 받아 입력 데이터의 형식을 정의했습니다. 혹은 _call 형식으로 입력층을 정의해 주어도 됩니다. 어떤 형식을 사용하든지 형태가 (*, 32) 혹은 (*, 2)인 입력 데이터를 모델이 받는 파라미터가 됩니다. 사실상 모델에 전달한 형식은 (batch_size, input_dimension)과 같습니다. 이전 keras_sample 코드에서 model.fit 함수를 사용해 훈련할 때 입력했던 데이터는 (1000,2)와 같은 형식이었습니다. 여기서 입력층은 (2,)인 벡터였습니다. 다시 그때의 예제 코드를 살펴봅시다.

```
model = Sequential([
    Dense(4, input_shape = (2,)),
    ....
])
training_number = 1000
training_data = np.random.random((training_number,2))
...
model.fit(training_data, labels, epochs = 20, batch_size = 32)
```

2. 활성화 함수

앞 코드에서 우리는 두 가지 형태의 활성화 함수(Activation)를 지정하는 방법이 존재한다는 것을 알 수 있습니다.

```
model.add(Dense(32))
model.add(Activation('sigmoid'))
```

```
model.add(Dense(32, activation = 'sigmoid'))
```

이 두 가지 형태는 사실상 동일합니다. 만약 활성화층이 네트워크의 첫 번째 층이라면 input_shape 파라미터를 반드시 지정해 주어야 합니다.

다음은 케라스에서 사용하는 주요 활성화 함수(activation)에 대한 소개입니다.

1 softmax(x, axis =1). 시그모이드 함수와 유사하게 소프트맥스softmax 함수도 입력을 [0, 1] 구간으로 투영하는 연산을 합니다. 그러나 시그모이드 함수는 단일 입력을 처리하지만, 소프트맥스 함수는 다수의 입력(다중분류)을 처리할 수 있습니다. k개의 입력 $[x_0, x_1, \cdots , x_{k-1}]$에 대해 우리는 x_i가 다음과 같이 투영되었다고 정의할 수 있습니다.

$$\delta(x_i) = \frac{e^{x_i}}{\sum_j e^{x_i}}$$

코드로 구현하는 방법은 매우 간단합니다.

```
import numpy as np
def softmax(inputs):
    return np.exp(inputs) / float(sum(np.exp(inputs)))
```

2 elu*(x, alpha = 1.0). 여기서 x는 입력 벡터를 나타내고 alpha는 다음 공식의 대응하는 값을 나타냅니다.

$$R(z) = \begin{cases} z, z > 0 \\ \alpha(e^z - 1), z \leqslant 0 \end{cases}$$

코드는 다음과 같습니다.

```
def elu(x, alpha = 1.0):
    return x if x > 0 else alpha * (math.exp(x)-1)
```

---

* 옮긴이 Exponential Linear Unit을 의미합니다.

그래프로 그려보면 그림 3-6과 같습니다.

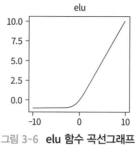

그림 3-6 **elu 함수 곡선그래프**

3 selu(x, alpha = 1.0). selu 함수는 scaled elu 함수라고도 부릅니다. 사실, elu 함수와 매우 유사한데, 단지 scale 함수를 추가했을 뿐입니다. 일반적으로 scale은 1.0507로 설정합니다.

코드로 구현하는 다음과 같습니다.

```
def selu(x):
    scale = 1.0507
    return scale * elu(x)
```

그래프로 그려보면 그림 3-7과 같습니다.

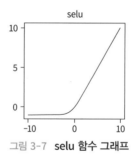

그림 3-7 **selu 함수 그래프**

4 relu(x, alpha = 0.0, max_value = None, threshold = 0.0). relu 함수의 작동 원리는 매우 간단합니다. relu(x) = max(0,x)입니다[*]. 케라스에서 사용하는 relu 함수는 약간 더 확장된 버전으로 파라미터 몇 가지가 더해졌지만, 전체적인 아이디어는 동일합니다.

코드로 구현하면 다음과 같습니다.

```
def relu(x, alpha = 0.0, max_value = None, threshold = 0.0):
    return max(x, 0)
```

---

[*] 옮긴이 쉽게 말해 0보다 작은 값이 나온 경우 0을 반환하고, 0보다 큰 값이 나온 경우 그 값을 그대로 반환하는 함수입니다.

그래프로 그려보면 그림 3-8과 같습니다.

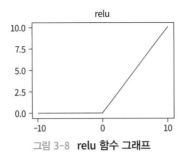

그림 3-8 **relu 함수 그래프**

5 softplus(x)*. 코드로 구현하면 다음과 같습니다.

```
def softplus(x):
    return math.log(math.exp(x) + 1)
```

그래프로 그려보면 그림 3-9와 같습니다.

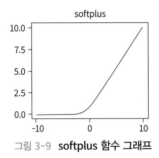

그림 3-9 **softplus 함수 그래프**

6 softsign(x)**. 코드로 구현하면 다음과 같습니다.

```
def softsign(x):
    return x / (abs(x) + 1)
```

그래프로 그려보면 그림 3-10과 같습니다.

---

* ReLU의 경우 경계가 뾰족한 형태이지만 softplus는 부드러운 결정 경계를 가지고 있습니다.
** 옮긴이 tanh 함수를 대체하기 위해 만든 활성화 함수이지만 자주 사용되진 않습니다.

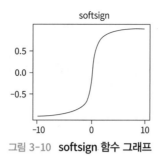
그림 3-10 **softsign 함수 그래프**

7 tanh(x). tanh 함수의 수학적 표현식은 다음과 같습니다.

$$\delta(z) = \frac{e^z - e^{-z}}{e^z + e^{-z}}$$

함수는 다음 코드로 구현 가능합니다.

```
def tanh(x):
    return(math.exp(x) - math.exp(-x)) / (math.exp(x) + math.exp(-x))
```

그래프로 그려보면 그림 3-11과 같습니다.

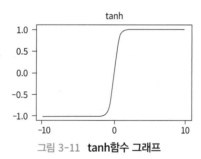
그림 3-11 **tanh함수 그래프**

8 sigmoid(x). 우리에게 익숙한 시그모이드 함수입니다. 수학적 표현식은 다음과 같습니다.

$$\delta(z) = \frac{1}{1 + e^{-z}}$$

함수는 다음 코드로 구현 가능합니다.

```
def sigmoid(x):
    return 1 / (1+math.exp(-x))
```

그래프로 그려보면 그림 3-12와 같습니다.

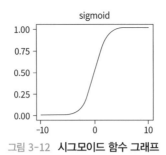

그림 3-12 **시그모이드 함수 그래프**

9 hard_sigmoid(x). 하드 시그모이드 함수는 시그모이드 함수에 구간 선형piece-wise linear하도록 근사하는 함수입니다. 그래프는 시그모이드 함수와 매우 유사합니다. 함수는 다음 코드로 구현 가능합니다.

```
def hard_sigmoid(x):
    if x < -2.5:
        return 0
    if x > 2.5:
        return 1
    return 0.2 * x + 0.5
```

그래프로 그려보면 그림 3-13과 같습니다.

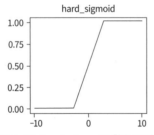

그림 3-13 **hard_sigmoid 함수 그래프**

10 exponential(x). 그냥 일반적인 지수함수를 뜻합니다. 함수는 다음 코드로 구현 가능합니다.

```
def exponential(x):
    return math.exp(x)
```

그래프로 그려보면 그림 3-14와 같습니다.

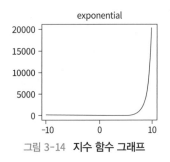

그림 3-14 **지수 함수 그래프**

11 linear(x). 앞서 층에서 활성화 함수를 지정해 주지 않으면 선형 출력이 된다고 언급했었습니다. 즉, 입력값이 출력값이 되는 것입니다. 코드로는 다음과 같이 간단하게 구현이 가능합니다.

```
def linear(x):
    return x
```

그래프로 그려보면 그림 3-15와 같습니다.

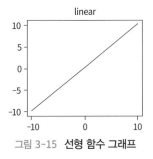

그림 3-15 **선형 함수 그래프**

이상으로 케라스에서 자주 사용하는 활성화 함수에 대하 살펴봤습니다. 조금 더 복잡한 LeakyReLU 같은 함수도 존재하니 케라스 공식 홈페이지를 참고하기 바랍니다.

3. 드롭아웃

드롭아웃Dropout층과 완전연결층의 차이는 드롭아웃층은 훈련 과정에서 모든 입력을 선택하지 않고 일정한 비율에 따라 임의로 선택한다는 점입니다. 이러한 방법은 과적합over-fitting을 방지할 수 있습니다.

케라스에서 드롭아웃을 구현하는 일은 매우 간단합니다. Dropout(rate, noise_shape = None, seed = None)만 추가해 주면 됩니다. 여기서 rate는 [0, 1] 구간에 있는 실수(float)이며, 선택하지 않을 입력(뉴런)의 비율을 결정합니다. noise_shape는 다차원 벡터로 매번 드롭drop시킬 입력을 제어합니다. seed는 랜덤 시드를 뜻하며 정수입니다.

예를 들어, 입력이 (batch_size, timesteps, features) 형태를 가지고 있다고 가정해 봅시다.

```
x = [[[1,2,3,4],[5,6,7,8]], [[11,12,13,14],[15,16,17,18]]]
```

앞 입력에 대해 noise_shape가 다음과 같이 정의된다면,

```
noise_shape = [[[1,1,0,0]], [[0,0,1,1]]]
```

훈련 시 드롭아웃층에서 받는 입력은 다음과 같은 형태가 될 것입니다.

```
x' = [[[1,2,0,0],[5,6,0,0]], [[0,0,13,14],[0,0,17,18]]]
```

4. 플래튼

플래튼flatten층은 이전 입력을 일차원 형태로 전환해 줍니다. 그리고 data_format 인자 하나만을
설정합니다. 즉 Flatten(data_format = None)이 됩니다. 여기서 data_format은 string 타입이고
channels_last 혹은 channels_first로 설정합니다. 이는 입력 각 차원의 순서를 유지하는 작용을
하며, 서로 다른 형태의 데이터를 전환할 때 편리합니다. 특히, 이미지 데이터 처리에 용이합니다.
해당 층은 디폴트로 channels_last를 사용하며, 이는 입력 데이터가 (batch_size, ..., channels)
형태임을 뜻합니다. 만약 channels_first를 사용하면 (batch_size, channels, ...) 형태가 됩니다.

다음은 케라스 공식 홈페이지에 나와 있는 간단한 예제입니다.

```
model = Sequential()
model.add(Conv2D(64, (3,3), input_shape=(3,32,32), padding='same',))
print(model.output_shape)

model.add(Flatten())
print(model.output_shape)
```

앞 코드는 다음 결과를 출력합니다.

```
(None, 3, 32, 64)
(None, 6144)
```

전체적인 출력 수량은 변하지 않음을 알 수 있습니다. 하지만 플래튼층을 앞에 추가할 경우 출력은
3×32×64 형태의 벡터가 되며, 뒤에 추가할 경우 6144 크기의 일차원 벡터가 되는 것을 확인할 수
있습니다.

5. input

케라스 공식 문서의 설명에 따르면 input 메서드는 케라스에서 하나의 텐서tensor를 만들기 위해 사

용된다고 합니다. 덕분에 우리는 케라스가 다른 머신러닝 프레임인 텐서플로$_{TensorFlow}$, 씨아노$_{Theano}$, CNTK 등을 기반으로 실행되고, 이런 프레임 자체의 텐서를 대상으로 Keras_shape, _Keras_history 등 케라스 고유의 속성을 추가해 케라스가 자체적으로 모델링할 수 있도록 한 것을 알 수 있습니다.

입력층에는 다음과 같은 인자가 있습니다.

- shape: 예를 들어, shape=(32,)는 입력이 32차원 벡터의 배치라는 것을 나타냅니다.[*]
- batch_shape: 하나의 튜플$_{tuple}$ 변수입니다. 예를 들어, batch_shape=(10, 32)는 입력이 10개의 32차원 벡터로 이루어진 배치라는 것을 뜻합니다. batch_shape=(None, 32)는 임의의 수의 32차원 벡터로 이루어진 배치를 뜻합니다.
- name: string 타입 층의 문자열 이름입니다.[**]
- dtype: string 형식의 데이터 유형입니다. 예를 들면 float32, float64, int32 등의 유형에서 선택합니다.
- sparse: bool 형식이며, 희소한$_{sparse}$ 유형인지 여부를 나타냅니다.
- tensor: 만약 tensor를 설정한다면 입력(input)층은 해당 텐서의 래퍼로 사용되며, 새로운 플레이스홀더$_{placeholder}$를 만들지 않습니다.

입력(input)층에 대해서는 앞선 예제를 통해 많이 접해 봤기 때문에 자세한 내용은 생략합니다.

6. reshape

이름에서 알 수 있듯이 reshape 클래스는 출력을 특정 형태로 변환합니다. 인자로는 target_shape 하나만 존재하며, 정수 타입의 튜플 변수입니다.

다음의 코드를 보며 어떤 역할을 하는지 자세히 살펴봅시다.

```python
import tensorflow as tf
from tensorflow.keras.models import Model, Sequential
from tensorflow.keras.layers import Reshape
import numpy as np
model = tf.keras.Sequential()
model.add(tf.keras.layers.Reshape((3, 4), input_shape=(12,)))

x = np.array([[1,2,3,4,5,6,7,8,9,10,11,12]])
y = model.predict(x)
print(y)
```

---

[*] (옮긴이) int로 이루어진 튜플. 배치 축을 포함하지 않습니다.

[**] (옮긴이) 모델 내에서 이름은 고유해야 하며, 이미 사용한 이름은 다시 사용할 수 없습니다. 따로 지정하지 않을 경우에는 자동으로 생성됩니다.

이 코드를 실행하면 1차원 벡터가 3×4 형태의 행렬로 변환되어 출력된 것을 확인할 수 있습니다.

```
[[[ 1. 2. 3. 4.]
  [ 5. 6. 7. 8.]
  [ 9. 10. 11. 12.]]]
```

한 가지 주의할 점은 잘못된 목표 크기를 설정할 경우(예를 들어, 앞 예제에서 목표 크기를 6×7으로 설정할 경우), model.predict()을 사용할 때 오류가 발생합니다.

7. Permute

Permute(dims)에서 dims는 (3, 2, 1)과 유사한 정수로 이루어진 튜플 형태입니다. dims를 통해 정의한 순서에 따라 입력 데이터 벡터의 순서를 변환합니다. 다음 코드를 살펴봅시다.

```
x = np.array([[1,2,3,4,5,6], [7,8,9,10,11,12]])
model = Sequential()
model.add(Permute([2,1], input_shape=(2,6)))
y = model.predict(x)
print(y)
```

이 코드를 실행하면 다음과 같은 효과를 얻을 수 있습니다.

원래 데이터	변환 후의 데이터
[[[1,2,3,4,5,6,],[7,8,9,10,11,12]]]	[[[1. 7.] [2. 8.] [3. 9.] [4. 10.] [5. 11.] [6. 12.]]]

한 가지 예제를 더 살펴봅시다.

```
x = np.array([[[[1,1],[2,2],[3,3]], [[4,4],[5,5],[6,6]], [[7,7],[8,8],[9,9]], [[10,10],
[11,11],[12,12]]]])

model = Sequential()
model.add(Permute([2,3,1], input_shape=(4,3,2)))
y = model.predict(x)
print(y)
```

앞 코드를 실행하면 다음과 같은 효과를 얻을 수 있습니다.

원래 데이터	변환 후의 데이터
[[[[1,1],[2,2],[3,3]], [[4,4],[5,5],[6,6]], [[7,7],[8,8],[9,9]], [[10,10],[11,11],[12,12]]]]	[[[[1. 4. 7. 10.] [1. 4. 7. 10.]] [[2. 5. 8. 11.] [2. 5. 8. 11.]] [[3. 6. 9. 12.] [3. 6. 9. 12.]]]]

8. RepeatVector

입력을 n회 반복합니다. 다음 코드를 살펴봅시다.

```
x = np.array([[1,2,3,4]])
model = Sequential()
model.add(RepeatVector(3, input_shape==(4,)))
print(model.predict(x))
```

앞 코드의 실행 결과는 다음과 같습니다.

```
[[[1. 2. 3. 4.]
  [1. 2. 3. 4.]
  [1. 2. 3. 4.]]]
```

9. Lambda

람다lambda층은 하나의 표현식을 인자로 전달하고 해당 층의 기능을 정의합니다.

```
Lambda(function, output_shape=None, mask=None, arguments=None)
```

인자는 다음과 같습니다.

- function: 첫 번째 인자로 텐서(혹은 텐서의 리스트)를 입력받아야 합니다.

- output_shape: 씨아노를 사용하는 경우에만 유효합니다. 자세한 설명은 생략하겠습니다.

- mask: 임베딩embedding을 마스킹하는 입력(텐서)입니다.

- arguments: 함수에 전달하는 키워드 인자의 딕셔너리입니다.

사용 예시는 다음과 같습니다.

```
x = np.array([[1,2,3,4]])
model = Sequential()
model.add(Lambda(lambda x:x*2, input_shape=(4,)))
print(model.predict(x))
```

앞 코드의 출력 결과는 다음과 같습니다.

```
[[2. 4. 6. 8.]]
```

이번에는 조금 더 복잡한 함수function를 전달해 보겠습니다.

```
def calculation(tensors):
    output1 = tensors[0]-tensors[1]
    output2 = tensors[0]+tensors[1]
    output3 = tensors[0]*tensors[1]
    return [output1, output2, output3]

input1 = Input(shape=[4,])
input2 = Input(shape=[4,])

layer = Lambda(calculation)
out1, out2, out3 = layer([input1, input2])
model = Model(inputs=[input1, input2], outputs=[out1, out2, out3])

x1 = np.array([[1,2,3,4]])
x2 = np.array([[1,1,1,1]])
print(model.predict([x1, x2]))
```

앞 코드의 출력 결과는 다음과 같습니다.

```
[array([[0., 1., 2., 3.]], dtype=float32), array([[2., 3., 4., 5.]],
dtype=float32), array([[1., 2., 3., 4.]], dtype=float32)]
```

이 예제에서 우리는 먼저 calculation 함수를 정의하고 입력 텐서 리스트tensor list에 대해 간단한 연산을 한 후 세 개의 결괏값을 반환했습니다.

그리고 두 개의 입력층 input1과 input2를 정의하고 람다lambda층 layer를 정의한 후, 위에서 정의한 calculation 함수를 람다 함수에 전달했습니다. 여기서 우리는 여러 개의 입력과 출력을 다룰 때 유용한 케라스의 function_call 형식으로 모델을 만들었습니다(sequential 타입의 경우 단일 출력만 지원합니다).

마지막으로 x1와 x2를 이용해 테스트를 진행하면 연산 결과가 calculation 함수의 기댓값에 부합하는 것을 확인할 수 있습니다.

10. ActivityRegularization

ActivityRegularization(l1 = 0.0, l2 = 0.0) 형태로 되어 있으며, 다음과 같은 인자를 받습니다.

- l1: L1 정규화 인수이자 양의 실수float입니다.
- l2: L2 정규화 인수이자 양의 실수입니다.

해당 층은 출력에 L1 혹은 L2 정규화 파라미터를 더하며, 출력 데이터 형식에는 영향을 주지 않습니다.

11. Masking

Masking(mask_value = 0.0) 형태로 되어 있으며 인자는 mask_value입니다. 기본값은 None이며, 만약 입력 주어진 데이터에서 타임스텝timestep의 모든 특성feature이 mask_value와 동일하다면 해당 타임스텝의 값은 모두 0이 됩니다.[*]

예제를 살펴봅시다.

```
model = Sequential()
model.add(Masking(1, input_shape=(4,3)))
x=np.array([[[1,2,3],
             [1,1,1],
             [7,8,9],
             [10,11,12]]])
print(model.predict(x))
```

이번 예제에서 우리는 입력 데이터를 시계열 데이터로 간주합니다. 즉, 타임스텝이 1일 때 [1, 2, 3]이고, 타임스텝이 2일 때 [1, 1, 1]이 됩니다. Masking층을 만들 때 mask_value를 1로 설정한다면, 어떤 타임스텝의 모든 피처가 1일 때 해당 입력을 건너뜁니다. 따라서 앞서 나온 코드의 출력 결과는 다음과 같습니다.

```
[[[ 1. 2. 3.]
  [ 0. 0. 0.]
  [ 7. 8. 9.]
  [10. 11. 12.]]]
```

---

[*]   옮긴이 아직 하위 층이 마스킹을 지원하지 않는데 입력 마스킹을 받아들이는 경우에는 예외가 발생합니다.

앞서 설명했던 것처럼 특성이 [1, 1, 1]인 부분은 이미 [0, 0, 0]으로 대체되었습니다. 이해를 돕기 위해 인자를 바꿔서 테스트해 보겠습니다.

```
model = Sequential()
model.add(Masking(11, input_shape=(4,3)))
x=np.array([[[1,2,3],
             [4,5,6],
             [7,8,9],
             [11,11,11]]])
print(model.predict(x))
```

[11,11,11]이 이번에 설정한 mask_value = 11과 일치하기 때문에 출력은 다음과 같습니다.

```
[[[1. 2. 3.]
  [4. 5. 6.]
  [7. 8. 9.]
  [0. 0. 0.]]]
```

12. SpatialDropout

이 밖에 케라스의 핵심층은 SpatialDropout1D, SpatialDropout2D, SpatialDropout3D 등이 있는데, SpatialDropout1D는 드롭아웃dropout과 동일한 역할을 합니다. SpatialDropout2D와 SpatialDropout3D는 개별적 원소 대신 2D나 3D 피처 맵feature map 전체를 드롭시킵니다.

13. 기타

이상으로 케라스에서 사용하는 핵심적인 층 종류에 대해 알아봤습니다. 하지만 실제 응용 단계에서는 아마도 더 많은 종류의 층을 만나게 될 것입니다. 여기서는 이 모든 층에 대해 상세히 설명하기보다는 표 3-2를 통해 개괄적으로 소개하겠습니다. 자세한 내용을 살펴보고 싶다면 케라스 공식 문서를 참고하세요.

표 3-2 **기타 확장 가능한 층에 대한 소개**

유형	소개
합성곱층 (convolutional layer)	입력 데이터에 대해 합성곱 연산을 진행합니다. · Conv1D · Conv2D · Conv3D 이 밖에 DepthwiseConv2D, Cropping2D, UpSampling3D 등 확장 버전이 존재합니다.

표 3-2 기타 확장 가능한 층에 대한 소개(계속)

유형	소개
풀링층 (pooling layer)	풀링층은 샘플링으로 간주해도 됩니다. · MaxPooling1D/2D/3D · AveragePooling1D/2D/3D · GlobalMaxPooling1D/2D/3D · GlobalAveragePooling1D/2D/3D
지역적 연결층 (locally-connected layer)	합성곱층과 매우 유사합니다. 차이점은 가중치를 공유(sharing)하지 않는다는 점입니다. 지역적 연결층에는 두 가지 종류가 있습니다. · LocallyConnected1D · LocallyConnected2D 지역적 연결층은 가중치를 공유하지 않기 때문에 합성곱층보다 많은 파라미터가 필요합니다. 사실상 이미지의 각 포인트에 대해 필터(filter)를 생성해야 합니다.
순환층 (recurrent layer)	주로 순환 신경망(Recurrent Neural Network)에서 사용됩니다. · RNN · SimpleRNN · GRU · LSTM · ConvLSTM2D · ConvLSTM2DCell · SimpleRNNCell · GRUCell · LSTMCell · CuDNNGRU · CuDNNLSTM
임베딩층 (embedding layer)	임베딩층은 자연어 처리(NLP)에서 자주 사용됩니다. 훈련 시 사용자가 정의한 벡터 공간(크기는 output_dim으로 설정)의 투영 테이블에 입력 단어 토큰(token)에 대한 인덱스(index)를 만들고(크기는 input_dim으로 설정), 예측 시 각 입력 토큰에 대해 대응하는 벡터를 얻습니다.
결합층 (merge layer)	결합층은 네트워크층 사이의 각종 연산 처리를 포함합니다. 이미 이전 예제에서 만나본 Add, Subtract, Multiply, Average, Maximum, Minimum, Concatenate, Dot 등을 포함합니다.
정규화층 (normalization layer)	주로 BatchNormalization Layer입니다. 기능은 각 배치 훈련 데이터에서 이전 층의 활성화 함수 출력에 대해 통일된 정규화를 진행해 평균값이 0이고 표준편차(Standard Deviation)이 1이 되도록 하는 것입니다.
노이즈층(noise layer)	데이터에 노이즈를 추가합니다. 노이즈층은 훈련에만 사용합니다.

14. 자체 정의층

머신러닝 연구자가 가장 많이 사용하는 개발 프레임워크 중 하나인 케라스는 연구원들의 필요에 맞게 유연한 네트워크 구조 설정이 가능합니다. 즉, 자체 정의층을 설정하는 기능을 제공합니다. 참고 자료 [2]에서 이에 대한 상세한 설명을 하고 있습니다.

```
from keras import backend as K
from keras.engine.topology import Layer
import numpy as np

class MyLayer(Layer):
    def __init__(self, output_dim, **kwargs):
        self.output_dim = output_dim
        super(MyLayer, self).__init__(**kwargs)

    def build(self, input_shape):
        # 이 층에 대해 훈련 가능한(trainable) 가중치 변수를 생성
        self.W = self.add_weight(shape=(input_shape[1], self.output_dim),
                                 initializer='uniform',
                                 trainable=True)
        super(MyLayer, self).build(input_shape)   # 어딘가에서는 반드시 호출해야 함

    def call(self, x, mask=None):
        return K.dot(x, self.W)

    def get_output_shape_for(self, input_shape):
        return(input_shape[0], self.output_dim)
```

케라스층을 만들기 위해서는 다음의 메소드를 정의해야 합니다.

- __init__: 클래스를 초기화하고 출력을 정의합니다.

- build(input_shape): 이 메서드에서는 가중치를 정의합니다. 앞 예제에서는 add_weight 함수를 통해 훈련 가능한 가중치 변수를 추가했습니다.

- call(x): 순전파 계산의 구현과 동일합니다.

- get_output_shape_for(self, input_shape): 반드시 구현해야 하는 작업은 아닙니다. 하지만 케라스가 자동으로 입력 벡터 형태를 유추할 수 있도록 정의해 줍니다.

다음 코드는 간단하게 구현해 본 입력 벡터에 2를 곱해 주는 자체 정의층입니다.

```
class SpecialLayer(Layer):
    def __init__(self, output_dim, **kwargs):
        self.output_dim = output_dim
        super(SpecialLayer, self).__init__(**kwargs)

    def build(self, input_shape):
        super(SpecialLayer, self).build(input_shape)
    def call(self, x):
        return x*2

    def compute_output_shape(self, input_shape):
        return(input_shape[0], self.output_dim)
```

```
model = Sequential()
model.add(SpecialLayer(1, input_shape=(2,)))
print(model.predict(np.array([[3,4]])))
```

출력은 다음과 같습니다.

```
[[6. 8.]]
```

3.3.3 Loss

우리는 앞선 예제에서 비용함수cost function로 주로 MSE(평균제곱오차)를 사용했습니다. 많은 상황에서 우리가 말하는 비용함수가 바로 손실함수입니다. 더 엄밀히 말하면 손실함수란 단일 훈련 샘플의 예측오차를 뜻하고, 비용함수는 모든 훈련 샘플 오차의 평균값을 뜻합니다.

한 가지 보충할 점은, loss 파라미터는 손실함수와 이후에 소개할 예정인 최적화 함수(optimizer)는 모델을 만들 때 반드시 지정해 주어야 하는 파라미터라는 점입니다. 우리는 앞서 모델에 층을 더하는 방법을 살펴본 후, 순전파 기능을 가진 기본적인 구조의 모델을 구성하는 방법만을 배웠습니다 (따라서 앞선 예제에서 층을 더한 후 바로 predict 메서드를 사용할 수 있었습니다). 그러나 모델의 훈련을 위해서는 다음과 같이 반드시 손실함수를 지정해 오차를 계산하고, 동시에 가중치를 최적화하는 최적화 함수를 지정해 주어야 합니다.

```
model.compile(loss='mean_sqaured_error', optimizer='sgd')
```

앞 코드에서는 MSE를 손실함수로 지정했고, 확률적 경사 하강법stochastic gradient descent을 사용해 확률적 경사 하강 최적화를 진행하도록 설정했습니다.

아마 L1 손실과 L2 손실이란 단어를 많이 들었을 것입니다. 사실 아주 간단한 개념인데 L1 손실은 실젯값과 예측값 사이 오차 합의 절댓값을 계산하고, L2 손실은 양자 사이 오차의 제곱을 계산합니다. 우리는 이후 내용을 통해 앞 두 종류의 손실함수가 다양한 형태로 구현되는 것을 확인할 수 있을 것입니다. 일반적으로 L2 손실함수를 많이 사용하지만, 데이터에 비교적 큰 오차가 존재한다면 L2 손실함수를 사용할 때 주의를 기울여야 합니다.

케라스에서는 다양한 손실함수를 제공하고 있습니다. 여기서는 표 3-3을 통해 자주 사용되는 몇 가지에 대해서만 소개하겠습니다.

표 3-3 자주 사용하는 손실함수

mean_squared_error

* L2 손실함수

* 가장 자주 사용하는 손실함수입니다. 범용성이 뛰어나지만 정확도가 그리 높지 않습니다.

$$\text{loss} = \frac{\sum_{i=1}^{n}(y_i - y_i')^2}{n}$$

mean_absolute_error

* L1 손실함수

* 오차의 양음(positive and negative) 관계를 고려하지 않아도 되는 경우에 적합합니다.

$$\text{loss} = \frac{\sum_{i=1}^{n}|y_i - y_i'|}{n}$$

mean_absolute_percentage_error

$$\text{loss} = \frac{100\%}{n} \sum_{i=1}^{n} \left| \frac{y_i - y_i'}{y_i} \right|$$

mean_sqaured_lograithmic_error

* 비교적 큰 타겟값의 오차 영향을 줄이고 싶을 때 사용합니다.

$$\text{loss} = \frac{1}{n} \sum_{i=1}^{n} (\log(y_i + 1) - \log(y_i' + 1))^2$$

hinge

* SVM 모델에서 자주 볼 수 있으며, 이진 분류 문제에 사용됩니다.

$$\text{loss} = \max(0, 1 - t \cdot y), \ \ t = \pm 1$$

squared_hinge

* hinge 결과에 대해 제곱연산을 해준 것입니다. 오차 결과를 평활화(smoothing)하는 효과가 있습니다.

$$\text{loss} = \sum_{i=1}^{n} (\max(0, 1 - y_i \cdot y_i')^2)$$

logcosh

* logcosh는 MSE와 매우 유사합니다. 하지만 MSE처럼 큰 오찻값에 대해 민감하지 않습니다.

$$\text{loss} = \sum_{i=1}^{n} \log(\cosh(y_i^p - y_i)), \text{where} \cosh(x) = \frac{e^x + e^{-x}}{2}$$

categorlical_crossentropy

* 타겟이 원-핫 인코딩(one-hot encoding)인 경우 사용합니다. 예를 들면 [0, 1, 0], [1, 1, 0] 등과 같은 경우입니다.

$$\text{loss} = -\sum_{j=1}^{M} \sum_{i=1}^{N} (y_{ij} \cdot \log(y_{ij}'))$$

sparse_categorical_crossentropy

* 타겟이 정수일 경우 사용합니다. 예를 들면 [1, 2, 3], [11, 15, 20] 등과 같은 경우입니다.

표 3-3 **자주 사용하는 손실함수 (계속)**

binary_crossentropy

* 일반적으로 이진 분류 문제에 사용됩니다.

$$\text{loss} = -\sum_{i=1}^{n} y_i' \log y_i + (1 - y') \log(1 - y')$$

kullback_leibler_divergence

* 타겟값의 분포 p와 예측값 분포 p 사이의 차이를 계산합니다.

$$D_{kl}(p||q) = \sum_{i=1}^{n} p(x_i) \log \frac{p(x_i)}{q(x_i)}$$

Poisson

* 타겟값의 분포가 푸아송 분포(Poisson distribution)를 따른다고 가정할 때 사용합니다.

$$\text{loss} = \frac{1}{N} \sum_{i=1}^{N} (y_i' - y_i \log y_i')$$

cosine_proximity

* 벡터 자체의 크기(길이)가 중요하지 않은 두 벡터의 거리(각도의 차이)를 비교할 때 사용합니다. NLP에서 단어 혹은 구절 벡터를 비교할 때 사용됩니다.

$$\text{loss} = \frac{\sum_{i=1}^{n} y_i \cdot y_i'}{\sqrt{\sum_{i=1}^{n} y_i^2} \cdot \sqrt{\sum_{i=1}^{n} y_i'^2}}$$

또한, 주요 목적(분류 혹은 회귀)에 따라 손실함수를 다음과 같이 분류할 수 있습니다.

표 3-4 **주요 목적에 따른 손실함수 분류**

분류(classification)	회귀(regression)
KL divergence	MSE
Hinge	MAE
Crossentropy	Logcosh

1. 옵티마이저

앞서 우리는 모델을 훈련할 때 손실함수와 최적화 함수를 반드시 지정해 주어야 한다고 설명했습니다.

왜 최적화 함수를 이야기할 때 직접적으로 경사 하강법이라 말하지 않는 것일까요? 그 이유는 우리의 목적이 네트워크 가중치를 최적화하고 타겟값에 적합fit시키는 것이기 때문입니다. 경사 하강법은 이러한 방법 중 가장 기본적인 방법일 뿐입니다. 케라스에서는 많은 종류의 다른 최적화 방법을 제공하고 있습니다. 그렇다면 표 3-5를 통해 간단히 소개하겠습니다. 한 가지 주의해야 할 점은 손실함수와 비교했을 때 최적화 함수의 수학 공식은 한두 줄로 간단히 설명하기 어렵고, 수학적 개념이 많이 필요하기 때문에 해당 부분에 대한 설명은 생략했습니다.*

표 3-5 **기타 최적화 방법**

SGD(lr=0.01, momentum=0.0, decay=0.0, nesterov=False)

앞서 설명한 바 있는 확률적 경사 하강법의 구현입니다.

- lr: 학습률을 뜻합니다. 0보다 크거나 같은 실수(float)로 정의합니다.
- momentum: 0보다 크거나 같은 실수로 정의합니다. 경사 하강 시 관련 기울기 방향으로의 속도를 더해 주며(가속), 좌우 흔들림의 영향을 감소시킵니다. 모멘텀은 경사 하강 계산의 일종의 최적화 처리 방법입니다. 이를 중력의 가속도에 비유할 수 있는데, 내려가는 길이 가파르면 속도가 붙어 더 빠르게 저점(최적해)에 도달하게 됩니다. 더 구체적인 내용에 대해서는 기술하지 않겠습니다.
- decay: 0보다 크거나 같은 실수로 정의합니다. 매번 기울기를 업데이트할 때마다 학습률을 줄입니다.
- nesterov: True 혹은 False 값을 설정합니다. 네스테로프(nesterov) 모멘텀을 사용할지 여부를 설정하는 것입니다.

Adagrad(lr=0.01, epsilon=None, decay=0.0)

Adagrad에서의 학습률은 파라미터에 기반해 자체 조정됩니다(adaptive learning rate). 자주 사용하는 파라미터에 대해서는 약간의 조정만 가하고, 자주 사용하지 않는 파라미터는 큰 폭으로 조정합니다. 이러한 방식은 대형 네트워크에서 희소 데이터(sparse data)에 대한 처리를 하기에 적합합니다.

공식 홈페이지에서는 학습률 외에 다른 Adagrad의 인자는 기본값으로 둘 것을 추천하고 있습니다.

Adadelta(lr=1.0, rho**=0.95, epsilon=None, decay=0.0)

Adadelta는 Adagrad에 대한 개선 방법입니다. Adagrad는 파라미터를 자동으로 조정하지만, 조정 방식이 비교적 간단합니다. Adadelta는 학습률 조정에 대해 더 많은 제어와 최적화를 합니다.

RMSprop(lr=0.001, rho=0.9, epsilon=None, decay=0.0)

RMSprop 역시 Adagrad에 대한 개선 방법입니다. Adagrad에서 학습률이 빠르게 소실되는 문제를 해결했습니다. 이 알고리즘 역시 학습률은 자동 조정되며, 각 파라미터에 대해 서로 다른 학습률을 설정합니다. 공식 홈페이지에서는 학습률 외의 인자는 기본값으로 둘 것을 추천하고 있습니다. 아울러 RMSprop은 순환신경망에서 많이 사용됩니다.

Adam(lr=0.001, beta_1=0.9, beta_2=0.999, epsilon=None, decay=0.0, amsgrad=False)

Adam 역시 각 파라미터에 대한 독립적인 자기적응(adaptive) 학습률을 계산해 학습률이 빠르게 소실되는 문제를 해결했습니다. Adam은 RMSprop과 비교하면 희소 기울기(sparse gradient)에 대해 좋은 효과를 보이고, RMSprop은 변화가 비교적 큰 온라인 데이터에 적합합니다. 이 외에도 Adam은 계산량이 적고, 메모리 용량에 대한 요구가 크지 않아 가장 환영받는 알고리즘 중 하나가 되었습니다.

Adamax

Adam의 확장 버전으로, 학습률과 같은 하이퍼 파라미터 선정에 민감하지 않다는 장점을 가지고 있습니다.

Nadam

Nadam은 Adam과 NAG(네스테로프 가속 그래디언트, 일종의 모멘텀 알고리즘의 최적화 구현)를 혼합한 방법입니다. Nadam은 노이즈(noise)가 크고 충분히 평활하지 않은 기울기를 계산할 때 사용할 수 있습니다.

---

2. 데이터셋

마지막으로 케라스에 내장되어 있는 데이터셋에 대해 소개하겠습니다(표 3-6 참고). 이 데이터셋은 각종 연구와 교육에 많이 활용되고 있으며, 알고리즘을 빠르게 검증해 볼 수 있는 유용한 도구입니다.

---

* [옮긴이] 해당 부분에 대해 보다 직관적인 설명을 원한다면 하용호 님의 슬라이드(https://www.slideshare.net/yongho/ss-79607172 또는 https://bit.ly/3z0uqqu)를 추천합니다.
** [옮긴이] 0보다 크거나 같은 float 값. 학습률 감소에 쓰이는 인자로, 각 시점에 유지되는 그래디언트의 비율에 해당합니다.

사용하고 싶을 때마다 import로 불러와 사용할 수 있습니다.

케라스에서 제공하는 데이터세트

CIFAR10

이미지 분류 문제에 사용됩니다. 훈련 세트로 크기가 32×32인 총 5만 장의 이미지가 제공되며, 10,000장의 이미지가 테스트 세트로 제공됩니다. 총 10개의 클래스가 있습니다.

사용 방법:

```
from tensorflow.Keras.datasets import cifar10
(x_train, y_train), (x_test, y_test) = cifar10.load_data()
```

CIFAR100

CIFAR10과 마찬가지로 32×32의 이미지 50,000장이 제공되고, 10,000장의 이미지가 테스트 세트로 제공됩니다. CIFAR10과 다른 점은 CIFAR100에는 총 100개의 클래스가 있습니다(즉, 100가지 물체에 대한 이미지).

사용 방법:

```
from tensorflow.Keras.datasets import cifar100
(x_train, y_train), (x_test, y_test) = cifar100.load_data(label_mode='fine')
```

IMDB Movie Reviews

IMDB에 있는 25,000건의 영화 리뷰 데이터가 있습니다. 긍정적인 리뷰와 부정적인 리뷰, 두 분류로 라벨링되어 있습니다. 각 리뷰는 단어의 빈도 순으로 인덱싱되어 있습니다.

사용 방법:

```
from tensorflow.Keras.datasets import imdb
(x_train, y_train), (x_test, y_test) = imdb.load_data(path="imdb.npz",
                                                      num_words=None,
                                                      skip_top=0,
                                                      maxlen=None,
                                                      seed=113,
                                                      start_char=1,
                                                      oov_char=2,
                                                      index_from=3)
```

Reuters Newswire Topics

로이터 뉴스 제목 분류 데이터입니다. 총 10,000여 개의 헤드라인이 46개 유형으로 분류되어 있습니다.

사용 방법:

```
from tensorflow.Keras.datasets import reuters
(x_train, y_train), (x_test, y_test) = reuters.load_data(path="reuters.npz",
                                                         num_words=None,
                                                         skip_top=0,
                                                         maxlen=None,
                                                         test_split=0.2,
                                                         seed=113,
                                                         start_char=1,
                                                         oov_char=2,
                                                         index_from=3)
```

표 3-6 케라스에서 제공하는 데이터세트(계속)

MNIST

손글씨 인식 데이터입니다. 크기가 28×28인 60,000장의 손글씨 숫자 이미지가 있습니다. 10개의 클래스(0~9)가 있으며, 테스트 세트는 10,000장입니다.

사용 방법:

```
from tensorflow.Keras.datasets import mnist
(x_train, y_train), (x_test, y_test) = mnist.load_data()
```

Fashion MNIST

MNIST와 유사하게 60,000장의 크기가 28×28인 이미지가 들어 있습니다. 하지만 손글씨 숫자 이미지가 아닌 흑백 의류 이미지가 들어 있습니다. 총 10개의 클래스가 있으며, 테스트 세트는 10,000장입니다.

사용 방법:

```
from tensorflow.Keras.datasets import fashion_mnist
(x_train, y_train), (x_test, y_test) = fashion_mnist.load_data()
```

Boston Housing Price

20세기 70년 대 후기 보스턴 지구에 있는 서로 다른 집의 13가지 속성과 각 지점 집값의 중앙값(median value)을 포함하고 있는 데이터입니다.

사용 방법:

```
from tensorflow.Keras.datasets import boston_housing
(x_train, y_train), (x_test, y_test) = boston_housing.load_data()
```

3.4 다시 코드 실습으로

3.4.1 XOR 연산

이전 절의 소개를 통해 우리는 케라스를 사용해 머신러닝 모델을 만드는 방법에 대해 배웠습니다. 이번 절에서는 다시 한번 간단한 수학 문제를 예로 들어, 모델을 설계하는 관점에서는 케라스를 어떻게 사용하는지에 대해 살펴보겠습니다.

문제: 어떻게 머신러닝을 사용해 XOR 연산에 대한 예측을 할 수 있을까요?

우리는 이미 XOR이라는 아주 기본적인 논리 연산에 대해 알고 있습니다(표 3-7 참고).

표 3-7 **XOR 연산 예시**

X1	X2	결과(X1 XOR X2)
0	0	0
0	1	1
1	0	1
1	1	0

2차원 좌표계로 표현하면 그림 3-16과 같습니다.

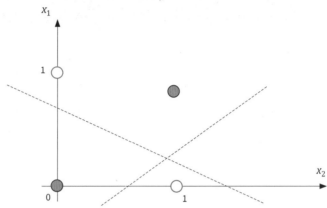

그림 3-16 **XOR 좌표 그래프. 색깔 점은 0을, 흰색 점은 1을 나타낸다**

먼저 훈련 데이터를 만들어 봅시다.

```
X = np.array([[0,0],[0,1],[1,0],[1,1]])
y = np.array([[0],[1],[1],[0]])
```

입력은 2개고 출력은 1개의 결괏값이라는 것을 알 수 있습니다. 그렇다면 바로 다음과 같은 퍼셉트론을 만들어 봅시다.

```
model = Sequential()
model.add(Dense(1, input_dim=2))
model.add(Activation('sigmoid'))
model.compile(loss='mean_squared_error', optimizer='adam')
```

3.3절을 통해 우리는 이것이 아주 간단한 퍼셉트론 네트워크라는 것을 알 수 있습니다. 은닉층은 없으며, 활성화 함수를 시그모이드로 한 출력입니다. 그리고 MSE를 손실함수로 사용했고, 최적화 방법으로는 adam을 사용했습니다. 그럼 한번 결과를 살펴봅시다.

```
model.fit(X, y, batch_size=1, epochs=10000)
print(model.predict(X))
```

데이터가 4세트밖에 없기 때문에 배치 사이즈는 1로 설정했습니다. 그리고 동시에 많은 에포크를 사용해 훈련합니다. Model.predict_proba는 다수의 입력을 받아 다음과 같은 예측 결과를 반환합니다.

```
[[0.49851936]
 [0.4997031 ]
 [0.4999745 ]
 [0.50115824]]
```

실제 예측값은 사실상 0과 1 두 개뿐입니다. 우리는 반환된 예측 결과가 실젯값에 최대한 가깝도록 만들고 싶습니다. 그러나 이번 예측 결과는 거의 아무런 효과가 없다는 것을 확인할 수 있습니다. 왜냐하면 모든 결괏값이 [0, 1] 중간 지점에 모여 있어 분별력이 없기 때문입니다.

사실 이는 선형 분리 가능한 문제가 아닙니다. 왜냐하면 그림 3-16에서 (x_1, x_2) 좌표상의 점(색깔 점과 흰색 점)은 하나의 직선으로 분리할 수 없기 때문입니다. 이는 그림 3-17(a)처럼 은닉층이 없는 퍼셉트론 네트워크가 극복할 수 없는 문제입니다. 이번엔 은닉층을 추가해 앞서 나온 모델을 개선해봅시다.

```
model = Sequential()
model.add(Dense(4, input_dim=2))
model.add(Activation('sigmoid'))
model.add(Dense(1))
model.add(Activation('sigmoid'))

model.compile(loss='mean_squared_error', optimizer='adam')
```

이제 모델의 첫 번째 층은 직접적인 출력이 아닌 4개의 뉴런을 가진 은닉층이 되었습니다. 즉 그림 3-17(b)와 같은 구조로 입력이 은닉층을 거쳐 출력층으로 이어집니다.

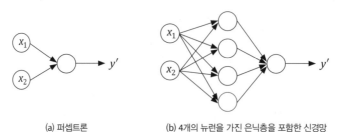

(a) 퍼셉트론   (b) 4개의 뉴런을 가진 은닉층을 포함한 신경망

그림 3-17 **퍼셉트론에서 신경망으로**

효과는 어떨까요? 앞서 사용했던 코드를 그대로 사용해 결과를 출력합니다.

```
[[0.0084908 ]
 [0.9729198 ]
 [0.97606194]
 [0.03987955]]
```

성능이 매우 크게 향상되었습니다. 입력 [0, 0]과 [1, 1]에 대해서 예측 결과는 0에 가깝게 나왔고, 입력 [0, 1]과 [1, 0]에 대해서는 실젯값 1에 매우 근접한 0.97이라는 결과가 나왔습니다. 만약 뉴런의 개수를 더 늘린다면(예를 들어, 16 혹은 32로), 뚜렷한 차이는 없겠지만 결과는 더 향상될 수도 있습니다.

3.4.2 집값 예측

이전 예제에서는 독자들의 이해를 돕기 위해 간단한 숫자 계산이나 분류 문제로 머신러닝을 구현했습니다. 간단한 예제에서는 반복 훈련 횟수가 많지 않아도 충분한 효과를 낼 수 있었습니다. 이번 절에서는 실제 데이터셋을 사용한 머신러닝 모델을 구현해 보겠습니다.

3.3절 마지막 부분에 케라스에서 제공하는 편리하고 실용적인 데이터셋을 소개했습니다. 그중 보스턴 지역의 20세기 70년 대 말 집값 데이터가 있었는데, 이번 절에서는 이 데이터셋을 사용해 당시 해당 구역별 집값을 예측해 보겠습니다.

먼저, 필요한 라이브러리와 데이터를 불러옵니다.

```
from tensorflow.keras.models import Sequential
from tensorflow.keras.layers import Dense
from tensorflow.keras.datasets import boston_housing
```

다음으로 (이후 수정에 용이하도록) 함수를 정의해 모델을 구현합니다.

```
def createModel():
    model = Sequential()
    model.add(Dense(32, input_shape=(13,), activation='relu'))
    model.add(Dense(1))
    model.compile(loss='mean_squared_error', optimizer='adam')
    return model
```

여기서는 이전 절에 사용했던 네트워크 구조를 그대로 가져왔습니다. 오직 하나의 은닉층만 있고 뉴런의 개수는 32개입니다. 그리고 훈련 데이터를 불러오고 테스트 데이터로 모델을 평가합니다. 주의해야 할 점은 이 모델에서는 정확도와 같은 지표로 평가할 수 없다는 점입니다. 왜냐하면 이번 문제에서 예측하고자 하는 것은 분류도 아니고, 완벽히 상응하는 예측값도 존재하지 않기 때문에 손실 함수의 출력 결과만 살펴볼 수밖에 없습니다.

```
1    (x_train, y_train), (x_test, y_test) = boston_housing.load_data()
2    model = createModel()
3    model.fit(x_train, y_train, batch_size=8, epochs=10000)
4
5    print(model.metrics_names)
6    print(model.evaluate(x_test, y_test))
```

앞 코드를 한번 살펴보겠습니다.

1번 행 케라스의 boston_housing 데이터를 직접 불러옵니다. 케라스 내장 데이터를 사용했기 때문에 훈련 세트(x_train, y_train)와 테스트 세트(x_test, y_test)를 편하게 불러올 수 있었습니다. 하지만 실전 프로젝트에서는 .csv 문서 혹은 특정 리스트에서 자체적으로 직접 입력을 처리해야 합니다.

2~3번 행 모델을 만들고 훈련합니다.

5~6번 행 모델 평가 명칭을 출력합니다. 그리고 테스트 세트(x_test, y_test)를 사용해 평가를 진행하고 결과를 출력합니다. 출력 결과는 다음과 같습니다.

```
27.440169689702053
```

테스트 데이터가 102개인데 MSE가 27이기 때문에 결과는 아주 나쁜 것은 아닙니다. 만약 층의 개수가 늘어나면 어떻게 될까요? 은닉층 하나를 추가해 봅시다.

```
def createModel():
    model = Sequential()
    model.add(Dense(32, input_shape=(13,), activation='relu'))
    model.add(Dense(16, activation='relu'))
    model.add(Dense(1))
    model.compile(loss='mean_squared_error', optimizer='adam')
    return model
```

은닉층 하나를 추가한 결과를 확인해 봅시다.

```
# Epoch 9999/10000
# 404/404 [==============================] - 0s 64us/sample - loss: 1.1444
# Epoch 10000/10000
```

```
# 404/404 [==============================] - 0s 66us/sample - loss: 0.9892
# ['loss']
# 102/102 [==============================] - 0s 176us/sample - loss: 20.1909
# 20.19088176652497
```

이번엔 MSE가 20.19로 줄어들었습니다. 효과가 괜찮아 보이네요. 테스트 세트 데이터 중 가장 위에 있는 10개에 대한 예측 결과를 살펴봅시다.

```
for i in range(10):
    y_pred = model.predict([[x_test[i]]])
    print("predict: {}, target: {}".format(y_pred[0][0], y_test[i]))
```

출력은 다음과 같습니다.

```
predict: 11.072909355163574, target: 7.2
predict: 20.068275451660156, target: 18.8
predict: 20.760414123535156, target: 19.0
predict: 31.071605682373047, target: 27.0
predict: 21.493732452392578, target: 22.2
predict: 21.203548431396484, target: 24.5
predict: 26.775787353515625, target: 31.2
predict: 21.803157806396484, target: 22.9
predict: 20.411075592041016, target: 20.5
predict: 21.540142059326172, target: 23.2
```

예측값과 실젯값 사이에 차이가 존재하지만, 대부분의 경우에 차이가 크진 않다는 것을 확인할 수 있습니다. 특성(혹은 설명변수)이 13개밖에 없는 모형치고는 나쁘지 않은 결과입니다. 만약 더 높은 성능을 얻고 싶다면 네트워크 복잡도를 증가시키면 됩니다. 하지만 더 중요한 것은 데이터양을 늘리는 것입니다. 실무 경험을 통해 느끼는 사실은, 많은 경우 훈련 데이터를 늘리는 것이 모델의 복잡도를 증가시키는 것보다 더 좋은 결과를 얻을 수 있다는 것입니다.

3.5 요약

이번 장에서 우리는 먼저 케라스에 기본 개념에 대해 간단히 살펴봤습니다. 그리고 3.2절의 예제를 통해 딥러닝에서의 케라스 기본 사용 프로세스에 대해 살펴봤습니다. 3.3에서는 케라스의 핵심인 모델model, 층layer, 손실함수loss, 옵티마이저optimizer 4개의 개념에 대해 도표, 코드, 공식 및 개념 등 다양한 형식을 통해 소개했습니다. 3.4절에서는 일반적인 퍼셉트론으로 해결할 수 없는 예측 문제를 살펴보고, 케라스를 사용해 간단한 신경망 모델을 구현해 이상적인 결과를 얻었습니다. 그리고 실제 데이터를 가지고 집값 예측 모델을 만들어 보았습니다.

케라스는 복잡하지만 유연한 머신러닝 개발 프레임워크입니다. 이번 장을 통해 독자 여러분이 케라스에 완벽하게 익숙해졌을 것으로 생각하진 않지만, 그래도 케라스의 기본적인 사용 방법을 이해하는 데 도움이 되었을 것이라 믿습니다. 사실, 이번 장을 다 읽었다면 이미 케라스를 사용한 기초적인 문제 해결을 할 준비가 된 것이나 다름없습니다.

4장부터는 다양한 영역에서의 머신러닝 응용에 대해 깊게 알아보겠습니다. 4장과 5장에서는 데이터 처리와 추천 시스템을 설명합니다. 6장에서는 NLP(자연어 처리)를, 7장과 8장에서는 이미지 분류 및 식별 문제를, 그리고 9장에서는 모델의 전환과 배치deploy에 대해 살펴보겠습니다. 다음 장부터는 순서대로 읽어도 좋고, 본인 관심사에 맞는 장을 먼저 읽어도 좋습니다.

3.6 참고자료

[1] https://www.tensorflow.org/guide/keras
[2] https://www.keras.io

CHAPTER 4

예측과 분류: 간단한 머신러닝 응용

이전 내용을 통해 우리는 딥러닝에 관련한 지식을 접했고, 케라스를 사용해 딥러닝 네트워크를 직접 구현해 간단한 문제를 해결하기도 했습니다. 이런 과정을 통해 우리는 신경망에 대한 주요 개념과 기본 원리를 배웠지만, 분류의 평가방식, 로지스틱 회귀의 구체적인 원리, 경사 하강법에 대한 자세한 내용 등 구체적인 내용에 대해서는 자세히 설명하지 않았습니다. 이러한 개념과 원리에 대해 논의하기 위해, 우리는 딥러닝뿐만 아니라 머신러닝에 대한 기본 개념을 알아야 합니다.

여기서는 수학적 개념을 사용해 머신러닝의 각종 개념을 설명하기보다는, 원리를 간단하게 언급하고 코드를 통해 이해할 수 있도록 설명할 것입니다.

> 이번 장에서는 이론이나 개념에 관한 내용을 많이 다룰 예정인데, 이러한 것을 암기할 필요는 없습니다. 단지 이번 장을 머신러닝 이론에 대한 이해의 깊이를 더하는 시간이라고 생각하면 됩니다. 이해하지 못하는 내용이 있다고 해서 이후 학습에 영향을 주지도 않습니다.

4.1 머신러닝 프레임워크 – 사이킷런 소개

일을 잘하기 위해서는 좋은 도구가 필요합니다. 실제 머신러닝 애플리케이션 개발 단계에서 모든 알고리즘을 '쌩' 파이썬 코드로 구현하는 일은 극히 드뭅니다. 이렇게 한다면 시간 낭비도 심하고 효율이나 안정성을 고려했을 때도 좋은 선택이 아닙니다. 대부분은 이미 구현된 적합한 라이브러리를 활용합니다. 앞서 케라스를 소개하면서 케라스는 복잡한 문제를 푸는 딥러닝 네트워크 개발에는 적합하지만, 전통적인 머신러닝을 활용하기에는 적합하지 않다고 언급했습니다(예를 들면, 케라스에는 서포트 벡터 머신, 의사결정 트리 등 머신러닝에서 자주 사용하는 알고리즘을 포함하고 있지 않습니다). 하지만 걱정할 필요가 없습니다. 머신러닝 문제[*]를 푸는 데 최적화된 라이브러리인 사이킷런scikit-learn이 있기 때문이죠.

사이킷런은 데이터 전처리부터 모델 훈련까지 단계별로 필요한 도구들이 모두 포함된 매우 강력한 파이썬 라이브러리입니다. 사이킷런에는 실제 데이터 분석에 자주 필요한 기능을 구현해 놓았기 때문에 불필요한 시간을 줄여 분석가들이 데이터 분포를 분석하거나 모델의 각종 하이퍼파라미터(배치 사이즈, 에포크, 학습률 등)를 조정하는 데 시간을 쏟을 수 있도록 해줍니다. 또한 사이킷런에서 여러 가지 데이터를 제공하고 있어, 직접 다운받아 편리하게 사용할 수 있습니다.

4.1.1 사이킷런 설치

먼저 시스템에 파이썬(2.6 버전 혹은 3.3. 버전 이상), 넘파이(1.6.1 버전 이상), 사이파이Scipy(0.9 버전 이상)가 설치되었는지 확인해야 합니다. 주의해야 할 점은 사이킷런 0.20은 파이썬 2.7과 파이썬 3.4를 지원하는 마지막 버전입니다. 사이킷런 0.21부터는 파이썬 3.5 이상의 버전만 지원합니다.

만약 넘파이와 사이파이를 이미 설치했다면, 사이킷런을 설치하는 가장 간단한 방법은 pip 혹은 conda 명령어를 사용하는 것입니다.

```
pip install -U scikit-learn
conda install scikit-learn
```

4.1.2 사이킷런에서 자주 사용하는 모듈

사이킷런에서 가장 자주 사용하는 모듈은 분류, 회귀, 군집, 차원 축소, 모델 선택, 그리고 전처리 모듈입니다.

- **분류**: 특정 대상이 어떤 분류에 속하는지 식별하는 문제입니다. 자주 사용하는 알고리즘으로는 SVMSupport Vector Machine(서포트 벡터 머신에 기반한 분류 방법), 최근접 이웃 기법nearest neighbors, 그리고 랜덤 포레스트random forest가 있습니다. 응용 예시로는 스팸 메일 분류, 이미지 식별 등이 있습니다.
- **회귀**: 대상과 관련된 연속값 속성을 예측합니다. 자주 사용하는 알고리즘으로는 SVRSupport Vector Regressor(서포트 벡터 머신에 기반한 회귀 방법), 능형 회귀 혹은 리지 회귀ridge regression, 그리고

---

[*] 옮긴이 딥러닝도 머신러닝 범주에 속하지만, 여기서 말하는 머신러닝은 딥러닝을 제외한 '전통적인' 머신러닝 알고리즘을 뜻합니다.

라소 회귀lasso regression가 있습니다. 응용 예시로는 약물 반응 예측 및 주가 예측 등이 있습니다.

- **군집**: 비슷한 대상을 한 그룹으로 분류합니다. 자주 사용하는 알고리즘으로는 k-평균k-means, 스펙트럼 군집spectral clustering, 그리고 평균-이동mean-shift 군집이 있습니다. 응용 예시로는 고객 세분화 및 실험 결과 분류 등이 있습니다.

- **차원 축소**: 고려해야 하는 랜덤 변수의 수를 줄여 줍니다. 자주 사용하는 알고리즘으로는 주성분분석PCA, 특성 선택feature selection, 그리고 NMFNon-negative Matrix Factorization가 있습니다. 시각화를 위해 자주 사용됩니다.

- **모델 선택**: 비교, 검증, 그리고 파라미터와 모델 선택의 기능을 합니다. 목적은 파라미터 조정을 통해 정확도를 높이는 것입니다. 자주 사용하는 모듈로는 그리드 서치grid search, 교차 검증cross validation, 메트릭metrics(척도) 등이 있습니다.

- **전처리**: 특성 추출과 정규화 기능 등이 있습니다. 자주 사용하는 모듈로는 preprocessing과 feature_extraction이 있습니다. 이 기능은 입력된 데이터를 머신러닝 알고리즘에 사용할 수 있는 형식으로 바꿔주는 역할을 합니다.

4.1.3 알고리즘과 모델 선택

사이킷런에는 정말 많은 알고리즘이 구현되어 있습니다. 그렇다면 우리는 어떤 기준으로 알고리즘을 선택해야 할까요? 사실 해결해야 하는 문제와 보유하고 있는 데이터의 크기만 고려해도 답이 나옵니다. 사이킷런 공식 홈페이지에서 제공하는 알고리즘 치트 시트cheat sheet의 내용을 살펴봅시다.

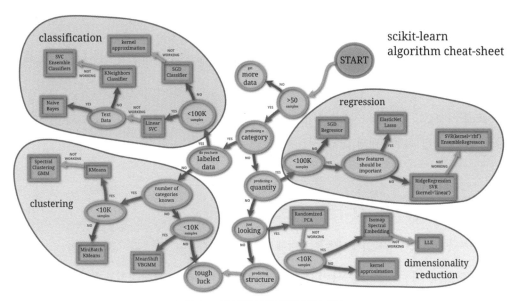

그림 4-1 머신러닝 알고리즘 치트 시트

일반적으로 그림 4-1의 가이드에 따라 적합한 해결 방법 혹은 모델을 선택할 수 있습니다. 하지만 모델에 대한 선택이 절대적인 것은 아닙니다. 많은 경우에 직접 여러 가지 모델을 실험해 보고 결과를 비교해야 문제에 적합한 모델을 찾을 수가 있습니다.

4.1.4 데이터세트 분할

모델에 대해 한번의 실험을 한다면 실험 결과가 우연성을 띌 가능성이 있습니다. 따라서 모델의 평균적인 성능을 측정할 수는 없습니다. 모델의 평균적인 성능(범용성)을 보다 정확히 측정하기 위해 교차검증 혹은 데이터 분할 등의 방법을 사용합니다. 사이킷런에는 여러 가지 데이터 분할 방법이 있습니다. 이는 model_selection에서 찾을 수 있는데, 자주 사용하는 방법은 다음과 같습니다.

1 **K-겹 교차검증**

- **KFold**: 일반적인 K-겹fold 교차검증 방법입니다.
- **StratifiedKFold**: 각 클래스의 비율을 유지하면서 분할하는 방법입니다.

2 **LOOCV**Leave-One-Out Cross-Validation

- **LeaveOneOut**: Leave-one-out 교차검증 방법입니다.
- **LeavePOut**: P개를 별도 검증용으로 사용하는 방법입니다. P가 1이면 Leave-one-out 방법과 동일합니다.

3 **랜덤 분할법**

- **ShuffleSplit**: 데이터셋을 섞은 다음 분할합니다.
- **StratifiedShuffleSplit**: 데이터셋을 섞은 다음 분할합니다. 동시에 각 클래스 비율이 원래 데이터의 각 클래스의 비율과 동일하게 만듭니다. ShuffleSplt과 다른 점은, StratifiedShuffleSplit은 분할된 데이터가 반드시 다르지 않다는 점입니다.

이상으로 사이킷런 소개는 마치겠습니다. 이번 장에 나와 있는 참고자료 [2]를 참고해 더 자세한 사용법 및 파라미터 소개에 대해 익숙해지기를 바랍니다.

4.2 분류 알고리즘 기초

이번 절부터는 본격적으로 실제 예제를 결합해 머신러닝 지식과 코드를 설명하겠습니다.

분류 알고리즘은 매우 자주 사용하는 머신러닝 알고리즘이며 광범위하게 응용되고 있습니다. 특히, 알고리즘 입문자에게 많이 소개되는 알고리즘입니다. 훈련에 사용하는 데이터에 레이블label 정보가 있는지, 없는지의 여부에 따라 학습은 지도학습과 비지도학습으로 분류됩니다. 분류 알고리즘과 회귀 알고리즘은 지도학습에서 주로 사용되는 반면, 군집clustering 알고리즘은 비지도학습의 대표 주자입니다.

조금 더 자세히 설명하면, 지도학습은 입력된 데이터 샘플에 대해 모델을 통해 훈련해 기댓값을 얻어 실젯값과 비교해 볼 수 있지만, 비지도학습에서는 입력된 데이터 샘플이 모델을 통한 훈련을 거친다 해도 실젯값과 비교해 볼 수 없습니다. 분류 알고리즘에 대해서 입력된 훈련 데이터는 특성feature과 레이블label을 가지며, 훈련 과정의 본질도 특성과 레이블 사이의 관계를 찾는 것입니다. 이렇듯 특성은 있지만 레이블이 존재하지 않는 데이터가 입력된다면, 이미 존재하는 관계를 바탕으로 해당 데이터의 레이블을 얻게 되는 것입니다.

이번 절에서는 분류 알고리즘 중 자주 사용되는 몇 가지 모델을 통해, 실무에서 만날 수 있는 분류 모델을 자세히 설명합니다. 구체적인 예제와 코드를 통해 머신러닝 알고리즘, 특히 분류 알고리즘에 대해 직관적이고 깊은 이해를 얻을 수 있을 것입니다.

4.2.1 분류 알고리즘의 성능 측정 지표

자주 사용하는 분류 알고리즘으로는 나이브 베이즈Naive Bayes, 의사결정 트리, 서포트 벡터 머신, 로지스틱 회귀 등이 있습니다. 이러한 알고리즘은 각자가 가진 특성 때문에 크기가 다른 데이터셋에서 서로 다른 성능을 보이곤 합니다. 이번 절에서는 정확도, 재현율, 특이도, ROC 곡선, 그리고 AUC 등과 같이 분류 알고리즘에서 자주 사용하는 성능 측정 지표를 소개하겠습니다. 이렇게 기준이 되는 지표가 있어야 각 알고리즘의 성능에 대해 정량적인 측정을 실시하여 데이터에 최적화된 알고리즘을 선택할 수 있는 것입니다.

1. 혼동 행렬

혼동 행렬confusion matrix은 데이터 과학, 데이터 분석, 머신러닝에서 분류 모델 예측 결과를 정리하고 요약할 때 사용하는 테이블입니다. 행렬 형태로 데이터셋에서 기록된 실제 클래스ground truth와 분류 결과를 정리합니다. 이진 분류 문제를 예로 들면, 실제 데이터가 양의 클래스positive와 음의 클래스negative라는 두 종류의 클래스로 나뉠 경우에 분류 모델의 예측 역시 양성 판단(예측값이 양성에 속함)과 음성 판단(예측값이 음성에 속함)이라는 두 가지 판단을 내릴 것입니다. 혼동 행렬은 2×2 형태의 테이블이 되며, 실제 결과와 예측 결과에 기반해 네 가지 가능성을 계산할 수 있습니다.

- **실제 양성**True Positive, TP: 실젯값이 양성이고, 예측값 역시 양성인 경우
- **거짓 양성**False Positive, FP: 실젯값은 음성이고, 예측값이 양성인 경우
- **실제 음성**True Negative, TN: 실젯값이 음성이고, 예측값 역시 음성인 경우
- **거짓 음성**False Negative, FP: 실젯값은 양성이고, 예측값이 음성인 경우

표 4-1는 혼동 행렬 그래프입니다.

표 4-1 **혼동 행렬 그래프**

예측 \ 실제		양성	음성
진단 결과	양성	실제 양성(TP)	거짓 양성(FP)
	음성	거짓 음성(FN)	실제 음성(TN)

혼동 행렬을 중심으로, 분류 알고리즘의 주요 지표는 다음과 같습니다.

1 **정밀도**Precision: 양성으로 예측한 것 중에 얼마나 많은 결과를 정확히 예측했는가에 대한 평가

$$Precision = \frac{TP}{TP + FP}$$

2 **민감도**Sensitivity **혹은 재현율**Recall: 모든 양성 데이터 중 정확히 양성이라고 예측한 비율

$$Sensitivity = Recall = TPR = \frac{TP}{TP + FN}$$

3 **특이도**Specificity: 모든 음성 데이터 중 정확히 음성이라고 예측한 비율

$$Specificity = TNR = \frac{TN}{FP + TN}$$

어떤 데이터에서는 정밀도와 재현율이 서로 모순 관계에 놓일 때도 있습니다. 즉, 정밀도와 재현율 중 하나는 높고 하나는 낮은 현상을 보일 때가 있습니다. 예를 들어, 한 반에 80명의 남학생과 20명의 여학생, 총 100명의 학생이 있다고 가정하고, 우리는 여학생을 찾아내는 모델을 만드는 것이 목표입니다. 이 중에서 50명을 여학생이라고 선택했는데, 20명만 진짜 여학생이고 나머지 30명은 여학생이라고 잘못 예측된 남학생입니다. 만약 이 선택 결과를 평가한다면 정밀도는 40%지만(여학생 20명/(여학생 20명+여학생으로 잘못 예측된 남학생 30명)), 재현율은 100%가 나올 것입니다(여학생 20명/(여학생 20명+남학생으로 잘못 예측된 여학생 0명)).

일반적으로 더 많은 샘플sample을 커버하려고 한다면 해당 모델은 잘못될 가능성이 큽니다. 이러한 상황에서 모델은 아주 높은 재현율을 보이겠지만 정밀도는 매우 낮을 것입니다(우리는 이러한 현상을 오버핏overfit, 즉 과적합이라고 부릅니다). 만약 모델이 보수적이라 확신이 있는 샘플에 대해서만 예측을 한다면 정밀도는 매우 높겠지만, 재현율은 상대적으로 낮을 것입니다(우리는 이러한 현상을 언더핏underfit, 즉 과소적합이라고 부릅니다). 이 문제를 극복하기 위해 F1-스코어가 탄생했습니다.

F1-스코어:

$$\frac{2}{F_1} = \frac{1}{P} + \frac{1}{R}, P = \text{Precision}, R = \text{Recall}$$

이를 조정하면 다음과 같습니다.

$$F_1 = \frac{2PR}{P + R} = \frac{2\text{TP}}{2\text{TP} + \text{FP} + \text{FN}}$$

따라서 앞 예제에서의 F1-스코어는 다음과 같이 계산됩니다.

$$F_1 = \frac{2\text{TP}}{2\text{TP} + \text{FP} + \text{FN}} = \frac{2 \times 0.4 \times 1}{0.4 + 1} = 57.143\%$$

2. ROC 곡선

ROC$_{\text{Receiver Operating Characteristic}}$(수신자 조작 특성) 곡선은 FPR$_{\text{False Positive Rate}}$을 횡축으로, TPR$_{\text{True Positive Rate}}$를 종축으로 설정하고 서로 다른 임계점을 사용해 그려냅니다.

$$\text{FPR} = 1 - \text{Specificity} = \frac{\text{FP}}{\text{FP} + \text{TN}}$$

로지스틱 회귀를 사용해 실제 데이터가 양성에 속할 확률을 계산한다고 가정해 봅시다. 여기서는 임곗값을 0.6으로 설정해, 확률이 0.6보다 크면 양성으로, 0.6보다 작으면 음성으로 분류합니다. 이렇게 하면 대응하는 (FPR, TPR) 조합을 계산해 좌표평면에서 이에 대응하는 좌표점을 얻을 수 있습니다. 임곗값이 줄어들면서 더 많은 실제 예제가 양성으로 분류될 것인데, 양성도 늘어나지만 실제 음성도 양성으로 분류될 것입니다. 즉, TPR과 FPR이 동시에 커지는 것이죠. 임곗값이 가장 클 때 대응하는 좌표점은 (0,0)이 됩니다. 임곗값이 가장 작을 경우, 대응하는 좌표점은 (1,1)입니다. 그림 4-2에서 보이는 실선이 바로 ROC 곡선이며, 선상의 각 점은 하나의 임곗값에 대응합니다.

- **횡축(FPR)**: FPR = 1-TNR. FPR이 클수록 더 많은 실제 양성을 예측하지만 실제 음성도 함께 늘어납니다. (예: 암환자가 아닌데 암환자라고 진단함)

- **종축(TPR)**: TPR = Sensitivity(양성을 포괄하는 비율). TPR이 클수록 실제 양성인 양성을 잘 예측한 것을 나타냅니다. (예: 실제 암환자를 암환자라고 진단함)

- **이상적인 목표**: TPR = 1, FPR = 0. 즉, 그림에서 (0,1)점을 나타냅니다. 따라서 ROC 커브가 (0,1)점에 가까워질수록 민감도와 특이도가 커져 좋은 성능임을 뜻합니다.

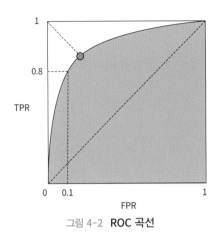

그림 4-2 **ROC 곡선**

3. AUC

AUC_{Area Under Curve}는 ROC 곡선 아래 면적을 뜻합니다. 이는 어떤 의미일까요? 먼저 샘플이 양성에 속할 확률을 출력하는 분류기가 있다고 가정하면, 모든 샘플은 대응하는 확률(양성에 속할 확률값)을 가질 것입니다. 이렇게 되면 그림 4-3과 같이 나타낼 수 있는데, 여기서 x축은 예측이 양성일 확률을 나타내고 y축은 샘플 수를 나타냅니다. 따라서 옅은 색 구역은 모든 음성 확률분포를 나타내고, 진한 색 구역은 모든 양성 확률분포를 나타냅니다. 만약 분류 효과를 최대로 하려면 진한 색 구역이 1에 가까울수록 좋고, 옅은 색 구역은 0에 가까울수록 좋을 것입니다.

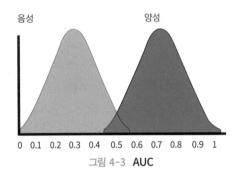

그림 4-3 **AUC**

분류기의 성능을 검증하기 위해 하나의 임계점을 선택해야 합니다. 그리고 그림 4-4처럼 해당 임계점보다 높은 확률을 가지는 예측을 양성으로 분류하고, 낮은 확률을 가지는 예측을 음성으로 분류합니다.

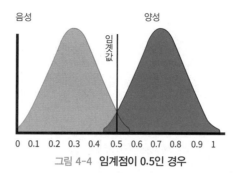

그림 4-4 **임계점이 0.5인 경우**

그림 4-4에서 선택한 임계점은 0.5입니다. 따라서 왼쪽 샘플은 모두 음성 샘플로 예측될 것이고, 오른쪽 샘플은 모두 양성으로 예측될 것입니다. 자세히 살펴보면 옅은 색 구역과 진한 색 구역이 겹치는 구간이 있습니다. 따라서 임곗값이 0.5일 때 우리는 90%라는 정밀도를 계산할 수 있습니다.

이제는 ROC 곡선을 함께 생각해 봅시다. 그림 4-5 왼쪽 상단에 있는 그림이 바로 ROC 곡선으로, 횡축은 FPR을, 종축은 TPR을 나타냅니다.

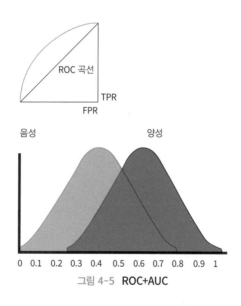

그림 4-5 **ROC+AUC**

우리는 AUC 좌표계에서 서로 다른 임곗값을 선택해 그림 4-6처럼 ROC 좌표계 중 곡선상의 하나의 점에 대응할 수 있습니다. 임곗값이 0.8일 경우 그림 4-6(왼쪽)의 화살표가 향하는 점에 대응하게됩니다. 임곗값이 0.5일 때 그림 4-6(오른쪽)의 화살표가 향하는 점에 대응합니다. 이렇게 서로 다른 임곗값은 서로 다른 점에 대응하게 되며, 마지막에 모든 점은 하나의 곡선으로 이어질 수 있고, 이것이 바로 ROC 곡선이 됩니다.

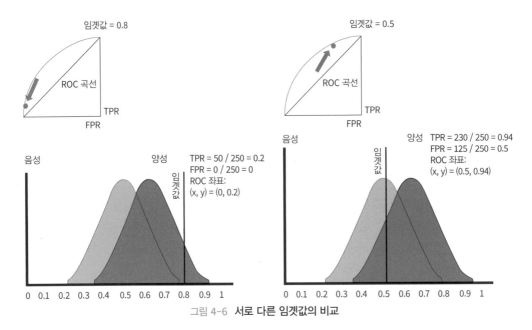

그림 4-6 **서로 다른 임곗값의 비교**

그럼 이제 옅은 색 구역과 진한 색 구역에 변화가 발생할 때 ROC 곡선은 어떻게 변하는지 살펴봅시다. 그림 4-7의 왼쪽 그림처럼 옅은 색 구역과 진한 색 구역 사이에 중복되는 부분이 많지 않은 경우 ROC 곡선의 왼쪽 위 모서리에 가깝게 됩니다. 반대로 오른쪽 그림처럼 옅은 색 구역과 진한 색 구역이 많이 겹치는 경우 ROC 곡선은 y=x 선에 가까워집니다.

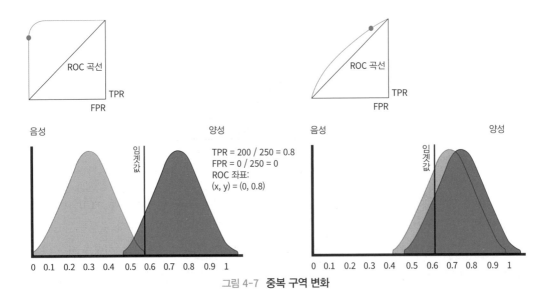

그림 4-7 **중복 구역 변화**

따라서 만약 ROC 곡선을 사용해 분류기의 분류 성능을 평가하려 한다면 AUC를 계산해 평가할 수 있습니다. 이것이 바로 AUC를 사용하는 이유입니다.

그림 4-8의 첫 번째 그래프의 AUC 값은 모든 양성 클래스가 음성 클래스 앞에 위치한다는 것을 뜻합니다. 두 번째 AUC 값은 80%의 양성 클래스가 음성 클래스 앞에 위치한다는 것을 뜻하고, 세 번째 AUC 값은 50%의 확률로 양성 클래스가 음성 클래스 앞에 위치한다는 것을 뜻합니다. 우리는 임곗값을 자유롭게 선택할 수 있는데, 이것은 분류 결과가 임곗값의 영향을 받는다는 것을 뜻합니다. 만약 AUC를 사용한다면 임곗값 변화를 고려하기 때문에 더 효과적인 평가가 가능합니다.

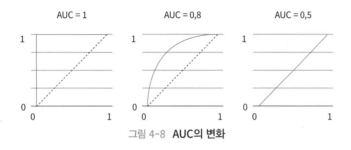

그림 4-8 **AUC의 변화**

4.2.2 나이브 베이즈 분류 및 구현 예제

나이브 베이즈 분류기는 특성들 사이의 독립을 가정하는 베이즈 정리를 바탕으로 하는 분류 방법입니다. 고전 수학 이론을 기반으로 하므로, 수학적인 해석이 가능하고 안정적인 분류 효과를 보여주는 매우 단순한 분류 알고리즘입니다. 나이브 베이즈의 아이디어는 다음과 같습니다.

예를 들어, 온몸이 젖은 채로 들어오는 사람을 본다면 밖에 비가 오고 있다고 예측할 것입니다. 물론 들어온 사람이 스프링클러에 의해 젖었거나, 혹은 지나가던 차가 웅덩이를 밟아 튄 물에 재수 없게 젖었을 가능성도 있습니다. 하지만 다른 가용한 정보가 없는 상황에서, 우리는 조건 확률이 가장 큰 클래스(분류)를 선택하게 되는데, 이것이 바로 나이브 베이즈의 기초 아이디어입니다.

나이브 베이즈 알고리즘은 사실 조건 확률의 공식을 계산하는 것과 같습니다. 사건 B가 발생했다는 조건하에 사건 A가 발생할 확률을 $P(A|B)$로 나타냅니다.

$$P(A|B) = \frac{P(AB)}{P(B)} = \frac{P(B|A)P(A)}{P(B)}$$

만약 형식을 바꿔 표현하면 다음과 같이 나타낼 수 있습니다.

$$P\bigl(클래스(분류)\big|특성\bigr) = \frac{P\bigl(특성|클래스(분류)\bigr)P\bigl(클래스(분류)\bigr)}{P(특성)}$$

보다 구체적인 나이브 베이즈 알고리즘의 계산 방법은 다음과 같습니다.

1 $X = \{x_1, x_2, x_3, \cdots, x_n\}$을 분류를 알지 못하는 집합이라고 가정합니다. 여기서 x_n은 집합에서 각 훈련 데이터의 하나의 특성 속성입니다.

2 클래스가 주어진(레이블된) 집합 $C = \{y_1, y_2, \cdots, y_n\}$을 준비합니다.

3 $P(y_1|x), P(y_1|x), \ldots, P(y_n|x)$을 계산합니다. 즉, 서로 다른 훈련 데이터에서 레이블 y의 확률 분포입니다.

4 레이블을 알지 못하는 데이터에 대한 레이블을 예측할 때 확률이 가장 큰 하나의 레이블을 해당 훈련 데이터의 레이블로 선택합니다. 즉, $x \in y_k$, $P(y_k|x) = \max\{P(y_1|x), P(y_2|x), \cdots, P(y_n|x)\}$입니다.

앞 설명 중 세 번째 단계에서 각 $P(y_n|x)$의 조건부 확률은 다음 단계를 통해 얻을 수 있습니다.

1 레이블이 있는 데이터를 준비하고, 이러한 데이터를 훈련 세트 S라고 부릅니다.

2 통계 계산을 통해 얻은 각 클래스(분류)하의 각각 특성의 조건부 확률을 계산합니다. 즉 $P(x_1|y_1)$, $P(x_2|y_2), \cdots, P(x_n|y_1); P(x_1|y_2), P(x_2|y_2), \cdots, P(x_n|y_2); \cdots; P(x_1|y_1), P(x_2|y_2), \cdots, P(x_n|y_m)$ 이 됩니다.

3 만약 각 특성이 조건부 독립이라면 베이즈 정리에 따라 다음을 얻을 수 있습니다.

$$P(y_i|x) = \frac{P(x|y_i)P(y_i)}{P(x)}$$

분모는 모든 클래스에 대해 상수이기 때문에 분자만 최대화하면 됩니다. 그리고 각 특성의 속성은 조건독립이기 때문에 다음 식을 얻을 수 있습니다.

$$P(x|y_i)P(y_i) = P(x_1|y_1), P(x_2|y_2) \cdots P(x_n|y_i)P(y_i) = P(y_i)\prod_{j=1}^{n} P(x_j|y_i)$$

앞 과정을 통해 서로 다른 각 x가 서로 다른 레이블에 대응하는 확률을 계산할 수 있고, x를 확률이 가장 큰 레이블에 속하도록 만들면 됩니다.

설명이 다소 어려웠을 수도 있으나 예제를 살펴보면 쉽게 이해가 될 것입니다. 아래에서 구체적인 예제를 통해 앞 개념을 다시 설명하겠습니다. 우리는 다음과 같이 날씨와 기온의 특징을 보여주는 데이터를 설명 변수로 가지고 있고, 이에 상응하는 '나들이 여부'에 대한 데이터를 레이블 데이터로 가지고 있습니다.

표 4-2 훈련 데이터세트

날씨	기온	나들이 여부
맑음	더움	No
맑음	더움	No
흐림	더움	Yes
비	적당함	Yes
비	추움	Yes
비	추움	No
흐림	추움	Yes
맑음	적당함	No
맑음	추움	Yes
비	적당함	Yes
맑음	적당함	Yes
흐림	적당함	Yes
흐림	더움	Yes
비	적당함	No

먼저 날씨가 흐리고 기온이 적당한 상황에 '나들이 여부'의 값이 각각 Yes와 No일 확률을 예로 들어 계산하면, P(Play=Yes|날씨=흐림, 기온=적당함)=P(날씨=흐림, 기온=적당함|Play=Yes) × P(Play=Yes)가 될 것입니다.

앞 세 번째 단계 계산에 따라 P(Play=Yes|날씨=흐림, 기온=적당함)=P(날씨=흐림|Play=Yes) × P(기온=적당함|Play=Yes) × P(Play=Yes)가 되고, P(Yes)=9/14=0.64, P(흐림|Yes)=4/9=0.44, P(적당함|Yes)=4/9=0.44이기 때문에 P(Play=Yes|날씨=흐림, 기온=적당함)=0.44 × 0.44 × 0.64=0.124가 됩니다.

동일하게 P(Play=No|날씨=흐림, 기온=적당함)=P(날씨=흐림, 기온=적당함|Play=No) × P(Play=No)=P(날씨=흐림, 기온=적당함) × P(Play=No)=P(날씨=흐림|Play=No) × P(기온=적당|Play=No) × P(Play=No)이기 때문에 P(No)는 5/14=0.36이 됩니다.

P(날씨=흐림|Play=No)=0/9=0, P(날씨=적당함|Play=No)=2/5=0.4이기 때문에 P(Play=No|날씨=흐림, 기온=적당함)=P(날씨=흐림, 기온=적당함|Play=No)=0 × 0.4 × 0.36=0이 됩니다.

이 예제를 코드를 통해 구현하면 다음과 같습니다.

```python
from sklearn import preprocessing
import pandas as pd
import numpy as np
```

```
from sklearn.naive_bayes import GaussianNB

weather=['Sunny', 'Sunny', 'Overcast', 'Rainy', 'Rainy', 'Rainy', 'Overcast','Sunny',
'Sunny', 'Rainy', 'Sunny', 'Overcast', 'Overcast', 'Rainy']
temp=['Hot', 'Hot', 'Hot', 'Mild', 'Cool', 'Cool', 'Cool', 'Mild', 'Cool', 'Mild', 'Mild',
'Mild', 'Hot', 'Mild']

play=['No', 'No', 'Yes', 'Yes', 'Yes', 'No', 'Yes', 'No', 'Yes', 'Yes', 'Yes', 'Yes', 'Yes',
'No']

le = preprocessing.LabelEncoder()
wheather_encoded = le.fit_transform(weather)
temp_encoded = le.fit_transform(temp)
label = le.fit_transform(play)
# 변환 후 변수와 레이블은 각각 다음과 같음
# wheather_encoded: [2 2 0 1 1 1 0 2 2 1 2 0 0 1]
# temp_encoded: [1 1 1 2 0 0 0 2 0 2 2 2 1 2]
# label: [0 0 1 1 1 0 1 0 1 1 1 1 1 0]
# Pandas의 concat 메서드를 사용해 결합
df1 = pd.DataFrame(wheather_encoded, columns = ['wheather'])
df2 = pd.DataFrame(temp_encoded, columns = ['temp'])
result = pd.concat([df1, df2], axis=1, sort=False)
# 결합 후 특성은 [(2, 1), (2, 1), (0, 1), (1, 2), (1, 0), (1, 0), (0, 0), (2,2), (2, 0), (1, 2),
(2, 2), (0, 2), (0, 1), (1, 2)]
# 나이브 베이즈 모델을 만들고 데이터를 대입해 훈련함
model = GaussianNB()
trainx = np.array(result)
model.fit(trainx, label)

# 생성된 모델로 날씨는 overcast, 온도는 mild인 경우의 결과를 얻음
predicted= model.predict([[0,2]]) # 0:Overcast, 2:Mild
print("Predicted Value:", predicted)
```

예측 결과가 1임을 알 수 있습니다.

이번 예제를 통해 우리는 나이브 베이즈 분류기가 비교적 단순하고 이해하기 쉬우며 구현하기에도 쉽다는 사실을 배웠습니다. 하지만 소규모 데이터셋에서만 활용 가능하며, 대규모 데이터셋에서는 좋은 성능을 보여주지 못합니다. 동시에 나이브 베이즈는 각 특성feature이 서로 독립적이어서 영향을 주지 않는다고 가정하므로 특성 사이에 상관성이 높을 시 좋은 성능을 내지 못합니다.

4.3 의사결정 트리

의사결정 트리decision tree는 머신러닝 지도학습 분류 알고리즘에 속합니다. 데이터 속성에 기반해 마치 나뭇tree가지와 닮은 구조의 의사결정 모델을 만드는데, 대상으로 하는 속성과 값 사이의 투영을 나타낸다고 볼 수 있습니다. 트리의 각 노드는 대상 속성(변수)의 판단 조건을 나타내고, 가지branch

는 노드 조건에 부합하는 대상을 나타냅니다. 그리고 트리의 잎leaf 노드는 대상 속성의 예측 결과를 나타냅니다.

4.3.1 알고리즘 소개

의사결정 트리는 분류 문제와 회귀 문제 해결에 두루 사용됩니다. 자주 사용하는 알고리즘으로는 CARTClassification And Regression Tree, ID(3), C4.5 등이 있습니다. 그림 4-9는 어떤 사람이 테니스를 치러 나갈지 여부를 예측하는 간단한 의사결정 트리입니다. 테니스를 치러 갈지 여부는 날씨, 습도, 세 가지 속성에 의해 결정됩니다. 잎 노드가 아닌 모든 노드는 한 가지 속성의 조건 판단을 나타내고, 해당 조건에 테니스를 치러 나갈지 말지의 여부를 결정합니다. 예를 들어, 오늘 날씨가 '맑음'이라면 의사결정 트리의 루트 노드를 통해 왼쪽 가지(날씨가 '맑음')로 분류됩니다. 그리고 다시 다음 속성인 습도를 고려하는데. 오늘 습도가 60도라면 다시 왼쪽 가지(습도 =< 70)를 통해 분류됩니다. 마지막 결과는 잎 노드에 나타나는데, 잎 노드에 따라 '테니스를 치러 나간다'가 최종 예측 결과가 됩니다.

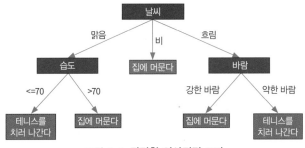

그림 4-9 간단한 의사결정 트리

4.3.2 의사결정 트리 원리

의사결정 트리는 나무 구조로 되어 있고, 잎 노드가 아닌 각 노드들은 하나의 특성 속성을 나타내며, 가지를 통해 특정 임곗값하에서 해당 특성 속성의 판단(예측)을 출력합니다(그림 4-9의 예에서는 습도 왼쪽의 가지는 습도라는 특성의 값이 70보다 낮은 데이터를 출력하고, 오른쪽 가지는 습도가 70보다 높은 데이터를 출력합니다). 그리고 이렇게 출력된 데이터는 하나의 클래스를 나타내는 잎 노드에 저장됩니다. 의사결정 트리를 통해 의사결정을 내리기 위해서는 루트 노드root node부터 시작해 가지를 치며 최종 잎 노드까지 만들어 의사결정 결과를 얻습니다. 의사결정 트리의 핵심 아이디어는 적합한 특성을 결정 노드decision node로 선택해 데이터셋에 대한 신속한 분류를 진행하여 의사결정 트리의 깊이를 줄이는 것입니다. 앞 예제에서는 날씨, 습도, 바람 세 가지 특성을 사용했습니다. 특성 선택의 목적은 분류 후 데이터 집합의 순도가 높도록 만드는 것입니다. 순도는 정보 중에 얼마만큼의 정보가 있는지를 측정하는 데 사용됩니다. 자주 사용하는 정보 척도 방법으로는 정보 이득information gain,

정보 이득비information gain ratio, 지니 계수gini index 등이 있습니다. 이 세 가지 기본적인 정보 척도 방법을 알아보기 전에, 기본 개념에 대해 먼저 설명하겠습니다.

1. 정보량

시간의 척도가 초second인 것처럼 정보량은 정보에 대한 척도입니다. 정보가 많고 적음은 정보량을 통해 측정될 수 있으며, 이는 구체적으로 발생하는 사건과 관련이 있습니다. 복권 당첨처럼 발생할 확률이 적은 사건일수록 발생한 후 생성되는 정보량이 더욱 많습니다. 퇴근 시간의 교통체증처럼 발생할 확률이 큰 사건일수록 발생한 후에 생성되는 정보량도 적습니다. 따라서 하나의 구체적인 사건의 정보량은 해당 사건이 발생하는 확률의 증가에 따라 낮아지고 음의 값이 될 수 없습니다.

정보량 공식은 다음과 같습니다.

$$h(x) = -\log_2 p(x)$$

$p(x)$는 x가 발생활 확률이며, 정보량에 대한 그래프는 그림 4-10과 같습니다.

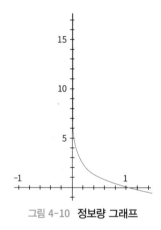

그림 4-10 **정보량 그래프**

2. 정보 엔트로피

정보량은 구체적인 사건의 발생이 가져오는 정보를 뜻합니다. 엔트로피entropy는 결과가 나오기 전 생산 가능한 정보량에 대한 기댓값이며, 해당 랜덤 변수가 취할 수 있는 모든 가능한 값들을 고려합니다. 즉, 발생할 사건이 가져올 수 있는 모든 가능한 기댓값을 계산합니다. 공식은 다음과 같습니다.

$$\text{Ent}(x) = -\text{sum}(p(x)\log_2 p(x))$$

즉, 다음 수식과 같습니다.

$$\text{Ent}(X) = -\sum_{k=1}^{|K|} p_{xi} \log_2 p_{xi}$$

여기서 X는 샘플의 집합을 나타내고, $|K|$는 해당 샘플 중의 클래스 수를 나타냅니다. 그리고 p_{xi}는 k번째 분류가 발생할 확률을 나타냅니다. $\text{Ent}(X)$의 값이 작을수록 X의 순도는 높아집니다. 예를 들어 A와 B 두 명의 학생이 있는데 A 학생의 성적은 매우 좋아 매번 100점을 맞아 합격하고, B 학생은 성적이 보통이라 10번의 시험 중 5번은 불합격한다고 가정해 봅시다. 그렇다면 시험에 대한 A 학생과 B학생의 정보 엔트로피는 각각 다음과 같습니다.

$$\text{Ent}(A) = -1 \times 0 = 0$$

$$\text{Ent}(B) = -\frac{1}{2} \times \log_2 \frac{1}{2} - \frac{1}{2} \times \log_2 \frac{1}{2} = 0.301$$

$\text{Ent}(X)$가 작을수록 정보의 순도가 높은 것을 알 수 있습니다.

3. 조건 엔트로피

랜덤 변수 (X, Y)가 있다고 가정했을 때 이들의 결합확률분포joint probability distribution는 다음과 같습니다.

$$p(X = x_i, Y = y_i) \quad i = 1, 2, \cdots, n; \ j = 1, 2, \cdots, m$$

조건 엔트로피 $H(Y|X)$는 이미 알고 있는 랜덤 변수 X의 조건하에서 랜덤변수 Y의 불확실성을 나타냅니다. 공식은 다음과 같이 유도될 수 있습니다.

$$H(Y|X) = \sum_{x \in X} p(x) H(Y|X = x)$$

$$= -\sum_{x \in X} p(x) \sum_{y \in Y} p(y|x) \log p(y|x)$$

$$= -\sum_{x \in X} \sum_{y \in Y} p(x, y) \log p(y|x)$$

4. 정보 이득

정보 이득information gain = 정보 엔트로피 – 조건 엔트로피. 즉, 정보 이득은 어떤 조건하에서 정보 복잡도가 줄어드는 정도를 나타냅니다. 다른 말로 표현하면, 정보 이득은 의사결정 트리 알고리즘에서 어떤 속성 a를 사용해 분할한 후, 순도를 향상시킨 정도라고 설명할 수 있습니다. 만약 하나의 특성을 선택한 후 정보 이득이 최대라면(정보의 불확실성이 감소한 정도가 최대라면), 해당 특성을 사용해야 합니다. 이해를 돕기 위해 표 4-3의 예제를 살펴보도록 합시다.

표 4-3 **정보 이득을 이해하기 위한 예제**

소득	신용카드 개설	혼인	주택 소유 여부
보통	예	기혼	있음
낮음	아니오	기혼	없음
낮음	예	미혼	없음
높음	예	기혼	있음
보통	예	기혼	없음
높음	예	기혼	있음

랜덤 변수 X(주택 소유 여부)의 정보 엔트로피는 다음과 같습니다.

$$\text{Ent}(X) = -\frac{1}{2}\log\frac{1}{2} - \frac{1}{2}\log\frac{1}{2} = 0.301$$

만약 소득을 다음 특성으로 선택한다면, 소득에서 취할 수 있는 값은 낮음, 보통, 높음이 될 것입니다. 우리가 가진 데이터에서 소득이 낮은데 주택을 소유한 건수는 0이고, 소유하지 않은 건수는 2입니다. 보통 소득을 가진 사람 중에는 주택을 소유한 사람이 1명, 소유하지 않은 사람이 1명입니다. 소득이 높은 사람들은 모두 주택을 소유하고 있습니다(2건). 따라서 조건 엔트로피는 다음과 같이 계산할 수 있습니다.

$$H\left(Y\middle|X = 낮음\right) = -\frac{2}{2}\log\frac{2}{2} = 0$$

$$H\left(Y\middle|X = 보통\right) = -\frac{1}{2}\log\frac{1}{2} - \frac{1}{2}\log\frac{1}{2} = 0.301$$

$$H\left(Y\middle|X = 높음\right) = -\frac{2}{2}\log\frac{2}{2} = 0$$

$$H\left(주택 소유 여부\middle|소득\right) = \frac{2}{6} \times 0.301 + \frac{2}{6} \times 0 + \frac{2}{6} \times 0 = 0.1003$$

최종 정보 이득은 다음과 같습니다.

$$\text{Gain}\left(주택 소유, 소득\right) = 0.301 - 0.1003 = 0.2007$$

따라서 정보 이득은 다음과 같이 정의할 수 있습니다.

$$\text{Gain}(D, a) = \text{Ent}(D) - \sum_{v=1}^{|V|} \frac{|D^v|}{|D|}\text{Ent}(D^v)$$

간단히 말해, 정보 이득은 분할 후 정보 엔트로피의 변화를 나타냅니다.

5. 정보 이득비

정보 이득에서 이득$_{gain}$이 크면 클수록 분할 효과가 좋습니다. 이는 의사결정 트리 알고리즘은 본질적으로 최적의 분할 특성과 분할의 순서를 찾기 때문입니다. 하지만 정보 이득에도 한계성이 존재합니다. 일반적으로 정보 이득은 클래스 수가 비교적 적은 이산 데이터에 대해 좋은 효과를 보여준다고 알려져 있습니다. 앞 예제에서 소득, 신용카드 개설 여부 등 데이터는 모두 이산형 데이터이며, 각 클래스마다 일정한 수량의 샘플이 포함되어 있습니다. 이러한 상황에서는 정보 이득과 정보 이득비의 차이가 크지 않습니다. 하지만 몸무게, 키, 나이, 거리 등과 같은 연속형 데이터를 다루거나 혹은 데이터 각 열에 명확한 클래스 구분이 없는 상황이라면 정보 이득의 효과는 어떻게 될까요? 우리가 알고 있는 정보 이득의 공식은 다음과 같습니다.

$$\text{Gain}(D, a) = \text{Ent}(S) - \text{Ent}(A)$$

$\text{Ent}(S)$는 초기 레이블 열의 정보 엔트로피이기 때문에 $\text{Gain}(D,a)$의 크기는 $\text{Ent}(A)$의 크기에 의해 결정되며, $\text{Ent}(A)$가 작을수록 $\text{Gain}(D,a)$가 커집니다. 따라서 정보 이득은 값이 큰 특성을 선택하는 경향이 있습니다. 주요 원인은 특성이 취할 수 있는 값이 비교적 많을 경우, 해당 특성에 기반해 분할했을 때 더 높은 순도를 가진 하위 집합을 얻을 수 있어 정보 이득이 커지기 때문입니다.

$\text{Ent}(A) = \sum_{i=1}^{n} \frac{1}{n} \log_2(1) = 0$처럼 극단적인 상황에서, $\text{Ent}(A)$는 최소가 되고 $\text{Gain}(D,a)$는 최대가 됩니다. 하지만 사실상 이러한 분할의 효과는 그리 좋지 않습니다.

이러한 문제를 해결하기 위해 정보 이득비$_{gain-ratio}$라는 개념이 탄생하게 되었습니다. 먼저, 어떤 행위가 가지고 있는 정보가 다음과 같다고 가정합니다.

$$\text{Info} = -\sum_{v \in \text{value}(A)} \frac{\text{num}(S_v)}{\text{num}(S)} \log_2 \frac{\text{num}(S_v)}{\text{num}(S)}$$

이어서 해당 행위하에서 정보 이득비를 계산합니다.

$$\text{Gain\_ratio} = \frac{\text{Gain}(D, a)}{\text{info}}$$

이렇게 분할 행위에 대한 근본적인 영향을 줄였습니다. 동일하게 주택 보유 여부 예제를 사용해 계산해 보면, 먼저 소득이라는 행위가 가지고 있는 정보를 계산합니다.

$$\text{info}\left(소득\right) = -\sum_{v \in \text{value}(A)} \frac{\text{num}(S_v)}{\text{num}(S)} \log_2 \frac{\text{num}(S_v)}{\text{num}(S)} = -\frac{1}{2} \times \log_2 \frac{1}{2} - \frac{1}{2} \times \log_2 \frac{1}{2} - \frac{1}{2} \times \log_2 \frac{1}{2}$$
$$= 0.1505$$

이어서 주택을 보유했을 때의 정보 이득비를 계산합니다.

$$\text{Gain\_ratio} = \frac{0.2007}{0.1505} = 1.33$$

6. 지니

지니 Gini(D)는 데이터에서 랜덤으로 뽑은 두 개의 샘플의 레이블이 서로 일치하지 않을 확률을 뜻합니다. 데이터의 순도가 높을수록 매번 일치하지 않은 레이블을 가진 샘플을 뽑을 확률이 줄어들 것입니다. 예를 들어, 주머니에 99개의 흰 공과 1개의 노란 공이 들어 있을 때 랜덤으로 두 개의 공을 뽑는다면 두 개의 흰 공을 뽑을 확률이 높을 것입니다.

따라서 데이터세트 D의 순도는 지니값으로 측정할 수가 있습니다. 구체적인 정의는 다음과 같습니다.

$$\text{Gini}(D) = \sum_{k=1}^{|y|} \sum_{k' \neq k} p_k p_{k'} = 1 - \sum_{k=1}^{|y|} p_k^2$$

7. 지니 계수

지니 계수는 속성에 대해 정의되며, 속성 a를 사용해 분할한 후 모든 가지의 순도 가중치 합을 통해 얻어집니다. 속성 a의 지니 계수 정의는 다음과 같습니다.

$$\text{Gini\_index}(D, a) = \sum_{v=1}^{V} \frac{|D^v|}{|D|} \text{Gini}(D^v)$$

집합 A에서 분할 속성을 선택할 때 분할 후 지니 계수를 최소화할 수 있는 속성을 최적의 분할 속성으로 선택합니다. CART 의사결정 트리 알고리즘이 바로 지니 계수로 분할 속성을 선택하는 알고리즘입니다.

4.3.3 실전 예제를 통한 연습

이번 절에서는 캘리포니아 대학교 얼바인 캠퍼스에서 제공한 콘택트 렌즈 데이터를 사용하겠습니다. 데이터를 받을 수 있는 주소는 참고자료 [3]을 참조합니다. 이 데이터에는 4개의 특성(나이, 근시/원시, 난시 여부, 자주 눈물을 흘리는지 여부)을 통해 환자를 '1) 콘택트 렌즈 사용에 부적합함 2) 콘택트 렌즈 사용에 적합함 3) 하드 렌즈 사용에 적합함'과 같이 세 가지 클래스로 분류합니다.

코드는 다음과 같습니다.

```
from collections import defaultdict, namedtuple
from math import log2
from sklearn import tree
import pydot

def split_dataset(dataset, classes, feat_idx):
    ''' 어떤 특징 및 특정값을 기반으로 데이터셋 분할
    :param dataset: 분할할 데이터셋
    :param classes: 데이터셋에 대응하는 클래스. 데이터셋 길이와 동일함
    :param feat_idx: 특성 벡터 중에 특성 인덱스
    :param splited_dict: 분할 후 데이터의 딕셔너리 값
    '''
    splited_dict = {}
    for data_vect, cls in zip(dataset, classes):
        feat_val = data_vect[feat_idx]
        sub_dataset, sub_classes = splited_dict.setdefault(feat_val, [[], []])
        sub_dataset.append(data_vect[: feat_idx] + data_vect[feat_idx + 1:])
        sub_classes.append(cls)
        return splited_dict

def get_majority(classes):
    ''' 비중이 가장 높은 클래스를 반환
    '''
    cls_num = defaultdict(lambda: 0)
    for cls in classes:
        cls_num[cls] += 1
        return max(cls_num, key=cls_num.get)

def get_shanno_entropy(values):
    ''' 섀넌 엔트로피 계산
    '''
    uniq_vals = set(values)
    val_nums = {key: values.count(key) for key in uniq_vals}
    probs = [v/len(values) for k, v in val_nums.items()]
    entropy = sum([-prob*log2(prob) for prob in probs])
    return entropy

def choose_best_split_feature(dataset, classes):
    ''' 정보 이득을 기반으로 데이터의 최적 특징 분할
    :param dataset: 데이터셋
    :param classes: 클래스(레이블)
    :return: 정보 이득이 가장 큰 인덱스 반환
    '''
    base_entropy = get_shanno_entropy(classes)
    feat_num = len(dataset[0])
    entropy_gains = []
    for i in range(feat_num):
        splited_dict = split_dataset(dataset, classes, i)
        new_entropy = sum([
            len(sub_classes) / len(classes) * get_shanno_entropy(sub_classes)
            for _, (_, sub_classes) in splited_dict.items()
        ])
```

```python
        entropy_gains.append(base_entropy - new_entropy)
    return entropy_gains.index(max(entropy_gains))


def create_tree(dataset, classes, feat_names):
    ''' 현재 데이터셋에 기반해 의사결정 트리를 재귀적으로 만듦
    :param dataset: 데이터셋
    :param feat_names: 특성
    :param classes: 클래스
    :param tree: 딕셔너리 형식으로 트리를 반환
    '''
    # 만약 데이터에 한 가지 클래스만 존재한다면 멈춤
    if len(set(classes)) == 1:
        return classes[0]
    # 모든 특성을 탐색한 후 가장 많은 클래스를 반환
    if len(feat_names) == 0:
        return get_majority(classes)
    # 새로운 서브트리 생성
    tree = {}
    best_feat_idx = choose_best_split_feature(dataset, classes)
    feature = feat_names[best_feat_idx]
    tree[feature] = {}
    # 서브 트리 생성에 필요한 서브 데이터셋 생성
    sub_feat_names = feat_names[:]
    sub_feat_names.pop(best_feat_idx)
    splited_dict = split_dataset(dataset, classes, best_feat_idx)
    for feat_val, (sub_dataset, sub_classes) in splited_dict.items():
        tree[feature][feat_val] = create_tree(sub_dataset, sub_classes, sub_feat_names)
        tree = tree
        feat_names = feat_names
        return tree


def build_decisiontree_using_sklearn(X, Y):
    clf = tree.DecisionTreeClassifier()
    clf = clf.fit(X, Y)
    n_nodes = clf.tree_.node_count
    children_left = clf.tree_.children_left
    children_right = clf.tree_.children_right
    feature = clf.tree_.feature
    threshold = clf.tree_.threshold
    dot_data = tree.export_graphviz(clf, out_file=None)
    graph = pydot.graph_from_dot_data(dot_data)
    print(n_nodes)
    print(children_left)
    print(children_right)
    print(feature)
    print(threshold)
    graph[0].write_dot('iris_simple.dot')
    graph[0].write_png('iris_simple.png')
    return clf


if __name__ == '__main__':
```

```
lense_labels = ['age', 'prescript', 'astigmatic', 'tearRate']
X = []
Y = []
with open('data/decisiontree/lenses_num.txt', 'r', encoding = 'utf-8-sig') as f:
    for line in f:
        comps = line.strip().split(', ')
        X.append(comps[: -1])
        Y.append(comps[-1])
dt_model = build_decisiontree_using_sklearn(X, Y)
```

앞 코드는 ID3 알고리즘으로 최적의 특성을 가진 의사결정 트리를 구현했고, 그래프비즈_{Graphviz}를 통한 시각화를 진행했습니다. 하지만 실제 업무에서 이 방법을 사용해 의사결정 트리를 생성하면 과적합 문제가 발생하게 됩니다. 즉, 해당 의사결정 트리를 훈련 세트에 적용했을 때는 아주 작은 오차율을 보이지만, 테스트 세트에서는 오차율이 대폭 증가할 것입니다. 이런 현상이 나타나는 주요 원인은 다음과 같습니다.

- 훈련 데이터에 노이즈noise가 존재하는 경우, 노이즈 데이터에 적합해지므로 실제 데이터 분포를 충분히 반영하지 못하게 됩니다.
- 샘플링에 오류가 있는 경우 과적합이 발생합니다. 특히, 샘플 수가 작거나 샘플링 방법이 잘못되었거나 하는 경우가 많습니다.
- 의사결정 트리 생성 과정에서 적절한 제약을 받지 않는다면 과적합 현상이 발생합니다.

과적합이 발생하는 것을 막기 위해, 주로 가지치기나 랜덤 포레스트와 같은 최적화 방안을 사용합니다. 4.3.4절에서 이 두 가지 방안에 대해 설명하겠습니다.

4.3.4 의사결정 트리 최적화

1. 가지치기

분류 모델을 만드는 과정 중에 과적합 현상은 매우 쉽게 발생합니다. 의사결정 트리에서 발생하는 과적합 현상은 가지치기pruning를 통해 완화할 수 있습니다. 가지치기는 사전 가지치기와 사후 가지치기로 분류됩니다.

1 사전 가지치기란 의사결정 트리 생성 과정 중에 일정한 조건을 사용해 제한을 걸어, 의사결정 트리가 과적합되기 전에 트리가 자라나는 것을 멈추는 작업입니다. 사전 가지치기 진행 여부를 판단하는 방법에는 여러 가지가 있습니다. 예를 들면, 정보 이득이 적합한 임곗값보다 작을 때 가지치기를 통해 의사결정 트리의 성장을 멈추는 것입니다. 하지만 '적합한' 임곗값에 대한 명확한 기준이 존재하지 않아, 임곗값이 너무 높으면 모델 적합이 되지 않고, 반대로 임곗값이 너무 낮으면 과적합을 피할 수 없다는 단점이 있습니다.

2 사후 가지치기란, 의사결정 트리 생성이 완료된 후 상향식bottom-up 방법으로 가지치기를 진행하는 것입니다. 사후 가지치기에는 두 가지 방식이 존재합니다. 첫 번째 방식은 새로운 잎 노드leaf node 로 하위 트리sub-tree를 대체하는 것입니다. 해당 노드의 예측 클래스는 하위 트리 데이터에서 다수를 차지하는 클래스로 결정됩니다. 두 번째 방식은 하위 트리에서 가장 자주 사용하는 가지로 하위 트리를 대체하는 것입니다. 사전 가지치기는 트리 생성을 너무 일찍 정지시켜 적합 능력이 부족해질 수 있기 때문에 대부분의 경우 사후 가지치기의 성능이 더 좋은 편입니다.

2. 랜덤 포레스트

랜덤 포레스트random forest는 이름에서 알 수 있듯이 랜덤 방식을 가지고 다수의 의사결정 트리로 구성된 숲을 만듭니다. 랜덤 포레스트의 각 의사결정 트리 사이에는 연관성이 존재하지 않습니다. 랜덤 포레스트를 얻은 후 새로운 입력 샘플이 들어오면, 랜덤 포레스트의 각 의사결정 트리는 해당 샘플이 어떤 클래스로 분류되어야 하는지에 대해 판단하고, 최종 결과는 의사결정 트리의 다수결 결과로 인해 결정됩니다. 랜덤 포레스트는 ID3 알고리즘과 같이 이산형 속성을 처리할 수 있으며, C4.5처럼 연속형 속성도 처리가 가능합니다. 또한, 비지도학습인 군집과 이상 탐지anomaly detection에도 사용 가능합니다.

만약 N개의 샘플을 가진 데이터가 있고, 각 샘플은 M개의 특성을 갖고 있다고 가정한다면, 랜덤 포레스트를 만드는 방법은 다음과 같이 설명할 수 있습니다.

1 N개 샘플 세트에서 n개($n<N$)의 훈련 샘플을 추출합니다. 그리고 n개의 훈련 샘플을 사용해 새로운 의사결정 트리를 훈련합니다.

2 새로운 의사결정 트리의 각 노드를 분할할 때 M개 특성 중에서 m개($m<M$)의 특성을 랜덤으로 선택합니다. 그리고 이 m개의 특성 중에 특정한 전략(예: 정보 이득)에 기반해 하나의 특성을 선택하고 해당 노드의 분할 특성으로 설정합니다.

3 새로운 의사결정 트리가 분할을 더 이상 진행하지 않을 때까지 2번 단계를 반복합니다.

4 1번에서 3번 단계를 k번 반복합니다(일반적으로 k값은 데이터 크기보다 작아야 합니다). 이렇게 하면 랜덤 포레스트가 완성됩니다.

일반적인 의사결정 트리와 비교했을 때 랜덤 포레스트는 다음과 같은 장점이 있습니다.

• 두 개의 랜덤 요소(n개의 데이터셋과 m개의 특성 집합)에 의해 과적합을 완화할 수 있습니다.

• 두 개의 랜덤 요소(n개의 데이터셋과 m개의 특성 집합) 때문에 노이즈에 강합니다.

• 고차원 특성 데이터를 처리할 수 있고, 특성 선택feature selection을 진행할 필요가 없습니다. 이산형 데이터와 연속형 데이터를 모두 처리할 수 있으며, 정규화 처리도 필요하지 않습니다.

- 훈련 속도가 빠르고 변수 중요도_{feature importance}를 얻을 수 있습니다.
- 모든 과정을 병렬화할 수 있습니다.
- 구현 과정이 간단합니다.

4.4 선형 회귀

4.4.1 알고리즘 소개

1. 선형 모델의 기본 형식

선형 모델은 간단해서 쉽게 모델링할 수 있습니다. 엄청난 성능을 자랑하는 비선형 모델도 선형 모델을 바탕으로 층을 만들거나 고차원 투영을 통해 얻은 것입니다.

n개의 특성 집합 $x = (x_1, x_2, \cdots, x_n)$이 있다고 가정하고, 여기서 x_i는 i번째 속성에서의 x의 값이라고 한다면 선형 모델은 특성의 선형 조합을 통해 예측하는 함수를 학습하는 것입니다.

$$f(x) = w_1 x_1 + w_2 x_2 + \cdots + w_n x_n + b$$

2. 선형 회귀

데이터세트 $D = \{(x_1, y_1), (x_2, y_2), \cdots, (x_n, y_n)\}$이 주어졌고, $x_i = (x_{i1}, x_{i2}, \cdots, x_{id})$, $y \in R$이라고 한다면, 선형 회귀는 훈련 데이터셋의 레이블값에 대한 적합을 통해 테스트 세트의 출력값을 예측합니다.

4.4.2 실전 예제 연습

이번 절에서는 간단한 데이터를 사용해 선형 회귀 모델을 구현해 보겠습니다. 사이킷런_{sklearn}의 datasets에서는 손쉽게 분류 혹은 회귀 모델 구현을 연습할 수 있는 데이터셋을 제공하고 있습니다.

여기서는 미국 인구 조사국에서 수집한 매사추세스주 보스턴의 집값 관련 정보 데이터를 사용했습니다(상세한 내용은 3장 마지막 부분을 참고). 데이터를 불러와 모델을 구현하는 과정은 다음과 같습니다.

```
from __future__ import print_function
from sklearn import datasets
from sklearn.linear_model import LinearRegression
from sklearn.metrics import mean_squared_error
from sklearn.model_selection import ShuffleSplit

if __name__ == '__main__':
```

```
loaded_data = datasets.load_boston()
feature = loaded_data['feature_names']
X = loaded_data.data
y = loaded_data.target
model = LinearRegression()
best_model = model
best_test_mse = 100
cv = ShuffleSplit(n_splits=3, test_size=.1, random_state=0)
for train, test in cv.split(X):
    model.fit(X[train], y[train])
    train_pred = model.predict(X[train])
    train_mse = mean_squared_error(y[train], train_pred)
    test_pred = model.predict(X[test])
    test_mse = mean_squared_error(y[test], test_pred)
    print('train mse:' + str(train_mse) + 'test mse:' + str(test_mse))
    if test_mse < best_test_mse:
        best_test_mse = test_mse
        best_model = model
print('lr best mse score: ' + str(best_test_mse))
```

4.5 로지스틱 회귀

로지스틱 회귀logistic regression는 일종의 일반화 선형 모델generalized linear model입니다. 선형 모델은 연속 값 결과에 대한 예측을 할 수 있지만, 현실 생활에서 만나게 되는 많은 문제들이 반드시 연속값 결과를 가지는 것은 아닙니다. 오히려 많은 문제들이 연속값 예측보다는 분류 예측에 속한다는 사실을 알 수 있습니다. 예를 들면 온라인 사용자의 클릭 여부 예측이나 구매 예측, 병 진단 예측 등의 문제가 분류 문제에 속합니다. 로지스틱 회귀는 머신러닝 분류 알고리즘 중 하나로, 매우 간단하며 효율이 좋아 광범위하게 사용되고 있습니다.

4.5.1 알고리즘 소개

사용자가 특정 상품을 클릭할지 여부를 예측하거나, 특정 사용자의 성별 등을 예측하는 문제는 이진 분류 문제에 속합니다. 이런 문제를 해결하기 위해서 우리는 로지스틱 회귀 혹은 서포트 벡터 머신 같은 분류 알고리즘을 사용해야 합니다. 이들은 모두 지도학습 범주에 포함되기 때문에 알고리즘을 사용하기 전에 반드시 레이블된labled(정답이 있는) 데이터를 훈련 데이터로 사용해야 합니다.

다음과 같은 훈련 데이터가 있다고 가정해 봅시다.

$$S = (x_1 y_1 + x_2 y_2 + \cdots + x_n y_n)$$

여기서 x_i는 m차원의 벡터이고, $x_i=[x_1, x_2, \cdots, x_m]$입니다. y는 $\{0, 1\}$ 사이의 값을 갖습니다.

로지스틱 회귀와 선형 회귀 모두 일반화 선형 모델의 한 종류입니다. 로지스틱 회귀는 종속변수 dependent variable y가 베르누이 분포Bernoulli distribution를 따른다고 가정하고, 선형 회귀는 종속변수 y가 가우시안 분포Gaussian distribution을 따르고 있다고 가정합니다. 따라서 로지스틱 회귀와 선형 회귀는 비슷한 점이 많은데, 가설 함수hypothesis function인 시그모이드sigmoid만 제외하면, 로지스틱 회귀는 선형 회귀와 동일합니다. 로지스틱 회귀는 선형 회귀 이론을 기초로 하고 있다고 말할 수 있지만, 시그모이드 활성화 함수를 사용해 비선형 요소를 더했기 때문에 이진 분류 문제를 쉽게 처리할 수 있습니다.

1. 가설 함수

분류 모델을 설계할 때 가장 먼저 해야 할 것은 학습 목표를 설정하는 것입니다. 이진 분류 문제를 생각해 보면, 훈련 데이터는 (특징, 레이블)로 구성된 (x_1, y_1), (x_2, y_2), $\cdots$, (x_n, y_n)일 것입니다. 여기서 x_i는 특성 벡터이고, y는 레이블($y=1$은 양성 클래스, $y=0$은 음성 클래스)입니다. 로지스틱 회귀는 먼저 특성 x가 주어졌을 때 레이블 y의 확률분포를 나타내는 조건 확률 $p(y|x;w)$를 정합니다. 여기서 w는 로지스틱 회귀 모델의 파라미터(가중치)입니다. 해당 조건 확률이 있음으로 인해 데이터를 훈련할 때 우도 함수를 정의할 수 있습니다. 그리고 최대우도법을 통해 w를 학습하게 되는데, 이것이 바로 로지스틱 회귀의 기본 원리입니다.

그렇다면 이제 문제는 어떻게 이 조건 확률을 정하느냐가 되는데, 이때 시그모이드 활성화 함수가 사용됩니다. 우리는 대다수(혹은 모든) 선형 분류기에 대해 상응하는 값이 w보다 작고, x가 w와 x의 내적보다 클 때 이는 데이터 x가 양성 클래스($y=1$)에 속할 신뢰도confidence를 뜻한다는 것을 알고 있습니다. $\langle w, x \rangle$가 크면 클수록, 해당 데이터가 양성 클래스에 속할 가능성은 더욱 커집니다. $\langle w, x \rangle$가 작으면 작을수록, 해당 데이터가 음성 클래스에 속할 가능성이 커집니다. $\langle w, x \rangle$는 모든 실수 범위 내 값을 취할 수 있습니다.

이제 우리는 하나의 함수를 사용해 $\langle w, x \rangle$를 실수 공간에서 조건 확률 $p(y=1|x, w)$로 투영하고 $\langle w, x \rangle$가 커져 $p(y=1|x, w)$가 커지고, $\langle w, x \rangle$가 작아져 $p(y=1|x, w)$가 작아지기를 바랄 것입니다 (이는 $p(y=0|x, w)$가 커지는 것과 동일합니다). 시그모이드 함수는 이러한 기능을 구현해 줄 수 있습니다. 먼저, 시그모이드 함수는 (0, 1) 사이의 값을 출력해 확률의 요건을 만족합니다. 그리고 이 함수는 단조 증가 함수입니다. 마지막으로, $p(y=1|x, w)=\text{sigmoid}(\langle w, x \rangle)$입니다. 시그모이드 활성화 함수의 원래 식은 다음과 같습니다.

$$g(z) = \frac{1}{1 + e^{-z}}$$

시그모이드 활성화 함수 곡선은 그림 4-11과 같습니다. 시그모이드 활성화 함수는 S형의 곡선이고 값은 [0, 1] 사이이며, 0에서 멀어질수록 함수 값이 0 혹은 1에 빠르게 근접해 가는 것을 알 수 있습니다. 시그모이드 함수의 이러한 특성은 이진 분류 문제를 해결하는 데 매우 중요합니다.

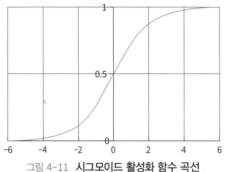

그림 4-11 시그모이드 활성화 함수 곡선

2. 결정함수

사실 머신러닝 모델은 결정함수를 어떤 한정 조건으로 제한시키는 것이라고 말할 수 있습니다. 해당 제한 조건은 모델의 가설 공간을 결정합니다. 당연히 우리는 이런 제한 조건들이 간단하고 합리적이기를 바랍니다. 그렇다면 로지스틱 모델에서는 어떨까요? 로지스틱 모델의 가설은 다음과 같습니다.

$$P(y = 1|x; \theta) = g(\theta^T x) = \frac{1}{1 + e^{-\theta^T x}}$$

여기서 $g(h)$는 앞서 언급한 시그모이드 활성화 함수이고, 이에 상응하는 결정함수는 다음과 같습니다.

$$y'=1, \text{ if } P(y=1|x)>0.5$$

일반적으로 0.5를 임곗점으로 사용하는데, 실제 활용 시에는 특정한 상황에 맞춰 적당한 임곗값을 선택해야 합니다. 예를 들어, 정확한 양성 클래스를 정확히 판별해야 하는 것이 매우 중요한 문제라면, 임곗값을 크게 만들고, 최대한 많은 양성 클래스를 분류해야 하는 문제라면 다소 낮은 임곗값을 선택합니다.[*]

3. 파라미터값 구하기

모델의 수학식이 결정 났다면, 남은 작업은 바로 모델에서 파라미터의 해를 구하는 것입니다. 통계학에서 자주 사용하는 방법으로는 최대우도추정이 있습니다. 즉, 한 그룹의 파라미터를 찾아 데이터의 우도(확률)를 더욱 크게 만드는 것입니다. 로지스틱 회귀에서 우도는 다음과 같이 나타낼 수 있습니다.

$$L(\theta) = P(D|\theta) = \prod P(y|x; \theta) = \prod g(\theta^T x)^y (1 - g(\theta^T x))^{1-y}$$

---

[*] **옮긴이** 암환자(양성)를 판별해야 하는 문제에서 한 명의 암환자라도 더 찾아내는 것이 중요하다면 다소 낮은 임곗값을 설정해야 하고, 최대한 정확히 판별하는 것이 중요하다면 임곗값을 높여야 합니다.

그리고 다음과 같이 로그$_{log}$값을 취하면 로그 우도$_{log\ likelihood}$를 얻을 수 있습니다.

$$l(\theta) = \sum y\log g(\theta^T x) + (1 - y)\log(1 - g(\theta^T x))$$

다른 한편으로는, 머신러닝 영역에서 손실함수라는 개념을 더욱 자주 만나게 될 것입니다. 손실함수가 측정하는 것은 모델이 예측을 잘못한 정도입니다. 자주 사용하는 손실함수로는 0-1 손실함수, 로그 손실함수, 힌지 손실함수 등이 있고, 여기서 로그 손실함수는 단일 데이터 포인트상에서 다음과 같이 정의될 수 있습니다.

$$L(y) = -y\log p(y|x) - (1-y)\log 1 - p(y|x)$$

만약 모든 데이터상에서의 평균 로그 손실을 취한다면, 다음 식을 얻을 수 있습니다.

$$J(\theta) = -\frac{1}{N}l(\theta)$$

즉, 로지스틱 모델에서 우도 함수를 최대화하는 것과 로그 손실함수를 최소화하는 것은 사실상 동일합니다. 해당 최적화 문제의 해를 구하는 방법은 다양한데, 여기서는 경사 하강법을 사용해 설명하겠습니다. 경사 하강법은 최급강하법$_{method\ of\ steepest\ descent}$이라고도 불리는데, 이는 재귀적으로 해를 구하는 방법의 일종입니다. 단계$_{step}$마다 목적함수의 변화를 최대로 하는 방향으로 파라미터값을 조정해 최적해에 근사하게 만듭니다. 기본적인 절차는 다음과 같습니다.

1 내려갈 방향을 선택합니다(기울기 방향은 $J(\theta)$이고, ∇는 파라미터 θ에 대한 손실함수의 미분을 뜻합니다)

2 보폭을 선택합니다. 갱신$_{update}$ 파라미터는 $\theta^i = \theta^{i-1} - \alpha^i \nabla J(\theta^{i-1})$입니다.

3 종료 조건을 만족할 때까지 앞 두 절차를 계속 반복합니다.

이러한 과정은 그림 4-12와 같습니다.

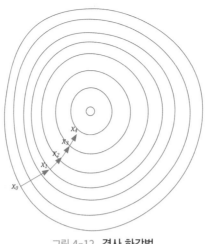

그림 4-12 **경사 하강법**

여기서 손실함수의 기울기 계산 방법은 다음과 같습니다.

$$\frac{\partial J}{\partial \theta} = -\frac{1}{n}\sum_i (y_i - y_i^*)x_i + \lambda\theta$$

음의 기울기 방향을 따라 비교적 작은 보폭을 선택하면 손실함수가 감소하는 것을 보장할 수 있습니다. 또한 로지스틱 회귀의 손실함수는 콘벡스convex 함수이기 때문에 우리가 찾은 국소 최적해 local minimum가 동시에 전역 최적해global minimum가 됨을 보장합니다. 이 외에도 뉴턴법Newton method, Limited-memory BFGS, 켤레기울기법conjugate gradient method 등 자주 사용하는 다른 콘벡스 최적화 방법을 사용해 해당 문제의 해를 구할 수 있습니다.

4. 분류 경계

파라미터의 해를 구했다면, 모델이 얻은 최종 결과가 어떤지 살펴봐야 합니다. 시그모이드 함수의 특성에 의해 $\theta^T x > 0$일 때 $y=1$이 되고, 반대라면 $y=0$이 됨을 쉽게 알 수 있습니다. $\theta^T x = 0$은 모델이 잠재적으로 포함하고 있는 분류 평면(고차원 공간에서는 초평면)입니다. 따라서 로지스틱 회귀는 본질적으로는 선형 모델입니다. 하지만 로지스틱 회귀는 선형 분리 가능linearly separable한 데이터 외의 데이터도 분류할 수 있습니다(이진 분류 문제의 데이터에서, 만약 하나의 직선이 두 개의 서로 다른 클래스를 완벽하게 구분할 수 있다면 이러한 데이터를 선형 분리 가능하다고 부릅니다). 우리는 특성 변환 방식을 통해 저차원 공간을 고차원 공간으로 전환해 저차원 공간에서 선형 분리 불가능한 데이터를 고차원 중에서 선형 분리가 가능하도록 만들 수 있습니다. 그림 4-13은 선형 분리 가능한 데이터와 선형 분리 불가능한 데이터를 (특성 투영을 통해) 비교하고 있습니다.

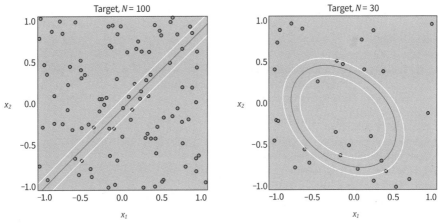

그림 4-13 **선형 분리 가능한 데이터와 선형 분리 불가능한 데이터**

그림 4-13의 왼쪽 그림은 선형 분리 가능한 데이터셋입니다. 그림 4-13의 오른쪽 그림은 원시 공간
에서는 선형 분리가 불가능하지만, 특성을 $[x_1, x_2] => [x_1, x_2, x_1^2, x_2^2, x_1 x_2]$로 변환한 후의 공간에
서는 선형 분리가 가능한 데이터입니다. 이에 대응하는 원시 공간에서의 분류 경계는 직선이 아닌
타원 곡선 모양임을 알 수 있습니다.

4.5.2 다항분류 문제와 실전 예제 연습

이번 절에서는 분류 문제 실습에서 자주 등장하는 붓꽃 분류 데이터를 사용합니다. 이 데이터셋은
영국의 통계학자이자 생물학자인 로날드 피셔_{Ronald Fisher}가 1936년에 제공한 것입니다. 데이터셋에는
Iris Setosa, Iris Versicolour, Iris Virginica라는 총 세 종류의 붓꽃 데이터가 포함되어 있습니다. 즉,
특성 변수를 활용해 붓꽃의 종류를 분류하는 다중분류 문제입니다.

상세 코드는 다음과 같습니다.

```python
import numpy as np
import pandas as pd
from sklearn import preprocessing
from sklearn.linear_model import LogisticRegression
from sklearn.preprocessing import StandardScaler, PolynomialFeatures
from sklearn.pipeline import Pipeline
import matplotlib.pyplot as plt
import matplotlib as mpl
import matplotlib.patches as mpatches

if __name__ == "__main__":
    # 데이터 경로 지정
    path = 'iris.data'
    data = pd.read_csv(path, header=None)
    data[4] = pd.Categorical(data[4]).codes
```

```
x, y = np.split(data.values, (4,), axis=1)

# 두 개의 특성만 사용
x = x[:, :2]
lr = Pipeline([('sc', StandardScaler()),
                ('poly', PolynomialFeatures(degree=3)),
                ('clf', LogisticRegression()) ])
lr.fit(x, y.ravel())
y_hat = lr.predict(x)
y_hat_prob = lr.predict_proba(x)
np.set_printoptions(suppress=True)
print('y_hat = \n', y_hat)
print('y_hat_prob = \n', y_hat_prob)
print('정확도:%.2f%%' % (100*np.mean(y_hat == y.ravel())))
```

실험 결과 정확도는 80.67%입니다.

4.6 신경망

4.6.1 신경망의 역사

2012년 이미지넷ImageNet 대회에서 세상을 놀라게 한 딥러닝은, 그 후 최근까지 머신러닝과 인공지능 분야에서 가장 인기 있는 연구 주제가 되었습니다. 딥러닝이 출현하기 전에 연구자들은 SIFT나 HOG 같은 알고리즘에 SVM 등의 전통적인 머신러닝 알고리즘을 접합해 이미지 인식/식별 작업을 진행했습니다. 하지만 SIFT 부류의 알고리즘의 특성 추출 능력에는 한계가 있어, 이미지넷 경진 대회에서의 최고 성적(오차율)도 26%를 넘어갔습니다. 하지만 합성곱 신경망Convolutional Neural Network, CNN은 등장하자마자 오차를 26%에서 15%로 줄였습니다. 2012년 마이크로소프트에서 발표한 논문에서는 딥러닝 기술을 활용해 이미지넷 2012에서 오차율을 4.94%까지 낮췄습니다.

그로부터 몇 년이 지나고, 딥러닝 기술은 언어 식별, 이미지 식별, 자연어 처리Natural Language Processing, NLP 등 각종 응용 영역에서 연구자들의 주목을 받으며 대세로 자리 잡았습니다. 딥러닝의 잠재력을 알아본 기업들은 대규모 자원을 딥러닝 연구와 응용에 쏟아붓고 있습니다. 특히 빅데이터 시대가 도래하면서 더 복잡하고 강력한 딥러닝 모델이 대규모의 복잡한 데이터 속에서 풍부한 정보를 찾아내고, 이로 인해 미래 혹은 미지의 사건을 더 정확히 예측하는 데 도움이 되리라 생각합니다.

저자가 다니던 회사에서도 자연어 처리 영역에 속하는 텍스트 분석, 의미 조합semantic matching, 검색엔진 개발 등에서 딥러닝 기술을 적극 활용했습니다. 그리고 컴퓨터 비전 영역에서는 문자 식별, 이미지 분류, 이미지 퀄리티 배열 등 작업에 딥러닝 기술을 많이 활용했습니다.

1. 신경망의 개념

신경망은 인간 뇌의 신경망을 모방해 인공지능을 구현한 머신러닝 기술입니다. 인간의 뇌에 있는 신경망은 매우 복잡한 조직 구조를 가지고 있는데, 성인의 대뇌에는 대략 1,000억 개가 넘는 뉴런neuron(신경 세포)이 있다고 합니다. 하나의 신경망에는 여러 개의 수상돌기dendrite가 존재하는데, 이는 외부로부터 오는 정보를 전달받는 역할을 합니다. 또한 한 줄기의 축삭돌기axons가 존재하며, 축삭돌기 말단에는 말초신경이 있어 다른 여러 뉴런에게 정보를 전달할 수 있습니다. 축삭돌기 말초신경은 다른 뉴런의 수상돌기와 연결되어 신호를 전달하며, 이렇게 연결된 부분을 생물학에서 '시냅스synapse'라고 부릅니다. 뉴런의 형태는 그림 4-14처럼 간단히 표현될 수 있습니다.

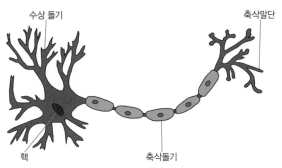

그림 4-14 **생물학에서의 뉴런**

머신러닝에서의 신경망 구조는 뇌에서의 신경망 구조와 유사합니다. 그림 4-15는 입력층, 은닉층, 출력층 이렇게 3개 층으로 구성된 클래식한 신경망 구조를 나타내고 있습니다. 여기서 입력층, 은닉층, 출력층 각각에는 2개, 3개, 2개의 유닛unit이 존재합니다. 하나의 유닛이 하나의 뉴런에 해당합니다.

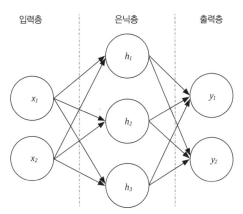

그림 4-15 **3개 층으로 구성된 신경망**

그림 4-15에 보이는 각 원은 하나의 뉴런을 나타냅니다. 그리고 각 선은 뉴런과 뉴런 사이를 이어주고 있습니다. 우리는 각 뉴런은 여러 개의 층으로 나뉘고, 층과 층 사이의 뉴런은 모두 연결되어 있지만, 같은 층 내에 존재하는 뉴런은 연결되어 있지 않다는 것을 확인할 수 있습니다. 가장 왼쪽에 있는 층을 입력층input layer이라고 부르며, 데이터를 입력받는 역할을 합니다. 가장 오른쪽에 있는 층을 출력층output layer이라고 부르며, 우리는 해당 층을 통해 신경망의 출력 데이터를 얻을 수 있습니다. 그리고 입력층과 출력층 사이에 있는 층을 은닉층hidden layer이라고 부릅니다.

비교적 많은(2보다 큰) 신경망을 심층 신경망Deep Neural Network이라고 부르며, 딥러닝이란 바로 이 심층 신경망 구조를 사용하는 머신러닝 방법을 말합니다.

앞서 말한 특징 외에도 신경망에는 다음과 같은 특징이 있습니다.

- 동일한 층에 존재하는 뉴런은 연결되어 있지 않습니다.
- N번째 층의 각 뉴런과 $N-1$층의 모든 뉴런은 서로 연결되어 있습니다. $N-1$번째 층 뉴런의 출력은 N번째 층 뉴런의 입력이 됩니다.
- 각 연결은 가중치를 가지고 있습니다(그림 4-16 참고).

앞 규칙은 완전연결 네트워크 구조를 정의하고 있습니다. 사실, 합성곱 신경망CNN이나 순환 신경망RNN처럼 다른 연결 규칙을 가진 다양한 구조의 신경망이 존재합니다.

그렇다면 심층 신경망은 얕은 신경망과 비교했을 때 어떤 장점이 있을까요? 간단하게 이야기하면, 심층 신경망은 강한 표현 능력을 갖고 있습니다. 사실, 하나의 은닉층만 가지고 있는 신경망도 모든 하나의 함수에 적합할 수는 있지만, 경우에 따라 아주 많은 뉴런을 필요로 하게 됩니다. 그러나 심층 신경망은 비교적 적은 수의 뉴런으로도 동일한 함수에 적합할 수 있게 됩니다.

하지만 단순하게 신경망층을 늘리는 것은 문제를 해결해 주지 못합니다. 그 세 가지 이유는 다음과 같습니다.

1. (이미지, 음성 등) 대규모 데이터 혹은 복잡한 데이터를 다룰 때 전통적인 신경망은 대량의 입력 특성을 필요로 합니다. 예를 들어, 1024×768 크기의 흑백 이미지가 있다면, 첫 번째 층에서 786,432개의 특성을 처리하기 때문에 필요 없는 특성을 대량으로 추출해 많은 시간과 계산 자원을 낭비하게 됩니다.

2. 복잡한 함수에 더 정확히 근사하기 위해서는 반드시 은닉층 층수를 증가해야 하는데, 이는 기울기 확산 문제와 과적합 문제를 일으킵니다.

3. 다층 신경망에는 시간 파라미터를 포함하고 있지 않기 때문에 시계열 데이터를 처리할 수 없습니다. 게다가 갈수록 인공지능에 대한 요구가 늘어나고 있기 때문에 단순히 층을 늘려서 복잡한 이

미지 인식, 자연어 처리, 기계어 번역 등 작업을 해결할 수는 없습니다.

이러한 문제를 해결하기 위해, 연구자들은 다층 신경망을 바탕으로 새로운 딥러닝 모델을 만들기 시작했습니다. 딥러닝은 모델 구조에서의 깊이만을 강조하는 것이 아니라, 새로운 구조를 더해 특징 학습의 중요성을 강조하고 있습니다. 층의 특징을 점진적으로 변환하는 기술을 통해 원본 공간에서의 샘플의 특징을 새로운 특징 공간으로 변환시켜 분류 혹은 예측을 더욱 쉽게 만들었습니다. 그리고 구조를 인공적으로 만들지 않고, 대규모 데이터에서 특징을 학습하는 방법을 사용해 데이터에 묻어 있는 풍부한 정보를 더 선명하게 그릴 수 있게 되었습니다.

딥러닝이 어떻게 이전 다층 신경망에서의 단점을 보완했는지 한번 살펴봅시다.

1 딥러닝은 원시 데이터의 특징을 자동으로 학습합니다. 이미지를 예로 화솟값 행렬을 딥러닝 입력으로 넣는다면(여기서는 이미지 분류에 자주 사용하는 합성곱 신경망을 예로 들었습니다), 네트워크의 첫 번째 층은 물체의 위치, 가장자리, 광도 등 기초적인 시각 정보를 추출합니다. 그리고 두 번째 층은 첫 번째 층의 가장자리 특징과 물체의 윤곽을 결합한 특징을 추출합니다. 그리고 층을 더해갈수록 더욱 추상적인 정보를 추출합니다. 모든 특성은 네트워크에서 자동으로 추출되기 때문에 인위적으로 어떤 특징을 추출해야 하는지 설계하지 않아도 됩니다.

2 기존 방법은 완전연결fully connected 네트워크 구조를 합성곱 신경망 구조로 바꾸는 것처럼 네트워크 구조를 바꾸면서 훈련 알고리즘은 오차 역전파 등의 기본 원리를 그대로 사용하는 것입니다. 또 다른 방법은 HFOHessian Free Optimization, RLSRecursive Least Squares 등 훈련 알고리즘을 완전히 바꾸는 것입니다.

3 피드백 기능과 시간 파라미터를 가진 순환 신경망을 사용해 시계열 데이터를 처리합니다. 어떤 의미에서는 순환 신경망은 시간 차원에서 딥러닝을 가능하도록 구현해 주파수 정보(음성 인식 혹은 자연어 처리 등)를 효과적으로 처리할 수 있게 해주었으며, 동력 시스템을 시뮬레이션 하는 데도 사용되고 있습니다.

신경망을 이해하기 위해서는 먼저 신경망을 구성하고 있는 유닛인 뉴런에 대해 이해해야 합니다. 뉴런은 퍼셉트론이라고도 부르며, 퍼셉트론은 20세기 50~70년 대 유행하며 많은 문제를 해결했습니다.

2. 뉴런의 정의

뉴런은 입력, 출력, 그리고 계산 기능을 포함하는 모델입니다. 여기서 입력은 수상돌기에 비유할 수 있고, 출력은 축삭돌기에 비유할 수 있습니다. 그리고 계산 기능은 세포핵에 비유할 수 있습니다. 그림 4-16은 두 개의 입력, 하나의 출력, 그리고 하나의 계산 기능을 포함한 전통적인 뉴런 모델입니다.

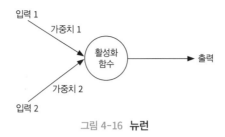

그림 4-16 **뉴런**

주의해야 할 점은 그림 4-16에는 방향을 가진 화살표 선이 있는데, 이 선을 '연결'이라고 부릅니다. 그리고 각 연결상에는 가중치가 존재합니다. 신경망의 훈련 알고리즘은 가중치의 값을 조절하며 이루어집니다. 즉, 가중치 조절을 통해 전체 네트워크의 예측 효과가 최적이 되도록 만듭니다.

활성화 함수는 선형 모델의 표현 능력이 부족하기 때문에 모델에 비선형 요소를 더하기 위해 사용되고 있습니다. 신경망에서 자주 사용하는 활성화 함수로는 렐루(ReLU), 시그모이드(sigmoid), 하이퍼볼릭 탄젠트(tanh) 등이 있습니다.

그러면 그림 4-17을 통해 신경망의 계산 과정을 살펴보도록 합시다.

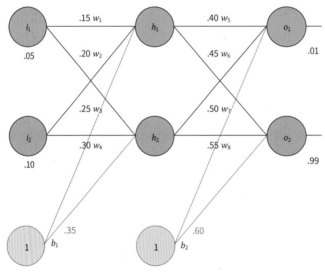

그림 4-17 **신경망 출력을 계산하는 과정**

그림 4-17에서 입력층은 두 개의 노드를 가지고 있고, 각각 i_1, i_2라고 번호를 매깁니다. 은닉층에도 두 개의 노드가 존재하며, 이를 각각 h_1, h_2라고 기록합니다(활성화 함수는 시그모이드라고 가정). 출력층에 있는 두 개의 노드 역시 순서에 따라 o_1, o_2로 표기합니다. 해당 신경망 네트워크는 완전연결 네트워크이기 때문에 각 노드가 모두 이전 층의 모든 노드와 연결되어 있음을 알 수 있습니다. 따라서 은닉층의 노드 h_1의 값은 다음과 같이 계산할 수 있습니다.

$$h_1 = \text{sigmoid}(w_1i_1 + w_2i_2)$$

$$\because i_1 = 0.05, i_2 = 0.1,$$

초기 가중치는 다음과 같습니다.

$$w_1 = 0.15, w_2 = 0.20, w_3 = 0.25, w_4 = 0.30, w_5 = 0.40, w_6 = 0.45, w_7 = 0.50, w_8 = 0.55$$

은닉층 h_1의 출력값은 다음과 같습니다.

$$\text{out}_{h1} = \frac{1}{1 + e^{w \times i + w \times i + b \times 1}} = 0.5932$$

동일하게, h_2의 출력값은 다음과 같습니다.

$$\text{out}_{h2} = \frac{1}{1 + e^{w_3 \times i_1 + w_4 \times i_2 + b_1 \times 1}} = 0.5968$$

은닉층에서 출력층 o_1의 계산도 이와 유사합니다. 출력층 o_1의 출력값은 다음과 같습니다.

$$\text{out}_{h1} = \frac{1}{1 + e^{w_5 \times h_1 + w_6 \times h_2 + b_2 \times 1}} = 0.7513$$

마찬가지로 o_2의 출력값은 다음과 같습니다.

$$\text{out}_{h2} = \frac{1}{1 + e^{w_7 \times h_1 + w_8 \times h_2 + b_2 \times 1}} = 0.7729$$

3. 신경망 훈련 알고리즘

이어서 신경망의 훈련 알고리즘인 오차 역전파 알고리즘에 대해 소개하겠습니다.

먼저 이전 절에서 소개한 신경망의 계산 과정을 참고합니다. 여기서는 샘플의 특징을 사용해 신경망에서 각 은닉층 노드의 출력과 출력층 각 노드의 출력을 계산합니다. 단일 출력층 노드를 가진 오차항 계산은 다음과 같습니다.

$$\delta_i = \sum \frac{1}{2}(\text{target}_i - \text{output}_i)^2$$

여기서 δ_i는 노드 i의 오차항이고, output은 노드의 출력값입니다. 그리고 target은 노드에 대응하는 샘플의 목푯값입니다. 따라서 o_1와 o_2, 그리고 총 오차는 각각 다음과 같습니다.

$$\delta_{o_1} = \sum \frac{1}{2} (\text{target}_{o_1} - \text{output}_{o_2})^2$$

$$\delta_{o_2} = \sum \frac{1}{2} (\text{target}_{o_1} - \text{output}_{o_2})^2$$

$$\delta_{\text{total}} = \delta_{o_1} + \delta_{o_2}$$

이어서 은닉층에서 출력층으로 이어지는 가중치를 업데이트합니다.

신경망에서 가중치의 업데이트는 이전에 소개한 확률적 경사 하강법을 사용합니다.

$$w_i^{'} = w_i - \mu \frac{\partial \delta_{\text{total}}}{\partial w_i}$$

여기서 $w_i^{'}$는 업데이트 후의 가중치입니다. μ는 학습률을 나타내고 여기서는 0.5로 설정했습니다. $\frac{\partial \delta_{\text{total}}}{\partial w_i}$는 각 가중치 $\partial \delta_{\text{total}}$에 대응하는 오차 ∂w_i의 편미분 값입니다.

가중치 w_5를 예로 들면, 체인 룰chain rule에 따라 다음과 같이 계산할 수 있습니다.

$$\frac{\partial \delta_{\text{total}}}{\partial w_5} = \frac{\partial \delta_{\text{total}}}{\partial \text{output}_{o_1}} \times \frac{\partial \text{output}_{o_1}}{\partial \text{net}_{o_1}} \times \frac{\partial \text{net}_{o_1}}{\partial w_5}$$

다음으로는 각 하위 항의 값을 계산합니다.

먼저 $\frac{\partial \delta_{\text{total}}}{\partial \text{output}_{o1}}$를 계산합니다.

$$\because \delta_{\text{total}} = \frac{1}{2} (\text{target}_{o_1} - \text{out}_{o_1})^2 + \frac{1}{2} (\text{target}_{o_2} - \text{out}_{o_2})^2$$

$$\therefore \frac{\partial \delta_{\text{total}}}{\partial \text{output}_{o_1}} = 2 \times \frac{1}{2} (\text{target}_{o_1} - \text{out}_{o_1})^{2-1} \times -1 + 0$$

$$\frac{\partial \delta_{\text{total}}}{\partial \text{output}_{o_1}} = -(\text{target}_{o_1} - \text{out}_{o_1}) = -(0.01 - 0.7513) = 0.7413$$

그리고 $\frac{\partial \text{output}_{o1}}{\partial \text{net}_{o1}}$와 $\frac{\partial \text{net}_{o1}}{\partial w_5}$를 계산합니다.

$$\because \text{out}_{o_1} = \frac{1}{1 + e^{-\text{net}_{o_1}}}$$

$$\therefore \frac{\partial \text{output}_{o_1}}{\partial \text{net}_{o_1}} = \text{out}_{o_1}(1 - \text{out}_{o_1}) = 0.7513(1 - 0.7513) = 0.1868$$

$$\because \text{net}_{o_1} = w_5 \times \text{out}_{h_1} + w_6 \times \text{out}_{h_2} + b_2 \times 1$$

$$\therefore \frac{\partial \text{net}_{o_1}}{\partial w_5} = 1 \times \text{out}_{h_1} \times w_5^{(1-1)} + 0 + 0 = \text{out}_{h_1} = 0.5932$$

가중치 ∂w_5에 대한 $\partial \delta_{total}$의 편미분 값을 얻습니다.

$$\therefore \frac{\partial \delta_{total}}{\partial w_5} = \frac{\partial \delta_{total}}{\partial output_{o_1}} \times \frac{\partial output_{o_1}}{\partial net_{o_1}} \times \frac{\partial net_{o_1}}{\partial w_5} = 0.7413 \times 0.1868 \times 0.5932 = 0.0821$$

마지막으로 w_5의 가중치를 업데이트합니다.

$$w_5^{'} = w_5 - \mu \frac{\partial \delta_{total}}{\partial w_5} = 0.4 - 0.5 \times 0.0821 = 0.3589$$

4.6.2 실전 예제 연습

신경망에서는 신경망의 층 수, 각 층의 은닉 유닛 수, 활성화 함수, 손실함수 등 사용자가 직접 설정해 주어야 하는 많은 파라미터를 접하게 됩니다. 여기서는 간단한 예제를 통해 각 파라미터를 소개하고, 또 어떤 기준으로 선택해야 할지 살펴봅니다.

이번 예제에서 사용하는 데이터는 미국 당뇨병, 소화, 신장질병 연구소에서 제공한 것으로, 데이터에 포함된 진단 결과를 토대로 환자가 당뇨병에 걸렸는지 아닌지 여부를 예측하는 모델을 만듭니다. 이 데이터셋은 768개의 환자 건수와 8개의 특성을 포함하고 있습니다. 표 4-4는 데이터 샘플을 보여줍니다.

표 4-4 데이터 샘플

임신 횟수	글루코스 내성 실험 후의 혈당 수치	확장기 혈압	상완 삼두근 피부 두께	혈액 내 인슐린 수치	BMI(비만도) 수치	당뇨병 가족력	나이	당뇨병 여부
1	85	66	29	0	26.6	0.351	31	0
8	183	64	0	0	23.3	0.672	21	0
1	89	66	23	94	28.1	0.167	21	0

따라서 이는 이진 분류 문제(당뇨병에 걸렸다면 1, 걸리지 않았다면 0)입니다. 이 예제에서는 케라스 프레임워크를 활용합니다. 케라스에 대한 소개는 이전 장을 통해 진행했기 때문에 자세한 설명은 생략하겠습니다.

구체적인 코드는 다음과 같습니다.

```
1   from tensorflow.keras.models import Sequential
2   from tensorflow.keras.layers import Dense
3   import numpy
4   numpy.random.seed(7)
5   # 당뇨병 데이터 읽어오기
```

```
6    dataset = numpy.loadtxt("data/dnn/pima-indians-diabetes.data.csv*", delimiter=",")
7    # 8개의 특성만 사용
8    X = dataset[:,0:8]
9    Y = dataset[:,8]
10   # 모델 생성
11   model = Sequential()
12   model.add(Dense(4, input_dim=8, activation='relu'))
13   model.add(Dense(2, activation='relu'))
14   model.add(Dense(1, activation='sigmoid'))
15   # 컴파일
16   model.compile(loss='binary_crossentropy', optimizer='adam',
17   metrics=['accuracy'])
18   # 모델 적합
19   model.fit(X, Y, epochs=10, batch_size=32)
20   # 성능 측정 및 결과 확인
21   scores = model.evaluate(X, Y)
22   print("\n%s: %.2f%%" % (model.metrics_names[1], scores[1]*100))
```

랜덤 시드seed 함수는 추후 동일한 난수를 생성할 수 있도록 도와줍니다. 만약 해당 값을 설정하지 않는다면, 시스템에 의해 생성된 난수는 매번 달라집니다. 만약 같은 시드값을 설정하면, 동일한 난 숫값을 얻을 수 있기 때문에 랜덤 요소가 있는 곳에서는 모델 재현을 위해 시드값을 동일하게 지정 합니다. 다음은 랜덤 시드 함수 예제입니다.

```
from numpy import *
num=0
while(num<3):
    random.seed(7)
    print(random.random())
    num+=1
```

해당 함수는 다음처럼 동일한 값을 출력합니다.

```
0.07630828937395717
0.07630828937395717
0.07630828937395717
```

앞 코드 중 11번 행 에서 Sequential 모델을 생성했습니다. Sequential 모델은 여러 네트워크층을 선형적으로 추가한 것입니다. 그리고 Sequential 모델에 3개의 층을 더하면 전체 네트워크 구조는 그림 4-18처럼 구성됩니다.

Dense층은 자주 사용하는 완전연결층입니다. 첫 번째 Dense층에서는 활성화 함수, 입력 데이터의

＊   옮긴이 해당 부분은 각자 저장된 데이터 경로로 변경해야 합니다.

특성 차원, 출력 노드의 수를 지정해 줍니다. 중간의 Dense층(은닉층) 출력 유닛의 수만 지정해 주면 됩니다(이론상으로는 더 깊은 층의 네트워크가 더 좋은 결과를 내는 것으로 알려져 있습니다. 그러나 단순하게 은닉층을 더하는 방식으로 깊이를 깊게 만든다면 기울기 소실 혹은 기울기 폭발 문제가 생길 수 있습니다. 해당 내용에 관해 관심이 있는 독자라면 관련 문헌을 읽어 보는 것을 추천합니다). 네트워크의 가장 마지막 층은 출력층이며, 해당 문제는 이진 분류 문제이기 때문에 마지막 활성화 함수로 시그모이드 함수를 선택했습니다. 전체 네트워크를 만들 때 가장 먼저 확실히 해야 하는 부분은 입력층의 입력 수를 정확히 입력하는 것입니다. input_dim은 첫 번째 층 신경망의 입력 특성 개수입니다. 이번에 사용할 데이터는 8개의 특성이 있기 때문에 input_dim은 8입니다.

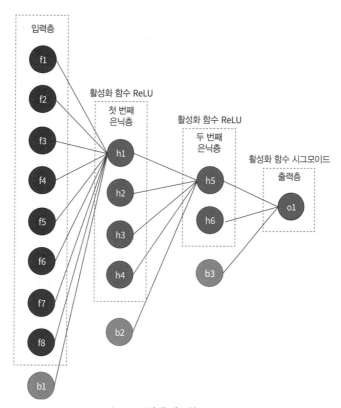

그림 4-18 **전체 네트워크 구조**

네트워크의 전체 프레임을 만든 후에는 모델 컴파일 과정이 필요합니다.

```
model.compile(loss='binary_crossentropy', optimizer='adam', metrics=['accuracy'])
```

컴파일compile 함수는 케라스 백엔드(씨아노 혹은 텐서플로)를 통해 하드웨어 조건(CPU, GPU 등)을 선택해 최적의 방식으로 모델링할 수 있도록 도와줍니다. 코딩할 때 네트워크에 필요한 파라미터를 지정해 주기만 하면 됩니다.

- **최적화 함수**(optimizer): 모델의 최적화 방향을 설정해 줍니다. 자주 사용하는 방법으로는 경사 하강법 등이 있습니다. 자세한 내용은 4.6.3을 참고합니다.
- **손실함수**(loss): 모델은 목적함수를 최소화합니다. 자주 사용하는 방법으로는 교차 엔트로피(categorical_crossentropy) 혹은 MSE(평균제곱오차)가 있습니다.
- **평가 기준**(metrics): 현재 모델의 성능을 평가하는 기준 방법을 설정합니다.

마지막으로, fit 함수를 사용해 모델을 훈련합니다. 다음 코드에서 X와 Y는 각각 훈련 데이터와 훈련 데이터 레이블입니다.

```
model.fit(X, Y, epochs=10, batch_size=32)
```

여기서 완전한 데이터셋이 신경망을 통해 한 번의 출력을 실행한다면, 이런 과정을 하나의 에포크epoch라고 부릅니다. 만약 모든 데이터가 한번에 신경망을 통과할 수 없다면 데이터를 여러 개의 배치batch로 나누도록 batch_size를 지정해야 합니다. batch-size란 배치 중의 데이터 수를 말합니다.

4.6.3 딥러닝에서 기억해야 할 기타 내용

많은 학생들이 딥러닝을 학습할 때 파라미터와 함수 선택에 있어 세부적인 부분을 무시하고 맹목적인 선택을 하는 것을 자주 목격합니다. 이번 절에서는 딥러닝 학습에서 비교적 중요하고 기억해야 할 세부적인 내용에 대해 살펴봅니다.

1. optimizer

4.6.1절에서는 신경망의 계산 과정에 대해 소개했습니다. 사실, 전체 네트워크의 훈련 과정은 적합한 w와 b를 계산하는 과정과 같습니다. 즉, 예측값과 실젯값 사이의 오차를 최대한 작게 만드는 것입니다. 최적화 함수 옵티마이저optimizer는 우리에게 어떤 방향으로 최적화를 진행해야 할지에 대해 알려줍니다. 동시에 적합한 옵티마이저를 선택하는 것은 전체 신경망 훈련 속도를 빠르게 해주며, 훈련 과정에서 안장점(국소 최적해)에 빠지는 것을 방지해 줍니다.

1 확률적 경사 하강법

확률적 경사 하강법은 자주 사용하는 최적화 방법 중 하나입니다. 매번 반복할 때마다 미니 배치mini batch의 기울기를 계산하고 파라미터에 대한 업데이트를 진행합니다. 공식은 다음과 같습니다.

$$\theta_{t+1} = \theta_t - \mu \nabla_\theta J(\theta)$$

여기서 μ는 학습률learning rate을 나타내며, 모델의 학습 진도를 조절합니다. $J(\theta)$는 우리가 정의한 손실함수입니다. ∇_θ는 손실함수에서 변수 θ에 대한 미분값을 나타냅니다. 확률적 경사 하강법의 핵심은 하나의 훈련 데이터만 사용하여 모든 샘플에 근사해 θ를 조정하는 것입니다. 그러나 랜덤 경사 하강법에서 계산하여 얻은 기울기가 정확하지 않을 수 있기 때문에 문제가 발생하곤 합니다. 최적화 문제에서 계산을 매번 반복할 때마다 손실함수가 전역 최적해 방향으로 가는 것은 아니지만, 전체적으로 보면 결국 전역 최적해 방향으로 향하므로 최종 결과는 항상 전역 최적해 부근에 도달합니다(하지만 항상 전역 최적해를 찾는다는 보장은 없습니다). 추가로 다른 방법과 비교했을 때 확률적 경사 하강법은 속도가 빠른 장점이 있지만, 노이즈가 심하다는 단점도 존재합니다.

2 Momentum

확률적 경사 하강법 결과의 진폭이 크고 불안정한 단점을 극복하기 위해, 모멘텀Momentum 개념을 확률적 경사 하강법에 더하고, 이전의 누적 운동량을 통해 기울기에 기반해 최적해를 찾는 단순한 방법을 보완했습니다. 즉, 다음 공식과 같습니다.

$$\theta_t = \gamma\theta_{t-1} + \mu\nabla_\theta J(\theta)$$

확률적 경사 하강법과 비교했을 때 모멘텀은 산의 언덕에서 아래를 행해 계속해서 내려가는 것과 같습니다. 만약 저항하는 힘이 없다면 속도는 계속해서 빨라질 것이고, 장애물을 만나게 된다면 속도가 느려질 것입니다. 즉, 훈련할 때 기울기가 변화하지 않는 차원에서는 훈련 속도가 빠를 것이고, 기울기 방향의 변화가 많은 차원에서는 훈련 속도가 느릴 것입니다. 이것이 바로 진폭을 줄이고 빠르게 수렴할 수 있게 만들어주는 작용을 합니다.

3 Adagrad

확률적 경사 하강법과 비교했을 때 Adagrad는 학습률에 대한 추가 제약을 가합니다. 즉, 다음 수식으로 나타낼 수 있습니다.

$$\theta_{t+1,i} = \theta_{t,i} - \frac{\mu}{\sqrt{\sum g_{t,i} + \varepsilon}}$$

Adagrad의 장점은 $g_{t,i}$를 통해 학습률을 직접적으로 조절하지 않아도 된다는 장점이 있습니다. 즉, 훈련 초기에 빠르게 훈련하다가 $g_{t,i}$가 커질수록 분모가 계속해서 커지면서 훈련을 조기에 종료할 수 있게 됩니다.

4 Adam

Adam은 모멘텀과 Adagrad를 결합한 산물입니다. 즉, 모멘텀을 고려해 훈련 과정의 속도를 높이는 동시에 학습률에 대한 제약을 가합니다. 그리고 1차 모멘텀 정보와 2차 모멘텀 정보를 활용해 각 파라미터의 학습률을 동적으로 결정합니다. Adam의 장점은 편향 보정bias correction을 거친 후 매번 반복되는 학습률이 정해진 범위를 갖게 되어 파라미터가 비교적 안정적이게 된다는 것입니다. 공식은 다음과 같습니다.

$$\theta_{t+1} = \theta_t - \frac{\mu}{\sqrt{v_t^1} + \varepsilon} m_t^1$$

앞 공식을 좀 더 자세히 설명하면 다음과 같습니다.

$$m_t^1 = \frac{m_t}{1 - \beta_1^t}$$

$$v_t^1 = \frac{v_t}{1 - \beta_2^t}$$

$$m_t = \beta_1 m_{t-1} + (1 - \beta_1)g_t$$

$$v_t = \beta_2 v_{t-1} + (1 - \beta_2)g_t^2$$

실전 경험을 통해 Adam은 Adagrad의 희소 차원 처리 능력과 모멘텀의 안정성이라는 장점이 잘 결합되어 다른 방법에 비해 좋은 결과를 낸다는 것이 증명되었습니다.

2. 에포크

하나의 완전한 데이터셋이 신경망을 통과해 다시 돌아오는 과정을 하나의 에포크_epoch_라고 부릅니다. 그러나 전체 데이터셋을 사용해 에포크를 진행하기 힘들다면, 여러 개로 나눠야 합니다.

왜 하나 이상의 에포크를 사용해야 하는 것일까요? 하나의 완전한 데이터셋을 주입한다고 해도 훈련을 하기에는 역부족이기 때문에 동일한 신경망에 여러 차례 주입해야 할 것입니다. 그 이유는 우리가 사용하는 데이터셋은 제한적이고, 최적화 과정에 사용하는 경사 하강법은 그림 4-19와 같은 과정을 거치므로 한번의 가중치 업데이트 혹은 하나의 에포크만 사용해서는 원하는 결과를 얻기 힘들기 때문입니다. 따라서 한번의 가중치 업데이트 혹은 하나의 에포크만 사용해서는 부족합니다.

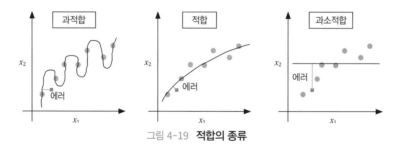

그림 4-19 **적합의 종류**

에포크 수가 늘어남에 따라 신경망 가중치 업데이트 수가 늘어나고, 곡선은 과소적합 그래프에서 과적합 그래프처럼 변해갑니다.

3. 배치 사이즈

딥러닝 훈련 과정은 정해진 에포크 수에 따라 반복되기 때문에 우리는 에포크 파라미터를 통해 훈련에 필요한 에포크 수를 지정해 주어야 합니다. 실제 응용에서 전체 데이터를 한번에 다 주입하기란 힘듭니다. 이때 데이터셋을 몇 개의 배치batch로 나눠줘야 하는데, 각 배치에서 훈련하는 데이터 수가 배치 사이즈(batch_size)가 됩니다.

이전 코드에서 우리는 당뇨병 데이터셋에 대해 10번의 훈련(epochs=10)을 설정했습니다. 한번 훈련할 때 사용한 데이터는 32건(batch_size=32)입니다. 따라서 훈련을 모두 마치기 위해서 24번의 반복이 필요합니다(768/32). 즉, 10번의 훈련을 위해서는 240번의 반복이 필요합니다.

적합한 배치 사이즈를 선택하면 어떤 좋은 점이 있을까요? 만약 데이터가 충분히 많은 경우라면 부분 데이터를 사용해 훈련한 모델과 전체 데이터를 사용해 훈련한 모델은 거의 비슷할 것입니다.

4.7 요약

이번 장에서는 머신러닝의 주요 알고리즘에 대해 간단한 소개와 코드 설명을 진행했습니다. 이번 장에서 배운 머신러닝 관련 개념과 이론, 그리고 이전 장에서 배운 딥러닝 응용 개발에 대한 소개까지 더해져 우리는 더 이상 머신러닝 알고리즘을 사용하는 것이 낯설지 않게 되었습니다.

다음에 이어질 5장부터는 머신러닝과 딥러닝을 활용하는 다른 영역으로 들어가 관련 기술과 실제 업계에서 푸는 문제들에 대해 조금 더 자세히 알아보겠습니다.

4.8 참고자료

[1]   https://scikit-learn.org/stable/modules/classes.html#module-sklearn.datasets

[2]   https://scikit-learn.org/stable/

[3]   https://archive.ics.uci.edu/ml/datasets/lenses

하편

CHAPTER

5

추천 시스템 기초

추천 시스템은 머신러닝에서 가장 중요한 응용 분야 중 하나입니다. 구글Google, 페이스북Facebook, 타오바오Taobao 등 대규모 플랫폼은 거대하고 정확한 추천 시스템이 기초가 됩니다.

추천 시스템은 초기의 협업 필터링 방법부터 시작해 현재 많이 활용되는 딥러닝 방법까지 거대한 변화가 발생했습니다. 이번 장에서는 전통적인 방법인 협업 필터링과 로지스틱 회귀 방법을 집중적으로 소개합니다.

> 내용이 간결하기 때문에 이번 장의 예제를 직접 구현해 볼 것을 권합니다. 읽기만 하고 구현해 보지 않는 것은 좋은 학습 효과를 낼 수 없습니다.

5.1 추천 시스템 소개

업무적인 관점에서 이야기하면, 추천 시스템은 일반적으로 데이터 분석 기술을 통해 사용자가 가장 좋아할 만한 콘텐츠를 찾아 사용자에게 추천하는 것입니다. 보다 기술적인 관점에서 이야기하면, 추천 시스템은 데이터 분석 기술을 사용해 특정한 조건에 따라 대량의 데이터로부터 가장 적합한 데이터를 선별하는 작업이라고 할 수 있습니다. 따라서 추천 시스템에서는 다음 세 가지 질문이 매우 중요합니다.

- 엄청난 양의 데이터에서 어떻게 빠른 속도로 기준에 맞는 데이터를 '선별'할 것인가?

- 데이터의 적합 정도를 어떻게 판별할 것인가?(스코어링)

- 선택한 최적의 결과가 가장 우선순위로 노출될 수 있도록 어떤 처리를 해야 하는가?

데이터베이스에 대한 이해가 있는 독자라면, SQL에서 자주 사용하던 SELECT 기능이 이러한 역할을 한다는 사실을 쉽게 떠올릴 수 있습니다. 예를 들어, SNS 애플리케이션에서 비슷한 관심사를 가진 다른 사용자를 추천한다고 한다면 연령 범위를 기준으로 추천할 수가 있습니다.

```
SELECT * FROM users WHERE age>=20 AND age<30 ORDER BY age ASC LIMIT 10
```

앞 SQL 명령어는 나이가 20~30세 사이인 모든 사용자를 오름차순으로 정렬해 상위 10명의 사용자를 선택하는 명령어입니다. 이 간단한 명령어를 통해 앞서 언급한 세 가지 과정을 구현할 수가 있습니다.

이러한 구현은 데이터베이스의 기본 기능 중 하나이자, 대부분의 경우에 충분히 좋은 효과를 보여줄 수 있으므로 데이터양이 비교적 적을 때 각종 비즈니스 요구를 만족시킬 수 있습니다. 그러나 사용자 수가 천만 이상으로 증가해 데이터가 일정량 이상 늘어나면, 앞 예제처럼 나이에 한정된 조건만 찾아서는 좋은 추천을 하기 힘들어집니다. 지리적 위치, 관심사, 직업, 학교 등 다른 속성과 연계해야 하는데, 이러한 작업은 데이터베이스의 기본적인 기능만으로 구현하기에 시간이 오래 걸리는 복잡한 문제이기도 합니다.

먼저, 데이터 처리 시간이 오래 걸린다는 문제가 있습니다. 만약 동시에 천만, 혹은 억이 넘는 사용자에 대해 검색하려면 데이터베이스에 큰 부담을 주게 되고, 하나의 서버로 처리하기 힘들어집니다. 따라서 데이터베이스의 샤딩sharding과 수평 스케일링horizontal scaling 등의 방법까지 고려해 데이터를 효율적으로 처리하는 방법을 생각해야 합니다. 이러한 방법은 엔지니어링 영역에 가깝기 때문에 여기서 자세히 설명하지는 않겠습니다.

또한, 기존의 간단한 검색 문제가 고정된 답안이 없는 '알고리즘 챌린지'가 됩니다. 그리고 사용할 수 있는 사용자 속성이 많아지면 많아질수록 추천 조건을 선정하는 일은 개방형 문제가 되어버립니다. 예를 들어 나이와 위치 정보를 기반으로 배열한다면, 연령을 먼저 선택해야 할지, 아니면 위치를 먼저 선택해야 할지 결정해야 합니다. 만약 학력, 전공, 관심사 등 사용자의 다른 정보가 추가된다면 조건은 더욱 복잡해질 것입니다. SNS 애플리케이션에서의 사용자 추천의 경우, 사용자가 미리 설정한 기준에 따라 추천을 진행할 수도 있지만, 이러한 수동적인 추천은 큰 차이를 만들지 못합니다. 보다 적극적으로 사용자에게 적합한 정보를 제공하고, 개인 맞춤형 추천 알고리즘을 사용할 수 있어야 차원이 다른 사용자 경험을 제공한다 말할 수 있을 것입니다. 여러 비슷한 애플리케이션이 존재하는 요즘 시대에, 이러한 추천 기술은 시장에서의 흥망성쇠를 결정하는 매우 중요한 역할을 합니다. 이것이 바로 추천 시스템이 머신러닝의 대표적인 알고리즘으로 자리매김하고 많은 성공 응용 사례를 만들어낸 이유이기도 합니다.

현재 비교적 널리 알려진 추천 알고리즘으로는 협업 필터링Collaborative Filtering, CF이 있습니다. 이 알고리즘의 기본 아이디어는 사용자의 기존 취향이나 관심사와 유사한 사용자가 선택한 콘텐츠를 추천하는 것입니다. 알고리즘에 대한 자세한 설명 전에, 더욱 거시적인 관점에서 추천 시스템의 작동 프로세스에 대해 살펴보겠습니다(그림 5-1 참고).

그림 5-1 **추천 시스템의 작동 프로세스**

그림 5-1은 구글 개발자 홈페이지를 참고한 것입니다. 그림에서 묘사하고 있는 과정은 다음 3단계로 진행됩니다.

1 **후보군 생성**: 이 단계에서는 모델이 대량의 데이터에서 필요한 데이터를 빠르게 추출합니다. 예를 들어, 쿠팡에 있는 전체 상품 중에서 몇만 개만 추려내는 것이죠. 이 단계에서는 다양한 알고리즘을 사용할 수 있습니다.

2 **스코어링**: 이 단계에서는 또 다른 모델이 첫 번째 단계에서 선정한 후보군에 대해 정밀한 스코어링을 하고 랭킹을 정합니다. 후보군 선택 과정을 통해 데이터가 우리가 쉽게 처리할 수 있는 양으로 줄어들었기 때문에 모델은 데이터를 더욱 정밀한 방식으로 처리할 수 있습니다.

3 **랭킹 재배열**: 이 단계에서 시스템은 일정량의 외부 정보를 가져오게 됩니다. 예를 들면 사용자가 기존에 차단한 상품 같은 정보나 사업체에서 주력으로 밀고 있는 상품 같은 정보를 들 수 있습니다. 이렇게 함으로써 최종 결과에 다양성, 최신성, 공정성 등을 더하게 됩니다.

모든 알고리즘은 이 3단계를 거쳐 설계됩니다. 엄밀히 말하면 스코어링과 랭킹 재배열 단계는 데이터에 대해 조금 더 정밀한 튜닝을 진행하는 작업이고, 동시에 업무의 특성과 결합해야 하는 목적성이 뚜렷한 작업입니다. 예를 들어, 랭킹 재배열 단계에서는 전문적인 이상 탐지 알고리즘을 사용해 사용자에게 노출될 내용이 민감한 정보를 포함하고 있는지를 확인해야 할 것입니다. 따라서 여기서는 후보군 생성 단계에 초점을 맞춰 설명하겠습니다.

후보군 생성 단계에서는 주로 필터링 알고리즘을 사용하는데, 해당 알고리즘은 다음과 같은 두 종류의 방법이 있습니다.

1 **콘텐츠 기반 필터링**content-based filtering: 이 방법은 선택할 내용 자체에 대한 유사도만을 추천 기준으로 삼습니다. 예를 들어 사용자가 확인한 두 개의 상품이 모두 핸드폰일 경우, 시스템은 해당 사용자에게 여러 종류의 핸드폰 관련 상품을 추천할 것입니다.

2 **협업 필터링**: 협업 필터링에서는 상품의 유사도뿐만 아니라 사용자의 유사도 정보 등도 사용합니다. 예를 들어, 사용자 A와 사용자 B의 정보(나이, 성별, 주소 등)가 비슷할 때 사용자 B가 특정 상품을 구매했다면, 시스템은 해당 상품을 A에게도 노출하게 될 것입니다.

주의해야 할 점은 앞서 설명한 두 방법에서 '유사도'라는 단어가 많이 언급되었다는 점입니다. 협업 필터링이든, 콘텐츠 기반의 필터링이든 모두 핵심은 어떻게 이 유사도를 계산하는가에 있습니다. 다음 절에서 구체적인 내용에 관해 설명하겠습니다.

5.2 유사도 계산

우리는 그림 5-2를 2개의 차원만 존재하는 벡터 공간으로 간주할 수 있습니다(실제 응용 환경에서는 이렇게 단순한 속성을 가진 상품이 존재할 가능성이 거의 없습니다). 만약 A, B, C가 각각 3개의 상품을 나타내는 벡터라면, query 벡터와의 거리가 가장 가까운 상품 벡터를 찾기만 하면 됩니다.

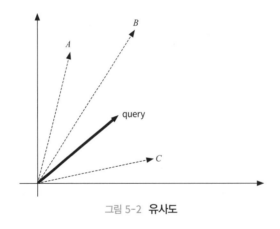

그림 5-2 **유사도**

따라서 우리가 사용할 수 있는 유사도 측정 방법은 다음 세 가지가 있습니다.

1 **코사인 유사도**cosine(혹은 코사인 거리): 두 벡터 간 각도의 코사인값을 사용합니다.

$$S(q, x) = \cos(q, x)$$

2 **내적 거리**dot product: 두 벡터 간 내적을 계산합니다.

$$S(q, x) = \sum_{1}^{n} q_i \cdot x_i$$

3 유클리드 거리euclidean: 벡터 공간에서의 유클리드 거리는 다음과 같습니다.

$$S(q, x) = \sqrt{\sum_{1}^{n} (q_i - x_i)^2}$$

우리는 상황에 따라 적합한 유사도를 사용해야 하는데, 일반적으로 자주 사용하는 것은 코사인 유사도입니다. 코사인 유사도를 자주 사용하게 되는 이유에 대해서는 이후 절에서 설명하겠습니다.

5.3 협업 필터링

협업 필터링은 가장 널리 사용되는 기초적인 추천 알고리즘이며, 다음 세 종류가 있습니다.

1 메모리 기반memory-based**의 협업 필터링**: 사용자가 점수를 매긴 데이터를 통해 사용자 혹은 상품 사이의 유사 관계를 계산합니다. 비교적 전통적인 방법으로는 사용자 기반user-based의 협업 필터링과 상품 기반item-based의 협업 필터링이 있습니다.

2 모델 기반model-based**의 협업 필터링**: 일반적으로 데이터 마이닝이나 머신러닝 방법을 사용해 모델을 만들고, 사용자가 사용하지 않았던 상품에 대한 평가를 예측해 스코어링합니다. 비교적 전통적인 방법으로는 베이지안 네트워크Bayesian network와 군집 모델clustering model 등이 있습니다.

3 혼합 모델에 기반한 협업 필터링: 앞서 설명한 메모리 기반의 협업 필터링과 모델 기반의 협업 필터링 방법을 합친 것입니다. 두 가지 방법을 융합하여 협업 필터링 방법에 존재하던 희소 데이터와 정보 유실 문제를 해결하고 예측 정확도를 높입니다. 현재 대부분의 (협업 필터링 방법을 사용하는) 상용 추천 시스템에서는 해당 알고리즘을 사용하고 있습니다.

5.3.1 사용자 기반의 협업 필터링

사용자 기반의 협업 필터링 방법은 먼저 유사도 공식을 사용해 대상 사용자와 비슷한 취향을 가진 K개의 최대 유사 사용자 이웃nearest neighbor을 얻고, 해당 유사 사용자의 취향에 기반해 대상 사용자에 대한 추천을 진행합니다. 계산적인 측면에서 한 사용자의 전체 상품에 대한 선호도를 하나의 벡터로 하여 사용자 사이의 유사도를 계산합니다. 미리 설정한 K개의 유사 이웃을 찾은 후, 해당 이웃들의 유사도 가중치와 상품에 대한 선호도에 기반해 현재 사용자가 아직 접해 보지 못한 상품에 대한 선호도를 예측할 수 있습니다. 마지막으로 계산을 통해 얻은 상품 목록 리스트를 랭킹을 매겨 추천합니다. 예를 들어, 영화 콘텐츠를 상품으로 가정하고 사용자 A, B, C의 5편의 영화에 대한 평점이 표 5-1에 기록되었다고 해봅시다.

표 5-1 **5편의 영화에 대한 사용자 A, B, C의 평점**

	영화 A	영화 B	영화 C	영화 D	영화 E	평균값
사용자 A	4	1	-	4	-	3
사용자 B	-	4	-	2	3	3
사용자 C	-	1	-	4	4	3

이 예제에서 우리가 예측해야 하는 대상 사용자가 C라고 가정해 봅시다. 우리는 A와 C, 그리고 B와 C 사이의 유사도를 계산해 사용자 C와 가장 가까운 사용자는 A라는 것을 알 수 있습니다. 그리고 사용자 A가 좋아한 영화인 영화 A를 사용자 C에게 추천합니다. 여기서 잠시 유클리드 거리와 코사인 유사도의 차이점을 살펴보도록 합시다.

1 유클리드 거리 계산은 다음과 같이 할 수 있습니다.

$$d(x, y) = \sqrt{\left(\sum (x_i - y_i)^2\right)} \qquad \text{sim}(x, y) = \frac{1}{1 + d(x, y)}$$

예를 들어 사용자 A와 사용자 B, 그리고 사용자 A와 사용자 C 사이의 유사도는 다음과 같이 계산할 수 있습니다.

$$d(A, B) = \sqrt{(1 - 4)^2 + (4 - 2)^2} = 3.6$$

사용자 A와 사용자 C가 사용자 A와 사용자 B보다 더 유사한 것을 알 수 있습니다.

$$d(A, C) = \sqrt{(1 - 1)^2 + (4 - 4)^2} = 0$$

2 코사인 거리 계산 공식은 다음과 같습니다.

$$T(x, y) = \frac{x \cdot y}{\|x\|^2 \times \|y\|^2} = \frac{\sum x_i y_i}{\sqrt{\sum x_i{}^2} \sqrt{\sum y_i{}^2}}$$

여기서 x_i, y_i는 각각 서로 다른 사용자 벡터를 뜻합니다.

동일하게, 사용자 A와 사용자 B, 그리고 사용자 A와 사용자 C 사이의 코사인 거리를 계산해 봅시다.

$$d(A,B) = \frac{1 \times 4 + 4 \times 2}{\sqrt{1^2 + 4^2} \times \sqrt{4^2 + 2^2}} = 1.40$$

$$d(A,C) = \frac{1 \times 1 + 4 \times 4}{\sqrt{1^2 + 4^2} \times \sqrt{1^2 + 4^2}} = 1.01$$

여전히 사용자 A와 사용자 C 사이의 유사도가 더 높게 나옵니다. 그리고 유클리드 거리 대비 계산이 더 명확하다는 것을 알 수 있습니다.

그림 5-3은 유클리드 거리와 코사인 유사도 사이의 주요 차이점을 나타내고 있습니다. 유클리드 거리가 측정하는 것은 공간상에 있는 각 점 사이의 절대거리이며, 각 점이 위치한 좌표와 직접적인 연관이 있다는 것을 알 수 있습니다. 반면 코사인 유사도가 측정하는 것은 공간상에 존재하는 벡터의 각도입니다. 따라서 위치뿐만 아니라 방향상의 차이까지 반영하게 됩니다.

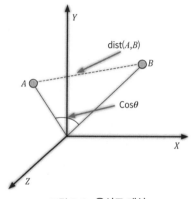

그림 5-3 **유사도 계산**

그림 5-3에서 만약 점 A의 위치가 변하지 않는다고 가정하고 점 B를 원점에서 원래 방향으로 조금 더 이동시킨다고 해도, 점 A와 점 B 사이의 각도는 변하지 않기 때문에 코사인 유사도 $\cos\theta$도 변하지 않을 것입니다. 그러나 점 A와 점 B 사이의 절대 거리는 변화가 발생합니다. 따라서 유클리드 거리는 사용자의 행위 지표를 분석해 사용자의 가치 유사도나 차이를 측정하는 차원수의 크기 따라 차이가 드러나는 분석에 많이 활용됩니다. 반면 코사인 유사도는 방향으로 차이를 구별하고 같은 방향에서의 절대 거리에는 민감하지 않기 때문에 콘텐츠에 대한 사용자의 평가를 기반으로 사용자 사이의 유사도나 차이를 구별하는 상황에 많이 사용됩니다. 그리고 코사인 유사도는 절대적 거리에 민감하지 않기 때문에 변수 사이의 측정 기준이 통일되어 있지 않아도 괜찮습니다. 이번 장에서 사용하는 예제나 코드에서는 일괄적으로 코사인 유사도를 사용하겠습니다.

5.3.2 상품 기반의 협업 필터링

사용자 기반 협업 필터링은 사용자 수가 늘어남에 따라 계산 시간이 길어집니다. 따라서 2001년 Sarwar 등이 상품에 기반한 협업 필터링 방법을 만들어 냅니다. 상품 기반 협업 필터링의 원리는 사용자 기반 협업 필터링 방법과 유사합니다. 단지 상품item 사이의 유사도로 사용자 사이의 유사도를 대체하는 것에 불과합니다. 즉, 상품에 대한 사용자의 선호도를 기반으로 유사한 상품을 찾고, 사용자의 상품 선호도 이력에 기반해 유사한 상품을 추천하는 것입니다. 계산 측면에서 봤을 때 어떤 상품에 대한 모든 사용자의 선호도를 하나의 벡터로 놓아 상품 사이의 유사도를 계산하고, 이렇게 상품에 대한 유사 상품을 얻은 후 사용자의 선호도 이력에 따라 새로운 상품에 대한 선호도를 예측하는 것입니다. 그리고 이러한 계산을 통해 얻은 상품 리스트를 랭킹을 매겨 추천하게 됩니다.

다시 5.3.1절의 예제를 통해 조금 더 자세히 설명하겠습니다. 먼저, 각 영화 사이의 유사도를 계산합니다. 상품 기반 협업 필터링에서는 이전에 소개한 코사인 유사도를 사용하는 방법 외에 자카드 유사도Jaccard similarity를 사용할 수 있습니다. 자카드 유사도 계산 공식은 다음과 같습니다.

$$w_{i,j} = \frac{|N(i) \cap N(j)|}{|N(i) \cup N(j)|}$$

여기서 분모는 상품 i와 상품 j를 좋아하는 각각의 사용자 수입니다. 분자는 동시에 두 상품을 좋아하는 사용자 수를 나타냅니다. 앞 공식에 따라 우리는 영화 5편에 대한 유사도 점수를 그림 5-2와 같이 나타낼 수 있습니다(여기서는 잠시 영화 평점은 잊어버리고, 영화를 좋아하는지 싫어하는지 여부에만 초점을 맞춥니다).

표 5-2 **5편의 영화에 대한 유사도 점수**

	영화 A	영화 B	영화 C	영화 D	영화 E
영화 A	0	0.33	0	0.33	0
영화 B	0.33	0	0	1.0	0.66
영화 C	0	0	0	0	0
영화 D	0.33	1.0	0	0	0.66
영화 E	0	0.66	0	0.66	0

상품 사이의 유사도를 얻은 후에는 다음 공식을 바탕으로 사용자 u가 아직 보지 못한 영화 j에 대한 선호도를 계산할 수 있습니다(u, j는 변수).

$$P_{AE} = \sum_{i \in N(u) \cap S(j,K)} w_{ji} r_{ui}$$

$$\{p_1, p_2, p_3 \ldots \ldots\} \subseteq \{M - N\}$$

여기서 $N(u)$는 사용자가 좋아하는 영화의 집합을 나타내고, $S(j, K)$는 영화 j와 가장 유사한 K개의 영화 집합을 나타냅니다. 그리고 w_{ji}는 영화 j와 i의 유사도를, r_{ui}는 영화 i에 대한 사용자 u의 취향을 나타냅니다(예를 들어, 사용자 u가 영화 i를 봤다고 한다면, r_{ui}=1로 설정할 수 있습니다). 사용자가 이전에 흥미를 느낀 영화와 비슷한 영화일수록 추천 리스트에서 비교적 높은 순위를 얻을 가능성이 높아지게 됩니다.

예를 들어, 사용자 B가 영화 B, D, E를 이미 본 상태에서 다음 영화를 추천하려 한다면, 계산에 의해 남은 영화 A와 C 중에서 추천 점수가 더 높은 A를 추천하게 될 것입니다.

5.3.3 알고리즘 구현과 실전 예제

이번 절에서는 실전 예제를 통해 사용자 기반 협업 필터링을 구현해 보겠습니다. 데이터는 GroupLends에서 제공한 MovieLens 데이터를 활용하겠습니다. MovieLens는 사용자가 이미 본 영화에 대해 매긴 평점을 기록한 데이터입니다. 서로 다른 크기의 데이터셋이 총 세 가지 있는데, 각각 1M, 10M, 20M라고 이름 붙여졌습니다. 가장 큰 데이터셋에는 약 14만 사용자의 데이터가 있으며, 포괄하는 영화의 범위도 27,000건에 달합니다. 이번 예제에서는 10M 데이터셋을 사용하겠습니다(데이터를 다운받기 위해서는 참고자료 [1]을 참조하세요). 평점 외에도 MovieLens 데이터는 '서부 영화 Western'와 같은 영화 장르 정보와 'Over the top', 'Arnold Schwarzenegger'와 같은 레이블링 정보도 포함되어 있습니다. 이러한 정보는 콘텐츠 벡터를 만드는 데 유용하게 사용됩니다.

다음의 코드는 데이터를 불러오는 방법과, 불러온 데이터를 사용해 협업 필터링 알고리즘을 구현하는 내용을 담고 있습니다. getRatingInformation(ratings)는 사용자의 스코어링 데이터 u.data를 읽어와 하나의 리스트로 저장시킵니다. 여기서 u.data의 각 행은 각각 사용자 ID, 영화 ID, 그리고 사용자 평점에 대응합니다. 구체적인 코드는 다음과 같습니다.

```
def getRatingInformation(ratings):
    rates=[]
    for line in ratings:
        rate=line.split("\t")
        rates.append([int(rate[0]),int(rate[1]),int(rate[2])])
    return rates
#
# 사용자 평점 데이터 구조 생성
#
```

```
# Input: 평점 데이터 [[2,1,5],[2,4,2]...]
# output: 1. 사용자 평점 딕셔너리; 2. 영화 딕셔너리
# 딕셔너리를 사용. 키(key)는 사용자 id. 값(value)은 영화에 대한 사용자 평점
# rate_dic[2]=[(1,5),(4,2)]...는 사용자 2가 영화 1에 대해 평점 5점을, 영화 4에 대해 평점 2점을 매겼다는 뜻

def createUserRankDic(rates):
    user_rate_dic={}
    item_to_user={}
    for i in rates:
        user_rank=(i[1],i[2])
        if i[0] in user_rate_dic:
            user_rate_dic[i[0]].append(user_rank)
        else:
            user_rate_dic[i[0]]=[user_rank]
        if i[1] in item_to_user:
            item_to_user[i[1]].append(i[0])
        else:
            item_to_user[i[1]]=[i[0]]
    return user_rate_dic,item_to_user
```

recommendByUserCF(test_rates)는 사용자 기반 협업 필터링 함수입니다.

```
def recommendByUserFC(file_name,userid,k=5):

    # 파일 데이터(file data) 읽기
    test_contents=readFile(file_name)

    # 파일 데이터를 이차원 어레이 리스트인 [[user id, movie id, movie rating]...]로 변환
    test_rates=getRatingInformation(test_contents)

    # # 딕셔너리 데이터로 형식 변환
    # 1. 사용자 딕셔너리: dic[userid]=[(movie id, movie rating)...]
    # 2. 영화 딕셔너리: dic[movie id]=[user id1, user id2...]
    test_dic,test_item_to_user=createUserRankDic(test_rates)

    # 이웃(neighbors) 찾기
    neighbors=calcNearestNeighbor(userid,test_dic,test_item_to_user)[:k]
    recommend_dic={}
    for neighbor in neighbors:
        neighbor_user_id=neighbor[1]
        movies=test_dic[neighbor_user_id]
        for movie in movies:
            #print movie
            if movie[0] not in recommend_dic:
                recommend_dic[movie[0]]=neighbor[0]
            else:
                recommend_dic[movie[0]]+=neighbor[0]
    # print len(recommend_dic)

    # 추천 리스트 만들기
```

```
        recommend_list=[]
        for key in recommend_dic:
        # 키(key) 출력
            recommend_list.append([recommend_dic[key],key])
        recommend_list.sort(reverse=True)
        # recommend_list 출력
        user_movies = [ i[0] for i in test_dic[userid]]
    return [i[1] for i in recommend_list],user_movies,test_item_to_user,neighbors
```

5.4 추천 환경에서 사용하는 로지스틱 회귀 모델

앞서 4장에서는 분류 문제에서 활용되는 로지스틱 회귀 모델을 소개했었습니다. 하지만 로지스틱 모델은 추천 시스템에서도 종종 사용되며, 다른 모델과 비교하기 위한 기본 모델로 활용되고 있습니다. 이번 절에서도 MovieLens 데이터를 훈련에 사용해 새로운 추천 모델을 만들어, 사용자가 아직 접하지 않았지만 흥미를 느낄만한 영화를 추천해 보겠습니다. 더 나은 추천 효과를 얻기 위해, 이번에는 더욱 많은 변수를 사용하겠습니다. 새로운 데이터를 다운받기 위한 주소는 참고자료 [2] 에 나와 있습니다.

새로운 데이터셋을 받으면 rating.csv와 movies.csv 파일을 확인할 수 있습니다.

rating.csv 파일의 데이터 형식은 그림 5-4와 같습니다.

userId	movieId	rating	timestamp
1	1	4	964982703
1	3	4	964981247

그림 5-4 **rating.csv 파일의 내용**

movies.csv 파일의 데이터 형식은 그림 5-5와 같습니다.

movieId	title	genres
1	Toy Story (1995)	Adventure|Animation|Children|Comedy|Fantasy
2	Jumanji (1995)	Adventure|Children|Fantasy
3	Grumpier Old Men (1995)	Comedy|Romance

그림 5-5 **movies.csv 파일의 내용**

장르genres는 영화 유형을 뜻하며 총 20가지가 있습니다('Horror', 'Western', '(no genres listed)', 'Romance', 'Action', 'Thriller', 'War', 'Comedy', 'Musical', 'IMAX', 'Film-Noir', 'Documentary', 'Fantasy', 'Children', 'Adventure', 'Animation', 'Mystery', 'Crime', 'Drama', 'Sci-Fi').

이어서 데이터 전처리가 필요합니다. 데이터 전처리는 다음과 같은 단계로 진행됩니다.

1 사용자 평점rating을 레이블로 전환합니다. 여기서는 평점이 3보다 낮은 영화를 사용자가 싫어하
  는 영화라고 정의합니다. 즉, 레이블은 label=0과 label=1 둘 중 하나가 됩니다.

2 장르는 원-핫 인코딩one-hot encoding을 거쳐 0과 1로 이루어진 값을 가진 특성으로 변환합니다. 코
  드는 다음과 같습니다.

```python
# genres 변수를 one-hot encoding을 사용해 변환
def convert_2_one_hot(df):
    genres_vals = df['genres'].values.tolist()
    genres_set = set()
    for row in genres_vals:
        genres_set.update(row.split('|'))
    genres_list = list(genres_set)
    row_num = 0
    df_new = pd.DataFrame(columns=genres_list)
    for row in genres_vals:
        init_genres_vals = [0] * len(genres_list)
        genres_names = row.split('|')
        for name in genres_names:
            init_genres_vals[genres_list.index(name)] = 1
        df_new.loc[row_num] = init_genres_vals
        row_num += 1

    df_update = pd.concat([df, df_new], axis=1)
    return df_update

# rating 변수를 0과 1으로 변환
def convert_rating_2_labels(ratings):
    label = []
    ratings_list = ratings.values.tolist()
    for rate in ratings_list:
        if rate >= 3.0:
            label.append(1)
        else:
            label.append(0)
    return label
```

3 전처리를 거친 훈련 데이터와 레이블 데이터를 로지스틱 모델에 넣고 훈련시키면 됩니다. 전체 코
  드는 다음과 같습니다.

```python
1   import pandas as pd
2   from sklearn.linear_model import LogisticRegression
3   from sklearn.metrics import roc_auc_score
4   from sklearn.model_selection import train_test_split
5
6   movies_path = './movies.csv'
7   ratings_path = './ratings.csv'
```

```
 8
 9    # rating을 0과 1로 변환
10    def convert_rating_2_labels(ratings):
11        label = []
12        ratings_list = ratings.values.tolist()
13        for rate in ratings_list:
14            if rate >= 3.0:
15                label.append(1)
16            else:
17                label.append(0)
18        return label
19
20    # genres 변수를 one-hot enconding을 사용해 변환
21    def convert_2_one_hot(df):
22        genres_vals = df['genres'].values.tolist()
23        genres_set = set()
24        for row in genres_vals:
25            genres_set.update(row.split('|'))
26        genres_list = list(genres_set)
27        row_num = 0
28        df_new = pd.DataFrame(columns=genres_list)
29        for row in genres_vals:
30            init_genres_vals = [0] * len(genres_list)
31            genres_names = row.split('|')
32            for name in genres_names:
33                init_genres_vals[genres_list.index(name)] = 1
34            df_new.loc[row_num] = init_genres_vals
35            row_num += 1
36
37        df_update = pd.concat([df, df_new], axis=1)
38        return df_update
39
40    # 로지스틱 회귀 사용
41    def training_lr(X, y):
42        model = LogisticRegression(penalty='l2', C=1, solver='sag', max_iter=500,
43    verbose=1, n_jobs=8)
44        X_train, X_test, y_train, y_test = train_test_split(X, y, test_size = 0.1,
45    random_state = 42)
46        model.fit(X_train, y_train)
47        train_pred = model.predict_proba(X_train)
48        train_auc = roc_auc_score(y_train, train_pred[:, 1])
49
50        test_pred = model.predict_proba(X_test)
51        test_auc = roc_auc_score(y_test, test_pred[:, 1])
52
53        # print(model.score())
54        print('lr train auc score: ' + str(train_auc))
55        print('lr test auc score: ' + str(test_auc))
56
57    # 데이터 읽어오기
58    def load_data():
59        movie_df = pd.read_csv(movies_path)
```

```
60      rating_df = pd.read_csv(ratings_path)
61      df_update = convert_2_one_hot(movie_df)
62      df_final = pd.merge(rating_df, df_update, on='movieId')
63      ratings = df_final['rating']
64      df_final = df_final.drop(columns=['userId', 'movieId', 'timestamp', 'title',
65   'genres', 'rating'])
66      labels = convert_rating_2_labels(ratings)
67      trainx = df_final.values.tolist()
68      return trainx, labels
69   if __name__ == '__main__':
70      trainx, labels = load_data()
71      training_lr(trainx, labels)
```

이 코드의 주요 내용을 살펴보겠습니다.

1~38번 행 앞서 설명했듯이 장르genres와 평점rating에 대해 전처리 작업을 실행했습니다.

40~55번 행 핵심적인 부분으로, 로지스틱 회귀 모델을 만들고 파라미터를 설정해 훈련을 시작합니다. 여기서는 사이킷런sklearn에서 제공하는 로지스틱 회귀 모델을 사용했습니다. 사이킷런에서 제공하는 로지스틱 회귀 함수는 앞서 소개한 케라스에서 제공하는 로지스틱 회귀 함수와 매우 유사합니다. 따라서 같은 모델을 케라스로도 한번 구현해 보기를 권합니다.

57~68번 행 csv 파일의 데이터를 불러옵니다. 이미 앞서 두 파일의 내용과 형식을 설명한 바 있습니다. 여기서는 데이터를 불러와 이전에 설명한 함수를 토대로 약간의 처리를 실시한 후, 훈련에 필요한 데이터와 레이블을 반환합니다.

69~71번 행 프로그램을 실행합니다. 이번 예제에서 로지스틱 회귀 모형의 훈련 AUC는 0.62이며, 테스트 AUC는 0.60입니다.

5.5 여러 모델을 융합한 추천 모델: Wide&Deep 모델

4장에서는 선형 모델을 사용해 만드는 기초 추천 시스템을 소개했었습니다. 일반 선형 모델의 가정이 적용될 수 없는 경우에는 일반화 선형 모델을 사용해 특성이 비교적 희소한 대규모 회귀나 분류 문제를 해결합니다. 하지만 사용하는 데이터 수와 특성 수가 기하급수적으로 증가하면서 선형 모델의 단점은 계속해서 커지고 있습니다.

선형 모델은 일반적으로 기존 데이터에서 자주 보이는 고빈도 데이터 조합을 기억하지만, 기존 데이터에 출현하지 않았던 조합에 대해서는 발견하지 못합니다. 따라서 선형 모델을 사용하기 위해서는 인간의 경험, 업무 환경에 기반한 대규모 피처 엔지니어링 작업이 필요합니다. 즉, 대량의 특성 생성이나 조합을 통한 가공을 거쳐 다시 선형 모델에 사용하는 것입니다.

데이터의 수가 늘어남에 따라, 추천 시스템의 관점에서는 기존 데이터에 자주 출현하지 않았던 데이터 조합(롱테일 사례)을 발굴해 사용자의 잠재적인 관심사를 찾아주어야 할 필요성이 커지고 있습니다. 이번 절에서 소개할 와이드&딥Wide&Deep 모델은 구글이 2016년에 개발한 것으로, 해당 모델의 원리와 코드 구현을 배우면 추천 시스템에 대한 이해도가 한층 더 높아질 것입니다.

5.5.1 탐색-이용 딜레마 문제

예전에 도박장에서는 슬롯머신을 '외팔이 강도'라고 불렀습니다. 왜냐하면 슬롯머신에 하나의 레버(암arm)만으로도 사람들의 돈을 가져갔기 때문이죠. '멀티암드 밴딧Multi-Armed Bandit, MAB'이라는 명칭 역시 이러한 유래에서 비롯되었습니다. 만약 여러분이 도박장에 가서 한 줄로 배열된 슬롯머신 앞에 섰다고 가정해 봅시다. 각각의 슬롯머신은 서로 다른 기대 수익률과 기대 손실률을 가지고 있습니다. 그렇다면 총 수익을 최대화하기 위해서 여러분은 어떤 전략을 세워야 할까요? 이것이 바로 멀티암드 밴딧 문제입니다.

그림 5-6은 멀티암드 밴딧입니다. 금화가 나오는 상자와 K개의 레버(암)으로 구성되어 있습니다. 플레이어는 레버를 당김으로써 금화(보상)을 얻게 됩니다. 플레이어는 어떤 레버를 당겼을 때 가장 큰 보상을 받을 수 있는지에 대해 고민해야 합니다. 여기서는 레버를 당겼을 때 보상을 얻을 수 있는 확률분포는 모두 상이합니다. 예를 들어, 레버 1을 누르면 보상 확률은 0.8, 레버 2를 누르면 0.3, 레버 3은 0.6의 확률이라고 가정하면, 당연히 레버 1을 눌렀을 때의 금화를 얻을 확률이 가장 크겠지요.

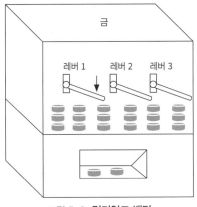

그림 5-6 **멀티암드 밴딧**

그렇다면 문제를 조금 더 복잡하게 만들어보겠습니다. 플레이어는 각 레버를 누를 때 얻을 수 있는 확률에 대해서는 알지 못합니다. 이때는 어떤 선택을 해야 할까요?

여기서 바로 유명한 탐색-이용 딜레마exploration-exploitation dilemma 문제가 나오게 됩니다. 레버를 당겨보기 전에는 어떤 레버의 보상 확률이 더 높은지 알 수 없기 때문에 모든 레버를 대상으로 실험해야 합니다. 그리고 그 결과를 기록합니다. 이렇게 하면 해당 결과를 바탕으로 각 레버의 대략적인 보상 확률을 산출할 수 있게 됩니다. 만약 여러분이 각 레버를 몇 번씩 당겨보고 관찰해 보상 확률을 모두 기록해 두었다면, 보상을 최대화하기 위해서는 어떤 전략을 세워야 할까요?

1 **이용**exploitation: 만약 앞에서 시도한 횟수를 통해 보상 확률이 가장 높은 레버를 선택한다면, 여러분은 '이용' 전략을 택한 것입니다. 하지만 보상은 랜덤이기 때문에 각 레버에 대한 보상 확률 계산은 아마도 정확하지 못할 것입니다. 앞에서 시도해 볼 때의 확률이 가장 낮았던 레버가 사실은 확률이 가장 높았던 레버일 수도 있는 것이죠.

2 **탐색**exploration: 앞서 했던 실험의 확률 결과와 상관없이 지속적으로 랜덤하게 서로 다른 레버를 고른다면, 이것은 탐색 과정에 속합니다. 이렇게 하는 목적은 각 레버를 눌렀을 때 주는 보상에 대해 더 정확한 확률을 산출하기 위한 것입니다. 장기적으로 본다면 더 실제에 가까운 최적 확률을 찾을 수 있을 것입니다.

만약 여러분이 당길 수 있는 레버의 총 횟수에 제한이 있다면, 가장 큰 보상을 얻기 위해 어떤 방법을 선택해야 할까요? 절충 방안은 대부분의 시간을 '이용'에 할애하고 동시에 '탐색'을 진행해 둘 사이의 균형을 맞추는 것입니다.

5.5.2 Wide&Deep 모델

2016년 구글은 선형 모델과 딥러닝 모델을 결합해 '이용'과 '탐색' 각각에서 우수한 성능을 보이는 Wide&Deep 모델을 개발했습니다. 논문에서 구글은 선형 모델을 와이드wide 모델, 딥러닝 모델을 딥Deep 모델이라 칭했습니다. 와이드 모델의 장점은 이전 데이터에서 자주 보이는 데이터 조합을 기억하고 해당 데이터 사이의 가중치를 학습해 데이터 선별 작업이 가능하다는 점입니다. 예를 들어, 전자상거래 플랫폼에서는 〈한국인, 추석, 송편〉, 〈미국인, 추수감사절, 터키〉, 〈여름, 아이스크림〉 등의 조합이 가중치가 높아 자주 추천됩니다.

하지만 추천 시스템은 사용자가 기존에 구매했던 상품만 추천할 수는 없는 일입니다. 오히려 사용자가 흥미를 느낄만한 상품을 먼저 찾아 추천해 주어야 합니다. 따라서 추천 시스템은 이전 데이터에서 저빈도의 롱테일long-tail에 존재하는 상품을 발굴하고 사용자의 잠재적인 흥미를 파악하는, 준수한 확장extend 능력이 필요합니다.

다시 전자상거래 플랫폼을 예로 들면, 데이터에 〈한국인, 추석, 송편〉, 〈미국인, 추수감사절, 터키〉, 〈여름, 아이스크림〉 조합만 존재할 때 추천 시스템이 기억recall 능력밖에 없다면 〈미국인, 추석, 송편〉 같은 조합은 0점을 기록해 미국인 사용자에게는 추천되지 않을 것입니다.

반면 딥 모델은 임베딩 벡터embedding vector와 깊은 층의 상호 작용을 통해 국적, 기념일, 식품 등 각종 특성의 최적 벡터 표현을 배워 〈한국인, 추수감사절, 터키〉 같은 조합이 일정 점수를 받을 수 있게 되어(〈미국인, 추수감사절, 터키〉의 점수보다는 낮겠지만 〈한국인, 추수감사절, 아이스크림〉 조합의 점수보다는 높을 것입니다), 한국인 사용자에게도 해당 조합이 추천될 수 있습니다. 간단하게 말해 딥 모델은 임베딩을 통해 특성의 벡터화를 통해 특성 조합을 위한 '확장' 능력을 갖추게 됩니다.

5.5.3 교차 특성

추천 시스템에서는 대량의 이산화 변수discrete variable(혹은 범주형 변수)를 사용합니다. 하지만 이산화 변수의 표현 능력은 연속형 변수 대비 약한 편입니다. 따라서 특성을 교차해 파생 변수를 만드는 방법도 존재하는데, 이를 크로스 피처cross feature 방법이라 부릅니다. 만약 국가를 뜻하는 'country'와 언어를 뜻하는 'language'라는 두 이산화 변수가 있다고 가정해 봅시다. country=USA 혹은 country=China이고, language=English 혹은 language=Chinese입니다. 만약 이 두 특성 벡터를 사용해 country×language라는 특성을 조합했다면 4개의 원소로 이루어진 원-핫 인코딩을 할 수 있을 것입니다(USA and English, USA and Chinese, China and English, China and Chinese). 해당 조합에서 1은 국가와 언어가 연결되어 있음을 뜻합니다(만약 'USA=1 and English=1'이라면, 미국인이며 영어를 할 수 있다는 뜻입니다). 따라서 모델은 이러한 연결의 특정한 관련성을 이해할 수 있게 됩니다.

하지만 이런 방법에는 한계가 존재합니다. 만약 두 이산 특성의 값이 매우 클 경우, 결합 후의 벡터는 매우 희소해질 것입니다(예를 들어, A와 B 변수에 각각 100개의 이산값이 존재한다면, 총 10,000개의 교차 특성이 필요합니다). 이런 경우에는 인수분해 머신Factorization Machine, FM을 사용해 문제를 해결하기도 하지만, 여기서는 구체적으로 설명하지 않겠습니다.

Wide & Deep 모델은 다음 두 가지 아이디어를 기반으로 구현합니다.

1. **앙상블 훈련**ensemble training: 해당 모델에서는 와이드 모델과 딥 모델은 각각 단독으로 훈련되며, 예측할 때 두 모델의 예측 점수를 결합합니다.
2. **결합 훈련**joint training: 동시에 훈련하면서 Wide와 Deep 부분, 그리고 이들의 총합과 가중치 최적화를 위한 파라미터를 모두 고려합니다.

앙상블 훈련에서 훈련은 개별적으로 진행되기 때문에 각 단일 모델의 크기가 일반적으로 비교적 큰 편입니다. 이와 반대로 결합 훈련은 와이드 부분에서 소량의 피처 크로싱feature crossing을 통해 딥 부분의 약점을 메워 전체적인 모델의 크기는 크지 않은 편입니다. 다음의 텐서플로 코드는 결합 훈련 방법에 대한 내용인데, 손실함수는 와이드 부분과 딥 부분을 함께 활용해 계산합니다.

```python
#!/usr/bin/env python
# coding: utf-8


import tensorflow as tf

class WideAndDeepModel:
    def __init__(self, wide_length, deep_length, deep_last_layer_len, softmax_label):
        #먼저 입력 부분을 정의해 준다. wide 부분과 deep 부분 그리고 레이블 데이터인 y까지 포함한다.
        self.input_wide_part = tf.placeholder(tf.float32, shape=[None, wide_length],
name='input_wide_part')
        self.input_deep_part = tf.placeholder(tf.float32, shape=[None, deep_length],
name='input_deep_part')
        self.input_y = tf.placeholder(tf.float32, shape=[None, softmax_label],
name='input_y')

        # deep 부분의 네트워크 구조를 정의
        with tf.name_scope('deep_part'):
            w_x1 = tf.Variable(tf.random_normal([wide_length, 64], stddev=0.03), name='w_
x1')
            b_x1 = tf.Variable(tf.random_normal([64]), name='b_x1')

            w_x2 = tf.Variable(tf.random_normal([64, deep_last_layer_len], stddev=0.03),
name='w_x2')
            b_x2 = tf.Variable(tf.random_normal([deep_last_layer_len]), name='b_x2')

            z1 = tf.add(tf.matmul(self.input_wide_part, w_x1), b_x1)
            a1 = tf.nn.relu(z1)
            self.deep_logits = tf.add(tf.matmul(a1, w_x2), b_x2)

        # wide 부분의 네트워크 구조를 정의
        with tf.name_scope('wide_part'):
            weights = tf.Variable(tf.truncated_normal([deep_last_layer_len + wide_length,
softmax_label]))
            biases = tf.Variable(tf.zeros([softmax_label]))

            self.wide_and_deep = tf.concat([self.deep_logits, self.input_wide_part], axis
= 1)

            self.wide_and_deep_logits = tf.add(tf.matmul(self.wide_and_deep, weights),
biases)
            self.predictions = tf.argmax(self.wide_and_deep_logits, 1, name= "prediction")

        # 손실 함수 정의
        with tf.name_scope('loss'):
            losses = tf.nn.softmax_cross_entropy_with_logits(logits=self.wide_and_deep_
logits, labels=self.input_y)
            self.loss = tf.reduce_mean(losses)
        #정확도 정의
        with tf.name_scope("accuracy"):
            correct_predictions = tf.equal(self.predictions, tf.argmax(self.input_y,
```

```
axis=1))
            self.accuracy = tf.reduce_mean(tf.cast(correct_predictions, tf.float32),
name="accuracy")



# 데이터와 레이블 읽어오기
import pandas as pd
import numpy as np
import csv

def load_data_and_labels(path):
    data = []
    y = []
    total_q = []

    # count = 0
    with open(path, 'r') as f:
        rdr = csv.reader(f, delimiter=',', quotechar='"')
        for row in rdr:

            emb_val = row[4].split(';')
            emb_val_f = [float(i) for i in emb_val]

            cate_emb = row[5].split(';')
            cate_emb_val_f = [float(i) for i in cate_emb]

            total_q.append(int(row[3]))
            data.append(emb_val_f + cate_emb_val_f)
            y.append(float(row[1]))


    data = np.asarray(data)
    total_q = np.asarray(total_q)
    y = np.asarray(y)

    bins = pd.qcut(y, 50, retbins=True)

    # 레이블을 수치 구간으로 변환
    def convert_label_to_interval(y):
        gmv_bins = []
        for i in range(len(y)):
            interval = int(y[i] / 20000)
            if interval < 1000:
                gmv_bins.append(interval)
            elif inerval >= 1000:
                gmb_bins.append(1000)

        gmv_bins = np.asarray(gmv_bins)
        return gmv_bins
```

```python
    y = convert_label_to_interval(y)

    # 레이블을 one-hot encoding으로 변환

    def dense_to_one_hot(labels_dense, num_classes):
        num_labels = labels_dense.shape[0]
        index_offset = np.arange(num_labels) * num_classes
        label_one_hot = np.zeros((num_labels, num_classes))
        labels_one_hot.flat[index_offset + labels_dense.ravel()] = 1
        return lables_one_hot

    labels_count = 1001
    labels = dense_to_one_hot(y, labels_count)
    labels = labels.astype(np.uint8)
    def dense_to_one_hot2(labels_dense, num_classes):
        num_labels = labels_dense.shape[0]
        index_offset = np.arange(num_labels) * num_classes
        labels_one_hot = np.zeros((num_labels, num_classes))
        labels_one_hot.flat[index_offset + labels_dense.ravel() - 1] = 1
        return labels_one_hot
    total_q_classes = np.unique(total_q).shape[0]
    total_q = dense_to_one_hot2(total_q, total_q_classes)

    data = np.concatenate((data,total_q), axis=1)

    return data, labels


def batch_iter(data, batch_size, num_epochs, shuffle=True):
    data = np.array(data)
    data_size = len(data)
    num_batches_per_epoch = int((len(data) - 1) / batch_size) + 1
    for epoch in range(num_epochs):
        #각 에포크마다 데이터 셔플링
        if shuffle:
            shuffle_indices = np.random.permutation(np.arange(data_size))
            shuffle_data = data[shuffle_indices]
        else:
            shuffle_data = data
        for batch_num in range(num_batches_per_epoch):
            start_index = batch_num * batch_size
            end_index = min((batch_num + 1) * batch_size, data, size)
            yield shuffled_data[start_index:end_index]
```

5.6 요약

이번 장에서는 유사도 계산 방식에 주안점을 두고 추천 시스템에 대한 기본 개념을 빠르게 살펴보았습니다. 그리고 클래식한 영화 평점 예제를 통해 두 가지 협업 필터링 방법의 아이디어와 구현에 대해 살펴봤습니다. 이런 구체적인 예제를 통해 협업 필터링의 기본 개념과 코드 구현에 대한 이해를 넓혔습니다. 마지막으로 와이드&딥 모델의 기본 개념을 설명하고 텐서플로로 구현해 보았습니다.

추천 시스템은 매우 거대하고 지속적으로 발전하는 토픽입니다. 이번 장에서는 기본 원리에 대해서만 살펴보았는데, 이에 기반해 자신이 속한 업무 환경 특성에 맞는 여러 실험을 해볼 수 있기를 바랍니다.

5.7 참고자료

[1] https://grouplens.org/datasets/movielens/

[2] https://files.grouplens.org/datasets/movielens/ml-latest-small.zip

CHAPTER

6

실전 프로젝트: 챗봇 만들기

이번 장에서는 간단한 챗봇 모델을 설계하고 구현합니다. 다른 장과 마찬가지로, 이번 장에서도 먼저 챗봇chatbot의 발전 역사를 살펴보고, 딥러닝을 토대로 발전한 Seq2Seq 모델과 자연어 처리의 핵심 개념인 임베딩embedding에 대해 설명합니다. 그리고 오픈 소스 말뭉치corpus를 사용해 AI 모델을 만들어 챗봇 기능을 구현할 것입니다. 마지막으로 어텐션attention의 개념을 추가로 설명하고, 하나의 문제에 대해 어텐션 구현을 해보겠습니다.

> 이번 장의 내용은 난이도가 있는 편입니다. 이번 장에 나오는 모든 예제를 차근차근 숙지하고 개념을 이해한 후에 코드를 실습하기 바랍니다.

6.1 챗봇의 발전 역사

사실 챗봇은 아주 오래전에 탄생했습니다. 컴퓨터 발전 초기부터 연구원들은 컴퓨터와의 대화를 시도했습니다. 유명한 '튜링 테스트'가 가장 적절한 예일 것입니다. 1950년 현대 컴퓨터가 탄생한지 몇 년이 지나고 앨런 튜링Alan Turing은 인간과 컴퓨터가 자연어를 통해 대화하는 방식으로 기계의 지능 행위를 측정하려 시도했습니다. 그때부터 튜링 테스트를 통과하는 것이 AI 연구의 중요한 과제가 되었습니다. 이와 관련된 흥미로운 사례들을 살펴봅시다.

1. 엘리자(1966년)

인간-기계 사이의 존재한 최초의 대화 프로그램은 엘리자ELIZA입니다. MIT 대학원의 조셉 바이젠바움Joseph Weizenbaum 교수가 1966년에 개발했습니다. 이 최초의 자연어 처리 프로그램이 흥미로운 점은, 해당 프로그램이 인간의 커뮤니케이션 방식을 모방하지 않았다는 점입니다. 이 프로그램은 심리 치료 방식을 모방하고, 기계가 질문하는 형식으로만 대화를 진행합니다. 예를 들면 다음과 같은 대화가 이어집니다.

> 엘리자: 안녕? 어떤 문제가 있니?
>
> 나: 그냥 재미로.
>
> 엘리자: 이런 이야기가 널 불편하게 했니?
>
> 나: 아니야. 왜 그렇게 생각해?
>
> 엘리자: 비관적일 필요는 없다고 말하는 거니?
>
> 나: 아니.
>
> 엘리자: 그거 참 흥미롭구나. 계속해봐.

2. 앨리스(1996년)

아주 오랜 시간 동안, 자연어 처리 프로그램은 사실상 어떠한 발전도 하지 못했습니다. 그저 계속해서 미리 지정된 규칙에 기반을 둔 피드백만 주고받을 뿐이었습니다. 그중 대표적인 프로그램이 1996년 개발한 앨리스ALICE입니다. 앨리스는 인공지능 마크업 언어Artificial Intelligence Markup Language(이하 AIML)에 기반해 만 개가 넘는 구절을 생성할 수 있으며, 대화 도중에 사용자의 피드백을 자신의 시스템에 저장할 수 있어 지속해서 발전하게 됩니다. AIML은 다음과 같이 대화 모듈을 비교적 유연하게 정의할 수 있습니다.

```
<category>
    <pattern>where are you from</pattern>
    <template>I'm from China</template>
</category>

<category>
    <pattern>My name is *</pattern>
    <template>
        Hello!<think><set name = "username"> <star/></set></think>
    </template>
</category>
```

3. 유진 구스트만(2014년)

튜링 테스트를 처음으로 통과한 슈퍼컴퓨터인 유진 구스트만Eugene Goostman은 2014년 개발되었습니다.

이 챗봇은 2014년 튜링 대회에서 심사위원 1/3이 자신을 실제 사람으로 생각하도록 만드는 성과를 이루어냈습니다. 당시에 해당 성과는 큰 반향을 불러일으켰습니다. 비록 유진 구스트만이 기교 섞인 코드 규칙으로 사람들을 속이는 데 성공했지만, 여전히 진정한 AI와 비교하기엔 힘든 수준이었습니다. 그런데도 유진 구스트만은 튜링 테스트를 처음으로 통과한 챗봇으로 역사에 기록되고 있습니다.

4. 딥러닝 기술에 기반한 챗봇

위에서 언급한 기술은 모두 규칙에 기반한 방법입니다. 반면 우리가 원하는 것은 딥러닝에 기반한 챗봇을 만드는 것입니다.

머신러닝에서 챗봇에 대한 모델은 크게 다음 두 가지로 나눌 수 있습니다.

- **검색 모델**retrieval-based model: 미리 정의한 답안 데이터베이스를 사용합니다. 즉, 문제에 기반해 미리 정의한 답안 중 적합한 답을 선택하는 것입니다. 하드코딩hard-coding으로 된 규칙을 선택할 수도 있고, 전통적인 머신러닝 분류기를 사용하기도 합니다. 어떤 방식을 사용하든지 기존 데이터베이스에 없는 새로운 답안을 생성해낼 수는 없습니다.

- **생성 모델**generative model: 이 방식은 조금 복잡합니다. 미리 정의해 둔 답을 사용하지 않고 답을 자동으로 생성해냅니다. 이 방식은 머신러닝 번역 기술에 기반해 구현되는 경우가 많습니다. 하지만 하나의 언어를 또 다른 하나의 언어로 번역을 한다기 보다, 문제에서 답으로의 전환을 완성하는 역할을 합니다.

두 모델이 모두 딥러닝 기술을 활용하고 있지만, 현재 많은 연구자들은 더욱 자유도가 높고 실제 사람에 가까운 생성 모델을 조금 더 선호합니다.

6.2 순환 신경망

챗봇 개발은 자연어 처리 영역에 속합니다. 앞서 전통 방식의 챗봇 구현 맥락을 살펴봤는데, 이번 절에서는 머신러닝, 특히 딥러닝 시대에 텍스트 언어 처리를 위해 주요 알고리즘으로 자리 잡은 순환 신경망을 중심으로 각종 딥러닝 알고리즘을 살펴보겠습니다.

6.2.1 슬롯 채우기

먼저 간단한 예제를 통해 순환 신경망이 어떻게 작동하는지에 대해 알아봅시다(구현을 간단하게 하기 위해 영문으로 된 예제를 사용했습니다).

만약 본문 구절이 'I'll be at **home** on **8 pm today**.'라고 가정해 봅시다.

여기서 핵심 단어는 'home', '8 pm', 'today'입니다. 그 이유는 해당 위치에 있는 어휘의 변화가 빈번하기 때문입니다.

슬롯 채우기slot filling 기술을 사용해 우리는 위치location와 시간time이라는 두 슬롯slot을 정의합니다.

```
location: home
time: 8 pm today
```

이렇게 하면 대부분의 유사한 구조를 가진 구절은 슬롯에 대응하는 값을 찾을 수 있게 됩니다.

```
I'll be in the company on 7 pm today.
location: company
time: 7 pm today

I'll be in the school for this afternoon.
location: school
time: afternoon
```

그렇다면 어떻게 신경망을 사용해 각 단어가 위치 또는 시간에 속하는지를 예측할 수 있을까요? 이 문제를 이해하기 위해 우리는 그림 6-1과 같은 간단한 신경망을 생각해 볼 수 있습니다.

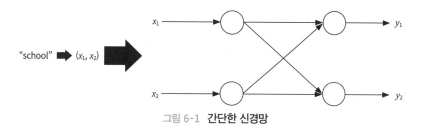

그림 6-1 **간단한 신경망**

그림 6-1에서는 1개의 은닉층을 포함하는 신경망을 구성하고, 문장 중의 각 단어를 벡터 $[x_1, x_2]$로 입력하고 출력 $[y_1, y_2]$를 받습니다. 여기서 y_1, y_2는 각 슬롯에 속할 확률을 나타냅니다. 즉, 'I'll be at home tomorrow'라는 문장에서 신경망을 f라고 정의한다면, y_1과 y_2는 각각 시간과 위치를 나타내는 슬롯slot이 되는 것입니다.

```
f("I'll") = [0, 0]
f("be") = [0, 0]
f("at") = [0, 0]
f("home") = [1, 0]
f("tomorrow") = [0, 1]
```

그렇다면 우리는 어떻게 단어를 $[x_1, x_2]$와 같은 숫자 조합으로 변환시킬 수 있을까요? 혹시 3장에서 임베딩embedding층을 언급했던 것을 기억하시나요? 즉, 해당 방법을 통해 비슷한 작업을 할 수 있습니다. 6.2.2절에서는 자연어 처리NLP 영역에서 각기 다른 단어를 어떻게 처리하는지에 대해 알아볼 것입니다.

6.2.2 자연어 처리(NLP)에서의 단어 처리 방법

자연어 처리에서의 단어 처리 방법은 대략적으로 다음과 같이 세 가지로 분류할 수 있습니다.

- 원-핫 인코딩
- n-gram
- word2vec

여기서 원-핫 인코딩one-hot encoding은 가장 간단한 방법입니다. 사전 중의 모든 단어를 꺼내서 하나의 숫자 조합으로 만들 수 있습니다. 예를 들면 ['dog', 'cat', 'animals']라는 세 가지 단어가 있다면 다음과 같은 원-핫 인코딩을 만들 수 있습니다.

```
dog = [1, 0, 0, 0]
cat = [0, 1, 0, 0]
animals = [0, 0, 1, 0]
others = [0, 0, 0, 1]     // 어떤 부류에도 속하지 않음을 뜻함
```

원-핫 인코딩의 원리는 매우 간단하지만, 데이터가 너무 희소sparse해지기 때문에 우리는 n-gram과 같은 방법을 통해 'dog and cat are animals'라는 문장을 처리할 수 있습니다.

```
"dog and cat" => [1, 1, 0, 1]
"and cat are" => [0, 1, 0, 1]
"cat are animals" => [0, 1, 1, 1]
```

앞에서는 단어를 벡터화하는 두 가지 방법에 대해 소개했는데, 우리는 이런 처리 방식을 워드 임베딩word embedding이라고 부릅니다. 그러나 위에서 소개한 두 가지 방법은 현재 업계에서 유행하고 있는 방법은 아닙니다. 현재 업계의 표준은 2013년 구글에서 발표한 word2vec 방법입니다.

3장에서 케라스를 소개할 때 소프트맥스softmax 함수를 언급했습니다. 소프트맥스 함수의 개념을 이해했다면 word2vec 개념을 이해할 수 있습니다. word2vec은 CBOWContinuous Bag of Words Model과 스킵 그램Skip Gram 모델이라는 두 가지 모델을 포함하고 있습니다.

1. CBOW 모델

먼저 BOW 모델Bag of Words Model은 앞서 설명한 원-핫 인코딩이나 n-gram과 비슷한, 문장을 벡터화하는 방법입니다. BOW 모델의 특징은 다음과 같습니다.

- 이미 알고 있는 단어의 집합만 포함하며, 구체적인 단어의 위치는 상관없다.
- 단어 출현 횟수 혹은 빈도를 계산한다.

어떤 의미에서는 BOW 모델은 문장을 빈도 관점에서의 표현 형식으로 바라봅니다. 예를 들어, 'dog and cat are animals'라는 문장은 다음과 같이 정의할 수 있습니다.

```
"dog and cat are animals" => [1, 1, 1, 2]
```

CBOW 모델이 하는 작업은 한 단어의 상하 텍스트를 입력으로 넣어 해당 단어의 상하 텍스트의 다음 단어의 내용을 예측하는 것입니다. 예를 들어, 앞선 예제에서 'cat and dog'를 입력으로 넣으면, 다음 단어인 'are'를 예측해야 합니다.

먼저, 그림 6-2와 같은 간단한 CBOW 모델을 살펴보도록 합시다. 이 모델은 입력으로 하나의 단어만 받습니다.

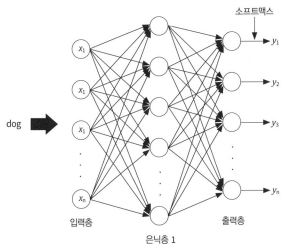

그림 6-2 **간단한 CBOW 모델**

그림 6-2는 간단한 CBOW 모델을 보여주고 있습니다. 원-핫 인코딩된 벡터를 입력으로 받아 은닉층을 통해 동일한 길이의 벡터를 출력합니다. 그리고 소프트맥스 함수를 적용해 최종 결과를 얻습니다.

실제 응용에서는 하나의 단어만을 사용해 예측하지 않고, 여러 개의 인접한 단어를 사용해 예측을 진행합니다. 따라서 실제 응용에서 많이 사용되는 모델은 그림 6-3과 같을 것입니다.

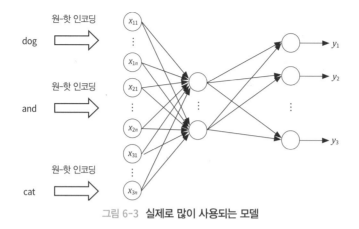

그림 6-3 **실제로 많이 사용되는 모델**

2. 스킵 그램 모델

스킵 그램Skip Gram은 CBOW와 비슷하지만 상반되는 개념입니다. CBOW 모델은 상/하 텍스트와 관련 있는 단어를 기반으로 다음 단어를 추측하는데, 스킵 그램 모델은 주어진 하나의 단어에 기반해 인접한 위치의 단어의 확률분포probability distribution을 계산합니다. 그림 6-4는 스킵 그램 모델입니다.

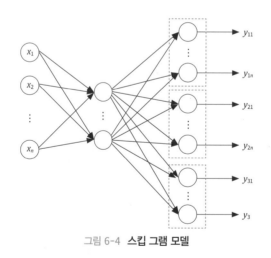

그림 6-4 **스킵 그램 모델**

그림 6-4는 그림 6-3을 반대로 뒤집어 놓은 것과 유사합니다. 한 단어의 원-핫 인코딩 벡터를 입력하면 소프트맥스 함수를 통해 3개의 인접한 위치의 단어의 확률분포를 출력합니다. 여기서 각 위치의 출력은 원-핫 인코딩 벡터에 대응하는 벡터입니다. 하지만 해당 벡터의 각 원소는 원-핫 인코딩의 정수가 아닌, 다음과 같이 소프트맥스 함수를 통해 계산된 확률분포입니다.

$$y = \begin{bmatrix} [0.2, 0.5, 0.3] \\ [0.6, 0.2, 0.2] \\ [0.1, 0.01, 0.89] \end{bmatrix}$$

대응하는 단어가 ["dog", "cat", "animals"]라고 한다면, 첫 번째 단어가 cat일 확률은 50%, 두 번째 단어가 dog일 확률은 60%, 세 번째 단어가 animals일 확률은 89%라는 것을 뜻합니다.

6.2.3 순환 신경망 소개

다시 이전의 예제로 돌아가봅시다.

I'll be at home on 8 pm today.

여기서 관건인 단어는 'home'과 '8 pm today'일 것입니다. 하지만 이 두 단어만 집중해서 살펴본다면, 잘못된 예측을 할 가능성도 있습니다. 예를 들어, 문장을 'I'll leave home on 8 pm today'라고 바꾼다면 뜻이 완전히 변하게 됩니다. 물론 'I'll' 뒤에 오는 동사를 슬롯 처리해 줄 수도 있지만, 이 위치에 오는 단어는 불확실성이 너무 큽니다. 따라서 더 복잡한 문장은 슬롯을 만들기 어렵습니다.

따라서 우리가 정의한 위치location와 시간time이라는 두 개의 슬롯은 이전 텍스트인 be나 leave를 통해서만 그 정확한 의미에 대해 이해할 수 있습니다. 다른 말로, 우리는 '기억 능력'이 있는 신경망을 만들어 이전에 처리한 데이터를 어떤 형식으로든 다음 계산에 반영해야 할 것입니다. 이것이 순환 신경망(이후부터 RNN으로 표기, 그림 6-5)이 고안된 이유입니다.

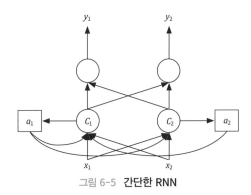

그림 6-5 **간단한 RNN**

그림 6-5에 나오는 간단한 RNN으로 'I'll arrive home tomorrow'라는 문장을 처리한다면, 그림 6-6 처럼 각 출력은 다음 번의 입력으로 사용됩니다.

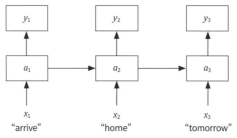

그림 6-6 **동일한 RNN을 중복해서 사용**

이해를 돕기 위해 그림 6-5와 그림 6-6에서는 단일 층의 간단한 네트워크를 사용했습니다. 물론 우리는 그림 6-5의 C_1, C_2 혹은 그림 6-6의 a_1, a_2를 다층 네트워크로 바꿀 수 있습니다. 하지만 실제 응용 환경에서는 곧 소개할 LSTM 네트워크를 더 많이 사용하기 때문에 여기서 추가 설명은 하지 않겠습니다.

6.2.4 LSTM 소개

LSTM Long Short-Term Memory(장단기 기억) 네트워크는 이름에서 알 수 있듯이, 데이터에 대한 '기억하기' 기능이 있습니다. 먼저, 그림 6-7에 나와 있는 LSTM 네트워크 구조를 살펴봅시다.

그림 6-7은 LSTM 네트워크의 기본적인 구조를 보여주고 있는데, 먼저 4개의 입력을 확인할 수 있습니다.

- Z: 현재 처리해야 하는 데이터

- Z_i: 입력 게이트를 제어하는 신호. 일반적으로 출력 여부를 결정한다.

- Z_o: 출력 게이트를 제어하는 신호. 일반적으로 입력을 받을지 여부를 결정한다.

- Z_f: 앞선 데이터가 메모리 셀cell에 남겨둔 기존 데이터에 대한 처리를 제어한다.

그림 6-7(b)의 C와 C'는 메모리 셀의 값으로 볼 수 있으며, 여기서 C는 처리하기 전의 구(舊) 데이터 값이며 C'는 업데이트 후의 새로운 값입니다. 지금까지의 논의 가운데에서 우리는 그림 6-7의 $g(Z)$, $h(C')$, $f_f(Z_f)$, $f_o(Z_o)$, $f_m(Z_f)$ 등 활성화 함수를 시그모이드 함수로 간주할 수 있습니다. 이러한 정의를 이해한 다음, 실전 예제를 통해 LSTM이 구체적으로 어떻게 작동하는지 알아봅시다.

먼저 입력을 $[x_1, x_2, x_3]$으로, 출력을 y로 정의합니다.

```
if x₂ = 0, C' = C+x₁
if x₂ = -1, C' = 0
if x₃ = 1, y = C'
```

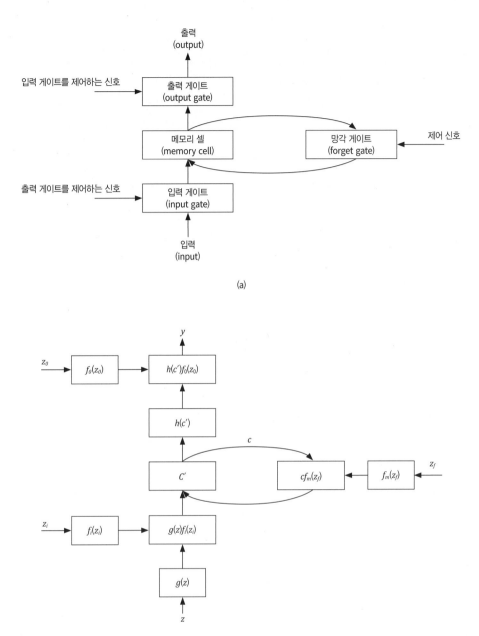

그림 6-7 **간단한 LSTM 네트워크 구조**

여기서는 구체적인 모델 훈련 내용(여전히 경사 하강법을 사용합니다)은 설명하지 않겠습니다. 대신 이미 훈련된 파라미터가 존재한다고 가정하고, 위에서 설명한 LSTM 네트워크가 어떻게 작동하는지에 대해서 설명하겠습니다. 먼저, 다음과 같이 이미 훈련이 완료된 모델을 가정합니다.

```
g(z) = [w₁₁, w₁₂, w₁₃]T ⊗ [x₁, x₂, x₃] + b = 1*x₁ + 0*x₂ + 0*x₃ +1
fi(z) = sigmoid([w₂₁, w₂₂, w₂₃] T ⊗ [x₁, x₂, x₃] + b = 0*x₁ + 100*x₂ + 0*x₃ -10)
fo(z) = sigmoid([w₃₁, w₃₂, w₃₃] T ⊗ [x₁, x₂, x₃] + b = 0*x₁ + 0*x₂ + 100*x₃ -10)
fm(z) = sigmoid([w₄₁, w₄₂, w₄₃] T ⊗ [x₁, x₂, x₃] + b = 0*x₁ + 100*x₂ + 0*x₃ +1)
```

이렇게 하면 우리는 그림 6-8과 같은 LSTM 네트워크를 얻을 수 있습니다.

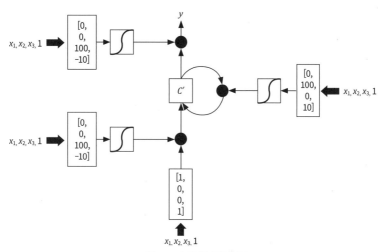

그림 6-8 **LSTM 네트워크**

우리는 네 가지 데이터셋을 통해 검증을 해보겠습니다. 각각 [1,0,0], [4,2,0], [1,0,1], [2,-1,1]입니다. 앞서 나온 실제 클래스ground truth 정의에 의해, 우리는 출력이 0, 0, 4, 0이라는 것을 알 수 있습니다.

그렇다면 앞 4개의 데이터셋을 그림 6-8과 같은 네트워크에 입력하고, 그림 6-7(a)에 나온 프로세스처럼 계산을 한다면 표 6-1과 같은 결과를 얻을 수 있습니다.

표 6-1 **각 변수의 값**

입력	f_i	f_m	C'	f_o	Y(출력)
1,0,0	0	1	0	0	0
4,2,0	1	1	4	0	0
1,0,1	0	1	4	1	4
2,-1,1	0	0	0	1	0

해당 네트워크의 출력이 실제 클래스ground truth와 일치함을 알 수 있습니다.

우리는 6.2절에서 RNN의 중요한 개념과 원리를 배웠습니다. 6.3절에서는 실제로 기계 번역에 사용되는 신경망인 Seq2Seq 알고리즘을 시작으로, 간단한 챗봇 구현까지 소개하겠습니다.

6.3 Seq2Seq 소개 및 구현

Seq2Seq_{Sequence to Sequence}는 2015년 전부터 텍스트 번역, 챗봇 등 영역에서 널리 사용된 LSTM 네트워크에 기반한 모델입니다. 기술이 발전함에 따라 더 좋은 모델들이 개발되어 관련 업무에 응용되고 있지만, Seq2Seq 모델은 여전히 자연어 처리에 있어 빠르고 유용한 모델입니다. Seq2Seq와 관련된 몇 가지 개념을 확실하게 이해한다면, 이후 만나게 될 더 복잡한 모델을 이해하는 데 훌륭한 기초가 될 것입니다.

6.3.1 Seq2Seq의 원리

Seq2Seq의 알고리즘은 다음 예제와 같이 문자 부호 시퀀스_{character sequence}를 다른 종류의 문자 부호 시퀀스로 바꾸는 것입니다.

- 'I want to go home' ➡ seq2seq model ➡ '나는 집에 가고 싶다'(번역에 사용)

- 'where are you from?' ➡ seq2seq model ➡ 'I'm from Korea'(대화에 사용)

앞서 RNN과 LSTM 모델에 대해 논의할 때 우리는 'input ➡ RNN / LSTM ➡ output'과 같은 간단한 프로세스를 통해 번역 혹은 챗봇을 구현하길 원합니다. 하지만 실제 응용에서 RNN 혹은 LSTM을 길이가 서로 다른 문자에 적용해 번역이나 대화를 하는 것은 쉽지 않습니다.

2014년 k.Cho 등이 발표한 논문 〈Learning phrase representations using RNN encoder-decoder for statistical machine translation(통계적 기계 번역을 위한 RNN 인코더-디코더 구절 표현 학습)〉(참고자료 [1])에서는 중첩된 RNN을 인코더 혹은 디코더로 사용해 기계 번역_{machine translation}을 구현하는 방법을 제안했습니다. 이 논문에서는 입력 시퀀스를 첫 번째 RNN(인코더)를 통해 고정된 길이를 가진 벡터_{vector}로 전환하고, 다른 RNN(디코더)을 사용해 이를 목적 시퀀스로 변환합니다. 그리고 또 다른 논문 〈Sequence to Sequence Learning with Neural Network(신경망을 활용한 시퀀스-투-시퀀스 학습)〉(참고자료 [2])에서 구글은 참고자료 [1]에서 사용한 간단한 RNN을 서로 다른 두 개의 Deep LSTM 네트워크로 대체해 훈련 난이도를 낮추는 동시에 예측 정확도를 높였습니다. 이 아이디어의 개괄적인 모습은 그림 6-9와 같습니다.

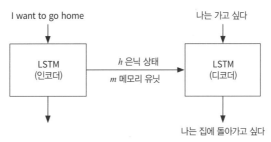

그림 6-9 **인코더-디코더 구조 그래프**

그림 6-9에서 확인할 수 있듯이, 인코더는 해당 LSTM 출력을 디코더로 주입하지 않고, LSTM 네트워크의 은닉 상태hidden state와 메모리 셀(그림 6-7(b)의 *h*와 *C*)이 디코더에 입력됩니다. 여기서 인코더가 출력한 은닉 상태와 메모리 셀은 모종의 상하 문맥context 혹은 조건condition으로 간주할 수 있으며, 디코더의 LSTM 네트워크가 결과를 예측하는 것을 돕습니다. 어쩌면 그림 6-9 좌변에 있는 LSTM 네트워크(인코더)와 인코더의 출력은 고려하지 않고, 오직 우변의 LSTM 네트워크가 단독으로 다음 문장을 예측해 출력한다고 가정해도 이해하는 데 어려움이 없을 것입니다. 디코더의 훈련 속도와 예측 결과를 향상시키기 위해, 우리는 좌변에 원문 그대로의 완전한 문장으로 훈련시킨 인코더를 더하고, 해당 인코더의 상탯값을 디코더의 초깃값으로 설정해 더 좋은 훈련 효과를 얻는 것입니다.

6.3.2 케라스로 구현하는 Seq2Seq 알고리즘

케라스로 Seq2Seq 알고리즘을 구현하는 것은 매우 간단한 일입니다. 바로 두 개의 LSTM 네트워크만 정의해 주면 되기 때문입니다. 아마도 중요한 것은 두 네트워크를 입력과 출력 형태로 연결시키는 방법일 것입니다.

케라스 팀은 이미 Seq2Seq 알고리즘의 구현 오픈 소스를 깃헙github(참고자료 [3])에 업로드했습니다. 여기서는 해당 코드를 수정해 보는 과정을 통해 실제 개발 과정을 보다 입체적으로 느낄 수 있도록 하겠습니다.

먼저 훈련에 필요한 데이터를 받아야 합니다. manythings라는 사이트의 anki 페이지에 가보면 영어 비교 어휘 데이터베이스를 포함한 각종 언어를 만날 수 있습니다. 여기서 fra-en.zip 파일을 다운받은 후 압축을 풀어 훈련 세트로 사용하겠습니다. 먼저, 해당 데이터셋을 참조해 열 줄 정도의 대화를 담고 있는 미니 데이터셋을 만들어 보겠습니다. 각 행의 대화는 \t로 분리되어 있고, chat.txt 파일로 저장했습니다.

Hello.	Hello!
Are you ok?	Yes!
Good morning!	Morning!
Are you hungry?	Yes!
Did you have lunch?	No, I haven't!
Are you at home?	No, I'm not!
Help!	What's happening?
Are you coming with me?	I'd like to.
Cheers!	Cheers!
Have a nice day!	you too!

Have a nice weekend!	you too!
Enjoy the food!	Thanks.
Thank you so much!	No problem.
What's going on?	Nothing.
How old are you?	I'm 30 years old.
See you soon.	Bye!
How do you feel?	It's great!
Good night!	Have a nice dream!
This is my father.	Nice to meet you.
The show is over.	Let's go back home!

이제 코드를 작성해 보도록 합시다. 코드는 훈련trainer과 인퍼런스inference(혹은 추론)라는 두 부분으로 나뉩니다. 여기서 훈련trainer은 모델을 훈련하고 관련 내용을 로컬 파일에 저장하는 역할을 합니다. 인퍼런스는 모델 파일을 읽어 새로운 모델을 만들고 연산을 수행하는 역할을 합니다. 전체 프로세스는 그림 6-10과 같습니다.

그림 6-10 **전체 구현 과정**

먼저 훈련을 구현해 봅시다. 먼저, seq2seq_trainer.py라는 이름의 새로운 파이썬 파일을 만듭니다. 그리고 필요한 라이브러리를 불러오고 하이퍼 파라미터를 지정해 줍니다. 여기서 latent_dim은 LSTM의 출력 벡터 공간의 크기를 나타내며, 256개의 문자character가 있기 때문에 256개의 인코딩 공간을 설정해 줍니다.

```
1   import tensorflow as tf
2   import numpy as np
3
4   from tensorflow.keras.models import Model
5   from tensorflow.keras.layers import Input, LSTM, Dense
6   from tensorflow.keras.utils import plot_model
7
8   import json
9
10  batch_size = 64
11  epochs = 100
12  latent_dim = 256
13  max_num_samples = 20
```

그리고 이전에 저장한 미니 대화 데이터세트 chat.txt를 처리합니다. init_dataset이라는 함수를 만들어 한번에 처리해 보도록 합시다.

```python
14  def init_dataset(num_samples):
15      data_path = './chat.txt'
16
17      # 데이터 벡터로 만들기
18      input_texts = []
19      target_texts = []
20      input_characters = set()
21      target_characters = set()
22      with open(data_path, 'r', encoding='utf-8') as f:
23          lines = f.read().split('\n')
24      for line in lines[: min(num_samples, len(lines) - 1)]:
25          input_text, target_text = line.split('\t')
26          # "tab"을 "start sequence" 문자로 사용
27          # 타깃에 대해서 "\n"을 "end sequence" 문자로 사용
28          target_text = '\t' + target_text + '\n'
29          input_texts.append(input_text)
30          target_texts.append(target_text)
31          for char in input_text:
32              if char not in input_characters:
33                  input_characters.add(char)
34          for char in target_text:
35              if char not in target_characters:
36                  target_characters.add(char)
```

주의해야 할 점은 데이터 형식이 {input_text}\{target_text}이라는 점입니다. 따라서 각 항을 line.split 코드를 이용해 input_text와 target_text(25번 행)으로 분할해 준 후, set() 함수를 사용해 input_text와 target_text 샘플 공간의 크기를 얻습니다. 다른 말로, 다음의 코드를 사용해 문자 리스트의 인덱스를 만들고 각 문장을 벡터화합니다.

```python
37  input_characters = sorted(list(input_characters))
38  target_characters = sorted(list(target_characters))
39  num_encoder_tokens = len(input_characters)
40  num_decoder_tokens = len(target_characters)
41  max_encoder_seq_length = max([len(txt) for txt in input_texts])
42  max_decoder_seq_length = max([len(txt) for txt in target_texts])
43
44  input_token_index = dict(
45      [(char, i) for i, char in enumerate(input_characters)])
46  target_token_index = dict(
47      [(char, i) for i, char in enumerate(target_characters)])
48
49  encoder_input_data = np.zeros(
50      (len(input_texts), max_encoder_seq_length, num_encoder_tokens),
```

```
51        dtype='float32')
52  decoder_input_data = np.zeros(
53        (len(input_texts), max_decoder_seq_length, num_decoder_tokens),
54        dtype='float32')
55  decoder_target_data = np.zeros(
56        (len(input_texts), max_decoder_seq_length, num_decoder_tokens),
57        dtype='float32')
```

여기서 중요한 부분은 `44~47번 행`인데, 이 세 줄의 코드는 입력 문자와 출력 문자를 인덱싱합니다. 그리고 `49~57번 행` 코드는 다음 3개의 벡터를 만듭니다.

- encoder_input_data: 인코더의 입력 문장 벡터

- decoder_input_data: 디코더의 입력 문자 벡터

- decoder_target_data: 디코더의 타깃 문장 벡터

그림 6-9의 인코더-디코더 구조 그래프와 비교했을 때 우리는 앞 세 가지 데이터가 그림 6-9에 나오는 입력과 출력(2개의 입력과 1개의 출력)과 일치함을 알 수 있습니다. 따라서 다음 코드는 위에서 만든 인덱스 표를 이용해 input_texts와 target_texts의 각 데이터에 대응하는 벡터를 만들고, 마지막으로 관련 데이터를 반환return합니다.

```
58  for i, (input_text, target_text) in enumerate(zip(input_texts, target_texts)):
59      for t, char in enumerate(input_text):
60          encoder_input_data[i, t, input_token_index[char]] = 1.
61      for t, char in enumerate(target_text):
62          # decoder_target_data는 decoder_input_data보다 한 타임스텝(timestep) 앞에 있음
63          decoder_input_data[i, t, target_token_index[char]] = 1.
64          if t > 0:
65              # decoder_target_data는 한 타임스텝 앞서 있고,
66              # 시작 문자(start character)를 포함하지 않음
67              decoder_target_data[i, t - 1, target_token_index[char]] = 1.
68
69
70      return {
71      'encoder_input_data': encoder_input_data,
72      'decoder_input_data': decoder_input_data,
73      'decoder_target_data': decoder_target_data,
74      'num_encoder_tokens': num_encoder_tokens,
75      'num_decoder_tokens': num_decoder_tokens,
76      'input_token_index': input_token_index,
77      'target_token_index': target_token_index,
78      'max_encoder_seq_length': max_encoder_seq_length,
79      'max_decoder_seq_length': max_decoder_seq_length,
80      }
```

데이터 처리를 완료했으니 Seq2Seq 모델링을 진행합니다. Seq2Seq 모델을 만드는 코드는 다음과 같습니다. 주로 케라스에 내장된 LSTM 모델을 사용해 만들게 되는데, 이렇게 하면 매우 간단한 작업이 됩니다.

```
81    dataset = init_dataset(max_num_samples)
82    num_encoder_tokens = dataset['num_encoder_tokens']
83    num_decoder_tokens = dataset['num_decoder_tokens']
84    encoder_input_data = dataset['encoder_input_data']
85    decoder_input_data = dataset['decoder_input_data']
86    decoder_target_data = dataset['decoder_target_data']
87
88    # 입력 데이터를 정의하고 처리하기
89    encoder_inputs = Input(shape=(None, num_encoder_tokens))
90    encoder = LSTM(latent_dim, return_state=True)
91    encoder_outputs, state_h, state_c = encoder(encoder_inputs)
92
93    # 'encoder_outputs' 삭제 후 status만 남기기
94    encoder_states = [state_h, state_c]
95    # decoder 설정 및 'encoder_states'를 초기 상태로 사용
96
97    decoder_inputs = Input(shape=(None, num_decoder_tokens))
98    # decoder를 설정하고 완전한 출력 리스트를 반환
99    # 이와 동시에 decoder는 내부 상태를 반환
100   # 훈련 시에는 내부 상태를 사용하지 않지만 예측 시에는 사용함
101   decoder_lstm = LSTM(latent_dim, return_sequences=True, return_state=True)
102   decoder_outputs, _, _ = decoder_lstm(decoder_inputs, initial_state=encoder_states)
103   decoder_dense = Dense(num_decoder_tokens, activation='softmax')
104   decoder_outputs = decoder_dense(decoder_outputs)
105
106   model = Model([encoder_inputs, decoder_inputs], decoder_outputs)
107
108   model.compile(optimizer='rmsprop', loss='categorical_crossentropy')
109   model.fit([encoder_input_data, decoder_input_data], decoder_target_data,
110            batch_size=batch_size, epochs=epochs, validation_split=0.2)
```

앞 코드를 살펴보도록 합시다.

81~86번 행 데이터와 관련 하이퍼 파라미터를 가져옵니다.

88~94번 행 인코더 네트워크를 만듭니다. 입력input층을 만들어 LSTM 네트워크의 입력으로 사용합니다. 하지만 그림 6-9처럼 LSTM 네트워크가 반환하는 state(상태)만 정의해 주고, sequence(최종 결과 시퀀스)는 정의하지 않습니다. 그리고 97~100번 행에서 LSTM 인코더 네트워크의 은닉 상태와 메모리 셀의 값을 얻습니다.

97~104번 행 디코더 네트워크를 만듭니다. 위와 동일한 LSTM 네트워크를 정의하지만, return_sequences를 True로 설정해 줍니다. 그리고 최종 반환된 결과를 (벡터 데이터) 완전연결 네트워크에

입력하고 소프트맥스를 활성화 함수로 사용합니다.

106~110번 행 네트워크를 연결하고 완성된 모델로 훈련을 진행합니다. 주의해야 할 점은, 인코더에서 디코더까지 이어지는 네트워크를 만들 때 인코더의 출력(은닉 상태와 메모리 셀)이 디코더의 초깃값으로 사용되어야 한다는 점입니다. 이는 인코더와 디코더의 LSTM 네트워크가 반드시 동일한 유닛 개수를 유지해야 한다는 것을 뜻합니다(이 예제에서는 latent_dim이 256개).

이렇게 한 다음, 우리는 다음 코드를 사용해 모델의 파라미터를 저장합니다.

```
111  plot_model(model, to_file='s2s_1_model.png', show_shapes=True)
112
113  model.save('s2s_1.h5')
114
115  with open('s2s_1.json', 'w', encoding='utf8') as f:
116      f.write(model.to_json(indent=4))
117
118  config = {
119      "latent_dim": 256,
120      "max_num_samples": max_num_samples,
121      'num_encoder_tokens': num_encoder_tokens,
122      'num_decoder_tokens': num_decoder_tokens,
123      'input_token_index': dataset['input_token_index'],
124      'target_token_index': dataset['target_token_index'],
125      'max_encoder_seq_length': dataset['max_encoder_seq_length'],
126      'max_decoder_seq_length': dataset['max_decoder_seq_length'],
127  }
128
129  with open('s2s_1_config.json', 'w', encoding='utf8') as f:
130      f.write(json.dumps(config))
```

111~130번 행 관련 파라미터를 저장합니다. **111번 행** 에서 plot_model 함수를 사용해 그림 6-11과 같은 모델 구조를 시각화했습니다.

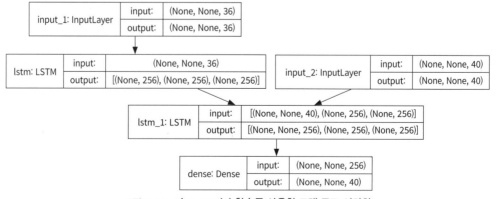

그림 6-11 **plot_model 함수를 사용한 모델 구조 시각화**

시각화 내용은 115~116번 행에서 JSON 형식으로 저장한 내용과 일치함을 알 수 있습니다. JSON 형식으로 모델을 저장하면, 이후에 코드를 읽어와 셋업하고 네트워크를 재구현할 때 매우 편리합니다. 이에 대해서는 다음의 인퍼런스(inferencer) 구현 부분에서 자세히 설명하겠습니다.

인퍼런스 구현 부분의 관건은 다음 두 가지입니다.

- 모델의 재구성
- 두 개의 연결된 LSTM 네트워크로 인퍼런스를 구현하는 방법

우리는 trainer 코드에서 다음 세 가지 파일을 저장했습니다.

- 모델 가중치weights 파일: s2s_1.h5
- 모델 네트워크 구조에 대한 설정 파일: s2s_1.json
- 파라미터 관련 config 파일: s2s_1_config.json

여기서 없어서는 안 될 파일은 s2s_1.h5인데, 이는 trainer에서 훈련된 네트워크 가중치이자 모델 재구성을 위한 기반이 됩니다. 반면 s2s_1.json 파일은 inferencer에서 직접 코드로 불러오진 않지만, 인퍼런스 코드 작성 시 네트워크를 재구성하면서 작용합니다. 그리고 s2s_1_config.json 파일은 오퍼레이션 파라미터 설정 내용을 저장하고 있어서 알고리즘 관점에서는 해당 파일이 있든 없든 상관이 없습니다. 왜냐하면 하드코딩 방식으로 프로그래밍할 수 있기 때문이죠. 하지만 완전한 엔지니어링 상품product의 관점에서는 공용 파라미터를 공유해야 하므로 필요합니다.

그럼 이제 인퍼런스 구현을 살펴보도록 합시다. 관련 코드는 seq2seq_inferencer.py 파일에 있습니다.

```
1    import tensorflow as tf
2    import numpy as np
3
4    from tensorflow.keras.models import Model, load_model
5    from tensorflow.keras.layers import Input, LSTM, Dense
6    from tensorflow.keras.utils import plot_model
7
8    import json
9
10   config_file = './s2s_1_config.json'
11   model_file = './s2s_1.h5'
12
13   # 환경 설정(configuration)
14   config = {}
15   with open(config_file) as f:
16       config = json.load(f)
17
```

```
18    num_encoder_tokens = config['num_encoder_tokens']
19    num_decoder_tokens = config['num_decoder_tokens']
20    latent_dim = config['latent_dim']
21    max_num_samples = config['max_num_samples']
22
23    model = load_model(model_file)
```

이번 코드에서 가장 먼저 필요한 라이브러리를 불러옵니다. 그리고 config 파일과 모델 파일을 불러옵니다. 그렇다면 이제 해결해야 할 문제는 모델을 재구성하는 방법일 것입니다.

케라스의 공식 문서(참고자료 [3])에 구현된 부분에는 이러한 프로세스에 대한 설명이 없습니다. 왜냐하면 훈련과 인퍼런스가 하나의 파일에 들어 있기 때문에 인퍼런싱inferencing을 할 때 바로 훈련training의 LSTM 네트워크를 사용하면 되기 때문입니다. 하지만 실제 프로젝트 환경에서는 이렇게 진행하기가 힘듭니다. 일반적으로 훈련되어 나온 가중치를 별도의 파일에 저장한 후, 네트워크를 재구성해 사용합니다.

그렇다면 가중치 파일은 어떻게 로딩해야 할까요? 혹은 저장된 h5 파일에서 어떤 내용이 들어 있는지 알 방법이 있을까요? 이때 바로 s2s_1.json 파일을 참고하면 됩니다. 사실, 우리는 모델의 JSON 파일에서 layers 부분만 살펴보면 됩니다. 왜냐하면 각 층에 맞는 값을 할당하는 작업이 전부이기 때문이죠.

```
"layers": [
    {
        "name": "input_1",
        "class_name": "InputLayer",
        // ...
    },
    {
        "name": "input_2",
        "class_name": "InputLayer",
        // ...
    },
    {
        "name": "lstm",
        "class_name": "LSTM",
        // ...
    },
    {
        "name": "lstm_1",
        "class_name": "LSTM",
        // ...
    },
    {
        "name": "dense",
```

```
        "class_name": "Dense",
        // ...
    }
    ],
],
```

앞 데이터는 5개 층을 정의하고 있습니다.

- input_1: 첫 번째 입력(인코더)

- input_2: 두 번째 입력(인코더)

- lstm: 인코더 네트워크(해당 네트워크가 출력하는 states와 cells가 필요합니다)

- lstm_1: 디코더 네트워크

- dense: 최종 완성된 소프트맥스의 네트워크

이 데이터가 있다면 이후 네트워크 구조를 만드는 작업은 어렵지 않습니다. 그러면 먼저 우리는 모델 파라미터를 읽어와 네트워크를 만들도록 합니다.

```
26    encoder_inputs = model.layers[0].input    # input_1
27    encoder_outputs, state_h_enc, state_c_enc = model.layers[2].output
28    encoder_states = [state_h_enc, state_c_enc]
29    encoder_model = Model(encoder_inputs, encoder_states)
30
31    decoder_inputs = model.layers[1].input    # input_2
32    decoder_state_input_h = Input(shape=(latent_dim,), name='input_3')
33    decoder_state_input_c = Input(shape=(latent_dim,), name='input_4')
34    decoder_states_inputs = [decoder_state_input_h, decoder_state_input_c]
35    decoder_lstm = model.layers[3]
36    decoder_outputs, state_h_dec, state_c_dec = decoder_lstm(decoder_inputs,
37        initial_state=decoder_states_inputs)
38    decoder_states = [state_h_dec, state_c_dec]
39    decoder_dense = model.layers[4]
40    decoder_outputs = decoder_dense(decoder_outputs)
41    decoder_model = Model([decoder_inputs] + decoder_states_inputs, [decoder_outputs]
42                    + decoder_states)
```

코드를 한번 살펴보도록 하죠.

26~29번 행 인코더 네트워크를 다시 만듭니다. 먼저, 모델 가중치의 첫 번째 층인 layers[0]에서 input 벡터를 가져와 encoder_inputs로 저장합니다. 그리고 위에 나온 JSON 파일에서 인코더의 LSTM 네트워크는 layers[2]에 정의되어 있음을 알 수 있기 때문에 **27~28번 행** 에서는 layer[2]로부터 필요한 출력을 얻습니다(인코더의 은닉 상태와 메모리 셀만 필요하다는 점에 주의해 주세요). 마지막으로 인코더의 입력과 출력을 정의해 줍니다.

31~34번 행 디코더 네트워크를 다시 만들고 inputs를 정의합니다. 위와 동일하게 layers[1]에서 첫 번째 입력인 decoder_inputs를 얻습니다. 그러나 디코더에게는 자신의 입력 외에도 인코더에 넣을 은닉 상태hidden states와 메모리 셀cells이 필요합니다. 여기서는 바로 인용하지 않고, 두 개의 input 벡터를 decoder_state_inputs로 사용하겠습니다. 디코더에서의 이 세 가지 입력은 구체적인 예측 계산을 진행할 시 다시 인코더를 통한 연산 후 대입됩니다. 이 문제에 대해서는 뒤에서 다시 논의하겠습니다.

35~37번 행 디코더의 LSTM 네트워크를 재구성합니다. 먼저, 동일하게 layer[3]에서 LSTM층을 불러옵니다. 하지만 인코더와 다르게 여기서는 LSTM 네트워크가 연산 후의 타깃 시퀀스target sequence 결과를 포함하는 동시에 초기 파라미터가 31~34번 행에서 설정한 3개의 입력과 일치해야 합니다. 따라서 해당 부분의 구현은 27번 행과 다릅니다.

38~42번 행 디코더의 완전연결층과 완전한 디코더의 입력과 출력을 정의합니다. 앞부분과 동일하게 layers[4]에서 네트워크를 가져온 후, 앞서 정의한 decoder_outputs(디코더 LSTM 계산 후의 시퀀스 벡터)를 입력으로 사용해 decoder_outputs를 업데이트합니다. 마지막으로 41~42번 행에서는 전체 모델의 입력과 출력을 정의합니다.

이렇게 우리는 Seq2Seq 네트워크를 인퍼런싱inferencing 단계에서 사용하기 위한 구성을 마쳤습니다. 아직 훈련training 단계에서 진행하지 않았던 작업이지만, inferencing 단계에서 진행해야 하는 작업이 한 가지 남았습니다.

그림 6-9와 6-12를 비교하면 우리는 그림 6-12에 하나의 루트가 추가되었음을 알 수 있습니다. 바로 매번 디코더의 출력이 다음번 디코더의 입력 중 하나로 사용되는 부분입니다(다른 두 가지 입력은 인코더의 은닉 상태와 메모리 셀, 즉 앞 코드의 28번 행 [state_h_enc, state_c_enc]). 이는 훈련 단계에서는 디코더의 시퀀스 입력을 훈련 데이터로부터 직접적으로 가져올 수 있었지만, 인퍼런스 단계에서는 앞 단계의 출력에서 받아올 수밖에 없기 때문입니다.

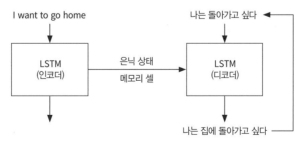

그림 6-12 **인코더-디코더 인퍼런싱**

인퍼런스 단계에서 우리는 입력되는 구절에 대해 다음과 같은 처리를 진행해야 합니다.

1 입력 구절을 벡터화한다.

2 인코더를 사용해 입력 구절 벡터를 처리하고, 은닉 상태를 얻어 디코더의 초깃값으로 사용한다.

3 구절의 첫 번째 문자를 디코더의 입력으로 사용하고, 디코더는 예측되는 다음 문자를 출력한다.

4 디코더의 입력에 3단계의 출력을 입력으로 추가해 사용하고, 3단계를 반복한다.

한 구절에 대해서 인코더는 한 번만 돌아가지만, 전체 구절을 처리한 후 은닉 상태를 디코더의 초깃값으로 제공합니다. 그리고 단일 문자가 디코더에서 순환하며 돌아가고 디코더의 입력과 상태를 종료할 때까지 업데이트합니다. 이는 인퍼런스의 구체적인 과정입니다. 코드는 다음과 같습니다.

```
47  input_token_index = config['input_token_index']
48  target_token_index = config['target_token_index']
49  reverse_input_char_index = dict((
50      i, char) for char, i in input_token_index.items())
51  reverse_target_char_index = dict(
52      (i, char) for char, i in target_token_index.items())
53
54
55  def decode_sequence(input_seq, max_decoder_seq_length):
56      # encoder 모델을 사용해 입력 시퀀스에 대한 예측을 진행하고 내부 상태를 얻음
57      states_value = encoder_model.predict(input_seq)
58
59      # 길이가 1인 타깃 시퀀스를 생성
60      target_seq = np.zeros((1, 1, num_decoder_tokens))
61      # 첫 번째 시작이 '\t'인 인덱스 값을 설정
62      target_seq[0, 0, target_token_index['\t']] = 1.
63
64      stop_condition = False
65      decoded_sentence = ''
66      while not stop_condition:
67          output_tokens, h, c = decoder_model.predict(
68              [target_seq] + states_value)
69
70          # 첫 번째 토큰을 얻음
71          sampled_token_index = np.argmax(output_tokens[0, -1, :])
72          sampled_char = reverse_target_char_index[sampled_token_index]
73          decoded_sentence += sampled_char
74
75          # stop 조건을 설정합니다: 최대 길이 혹은 '\n'을 발견할 경우
76          if (sampled_char == '\n' or
77              len(decoded_sentence) > max_decoder_seq_length):
78              stop_condition = True
79
80          # 타깃 시퀀스를 업데이트
81          target_seq = np.zeros((1, 1, num_decoder_tokens))
82          target_seq[0, 0, sampled_token_index] = 1.
83
84          # 현재 상태를 업데이트
```

```
85            states_value = [h, c]
86
87        return decoded_sentence
```

앞 코드를 한번 살펴봅시다.

47~52번 행 앞서 trainer에서 읽은 데이터셋과 유사하게 우리는 문자의 인덱스와 리버스 인덱스 reverse index를 만들어 구절을 원-핫 인코딩을 사용해 벡터화합니다.

55번 행 여기서 정의한 decode_sequence 함수는 입력된 구절 벡터에 대한 처리 후 출력을 만듭니다. 여기서 두 번째 파라미터는 출력 구절의 최대 길이를 결정합니다(무제한으로 생성되는 것을 막기 위함).

56~57번 행 다시 한번 인코더를 실행하고 전체 구절 벡터에 대한 예측을 합니다. 그리고 관련된 states_value를 얻습니다.

60~62번 행 target_sequence를 정의합니다. 여기서는 먼저 하나의 문자를 가진 타깃 시퀀스를 정의하고 \t의 인덱스값을 초깃값으로 사용합니다(데이터셋에서는 \t를 시작 문자로 사용하기 때문입니다). 주의해야 할 점은, 타깃 시퀀스는 3차원 데이터 조합이고, 해당 차원은 (1, 1, num_decoder_tokens)와 같습니다. 마지막에 num_decode_tokens는 원-핫 인코딩의 벡터 길이입니다.

64~68번 행 종료를 결정하는 stop_condition 변수와 최종 문자 시퀀스인 decoded_sentence를 정의한 후 반복 순환합니다. 즉, decoder를 사용해 다음 문자에 대한 예측을 진행합니다.

70~71번 행 decoder를 예측 모형으로 설정하고 target_seq에 앞서 나온 encoder의 states_values를 추가해 입력으로 사용해 예측 결과(다음 문자 벡터)를 얻습니다.

72~73번 행 예측한 다음 문자 벡터를 리버스 인덱스를 통해 일반 문자로 전환하고, 최종 문자 시퀀스 결과인 decoded_sentence에 추가합니다.

76~78번 행 실행 중지 여부를 판단합니다.

80~85번 행 디코더의 입력 데이터와 상태를 업데이트하고 다음 단계로 넘어갑니다.

87번 행 결과를 출력합니다.

지금까지 Seq2Seq 모델의 구현을 살펴봤는데, 그 결과가 어떤지 한번 살펴봅시다.

```
91    data_path = './chat.txt'
92
93    # 텍스트 인덱스를 만듦
94    input_texts = []
```

```
95   input_characters = set()
96   with open(data_path, 'r', encoding='utf-8') as f:
97       lines = f.read().split('\n')
98
99   for line in lines[:len(lines) - 1]:
100      input_text, target_text = line.split('\t')
101      # '\t'를 시작 표시로 사용
102      # '\n'을 종료 표시로 사용
103      input_texts.append(input_text)
104      for char in input_text:
105          if char not in input_characters:
106              input_characters.add(char)
107
108  input_characters = sorted(list(input_characters))
109  num_encoder_tokens = len(input_characters)
110  max_encoder_seq_length = max([len(txt) for txt in input_texts])
111
112  input_token_index = dict([(char, i) for i, char in enumerate(input_characters)])
113
114  def test(input_text):
115      input_data = np.zeros(
116          (1, max_encoder_seq_length, num_encoder_tokens), dtype='float32')
117
118      for t, char in enumerate(input_text):
119          input_data[0, t, input_token_index[char]] = 1.
120
121      response = decode_sequence(input_data, config['max_decoder_seq_length'])
122              print('input:{}, response:{}'.format(input_text, response))
123
124  test_data = [
125          'hello',
126          'hello world',
127          'how are you',
128          'good morning',
129          'cheers',
130          'enjoy',
131          ]
132
133  for _, text in enumerate(test_data):
134      test(text)
```

`91~112번 행` 원래의 훈련 데이터셋에서 텍스트를 읽어옵니다. 목적은 입력 문자의 인덱스를 만들어 원-핫 인코딩을 사용한 벡터화를 쉽게 하기 위함입니다.

`114~122번 행` 하나의 구절을 입력하면 결과가 프린트되는 test 함수를 정의합니다. `115~116번 행` 에서는 먼저 3차원 벡터를 정의해 입력 텍스트의 벡터화 결과를 나타냅니다. 그리고 최대 길이는 max_encoder_seq_length로 정의하고 훈련 데이터에서 얻은 문자의 총 개수에 기반해 벡터 길이를 정의합니다. `118~119번 행` 에서는 입력 텍스트의 각 문자에 기반해 벡터의 값을 매깁니다. 입력 벡터

를 얻은 후, 121번 행 에서 앞서 정의한 decode_sequence를 조정해 계산을 진행하고 최종 결과를 얻습니다.

124~134번 행 테스트 데이터를 정의하고 test 함수를 사용해 테스트합니다. 최종 테스트 결과는 다음과 같습니다.

```
input:hello, response:Helll
input:hello world, response:No, iikeeeroo.
input:how are you, response:No, 300yeerss dd.
input:good morning, response:No, 300yeerssod.
input:cheers, response:yotttoo!
input:enjoy, response:Cheerss!
```

20개 정도의 대화가 담겨 있는 데이터셋으로 100번 정도의 훈련만 했기 때문에 결과가 이상적이지는 않습니다. 그렇지만 앞서 나온 코드를 통해 해당 네트워크가 어느 정도 유의미하다는 점을 알 수 있습니다.

프로덕트 레벨의 챗봇 구현에서 (영어로 한정한다면) 우리는 코넬 대학에서 제공하는 영화 대화 데이터셋(참고자료 [4])을 사용해 훈련할 수 있습니다. 앞에서 사용한 간단한 데이터셋과 다르게, 이 데이터셋에는 고정된 문답 형식이 존재하지 않고, 흔히 보는 영화에서 나오는 연속되는 대화 형식입니다. 해당 데이터셋은 배역 이름이나 극본과 관련된 정보 등이 포함되어 있기 때문에 바로 머신러닝 훈련에 사용하기엔 적합하지 않습니다. 따라서 연구원들이 어느 정도 정제한 후 1만 줄에 달하는 대화 데이터셋을 만들었습니다. 일부 내용은 다음과 같습니다.

> …
>
> Let me see what I can do.
>
> Gosh, if only we could find Kat a boyfriend...
>
> That's a shame.
>
> Unsolved mystery. She used to be really popular when she started high school, then it was just like she got sick of it or something.
>
> Why?
>
> Seems like she could get a date easy enough...
>
> …

앞 예제와 비슷한 데이터셋은 표 6-2처럼 '문답' 형식의 데이터셋으로 변형시켜 사용할 수 있습니다. 예를 들면, 첫 번째 구절과 두 번째 구절을 각각 다른 그룹에 놓고, 두 번째 그룹의 구절을 다음 첫 번째 그룹의 구절로 사용하는 것입니다.

표 6-2 훈련 데이터 예시

인코더 입력 문장	디코더 타깃 문장
Let me see what I can do.	Gosh, if only we could find Kat a boyfriend…
Gosh, if only we could find Kat a boyfriend…	That's a shame.
That's a shame.	……

구체적인 구현에 대해서는 다루지 않겠습니다. 데이터셋 구조에 따라 여러 가지 처리 방법이 존재할 것입니다. 하지만 그림 6-9의 구조 그래프에 나타난 것처럼 결국 인코더 입력encoder input에서 디코더 타깃decoder target으로 투영하는 관계가 핵심이며, Seq2Seq 알고리즘은 딥러닝 기법으로 이 투영 관계를 적합fit하는 방법입니다.

6.4 어텐션

앞서 소개한 Seq2Seq 혹은 인코더-디코더encoder-decoder의 구현은 자연어 처리 영역에서 2015년 이전에 증명된 매우 유용한 방법 중 하나이며 매우 광범위하게 응용되고 있습니다. 그러나 Seq2Seq가 괜찮은 효과를 낸다고 해서 이것이 최고의 방안이라고 말할 수는 없습니다. 2015년 발표된 〈Neural Machine Translation by Jointly Learning to Align and Translate (조정과 변형 공동 학습을 통한 신경망 기계 번역)〉(참고자료 [7]) 논문에서 Seq2Seq에 어텐션attention 메커니즘을 더했고, 2017년 구글에서 발표한 〈Attention Is All You Need(당신에게 필요한 것은 어텐션뿐이다)〉(참고자료 [7]) 논문에서는 LSTM을 철저히 분해하고 순수하게 어텐션에 기반한 인코더-디코더 구조(트랜스포머)를 사용해 아주 좋은 성능을 달성했습니다. 물론 자연어 처리 영역은 발전이 매우 빠른 영역이기에 2018년 말 발표된 〈BERT: Pre-training of Deep Bidirectional Transformers for Language Understanding(BERT: 언어 이해를 위해 사전 훈련된 깊은 양방향 트랜스포머)〉(참고자료 [8])이라는 논문에서는 쌍방향 트랜스포머transformer를 사용해 다시 한번 SOTAState Of The Art를 갱신했습니다. 업계의 최신 연구 성과에 관심이 있는 독자라면 참고자료를 읽어 보시기 바랍니다. 여기서는 더 이상 최신 연구에 대한 상세한 분석은 하지 않겠습니다. 대신 여기에 사용되는 핵심 개념인 어텐션 매커니즘에 대한 이해는 향후 연구에 큰 도움이 될 것이므로 이번 장에서 상세히 소개하겠습니다.

6.4.1 Seq2Seq의 문제

Seq2Seq의 구현에서 우리는 그림 6-13처럼 인코더가 전체 구절을 처리한 후 출력한 은닉 상태를 디코더의 입력으로 사용하고, 디코더는 각 단어에 대한 처리를 진행합니다.

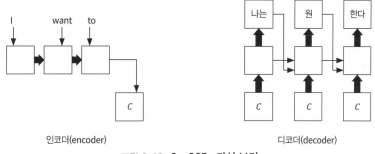

인코더(encoder)   디코더(decoder)

그림 6-13 **Seq2SEq 다시 보기**

그림 6-13을 보면, 먼저 인코더에서 전체 구절에 대한 관련 정보를 얻고, 그다음 전체 구절의 관련 정보를 파라미터로 설정해 디코더가 처리하도록 제공하고 있는 것을 알 수 있습니다. 여기서 문제는 그림 6-13에서 C가 나타내는 전체 구절의 정보인데, 짧은 구절의 경우에는 포함되어 있는 정보가 제한적이라 이와 같은 처리 방식이 합리적이지만, 길이가 긴 구절의 경우에는 구절의 앞부분 단어를 처리할 때 해당 구절의 마지막 부분 단어까지 볼 필요가 없는 경우가 대부분일 것입니다. 따라서 길이가 비교적 긴 구절을 처리할 때(혹은 임의의 길이를 가진 시퀀스 데이터를 처리할 경우), 전체 구절의 정보를 디코더에 파라미터로 제공할 경우 원하는 효과를 보지 못하는 상황이 생깁니다. 〈Attention Is All You Need〉(참고자료 [7]) 논문에서 어텐션 메커니즘을 제시해 인코더가 더 이상 전체 구절에 대한 은닉 상태를 전달하지 않고, 매 타임스텝에 각 단어의 가중치 관계를 찾는 과정을 더했습니다. 다음 절에서 어텐션 메커니즘에 대해 자세히 살펴보도록 합시다.

6.4.2 어텐션 매커니즘의 원리

우리는 각 단어를 처리할 때 현재 단어에 대한 구절 정보를 얻어야 합니다. 즉, 디코더에 구절 정보를 제공할 때 현재 단어에 기반해 변화하는 벡터를 제공해야 하며, Seq2Seq처럼 고정된 벡터를 제공해서는 안 됩니다.

여기서 이 벡터는 C_i로 나타낼 수 있는데, C는 컨텍스트context를 나타내고, i는 구절 중의 타임스텝을 나타냅니다. 그렇다면 C_i는 어떻게 얻을 수 있을까요? 참고자료 [6]에서는 "The context vector C_i depends on a sequence of annotation …. Each annotation contains information about the whole input sequence with a strong focus on the parts surrounding the i-th word of the input sequence" 라고 언급했습니다. 이 말에 의하면 핵심은 구절 중의 단어에 대해 해당 위치 i에 대한 어노테이션 annotation을 얻는 것입니다. 우리는 이를 A_i라고 표기하겠습니다.

C_i와 A_i 표기에 대한 개념을 이해했으니, 구체적으로 어떻게 C_i를 구하고 또 이를 디코더에 어떻게 제공하는지를 알아봅시다.

1. 각 문자의 은닉 상태 얻기

먼저 우리가 '심층학습(딥러닝)'을 'Deep Learning'으로 번역한다고 가정해 봅시다. 여전히 우리는 하나의 인코더가 필요한데, 인코더의 RNN은 '심층학습' 네 글자에 대한 처리를 거쳐 그림 6-14처럼 h_1, h_2, h_3 그리고 h_4라는 은닉 상태를 얻게 됩니다.

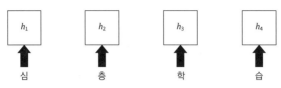

그림 6-14 **인코더 처리 후의 은닉 상태**

2. i번째 단어에 대한 관련 값 a_i 얻기

그림 6-14처럼 은닉 상태를 얻은 후, 그림 6-15의 프로세스로 거쳐야 합니다.

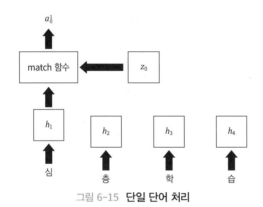

그림 6-15 **단일 단어 처리**

그림 6-15에서 h_1, h_2, h_3, h_4를 초기 벡터 Z_0로 간주하고, 해당 값은 훈련 후 결정됩니다. 그리고 각 단어의 관련 값은 match 함수를 통해 얻습니다.

$$a_j^i = match(h_i, z_j)$$

여기서 match 함수의 구현 부분은 다양한 알고리즘을 사용할 수 있는데, 예를 들면 코사인 거리를 사용하거나 간단한 신경망을 설정해 최종적으로 하나의 수치가 출력될 수 있게만 만들어주면 됩니다(참고자료 [9]).

3. 어노테이션과 컨텍스트 얻기

이전 단계에서 얻은 a_j^i를 소프트맥스softmax를 통해 계산해 얻은 수치가 앞서 소개한 어노테이션 annotation(메모리 j가 입력될 시 대응하는 위치인 i)입니다.

$$C_i = A_i^j h_i$$

그리고 우리가 최종적으로 필요한 C_0 벡터는 모든 어노테이션과 대응하는 은닉 상태를 곱해 더한 값, 즉 다음 수식입니다.

$$C_i = A_i^j h_i$$

계산 과정은 그림 6-16를 참고합니다.

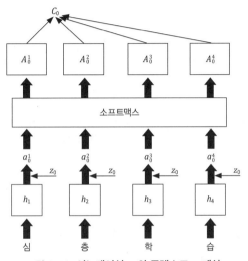

그림 6-16 **어노테이션** A**와 콘텍스트** C_i**계산**

그림 6-16에서 $A_0^1 = 0.5$, $A_0^2 = 0.5$, $A_0^3 = 0.5$, $A_0^4 = 0$을 가정한다면, C_0는 다음과 같이 계산할 수 있습니다.

$$C_0 = 0.5 \cdot h_1 + 0.5 \cdot h_2 + 0 \cdot h_3 + 0 \cdot h_4$$

4. 디코더로 입력해 첫 번째 출력 얻기

그림 6-17(a)와 그림 6-12를 비교해 보면, 어텐션attention 매커니즘과 Seq2Seq의 차이점을 쉽게 확인할 수 있습니다. Seq2Seq에서 디코더에 입력되는 것은 인코더의 은닉 상태와 메모리 셀인 반면, 어텐션 매커니즘은 은닉 상태에 특수 처리를 더해, 처리된 텍스트 벡터 C_0와 메모리 셀 z_0를 디코더의 입력으로 제공합니다.

그림 6-17(b)에서는 디코더의 은닉 상태가 인코더로 반환되어 인코더로 들어가고, z_1 벡터는 앞선 두 번째 단계와 세 번째 단계를 반복해서 거칩니다. 그리고 h_1, h_2, h_3, h_4와 매칭되어 match 함수로 입력되어 소프트맥스 작업을 거친 뒤, 어노테이션 A_1^1, A_1^2, A_1^3, A_1^4와 C_1을 얻습니다. 그리고 다시 네 번째 단계를 반복해 그림 6-18처럼 두 번째 출력을 얻습니다.

이것이 바로 자연어 처리에서 어텐션 매커니즘이 사용되는 기본 원리입니다. 사실, 우리는 동일한 사고방식으로 이미지 생성 등과 같은 작업(주변 화소를 기반으로 새로운 화소를 생성)을 진행할 수도 있습니다.

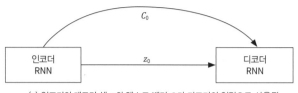

(a) 인코더의 메모리 셀 z_0와 텍스트 벡터 C_0가 디코더의 입력으로 사용됨

(b) 디코더는 해당 은닉 상태 z_1를 인코더의 입력으로 사용하고 다음 C_1을 계산함

그림 6-17 **디코더 작동 과정**

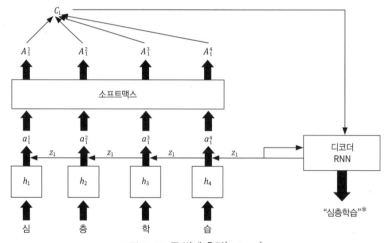

그림 6-18 **두 번째 출력(output)**

6.4.3 케라스를 사용한 어텐션 매커니즘 구현

이전 절에서는 어텐션 매커니즘의 구체적인 원리를 설명했습니다. 이번 절에서는 코드를 통해 케라스를 활용한 어텐션 매커니즘 구현 방법을 소개하겠습니다.

이번 절에서는 먼저 3.2절에서 설명한 내용을 코드를 활용해 단계별로 설명하겠습니다. 만약 입력

---

* [옮긴이] 딥러닝을 뜻함

$[x_1, x_2, x_3]$가 있고 출력이 y_1이라고 가정한다면, 3.2절의 설명에 기반해 인코더 RNN을 통해 은닉 상태를 얻을 수 있습니다.

$$h_1, h_2, h_3 = encoder(x_1, x_2, x_3)$$

우리는 h_1, h_2, h_3를 LSTM 네트워크의 출력으로 설정합니다.

```
activations = LSTM(units, return_sequences=True)(embeddings)
```

그리고 match 함수를 통해 디코더의 메모리 셀 출력 z_0와 각 인코더의 은닉 상태 사이의 차이를 비교해야 합니다. 우리는 먼저 디코더의 첫 번째 출력을 0이라고 설정합니다.

```
e11 = match(0, h1)
e12 = match(0, h2)
e13 = match(0, h3)
```

여기서 핵심은 match 함수의 선택에 있습니다. 대다수 어텐션 네트워크의 구현은 모두 참고자료 [10]의 구현 방법을 따르는데, 하이퍼볼릭 탄젠트(tanh)을 활성화 함수로 하는 완전연결 네트워크를 사용해 케라스로 구현하면 다음과 같습니다.

```
a = Dense(1, activation='tanh', bias_initializer='zeros')(activations)
```

주의해야 할 점은 편향(bias)은 0으로 초기화되고, 해당 편향은 미리 설정해 둔 디코더 출력에 대응한다는 것입니다. 이어서 소프트맥스 함수를 만들어 줍니다.

```
sum = exp(e11) + exp(e12) + exp(e13)
a11 = exp(e11)/sum
a12 = exp(e12)/sum
a13 = exp(e13)/sum
```

여기서는 케라스의 소프트맥스 함수를 사용하겠습니다.

```
a = Flatten()(a)
attention = Activation('softmax')(a)
attention = RepeatVector(units)(attention)
attention = Permute((2, 1))(attention)
```

이 코드문은 구절 중 각 타임스텝timestep의 중요도를 계산합니다. 그리고 마지막으로 컨텍스트 벡터 context vector를 계산합니다.

```
C_1 = a_11 * h_1 + a_12 * h_2 + a_13 * h_3
```

이는 케라스의 merge 함수를 사용해 한 줄의 코드로 계산이 가능합니다.

```
Context = merge([activations, attention], mode='mul')
```

앞 코드를 종합하면 우리는 완전한 하나의 어텐션 매커니즘을 구현할 수 있습니다.

```
activations = LSTM(units, return_sequences=True)(embeddings)
a = Dense(1, activation='tanh', bias_initializer='zeros')(activations)
a = Flatten()(a)
attention = Activation('softmax')(a)
attention = RepeatVector(units)(attention)
attention = Permute((2, 1))(attention)
context = merge([activations, attention], mode='mul')
```

어텐션 매커니즘은 아직 표준화된 구현 방법이 존재하지 않습니다. 앞 코드는 깃협(참고자료 [11])에서 가져왔습니다. 따라서 앞 코드를 바로 사용해도 된다는 의미는 아닙니다. 6.4.4절에서 간단한 예제를 접목해 어텐션을 사용한 코드 구현을 보다 구체적으로 살펴보겠습니다.

6.4.4 어텐션 매커니즘 예시

먼저 길이가 6인 숫자로 구성된 데이터셋을 입력으로, 그리고 출력은 앞 세 자리 숫자만 남기고 뒤세 자리 숫자는 모두 0으로 남깁니다.

```
input: [1,2,3,4,5,6], output: [1,2,3,0,0,0]
input: [20,12,6,12,10,30], output: [20,12,6,0,0,0]
```

이번 예제는 참고자료 [12]의 예시를 참고했습니다. 이 예제는 해당 문헌에서 인코더-디코더와 어텐션 매커니즘의 효과를 비교하기 위해 사용되었는데, 해당 코드가 케라스 초기 버전에 기반하고 있으므로 현 버전의 케라스에서는 작동하지 않습니다. 따라서 이번에는 텐서플로TensorFlow에 내장된 케라스 버전을 통해 약간의 조정을 거친 후 사용하겠습니다.

우리는 다음과 같은 보조 함수들을 구현해야 합니다.

- 랜덤 숫자 생성 함수
- 원-핫 인코딩
- 원-핫 디코딩

• 훈련 데이터 생성 함수

원-핫 인코딩을 해야 하기 때문에 빠른 훈련 속도를 위해 숫자의 범위를 [0, 50]으로 제한하겠습니다. 구체적인 코드 구현은 다음과 같습니다.

먼저 test_attention.py 파일을 만듭니다.

```
1    from random import randint
2    from numpy import array
3    from numpy import argmax
4    from numpy import array_equal
5    from tensorflow.keras.models import Sequential, Model
6    from tensorflow.keras.layers import LSTM, Input, Dense, RepeatVector, Flatten
7    from tensorflow.keras.layers import Activation, Permute, multiply
```

해당 파일의 1~7번 행 에서 관련 라이브러리를 불러옵니다. 6~7번 행 에서는 필요한 층(레이어) 유형을 모두 불러옵니다.

```
8    # 임의의 정수로 구성된 시퀀스를 생성한다
9    def generate_sequence(length, n_unique):
10       return [randint(0, n_unique-1) for _ in range(length)]
11
12   # 원-핫 인코딩 시퀀스
13   def one_hot_encode(sequence, n_unique):
14       encoding = list()
15       for value in sequence:
16           vector = [0 for _ in range(n_unique)]
17           vector[value] = 1
18           encoding.append(vector)
19       return array(encoding)
20
21   # 원-핫 인코딩 스트링을 디코드한다
22   def one_hot_decode(encoded_seq):
23       return [argmax(vector) for vector in encoded_seq]
```

코드를 한번 자세히 살펴봅시다.

9~10번 행 주어진 길이 length에 기반해 [0, n_unique-1] 구간의 랜덤 정수 숫자 그룹을 생성합니다.

13~19번 행 생성된 정수 숫자 그룹에 대해 원-핫 인코딩을 진행합니다. 모든 숫자 구간이 [0, n_unique -1]이기 때문에 각 숫자의 인코딩 벡터encoding vector 길이는 n_unique가 됩니다. 그리고 대응하는 숫잣값의 위치에 따라 해당 벡터에 대응하는 값을 1로 설정합니다. 마지막으로 2차원 숫자 그룹을 만들면 각 원소는 서로 다른 인코딩 벡터가 됩니다. 예를 들어, 시퀀스sequence가 [1, 2, 10]이라면 이에 대응하는 원-핫 인코딩 결과는 다음과 같을 것입니다.

```
[[0,1,0,0,0,0,0,0,0,0,0,0,0,0,...], [0,0,1,0,0,0,0,0,0,0,0,0,0,0,...],
 [0,0,0,0,0,0,0,0,0,0,0,10,0,0,...]]
```

22~23번 행 인코딩 벡터를 디코드해 대응하는 정수를 복원합니다. 13~19번 행의 코드를 살펴보면 한 정수의 인코딩 벡터는 한 위치에서만 1의 값을 가지고 있고, 나머지 위치는 모두 0입니다. 따라서 우리는 argmax 함수를 사용해 각 벡터의 최댓값이 놓여있는 위치를 찾을 수 있고, 이것이 바로 대응하는 정수입니다.

```
26  def get_pair(n_in, n_out, cardinality):
27      # 랜덤 시퀀스 생성
28      sequence_in = generate_sequence(n_in, cardinality)
29
30      sequence_out = sequence_in[:n_out] + [0 for _ in range(n_in-n_out)]
31      # 원-핫 인코딩
32      X = one_hot_encode(sequence_in, cardinality)
33      y = one_hot_encode(sequence_out, cardinality)
34      # 3차원으로 변환(reshape)
35      X = X.reshape((1, X.shape[0], X.shape[1]))
36      y = y.reshape((1, y.shape[0], y.shape[1]))
37      return X,y
```

26번 행 의 get_pair 함수는 훈련 데이터셋 X와 y를 생성합니다. 여기서 9는 주어진 범위 내의 랜덤 정수 그룹이며, y는 n_out개 정수만 포함하도록 처리한 결괏값입니다.

28번 행 랜덤 정수 그룹을 생성하는데, n_in은 숫자 그룹의 길이를, cardinality는 수치의 차원을 뜻합니다(여기서는 수치의 범위가 [0, 49]이기 때문에 차원은 50입니다).

30번 행 출력 숫자 그룹을 생성합니다. 입력 숫자 그룹의 앞 n_out개 숫자를 남기고 나머지는 0으로 채워 넣습니다(입력 숫자 그룹의 최종 길이와 동일하게 만듭니다).

32~33번 행 앞서 사용한 one_hot_encoder를 응용해 숫자 그룹의 각 정수를 벡터로 변환합니다.

35~36번 행 reshape 함수를 사용해 X와 y를 모델 훈련에 입력할 수 있는 3차원 숫자 조합으로 변환합니다(샘플 수는 sample_number, 샘플 길이는 sample_length, 샘플 차원은 sample_dimension입니다). 여기서는 한 그룹만 생성했기 때문에 샘플 수는 1이고, 샘플의 길이는 각 샘플의 타임스텝이며, 샘플 차원은 이전에 정의한 데이터 값 범위가 됩니다. 따라서 각각 X.shape[0], X.shape[1], y.shape[0], y.shape[1]이 됩니다

보조 함수를 정의했다면 이제 구체적인 모델 구현을 진행합니다.

```
39   def attention_model(n_timesteps_in, n_features):
40       units = 50
41       inputs = Input(shape=(n_timesteps_in, n_features))
42
43       encoder = LSTM(units, return_sequences=True, return_state=True)
44       encoder_outputs, encoder_states, _ = encoder(inputs)
45
46       a = Dense(1, activation='tanh', bias_initializer='zeros')(encoder_outputs)
47       a = Flatten()(a)
48       annotation = Activation('softmax')(a)
49       annotation = RepeatVector(units)(annotation)
50       annotation = Permute((2, 1))(annotation)
51
52       context = multiply([encoder_outputs, annotation])
53       output = Dense(n_features, activation='softmax', name='final_dense')(context)
54
55       model = Model([inputs], output)
56       model.compile(loss='categorical_crossentropy', optimizer='adam', metrics=['accuracy'])
57       return model
```

40번 행 LSTM의 유닛 개수를 설정합니다.

41~44번 행 초기 LSTM 네트워크를 설정합니다. input은 (n_timesteps, n_features) 2차원 숫자 그룹으로 만드는데, 그 이유는 앞서 언급한 것처럼 각 샘플이 timestep에 의해 길이가 결정되고 각 timestep상의 데이터 차원은 n_features이기 때문입니다.

46~50번 행 6.4.3절에서 설명한 어텐션 매커니즘의 구현입니다. 상세한 설명은 생략하겠습니다.

52~53번 행 이전 절에서 어텐션 매커니즘을 구현할 때 한 가지 언급하지 않은 것이 있습니다. 바로 LSTM 출력과 어노테이션을 곱한 후에 얻어진 컨텍스트에 대해 소프트맥스 계산을 해줘야 해당 값이 우리가 원하는 [0, 49]의 확률분포가 된다는 점입니다. 만약 **52번 행**이 없다면 모델은 작동하겠지만, 우리가 원하는 결과를 얻을 수는 없습니다.

55~57번 행 모델을 만들고 최종 결과를 반환합니다.

다시 한번 모델을 훈련하는 방법을 정의해 봅시다.

```
59   def train_evaluate_model(model, n_timesteps_in, n_timesteps_out, n_features):
60       for epoch in range(5000):
61           X, y = get_pair(n_timesteps_in, n_timesteps_out, n_features)
62           model.fit(X, y, epochs=1, verbose=0)
63
64           total, correct = 100, 0
65           for _ in range(total):
66               X,y = get_pair(n_timesteps_in, n_timesteps_out, n_features)
67               yhat = model.predict(X, verbose=0)
68               result = one_hot_decode(yhat[0])
```

```
69          expected = one_hot_decode(y[0])
70          if array_equal(expected, result):
71              correct += 1
72
73      return float(correct)/float(total)*100.0
```

앞 코드를 한번 살펴보도록 하죠.

`61~62번 행` 앞서 정의한 get_pair 메서드를 사용해 훈련 데이터를 만듭니다. 그리고 fit 함수를 응용해 모델을 훈련하면 5,000회의 훈련이 진행됩니다.

`64~73번 행` 100개의 테스트 데이터를 만들고 정확도accuracy 검증을 진행합니다. 먼저 `66번 행`에서 테스트 데이터를 다시 만듭니다. `67번 행`에서는 predict 메서드를 사용해 예측을 진행합니다. `68~69번 행`에서는 예측 결과와 생성된 데이터의 실제 결과에 대해 decode합니다. 그리고 예측 결과와 실제 결과를 모두 [1, 2, 3, 10, 20, 30]과 같은 숫자 그룹으로 변환합니다. `70~71번 행`에서는 비교를 진행하고, 만약 일치하면 예측은 성공합니다. 마지막 `73번 행`에서는 예측의 정확도를 반환합니다.

그렇다면 실행을 통해 효과를 살펴봅시다.

```
75  n_features = 50
76  n_timesteps_in = 6
77  n_timesteps_out = 3
78  n_repeats = 5
79
80  for _ in range(n_repeats):
81      model = attention_model(n_timesteps_in, n_features)
82      accuracy = train_evaluate_model(model, n_timesteps_in, n_timesteps_out,
83                                      n_features)
84      print(accuracy)
```

`75~78번 행` 글로벌 파라미터를 정의합니다. 데이터 차원을 뜻하는 n_features는 [0, 49]입니다. n_timesteps_in은 데이터 길이를 뜻합니다. n_timesteps_out은 취한 데이터의 길이를 나타냅니다. n_repeats는 실험 횟수를 나타냅니다.

`80~84번 행` n_repeat에서 정의한 실험 횟수만큼 실행합니다. `81번 행`에서는 어텐션 모델을 만들고, `82~83번 행`에서는 훈련과 테스트를 진행합니다. `84번 행`에서는 결과를 출력합니다.

실행 결과는 다음과 같습니다.

```
86.0
74.0
79.0
```

```
51.0
89.0
```

매번 사용된 훈련 데이터가 다르기 때문에 최종 모델의 정확도 변화 폭이 비교적 큰 편으로 나타났습니다. 하지만 그래도 평균 75% 이상의 정확도를 보여줍니다. 만약 이번 장의 참고자료 [12]에 나오는 단순히 LSTM에 기반한 인코더-디코더 모델을 사용한다면 정확도는 10% 미만일 것입니다.

6.5 요약

이번 장에서는 자연어 처리 영역을 살펴봤습니다. 챗봇으로 시작해 BOW와 임베딩, 그리고 word2vec 등 관련 개념을 설명한 뒤 RNN과 LSTM 네트워크의 원리에 대해 설명했습니다. 이 부분의 내용은 리홍이 교수님의 강의(참고자료 [9])를 참고했습니다.

자연어 처리와 관련 있는 개념을 소개한 후 우리는 Seq2Seq 모델을 중심으로 번역과 챗봇의 훈련 소스(코퍼스) 형식과 Seq2Seq로 대표되는 인코더-디코더의 구체적인 작동 프로세스에 대해 살펴봤습니다. 그리고 마지막으로 케라스를 활용해 완전한 Seq2Seq 모델을 구현하고, 그 효과에 대해서도 살펴봤습니다.

또한, 이번 장 마지막 부분에서는 자연어 처리 영역에서 매우 중요하게 여겨지는 어텐션 매커니즘을 살펴보고 그 원리와 코드 구현까지 진행했습니다(참고자료 [11]에 있는 어텐션 매커니즘에 대한 논의를 살펴보기를 권합니다). 그리고 간단한 정수 숫자 데이터를 처리하는 코드를 구현하며 어텐션 매커니즘의 실제 사용 방법에 대해서도 구체적으로 배웠습니다. 물론, 매커니즘의 복잡성으로 인해 어텐션은 서로 다른 영역에서 다른 방식으로 사용되고 있습니다. 다만 여기서는 독자 여러분의 기본적인 이해를 돕기 위한 예제를 설명했을 뿐입니다. 만약 어텐션 매커니즘에 대해 더 자세히 알고 싶다면 참고자료 [7], [8]을 참고하길 바랍니다.

6.6 참고자료

[1] *Learning phrase representations using RNN encoder-decoder for statistical machine translation*, K. Cho, D. Bahdanau, F. Bougares, H. Schwenk, Y. Bengio, 2014

[2] *Sequence to Sequence Learning with Neural Networks*, I. Sutskever, O. Vinyals, Q.V.Le, 2014

[3] https://github.com/keras-team/keras/blob/master/examples/lstm_seq2seq.py

[4] https://www.cs.cornell.edu/~cristian/Cornell_Movie-Dialogs_Corpus.html

[5] https://github.com/nicolas-ivanov/debug_seq2seq/blob/master/data/train/movie_lines_cleaned_10k.txt

[6] *Neural Machine Translation by Jointly Learning to Align and Translate*, Dzmitry Bahdanau, Kyunghyun Cho, Yoshua Bengio, 2015

[7] *Attention Is All You Need*, Google, 2017

[8] *BERT: Pre-training of Deep Bidirectional Transformers for Language Understanding*, Google, 2018

[9] *Attention-based Model*, https://speech.ee.ntu.edu.tw/~tlkagk/courses_MLDS18.html, Hongyi-Li

[10] *Attention-Based Bidirectional Long Short-Term Memory Networks for Relation Classification*, P. Zhou, W.Shi, et al, 2016

[11] https://github.com/keras-team/keras/issues/4962

[12] https://machinelearningmastery.com/encoder-decoder-attention-sequence-tosequence-prediction-keras/

[13] http://www.manythings.org/anki/

CHAPTER

7

이미지 분류 실전 프로젝트

이번 장에서는 이미지 분류에 응용되는 딥러닝을 소개하고, 그중에서도 합성곱 신경망을 중점적으로 다룰 것입니다. 합성곱 신경망의 작동 원리를 파악한 후, 케라스 프레임을 사용해 교통지도 데이터를 사용한 모델 훈련에서 실제 온라인 서비스까지의 전체적인 프로세스를 구현해 보겠습니다.

이번 장에서는 합성곱 신경망을 사용한 이미지 분류의 응용 효과와 원리에 대해서 중점적으로 다룰 것입니다. 이번 장에서 여러분은 코드 실행에 치중하기보다는 구현 원리를 반드시 이해해야만 합니다. 이 장에 나오는 코드는 복잡하지 않기 때문에 하나하나 직접 타이핑하고 구현해 볼 것을 추천합니다.

7.1 이미지 분류와 합성곱 신경망

7.1.1 합성곱 신경망의 역사

이미지 분류는 아주 오랜 시간 동안 AI 연구의 난제 중 하나였습니다. 2011년 IJCNN 이미지 분류 대회에서 합성곱 신경망에 기반한 알고리즘이 처음으로 인간을 뛰어 넘기 전까지 말이지요(참고자료 [1]). 그리고 2012년 이미지넷ImageNet 대회에서 합성곱 신경망에 기반한 알렉스넷AlexNet이 대규모 데이터셋에서 눈에 띄는 성적을 거두었습니다. 이때부터 합성곱 신경망은 이미지 분류에 사용되는 주류 알고리즘으로 자리매김하였습니다.

딥러닝 기반의 이미지 분류 원리는 결코 복잡하지 않습니다. 먼저, 그림 7-1의 간단한 예제를 살펴봅시다.

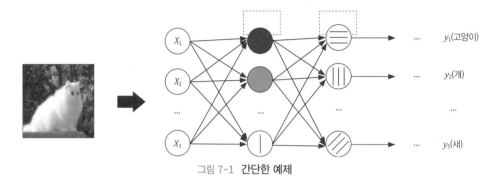

그림 7-1 **간단한 예제**

그림 7-1에서 우리는 그림의 픽셀값을 입력으로 사용해 각 층이 서로 다른 이미지 특징을 학습하도록 합니다. 예를 들어, 첫 번째 층은 이미지의 국소적 색이나 단순한 선을 학습하고, 두 번째 층에서는 더욱 복잡한 도안을 학습합니다. 이렇게 마지막에는 이미지가 서로 다른 클래스class일 확률을 출력하는데, 예를 들어, y_1은 해당 이미지가 고양이일 확률, y_2는 개일 확률을 나타내는 것입니다.

그러나 이러한 방식은 처리해야 할 데이터가 매우 커지면 문제가 발생합니다. 만약 100×100 크기의 RGB 이미지 한 장을 처리해야 한다고 가정한다면, 입력되는 픽셀값은 30,000(3×100×100)개 일 것입니다. 만약 첫 번째 층의 뉴런이 1,000개가 있다고 가정하면, 각 a_i의 입력은 $w_{i1} \times x_1 + w_{i2} \times x_2 + \cdots + w_{i30000} \times x_{30000}$이 되며, 따라서 첫 번째 층에서만 총 1,000×30,000개의 파라미터를 훈련해야 할 것입니다. 이론적으로 딥러닝을 사용해 이미지 분류를 하는 논리가 명확하다 하더라도 합성곱 신경망이 출현하기 전에는 이를 현실적으로 처리할 수 있는 방식은 존재하거나 보편화하지 않았습니다.

7.1.2 이미지 분류의 세 가지 문제

합성곱 신경망은 이미지 분류 문제에서 뛰어난 성능을 보여 주류 알고리즘으로 자리 잡았는데, 이는 이미지 분류 영역의 상식을 이용했기 때문만 아니라 이미지 분류의 특성과도 관련이 있습니다. 이미지 분류 작업을 할 때는 다음 세 가지 문제를 해결해야 합니다.

문제1: 만약 대표성을 가진 국소 부위의 특징이 매우 한정된 범위 내에서만 발견된다면, 전체 이미지를 처리하지 않고 어떻게 해당 분류 특징을 발견할 수 있을까요?

그림 7-2에서 그림 (a)는 자동차입니다. 그림 (b)에 나타난 것처럼 차의 타이어는 매우 전형적인 특징을 가지고 있습니다. 만약 우리가 차의 타이어와 같은 특징을 발견한다면 어떤 이미지가 자동차에 속할 확률이 비교적 높다고 말할 수 있을 것입니다. 그러나 이러한 국소적인 구역 내에 존재하는

특징을 어떻게 찾아야 할까요?

(a)   (b)

그림 7-2 **이미지의 국소적 특징**

문제2: 비슷한 국소 부위의 특징이 이미지의 서로 다른 영역에 동시에 출현한다면 어떻게 처리해야 할까요?

그림 7-3의 그림 (a)와 그림 (b)는 매우 비슷한 앞모습을 가졌습니다. 그러나 그림 (a)에서 앞부분의 라디에이터 그릴은 이미지의 왼쪽에 위치한 반면, 그림 (b)는 오른쪽에 위치해 있습니다. 이렇듯 비슷한 특징이 다른 위치에 있을 경우 어떻게 자동으로 찾아내도록 만들 수 있을까요?

(a)   (b)

그림 7-3 **서로 다른 위치에 있는 비슷한 특성**

문제3: 이미지 축소(균일 샘플링)는 이미지 클래스에 영향을 끼치지 않습니다. 그렇다면 이러한 아이디어를 사용해 처리해야 할 데이터양을 줄이는 것이 가능할까요?

그림 7-4처럼 이미지를 축소한다고 해도 물체의 유형(클래스)을 바꿀 수는 없습니다. 이미지를 축소하는 과정은 사실상 일종의 샘플링 과정입니다. 앞서 완전연결 네트워크를 사용해 이미지 분류를 진행할 때 언급했던 것처럼, 완전연결 네트워크의 문제점은 처리해야 할 파라미터가 너무 많다는 것입니다. 그렇다면 샘플링 방법을 사용해 이러한 파라미터 개수를 줄이는 것이 가능할까요?

(a)   (b)

그림 7-4 **크기가 다른 동일 물체**

7.2절에서는 합성곱 신경망이 어떻게 앞서 말한 세 가지 문제를 해결하는지를 중점적으로 설명하겠습니다.

7.2 합성곱 신경망의 원리

이론상으로 합성곱 신경망은 합성곱 연산convolution, 풀링pooling, 검출기detector라는 세 단계로 구성되어 있다고 말할 수 있습니다.

여기서 검출기는 그림 7-5처럼 합성곱 연산 후 얻은 결과를 ReLU(참고자료 [2])와 같은 비선형 활성화 함수에 넣는 것을 뜻합니다.

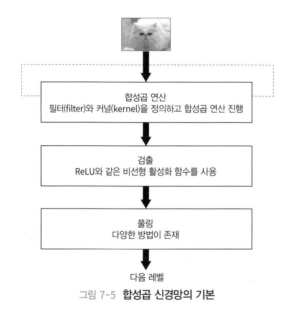

그림 7-5 **합성곱 신경망의 기본**

그림 7-5에 나오는 합성곱 신경망 구성은 MIT 출판사에서 출간한 《Deep Learning》(참고자료 [2])이라는 책에 기술된 내용입니다. 그러나 케라스나 다른 프레임워크에서 실제 개발할 때는 검출기라는 활성화 함수 처리 단계를 단독 층으로 구성할 필요가 없습니다. 왜냐하면 Conv2D층을 정의할 때 직접 사용하는 활성화 함수를 지정해 주면 되기 때문입니다.

```
model.add(Conv2D(64, (5, 5), activation='relu'))
```

따라서 구현 과정에서 합성곱 신경망은 여러 합성곱층convolution layer 및 풀링층pooling layer으로 구성되어 있습니다. 사실, 그림 7-6처럼 마지막 부분에 활성화 함수가 있는 층을 더해 주기도 합니다.

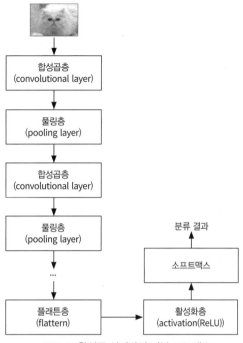

그림 7-6 **합성곱 신경망의 기본 프로세스**

이번 장 마지막 부분에 코드 구현에 대해 자세히 설명하겠습니다. 그전에 먼저 합성곱 연산과 풀링 이라는 두 주요 개념에 대해 알아봅시다.

7.2.1 합성곱 연산

합성곱 연산은 이미지 처리 영역에서 이미 오래전부터 존재한 연산 방식입니다. 먼저, 3×3번 행렬 $A = \begin{bmatrix} 0 & 1 & 1 \\ 1 & 0 & 0 \\ 0 & 1 & 0 \end{bmatrix}$ 과 2×2번 행렬 $B = \begin{bmatrix} 1 & 0 \\ 0 & 1 \end{bmatrix}$ 이 있다고 가정해 봅시다.

우리는 A의 (0, 0) 위치에서 시작해 그림 7-7처럼 2×2 크기의 윈도우window로 좌에서 우로, 위에서 아래로 훑으며 하위 행렬의 내적dot production을 계산합니다.

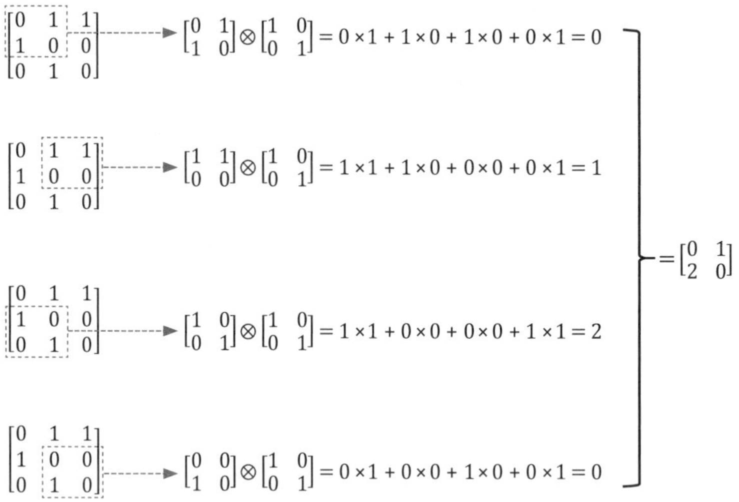

$$\begin{bmatrix} 0 & 1 & 1 \\ 1 & 0 & 0 \\ 0 & 1 & 0 \end{bmatrix} \dashrightarrow \begin{bmatrix} 0 & 1 \\ 1 & 0 \end{bmatrix} \otimes \begin{bmatrix} 1 & 0 \\ 0 & 1 \end{bmatrix} = 0 \times 1 + 1 \times 0 + 1 \times 0 + 0 \times 1 = 0$$

$$\begin{bmatrix} 0 & 1 & 1 \\ 1 & 0 & 0 \\ 0 & 1 & 0 \end{bmatrix} \dashrightarrow \begin{bmatrix} 1 & 1 \\ 0 & 0 \end{bmatrix} \otimes \begin{bmatrix} 1 & 0 \\ 0 & 1 \end{bmatrix} = 1 \times 1 + 1 \times 0 + 0 \times 0 + 0 \times 1 = 1$$

$$= \begin{bmatrix} 0 & 1 \\ 2 & 0 \end{bmatrix}$$

$$\begin{bmatrix} 0 & 1 & 1 \\ 1 & 0 & 0 \\ 0 & 1 & 0 \end{bmatrix} \dashrightarrow \begin{bmatrix} 1 & 0 \\ 0 & 1 \end{bmatrix} \otimes \begin{bmatrix} 1 & 0 \\ 0 & 1 \end{bmatrix} = 1 \times 1 + 0 \times 0 + 0 \times 0 + 1 \times 1 = 2$$

$$\begin{bmatrix} 0 & 1 & 1 \\ 1 & 0 & 0 \\ 0 & 1 & 0 \end{bmatrix} \dashrightarrow \begin{bmatrix} 0 & 0 \\ 1 & 0 \end{bmatrix} \otimes \begin{bmatrix} 1 & 0 \\ 0 & 1 \end{bmatrix} = 0 \times 1 + 0 \times 0 + 1 \times 0 + 0 \times 1 = 0$$

그림 7-7 **합성곱 연산 예시**

그림 7-7의 합성곱 연산에서 몇 가지 용어에 대한 설명을 하고 넘어가겠습니다.

- **인풋**input: 데이터

- **커널**kernel : 직사각형의 영역. 슬라이딩 윈도우sliding window 형식으로 입력된 데이터상에서 좌에서 우로, 위에서 아래로 내적 연산을 진행합니다.

- **필터**filter: 신호 처리나 전통적인 이미지 처리에서도 필터라는 개념이 존재합니다. 예를 들면 로우 패스 필터low pass filter, 하이 패스 필터high pass filter 등이 있습니다. 그림 7-7에서는 커널이 사용한 행렬 $\begin{bmatrix} 0 & 1 \\ 1 & 0 \end{bmatrix}$ 역시 필터에 속합니다. 여기서 주의해야 할 점은 필터와 커널의 차이입니다. 그림 7-7에는 하나의 채널이 존재하는데, 해당 입력은 사실상 [3, 3, 1] 차원의 텐서tensor입니다. 커널 역시 [2, 2, 1] 차원의 텐서입니다. 우리는 입력과 필터가 모두 하나의 평면상에 있다는 것을 알 수 있고, 따라서 대응하는 텐서의 최종 차원은 모두 1이며, 이때 커널과 텐서는 사실 동일하다는 것을 알 수 있습니다. 하지만 RGB 같은 색이 추가된다면 총 3개의 채널이 되고(3개의 평면으로 볼 수 있음), 그렇게 되면 커널은 여전히 $k \times k \times 1$개의 텐서이지만 필터의 차원은 $k \times k \times 3$이 되어 3개의 커널을 포함하게 됩니다.

- **스트라이드**stride: 그림 7-7에서 커널의 이동 보폭은 1입니다. 예를 들면 첫 번째 점곱 연산 후에 오른쪽으로 한 픽셀 이동하고 다시 연산을 진행하는 것이죠. 이런 경우 스트라이드는 1이 됩니다. 계산량을 줄이기 위해서 우리는 스트라이드를 2나 3 혹은 더 큰 숫자로 지정할 수 있습니다. 이는 마치 합성곱 연산에서 진행하는 샘플링과도 같습니다.

- **피처 맵**feature map: 우리는 입력과 커널의 합성곱 연산 결과를 피처 맵이라고 부릅니다. 왜냐하면 우리가 실제로 얻는 것은 커널이 결정하는 어떠한 이미지의 특성이기 때문입니다.

$$\begin{bmatrix} 0 & 1 & 1 \\ 1 & 0 & 0 \\ 0 & 1 & 0 \end{bmatrix} \times \begin{bmatrix} 1 & 0 \\ 0 & 1 \end{bmatrix} = \begin{bmatrix} 0 & 1 \\ 2 & 0 \end{bmatrix}$$

Input   커널   피처 맵

그림 7-8 **합성곱 연산 관련 용어**

7.2.2 전통적인 이미지 처리에서의 합성곱 연산

합성곱 연산은 딥러닝에서만 존재하는 개념은 아닙니다. 에지 검출edge detection과 같은 전통적인 이미지 처리 기술에 아주 오랫동안 활용됐습니다. 해당 기술이 이미지 처리 방면에서 십수 년간 누적되어 왔기 때문에 이미지 분류가 딥러닝의 주요 영역이 된 것일 수도 있습니다. 합성곱 신경망이 이미지 분류의 벤치마크가 된 이유를 알고 싶다면 전통적인 이미지 분류 방법이 어떻게 작동했고, 어떤 문제들을 가지고 있었는지 이해해야 합니다. 그림 7-9는 간단한 전통적인 에지 검출 알고리즘의 예시입니다(참고자료 [3]).

(a)   (b)

그림 7-9 **간단한 전통적인 에지 검출 알고리즘 예시**

그림 7-9에 사용된 소벨 연산자sobel operator는 사실 두 개의 3×3 매트릭스 *A*와 *B*입니다.

$$A = \begin{bmatrix} 1 \\ 2 \\ 1 \end{bmatrix} \begin{bmatrix} -1 & 0 & 1 \end{bmatrix} = \begin{bmatrix} -1 & 0 & 1 \\ -2 & 0 & 2 \\ -1 & 0 & 1 \end{bmatrix}$$

$$B = \begin{bmatrix} -1 \\ 0 \\ 1 \end{bmatrix} \begin{bmatrix} 1 & 2 & 1 \end{bmatrix} = \begin{bmatrix} -1 & -2 & -1 \\ 0 & 0 & 0 \\ 1 & 2 & 1 \end{bmatrix}$$

우리는 입력input을 이미지 화소를 나타내는 2D 매트릭스로 정의하고, *A*, *B*와 각각 앞서 묘사한 합성곱 연산을 진행합니다.

$$G_x = A \times \text{Input}$$

$$G = B \times \text{Input}$$

여기서 해당 입력에 대해 진행한 합성곱 작업을 오른쪽과 아래로 '점진적으로 증가하는' 화소를 얻기 위한 작업으로 간주할 수 있습니다. 주의해야 할 것은, A의 분해된 행렬에 [-1, 0, 1]과 같은 오른쪽으로 점진적으로 증가하는 일차원 하위행렬이 존재하고, B의 분해된 행렬에는 $\begin{bmatrix} -1 \\ 0 \\ 1 \end{bmatrix}$과 같은 아래쪽으로 점진적으로 증가하는 1차원 행렬이 존재한다는 것입니다.

마지막으로 우리는 G_x와 G_y의 각 대응하는 값의 제곱에 대해 연산을 진행합니다.

$$G = \sqrt{G_x^2 + G_y^2}$$

이렇게 해서 구해낸 값이 바로 그림 7-9(b)와 같은 에지값이 됩니다.

소벨 연산자의 연산 과정은 이미지 특성, 행렬 연산 등에 대한 연구원의 이해를 바탕으로 설계되는 '정밀한' 계산 과정입니다. 이와 유사한 연산으로는 캐니canny 연산자가 있습니다. 아주 긴 시간 동안 이미지 영역에서 연구원들은 자신의 부단한 노력으로 각종 정밀한 계산 방법을 설계했고, 이를 통해 얼굴 인식, 이미지 분류, 목표물 추적target tracking 등의 문제를 해결해왔습니다.

그러나 실전에서 이미지 자체가 가진 본질적인 복잡성 때문에 이러한 '정교한' 알고리즘은 변화무쌍한 환경 속에서 좋은 성과를 내기 힘들었습니다. 즉, 이미지의 유형이 많아지면 많아질수록 이미지 처리에 대한 각종 '기교'들을 연결하는 것이 힘들었습니다. 예를 들어, 어떤 부분에서 로우 패스 필터low-pass filter를 써야 하고, 어떤 부분에서 선명화sharpening 처리를 해야 하는지에 대한 부분을 효율적으로 결정하기 힘들었습니다. 이러한 부분은 경험에 의해 디자인될 수밖에 없었고, 이는 매우 큰 난제였습니다.

합성곱 신경망의 탄생은 우리로 하여금 딥러닝 방식을 사용해 앞 문제를 해결할 수 있도록 해주었습니다.

- 다양한 커널kernel을 사용해 전통적인 방식에서 단일 혹은 소량의 필터로 인한 정보 부족 문제를 해결했습니다.
- 경사 하강법을 통해 커널의 구체적인 수치를 학습할 수 있게 되었고, 이로 인해 위에서 보여준 소벨 연산자의 두 행렬과 같은 인공적인 설계로부터 자유로워질 수 있었습니다.

7.2.3 풀링

우리는 앞서 풀링pooling을 일종의 샘플링 방법으로 개괄적이고 간단히 표현했는데, 이는 아주 정확한 표현은 아닙니다. 풀링은 다양한 방식으로 구현이 가능하며, 자주 사용되는 방법은 다음과 같습니다.

- **맥스 풀링**max pooling: 대상 영역에서 최댓값을 취하며, 해당 영역은 일반적으로 직사각형 범위를 갖습니다.
- **평균 풀링**average pooling: 대상 영역의 평균값을 취합니다.
- **가중 평균 풀링**weighted average pooling: 대상 영역 중심에 대한 거리를 기반으로 해당 영역 내의 모든 값에 가중치를 설정하고 평균값을 취합니다.

어떤 풀링 방식을 취해야 하는가는 구체적인 상황에 따라 결정됩니다. 실제 응용에서 가장 자주 사용되는 것은 맥스 풀링 방법이며, 매우 간단하게 구현 가능합니다.

```
for i in range(m):
    for j in range(n):
        max_value = max(max_value, input[i, j])
```

케라스에서는 단 한 줄로 맥스 풀링층 구현이 가능합니다.

```
MaxPool2D(pool_size=2)(x)
```

여기서 각종 풀링 방식을 비교할 필요는 없습니다. 중요한 것은 왜 풀링을 해야 하고, 풀링층이 어떤 문제를 해결했는가에 대한 이해입니다.

그림 7-10의 이미지를 식별해야 한다고 가정해 봅시다. 그림 7-10에서 그림 (a)와 그림 (b)는 얼핏 봐도 동일한 이미지 같습니다. 그러나 그림 (b)는 그림 (a)에서 소폭의 위치 이동이 생긴 듯 보입니다. 만약 전통적인 방법으로 이미지 식별을 한다면, 고양이의 눈, 코, 입 등의 물리적인 특징을 얻은 후 전체 이미지를 탐색해 단독적인 특징을 찾고, 서로 다른 특징의 상대적인 위치에 대한 분석을 해야 할 것입니다. 이렇게 하면 시간이 오래 걸릴 뿐만 아니라 정확도를 높이기 힘듭니다. 우리는 이러한 작은 움직임에도 민감하지 않은invariant to small translation(작은 이동에 대해 불변하는) 이미지 분류 방법을 얻길 원할 것입니다.

(a)   (b)

그림 7-10 **고양이 이미지 식별**

풀링은 이러한 목적을 달성할 수 있게 해줍니다. 엄밀히 말하면, 풀링이 이미지 특징의 이동에 대해 완전히 민감하지 않은 것은 아니고, 단지 작은 이동이 발생하는 상황에서 대부분의 출력값이 불변하도록 보장한다고 할 수 있습니다. 다음과 같은 1차원 맥스 풀링 MaxPooling1D 메서드를 정의했다고 가정해 봅시다.

```python
def MaxPooling1D(input, pooling_size):
    output = []
    for i in range(len(input)):
        max_value = input[i] if i==0 else max(input[i-1], input[i])
        max_value = input[i] if i==len(input)-1 else max(input[i], input[i+1])
        output.append(max_value)
    return output
```

그림 7-11의 두 입력 [1, 1, 2, 1]과 [0, 1, 1, 2]에 대해, 우리는 출력에 부분적 변화는 보이지만 입력값과 큰 차이가 없고 모종의 안정성을 가졌다는 것을 알 수 있습니다.

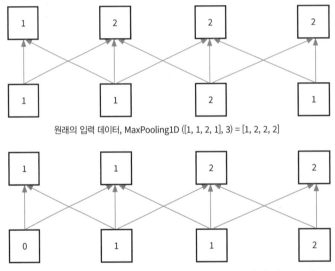

원래의 입력 데이터, MaxPooling1D ([1, 1, 2, 1], 3) = [1, 2, 2, 2]

입력이 오른쪽으로 한 화소 이동한 경우, MaxPooling1D([0, 1, 1, 2], 3) = [1, 1, 2, 2]

그림 7-11 **맥스 풀링(MaxPooling) 예시**

그림 7-11의 예제에서 맥스 풀링은 입력된 3개의 이웃된 화솟값에서 최댓값을 선택하게 됩니다. 이렇게 원래 입력 데이터를 오른쪽으로 한 화소씩 이동했을 때, 출력의 75%는 원래의 값과 동일하다는 것을 알 수 있습니다.

물론, 그림 7-10와 같은 실제 이미지에서 일어나는 이와 같은 매커니즘은 앞 예제처럼 간단하지는 않겠지만 원리는 동일합니다. 그림 7-10와 같은 이미지에서 우리의 관심사는 가운데 영역에 고양이 눈이 있고, 하단 부분에 코와 입이 존재하는지를 판단해 식별 목적을 이루는 것입니다. 이때 풀링은 해당 부분들에 대한 위치가 아주 정확하지 않더라도 우리가 원하는 목적을 이룰 수 있도록 해줍니다.

사실 합성곱 연산과 결합하면 풀링은 이미지 회전에 대해서도 어느 정도 역할을 하게 됩니다. 이번 장 마지막의 참고자료 [2]에서는 그림 7-12와 같은 손글씨 식별 예제를 제공합니다.

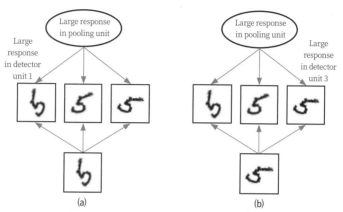

그림 7-12 회전된 손글씨 이미지 식별(참고자료 [2]에서 발췌)

그림 7-12의 그림 (a)와 그림 (b)에서 우리는 3개의 훈련으로 학습된 필터를 풀링으로 결합해 회전된 이미지에 대해 민감하지 않도록 만드는 효과를 낼 수 있습니다. 그림 (a)와 그림 (b)에서 사용되는 3개의 필터는 모두 회전된 숫자 5에 대한 서로 다른 각도를 적합합니다. 따라서 손글씨 숫자 5가 입력될 때 이미지 각도가 다르더라도 3개의 필터 중 하나가 활성화됩니다. 맥스 풀링층은 어떤 특정한 필터가 아닌, 가장 큰 값을 갖는 필터만 선택합니다.

7.2.4 왜 합성곱 신경망은 좋은 성능을 낼까요?

7.1.1절과 7.1.2절에서는 완전연결 네트워크의 성능, 국부적 특징의 식별 등 이미지 분류에 존재하는 몇 가지 문제를 언급했습니다. 관련 내용을 학습했으니 다시 해당 문제로 돌아가 봅시다.

1. 합성곱 신경망은 왜 완전연결 네트워크보다 효과적인가요?

이 질문에 대한 답을 할 때 우리는 여기서 이야기하는 효율이 단순히 더 빠른 계산이나 혹은 더 적은 하이퍼 파라미터를 뜻하지 않는다는 점에 주의해야 합니다. 물론 커널 함수를 사용해 합성곱 연산을 한다면 계산 복잡도가 $O(mn)$에서 $O(kn)$으로 줄어들긴 합니다. 여기서 m은 출력층의 노드 개수를, n은 입력의 차원을, k는 커널 파라미터의 개수를 뜻합니다(참고자료 [2]). 하지만 중요한 것은 왜 파라미터가 줄어든 상황에서도 여전히 더 높은 정확도를 보여주는가에 있습니다. 이번 장의 참고자료 [2]에서는 두 가지 관점에서 이에 대한 답을 제시하고 있습니다. 바로 파라미터 공유parameter sharing와 희소 연결성sparse connectivity입니다.

먼저 파라미터 공유의 의미에 관해 이야기해 봅시다. 그림 7-1에서 설명한 완전연결 네트워크에서는 매 층 각 노드의 파라미터가 이전 층의 모든 입력에서 처리되기 때문에 계산량이 엄청날 수밖에 없었습니다. 하지만 합성곱 신경망을 통하면 모든 입력에 대해 처리할 필요가 없고, 처리해야 하는 데이터양은 커널의 크기에 의해 결정됩니다. 여기서 좋은 점은 커널은 모든 입력 공간에서 슬라이딩 slide하기 때문에 각 그룹의 입력이 사용하는 커널 파라미터는 그림 7-13처럼 모두 동일하다는 사실입니다.

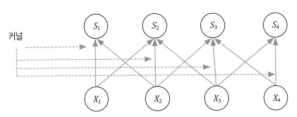

그림 7-13 **커널 파라미터 공유**

앞서 언급했던 소벨 연산자와 비교하면, 여기의 소벨 연산자가 포함하는 두 행렬은 모든 이미지에 대해 동일합니다. 즉, 소벨 연산자를 사용하는 모든 이미지가 동일한 행렬 수치를 사용한다는 이야기와 같습니다. 이는 커널 함수와 동일합니다. 차이라고 한다면 소벨 연산자는 인간의 실험과 경험적 설계에 기반해 얻어지지만, 딥러닝의 경사 하강법 등의 알고리즘을 통하면 적합하고 다양한 이미지 데이터에 대해 공통으로 사용할 수 있는 커널 파라미터를 찾을 수 있다는 것입니다.

이어서 희소 연결성에 관해 이야기해 봅시다. 완전연결 네트워크에서 각 층의 각 노드가 이전 층의 모든 노드의 영향을 받는 것과 다르게 단층 합성곱 신경망의 경우, 두 번째 층 노드는 입력층과 커널이 관련된 노드의 영향만을 받습니다. 입력층의 노드 역시 그림 7-14처럼 커널 크기와 관련 있는 두 번째 층 노드에만 영향을 줍니다.

그림 7-14(b)에 보이는 단층 합성곱 신경망의 단일 출력은 부분적 입력의 영향만을 받는 것으로 보이는데, 이는 이론상으로 좋은 성능을 내기 힘듭니다. 그러나 단층 합성곱 신경망을 다층으로 겹쳐 만들면 그림 7-14(c)처럼 출력 A_3가 여전히 이전 층의 부분적 노드인 S_2, S_3, S_4의 영향만을 받지만, S_2, S_3, S_4는 각각 입력층의 X_1, X_2, X_3, X_4, X_5의 영향을 받기 때문에 사실상 A_3는 모든 입력 노드의 영향을 받아 결정된 셈입니다. 동일하게 각 입력 노드 X_i 역시 다층 네트워크 전파를 통해 마지막 층 각 노드에 영향을 주게 되는 것입니다.

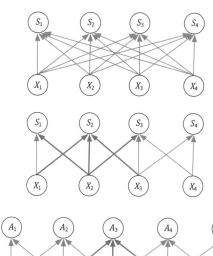

(a) 완전연결층

첫 번째 층(입력층)의 각 노드는
다음 층의 모든 노드에 영향을 준다

(b) 합성곱층

S_2는 X_1, X_2, X_3 총 3개 입력의 영향을 받고,
X_2의 값은 S_1, S_2, S_3에만 영향을 준다

(c) 합성곱 신경망

S_2는 X_1, X_2, X_3 총 3개 입력의 영향을 받고,
X_2의 값은 S_1, S_2, S_3에만 영향을 준다
A_3는 모든 입력의 영향을 받는다

그림 7-14 **완전연결 네트워크와 합성곱 네트워크 비교**

따라서 합성곱 신경망은 파라미터 공유와 희소 연결성이라는 두 방식을 통해 연산량과 저장 공간을 대폭 줄이면서 뛰어난 정확도를 유지한다고 말할 수 있습니다.

2. 국부적 특성은 어떻게 발견할까요? 이미지 내 다른 영역에 있는 비슷한 특징들은 어떻게 처리해야 할까요? 또, 이미지의 스케일링은 어떻게 처리해야 할까요?

사실 이 질문들에 대한 답은 앞서 합성곱 신경망의 원리에 대해 설명할 때 이미 언급했었지만, 다시 정리해 보겠습니다.

국소적 특징을 찾아내는 과정은 사실상 커널 함수 혹은 서로 다른 필터에 의존하게 됩니다. 우리가 정의한 커널 함수(필터)는 국소적 특징에 대한 묘사와 다름없습니다. 예를 들면 다음 예제와 같습니다.

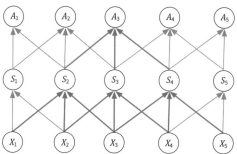

$$\begin{bmatrix} 0 & 0 & 0 \\ 1 & 1 & 1 \\ 0 & 0 & 0 \end{bmatrix} \longrightarrow 횡선$$

$$\begin{bmatrix} 1 & 0 & 0 \\ 0 & 1 & 0 \\ 0 & 0 & 1 \end{bmatrix} \longrightarrow 왼쪽 상단에서 오른쪽 아래로 이어진 대각선$$

우리는 경사 하강법을 이용해 이런 커널 함수의 파라미터를 학습합니다. 이는 사실 국소적 특징을 발견하는 과정을 자동화하는 것이라고 볼 수 있습니다.

이미지의 각기 다른 영역에 존재하는 비슷한 특징은 어떻게 처리해야 할까요? 합성곱 연산의 전체 과정은 서로 다른 커널 함수(필터)를 사용해 전체 이미지에 대해 슬라이딩 연산을 진행하며 적합한 부분을 찾습니다. 맥스 풀링 방법을 결합해 탐색 범위를 줄이고 안정성을 향상시킬 수도 있습니다. 또한, 목적 달성을 위한 탐색 속도까지 향상시킬 수 있습니다.

그렇다면 이미지 스케일링은 어떻게 처리할까요? 이 부분에 대해서는 풀링에 대해 설명할 때 이미 언급했습니다. 상품화 과정에서 우리는 일반적으로 어떤 고정된 해상도를 만족시키도록 합성곱 신경망의 입력 크기를 규정합니다. 만약 이미지가 크다면 축소 후 입력으로 사용해야 합니다.

합성곱 신경망 모델의 원리와 장점에 대한 분석은 여기서 마치고, 이제 본격적으로 케라스를 사용해 합성곱 신경망 모델을 구현해 이미지 식별 문제를 해결해 보도록 합시다.

7.3 실전 예제: 교통 표지판 분류

이번 절에서는 이미지 분류 실전 예제를 통해 구체적인 데이터상에서 합성곱 신경망에 기반한 모델이 어떻게 구현되고 훈련되며, 이미지 식별 문제를 해결할 수 있는지에 대해 알아보겠습니다. 이번 절에서는 먼저 관련 데이터셋을 준비하는 과정에 대해 설명하고, 다음으로 케라스를 사용한 합성곱 신경망 모델 구현에 대해 조금 더 자세히 설명하겠습니다. 마지막으로 구현된 모델로 훈련하고 예측하는 코드에 대한 설명을 하겠습니다.

7.3.1 교통 표지판 데이터셋

우리는 공개된 데이터인 독일 교통 표지판 데이터셋 GTSRP(참고자료 [4])를 사용하겠습니다. 이 데이터셋은 이미지 분류나 머신러닝 연구를 위해 사용되는 오픈 소스 데이터입니다.

참고자료 [4]에서 다음 그룹의 데이터를 다운로드합니다(Training Dataset, Images and annotations, Test Dataset, Images and annotations, Extended annotations including class ids). 데이터를 받았다면 다음 목차로 파일을 만들어 줍니다.

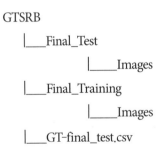

```
GTSRB
    |___Final_Test
            |____Images
    |___Final_Training
            |____Images
    |___GT-final_test.csv
```

Final_Training/Images 파일을 열어보면 각기 하위 목록에 비슷한 이미지가 모여 있는 것을 확인할 수 있습니다. 예를 들어, 그림 7-15처럼 목록 0020에는 우회전 표시로 보이는 각종 이미지가 담겨 있고, 0025에는 공사중 표지판이, 0030에는 빙결 주의 표지판이 있습니다.

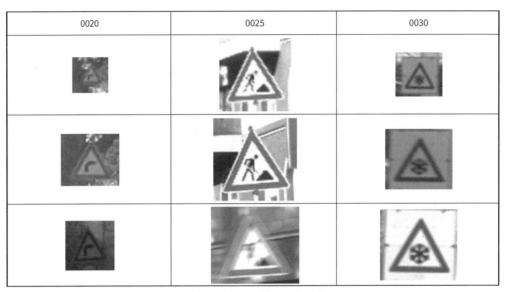

0020	0025	0030

그림 7-15 **교통 표지판 훈련 데이터**

주의해야 할 부분은 샘플의 크기가 15×15부터 250×250까지 다양하다는 점입니다. 그리고 표지판 그림이 항상 이미지 중앙에 위치하고 있지 않습니다. 이는 현실적인 부분을 충분히 반영했다고 볼 수 있습니다.

final_test 목록에는 테스트를 위한 각종 이미지가 있습니다. Gt-final_test.cvs는 final_test에서 테스트 샘플의 레이블입니다. 파일을 열면 첫 행에 각 열의 변수명이 담겨 있습니다.

```
Filename, width, height, roi.x1, roi.y1, roi.x2, roi.y2, ClassId
```

여기서 가장 중요한 것이 마지막에 있는 ClassId입니다. ClassId는 해당 이미지의 클래스를 표기하고 있으며, 우리가 식별해야 할 목표(타깃)와도 같습니다. 주의해야 할 점은, final_training/images 의 각 클래스마다 동일한 형식의 CSV 파일이 존재하지만, 이미 클래스를 알고 있기 때문에 실제 훈련에서는 사용하지 않습니다.

7.3.2 케라스를 사용한 합성곱 신경망 구현

케라스를 사용한 합성곱 신경망의 구현은 매우 간단합니다. 그림 7-6과 대조하여 우리는 그림 7-16과 같은 합성곱 신경망 모델을 만들 수 있습니다.

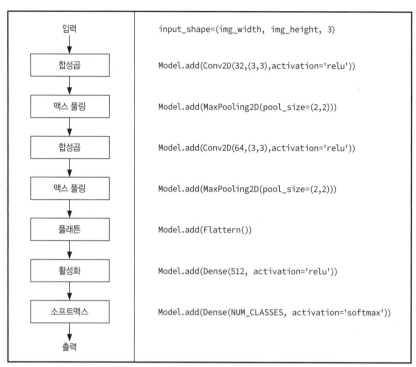

그림 7-16 합성곱 신경망 모델과 단계별로 대응하는 케라스 코드

물론, 그림 7-16에 보이는 코드는 케라스의 부분적인 코드를 합성곱 신경망 모델과 대조해 놓은 것이기 때문에 매우 단순화되었습니다. 실제 개발에서는 드롭아웃dropout 등을 사용해 훈련 효율을 향상시킵니다.

그럼 다음 3개 파일을 사용해 교통 표지판 식별에 대한 훈련과 예측을 구현해 봅시다.

- **util.py**: 합성곱 신경망 모델의 구현 관련 코드를 포함하고 있습니다.
- **train.py**: 모델 훈련에 사용됩니다.
- **predict.py**: 다시 네트워크를 구성해 예측을 진행합니다.

먼저 **util.py**를 확인해 봅시다. 왜 하나의 파일로 합성곱 신경망 모델을 구현했을까요? 그 이유는 실무 환경에서는 훈련 코드와 예측 코드를 함께 사용할 수 없기 때문입니다. AI 모델러가 만든 모델은 엔지니어링 부서나 백엔드 개발자와 공유되어야 하는데, 보통 이때 모델을 하나의 모듈로 만들어 공유하게 됩니다.

```
1   import numpy as np
2   import os
3
4   from skimage import transform
```

```
5
6    from tensorflow.keras.models import Sequential, Model, model_from_json
7    from tensorflow.keras.preprocessing.image import ImageDataGenerator
8    from tensorflow.keras.layers import Dense, Dropout, Activation, Flatten
9    from tensorflow.keras.layers import Conv2D
10   from tensorflow.keras.layers import MaxPooling2D
11
12
13   def preprocess_image(image, size):
14       img = transform.resize(image, (size, size))
15       return img
16
17   def create_model(num_classes, img_size):
18       model = Sequential()
19       model.add(Conv2D(32, (3, 3), padding='same', activation='relu',
20                        input_shape=(img_size, img_size, 3)))
21       model.add(Conv2D(32, (3, 3), padding='same', activation='relu'))
22       model.add(MaxPooling2D(pool_size=(2,2)))
23       model.add(Dropout(0.2))
24
25       model.add(Conv2D(64, (3, 3), padding='same', activation='relu'))
26       model.add(Conv2D(64, (3, 3), padding='same', activation='relu'))
27       model.add(MaxPooling2D(pool_size=(2,2)))
28       model.add(Dropout(0.2))
29
30       model.add(Conv2D(128, (3, 3), padding='same', activation='relu'))
31       model.add(Conv2D(128, (3, 3), padding='same', activation='relu'))
32       model.add(MaxPooling2D(pool_size=(2,2)))
33       model.add(Dropout(0.2))
34
35       model.add(Flatten())
36       model.add(Dense(512, activation='relu'))
37       model.add(Dropout(0.5))
38       model.add(Dense(num_classes, activation='softmax'))
39
40       return model
```

앞 코드를 한번 살펴봅시다.

1~10번 행 모듈을 불러옵니다. 특히 텐서플로에서 케라스 관련 모듈을 불러옵니다.

13~15번 행 skimage를 사용해 이미지를 지정된 크기로 축소하거나 확대합니다.

17~40번 행 합성곱 신경망 모델을 만듭니다. 이전 내용과 비교하면 이번 네트워크는 조금 복잡해 보입니다. 먼저, 우리는 그림 7-6과 비슷한 3개의 합성곱 신경망을 가지고 있습니다. 사실, 기존의 합성곱convolution → 맥스 풀링max pooling 구조에서 층마다 '합성곱 → 합성곱 → 맥스 풀링 → 드롭아웃' 구조로 확장한 것입니다. 각 합성곱층마다 ReLU 활성화 함수를 사용한 것 외에, 드롭아웃을 더해 훈련 시 특정 노드를 랜덤으로 선택하지 않기 때문에 훈련 속도가 향상됩니다. 그 외에도 각 합성

곱층마다 서로 다른 개수의 필터를 사용하는데(각각 32, 64, 128개), 필터의 개수는 배수로 늘어나며, 이러한 설정의 목적은 더 많은 세부적인 특징을 잡아내기 위함입니다.

35~38번 행 플래튼층을 통해 1차원 벡터 입력으로 변환합니다. 그리고 두 개의 Dense 완전연결층을 만들어 첫 번째 층에는 ReLU 활성화 함수를 사용해 출력 범위를 제어하고, 두 번째 층에서는 소프트맥스 함수를 사용해 각 클래스의 확률을 얻습니다.

그다음 train.py를 통해 구체적인 훈련 코드를 실행합니다. 자세한 코드는 다음과 같습니다.

```
1   import numpy as np
2   import glob
3   import os,sys
4
5   from skimage import io
6   from sklearn.model_selection import train_test_split
7
8   from tensorflow.keras.optimizers import SGD
9
10  from util import preprocess_image, create_model
11
12  def get_label_from_image_path(image_path, data_path):
13      path = image_path.replace(data_path, "");
14      paths = path.split("/")
15      label = int(paths[0])
16      return label
17
18
19  def get_training_data(data_path, num_classes, img_size):
20      images = []
21      labels = []
22
23      all_image_paths = glob.glob(os.path.join(data_path, '*/*.ppm'))
24      np.random.shuffle(all_image_paths)
25      print(data_path)
26      i = 0
27      for image_path in all_image_paths:
28          try:
29              img = preprocess_image(io.imread(image_path), img_size)
30              label = get_label_from_image_path(image_path, data_path)
31              images.append(img)
32              labels.append(label)
33              print("load images: {}".format(i))
34              i = i+1
35          except(IOError, OSError):
36              print("failed to process {}".format(image_path))
37
38
39      X = np.array(images, dtype='float32')
```

```
40        y = np.eye(num_classes, dtype='uint8')[labels]
41
42        return X, y
43
44
45    NUM_CLASSES = 43
46    IMG_SIZE = 48
47
48    TRAINING_DATA_PATH = "./GTSRB/Final_Training/Images/"
49
50    model = create_model(NUM_CLASSES, IMG_SIZE)
51    X, y = get_training_data(TRAINING_DATA_PATH, NUM_CLASSES, IMG_SIZE)
52
53    learning_rate = 0.01
54    sgd = SGD(lr=learning_rate, decay=1e-6, momentum=0.9, nesterov=True)
55
56    model.compile(loss='categorical_crossentropy',
57                  optimizer=sgd,
58                  metrics=['accuracy'])
59
60    batch_size = 32
61    epochs = 30
62
63    history = model.fit(X, y,batch_size=batch_size, epochs=epochs, validation_split=0.2,
64                        shuffle=True)
65    model.save(sys.argv[1])
```

이 코드를 살펴봅시다.

1~10번 행 라이브러리를 불러옵니다. util.py 파일에서 합성곱 신경망 모델을 만들었기 때문에 여기서는 keras.layers를 불러오지 않아도 됩니다.

12~42번 행 훈련 데이터를 불러옵니다. 여기서는 get_label_from_image_path와 get_trainiong _data라는 두 개의 함수를 사용했습니다. 전자는 이미지가 저장된 경로에서 대응하는 레이블 label(클래스)을 불러옵니다. 훈련 이미지 파일명은 './GTSRB/Final_Training/Images/00001/ 000000_00008.ppm'과 같은 형식으로 저장되어 있는데, 앞의 경로를 제거하면 00001이 이미지가 속한 클래스가 됩니다. 따라서 12~16번 행 에서 먼저 설정된 경로명을 제거하고, 레이블만 취해 클래스 코드로 변환합니다. 19~42번 행 은 훈련 파일 내에 있는 모든 파일을 탐색하고, 이미지에 대한 전처리 작업(48×48로 압축)을 거쳐 images 데이터셋으로 저장합니다. 그리고 대응하는 클래스 레이블을 labels에 추가합니다. 주의해야 할 부분은 여기서 넘파이의 eye() 함수를 사용했다는 점입니다. numpy.eye(k)는 $k \times k$개의 2차원 대각행렬diagonal matrix를 생성합니다. 예를 들어, numpy.eye(3)은 다음과 같은 행렬 A를 생성합니다.

```
[[ 1. 0. 0.]
 [ 0. 1. 0.]
 [ 0. 0. 1.]]
```

32번 행에서 생성된 labels는 1차원 데이터셋입니다. 만약 lebels = [1, 1, 2]라고 가정하고 numpy. eye(3)을 사용해 행렬 *A*를 만든다면 *A*[labels]는 labels의 각 값에 기반해 *A*로부터 대응하는 행을 얻고, 즉 우리는 3개의 숫자 데이터를 얻습니다. 각 숫자 데이터의 각 열은 대응하는 숫자를 나타냅니다(예를 들어, 0열은 숫자 0을, 1열은 숫자 1을, 2열을 숫자 2를 나타냄). 따라서 labels의 숫자 데이터 길이는 3이 되고, [0, 2]의 정수 수치 범위를 나타냅니다.

```
[[ 0. 1. 0.]
 [ 0. 1. 0.]
 [ 0. 0. 1.]]
```

이렇게 얻게 된 값은 각 클래스별로 원-핫 인코딩을 거쳐 얻은 값과 동일하다는 것을 알 수 있습니다.

45~46번 행 상수를 정의해 줍니다. 총 클래스 개수는 43으로, 이미지 크기는 48로 설정합니다.

50번 행 합성곱 신경망 모델을 만듭니다.

51번 행 훈련 데이터를 불러옵니다. 훈련에 필요한 모든 입력 X와 레이블 y를 가져옵니다.

53~54번 행 훈련에 사용되는 경사 하강 최적화 알고리즘optimizer을 설정합니다. 최적화 방법에 대해서는 여기서 구체적으로 설명하지 않겠습니다. SGDStochastic Gradient Descent(확률적 경사 하강법)는 자주 사용되는 알고리즘 중 하나입니다(3장 참고). 54번 행에서 해당 파라미터를 직접 설정하면 됩니다.

56~65번 행 model.compile을 통해 손실함수, 최적화 방법 및 평가 방법 등 모델의 각종 파라미터를 설정해 줍니다. 그리고 배치 크기batch size와 에포크epoch를 설정합니다. 마지막으로 model.fit을 통해 훈련을 시작합니다(시간이 다소 걸립니다). 그러면 다음과 같은 결괏값을 확인할 수 있습니다.

```
Epoch 1/30
31365/31365 [==============================] - 393s 13ms/step - loss: 2.2195
- acc: 0.3499 - val_loss: 0.8014 - val_acc: 0.7436
```

각 에포크를 통해 우리는 손실값(loss)과 정확도(accuracy)가 변화하는 것을 확인할 수 있습니다. 손실값은 계속해서 줄어드는 반면 정확도는 향상됩니다.

일정 시간 훈련을 마친 후 훈련 완료된 모델을 파일로 저장합니다. 이제 예측 부분의 코드를 살펴봅시다(predict.py).

```
1    import numpy as np
2    import os
3
4    import pandas as pd
5    from skimage import io, color, exposure, transform
6    from sklearn.model_selection import train_test_split
7
8    from util import create_model, preprocess_image, create_resnet50
9
10   NUM_CLASSES = 43
11   IMG_SIZE = 48
12
13   DATA_PATH = "./GTSRB/Final_Test/Images/"
14
15   def get_test_data(csv_path, data_path):
16       test = pd.read_csv(csv_path, sep=';')
17       X_test = []
18       y_test = []
19
20       i=0
21       for file_name, class_id in zip(list(test['Filename']),list(test['ClassId'])):
22           img_path = os.path.join(data_path,file_name)
23           X_test.append(preprocess_image(io.imread(img_path), IMG_SIZE))
24           y_test.append(class_id)
25           i = i+1
26           print('loaded image {}'.format(i))
27
28
29       X_test = np.array(X_test)
30       y_test = np.array(y_test)
31
32       return X_test, y_test
33
34   print('start')
35   model = create_model(NUM_CLASSES, IMG_SIZE)
36   model.load_weights('gtsrb_cnn_1.h5')
37   test_x, test_y = get_test_data('./GTSRB/GT-final_test.csv', DATA_PATH)
38
39   for i in range(len(test_x)):
40       x = test_x[i]
41       y = test_y[i]
42       y_pred =  np.argmax(model.predict([[x]]))
43       print("{}: (predcit) {}".format(y, y_pred)
44
45   y_pred = model.predict_classes(test_x)
46   acc = np.sum(y_pred==test_y)/np.size(y_pred)
47   print("Test accuracy = {}".format(acc))
```

1~8번 행 라이브러리를 불러옵니다.

10~13번 행 총 클래스 개수를 정의합니다. 그리고 이미지 크기와 테스트 데이터 경로를 설정합니다.

15~32번 행 테스트 데이터를 불러옵니다. 이전에 살펴본 훈련 데이터를 읽어오는 과정과 거의 일치합니다. 유일한 차이는 레이블 정보를 이미지 경로에서 불러오지 않고 CSV 파일을 통해 불러온다는 점입니다. 그 외에도 더 이상 numpy.eye 함수를 사용해 원-핫 인코딩 유형의 레이블을 만들지 않습니다.

35~37번 행 먼저 util.py의 create_model 함수를 통해 합성곱 신경망 모델을 만듭니다. 이 부분이 train.py 코드와 다른 점은, 더는 훈련하지 않아도 된다는 점입니다. 단지 train.py에 저장된 가중치(weight)만 불러오면 됩니다(model.load_weights를 통해서). 그리고 앞서 정의한 함수를 통해 테스트 데이터를 읽어옵니다.

39~43번 행 여기서는 먼저 작은 테스트를 진행합니다. 테스트 데이터에서 10개의 샘플만 선택해 예측 효과를 살펴봅니다. 주의해야 할 점은 42번 행 에서 모델의 예측값 model.predict의 결과를 직접적으로 사용하지 않고, np.argmax로 변환한 값을 사용한다는 점입니다. 그 이유는 create_model 함수에서 볼 수 있듯이 합성곱 신경망의 마지막 층은 소프트맥스 함수인데, 이는 길이가 43(NUM_CLASSES)인 1차원 데이터를 출력합니다. 여기서 각 값은 각 클래스에 속할 확률을 나타냅니다. 우리는 이 확률 중 가장 큰 값을 얻길 원하기 때문에 argmax 함수를 사용하는 것입니다. 이 부분에 대한 출력은 다음과 같습니다.

```
16 : (predict) 16
1 : (predict) 1
38 : (predict) 38
33 : (predict) 33
11 : (predict) 11
38 : (predict) 38
18 : (predict) 18
12 : (predict) 12
25 : (predict) 25
35 : (predict) 35
```

샘플 10개에 대한 예측값을 보여주고 있습니다.

45번 행 에서 predict_classes를 사용해 테스트 데이터의 모든 샘플에 대한 예측을 한번에 진행합니다. 그리고 46~47번 행 에서 정확도 통계를 냅니다. 해당 코드를 실행하면 총 12630개 테스트 샘플 데이터에 대한 예측 정확도가 97% 이상임을 확인할 수 있습니다.

```
Test accuracy = 0.9764845605700713
```

7.4 　최적화 정책

간단한 합성곱 신경망 모델 코드 구현을 통해 97% 이상의 정확도를 가진 모델을 만들어 냈습니다. 이미 좋은 효과처럼 보이지만 더 높은 정확도를 달성하고 싶을 경우에는 어떤 방법들을 사용하면 좋을까요?

일반적으로 두 가지 방법을 통해 딥러닝 모델의 효과를 향상시킵니다. 데이터 증강data augmentation과 모델 최적화가 바로 그것입니다. 데이터 증강이란, 기존 데이터셋에 대해 다양한 방법을 이용해 데이터양을 늘리는 기술입니다. 많은 사람들은 딥러닝이 이미지 식별 영역에서 괄목할 만한 성능을 보이는 것은 이미지넷 등에서 파생된 대규모 데이터셋(참고자료 [5])과 연관되어 있다고 말합니다. 7.3절에서 사용된 교통 표지판 데이터를 예로 들면, 우리는 식별하고자 하는 물체의 이미지를 평행 이동, 확대, 회전, 밝기 조절 등 방법을 사용해 변동시킬 수 있으며, 이런 방법으로 생성된 새로운 훈련 데이터에 대해 훈련을 진행할 수 있습니다. 이것이 바로 데이터 증강입니다.

데이터 증강은 산업계와 실제 프로젝트 중에서 자주 사용하는 방법입니다. 방법이 어렵지 않고, 효과 또한 뛰어납니다. 학계에서는 적은 양의 데이터로 더 좋은 효과를 거두기 위한 데이터 증강 알고리즘을 개발하고자 연구가 한창입니다.

다음 절에서 두 가지 방법에 대해 설명하겠습니다. 먼저, 케라스에 내장된 데이터 증강 클래스를 사용해 7.3절에 나온 방법과 비교했을 경우 성능이 어느 정도 향상되는지 살펴보겠습니다. 그리고 근 몇 년간 유행했던 레스넷ResNet에 대한 소개와 함께 케라스에 기반한 실행 방법을 보여드리겠습니다.

7.4.1 데이터 증강

7.3절의 훈련 코드에서 우리는 4만 장에 가까운 이미지를 훈련 데이터로 사용했음을 알 수 있습니다. create_model() 함수의 마지막 부분에 model.summary() 코드를 추가하면 다음과 같은 전체 모델의 통계 정보를 확인할 수 있습니다.

```
Layer (type)                   Output Shape              Param #
=================================================================
conv2d (Conv2D)                (None, 48, 48, 32)        896

conv2d_1 (Conv2D)              (None, 48, 48, 32)        9248

max_pooling2d (MaxPooling2D)   (None, 24, 24, 32)        0

dropout (Dropout)              (None, 24, 24, 32)        0

conv2d_2 (Conv2D)              (None, 24, 24, 64)        18496
```

```
----------------------------------------------------------------------------
conv2d_3 (Conv2D)                  (None, 24, 24, 64)           36928
----------------------------------------------------------------------------
max_pooling2d_1 (MaxPooling2       (None, 12, 12, 64)           0
----------------------------------------------------------------------------
dropout_1 (Dropout)                (None, 12, 12, 64)           0
----------------------------------------------------------------------------
conv2d_4 (Conv2D)                  (None, 12, 12, 128)          73856
----------------------------------------------------------------------------
conv2d_5 (Conv2D                   (None, 12, 12, 128)          147584
----------------------------------------------------------------------------
max_pooling2d_2 (MaxPooling2       (None, 6, 6, 128)            0
----------------------------------------------------------------------------
dropout_2 (Dropout)                (None, 6, 6, 128)            0
----------------------------------------------------------------------------
flatten (Flatten)                  (None, 4608)                 0
----------------------------------------------------------------------------
dense (Dense)                      (None, 512)                  2359808
----------------------------------------------------------------------------
dropout_3 (Dropout)                (None, 512)                  0
----------------------------------------------------------------------------
dense_1 (Dense)                    (None, 43)                   22059
============================================================================
Total params: 2,668,875
Trainable params: 2,668,875
Non-trainable params: 0
```

해당 모델에는 총 2,668,875장, 즉 266만 장에 달하는 파라미터가 존재합니다. 파라미터 숫자에 비하면 40,000이라는 숫자는 그리 커보이지 않네요.

여기서는 케라스에 내장된 ImageDataGenerator를 사용해 데이터 증강을 실험해 보겠습니다. ImageDataGenerator에는 다양한 파라미터가 존재합니다. 간단한 예는 다음과 같습니다.

```
X_train, X_val, Y_train, Y_val = train_test_split(X, y, test_size=0.2, random_state=42)
datagen = ImageDataGenerator(featurewise_center=False,
                             featurewise_std_normalization=False,
                             rotation_range=10.,
                             width_shift_range=0.1,
                             height_shift_range=0.1,
                             shear_range=0.1,
                             zoom_range=0.2)
datagen.fit(X)
```

앞 코드를 보면 먼저 train_test_split으로 훈련셋과 테스트셋을 분할한 후, ImageDataGenerator의 파라미터를 설정합니다.

- featurewise_center: 생성된 랜덤 샘플의 각 특성(feature)이 균일분포_{uniform distribution}일지 여부를 결정합니다. 즉, mean을 0으로 설정합니다.

- featurewise_std_normalization: 랜덤 샘플의 각 특성이 정규분포를 따르게 합니다.

- rotation_range: 랜덤 샘플의 회전 범위를 지정합니다.

- width_shift_range: 랜덤 샘플(이미지)의 넓이가 늘어나는 범위를 설정합니다. 비율 혹은 화솟값으로 설정 가능합니다.

- height_shift_range: 랜덤 샘플(이미지)의 높이가 늘어나는 범위를 설정합니다.

- shear_range: 원래 이미지 대비 랜덤 샘플(이미지)의 기울기 정도를 결정합니다.

- zoom_range: 랜덤 샘플의 확대/축소 범위를 설정합니다.

다른 코드는 그림 7-16의 train.py와 유사합니다. 하지만 주의해야 할 점은, 지금 우리는 model.fit_generator()를 사용하는 것이지 model.fit()을 사용해 모델을 훈련하는 것이 아니라는 점입니다. 그 외에, 더 이상 X, y를 훈련 데이터로 사용하지 않고, ImageDataGenerator.flow() 함수로 생성되고 증강된 훈련 데이터를 사용한다는 점도 기억해야 합니다. 약간의 수정과 조정을 거친 코드는 다음과 같습니다.

```python
import numpy as np
import glob
import os, sys

from skimage import io
from sklearn.model_selection import train_test_split

from tensorflow.keras.optimizers import SGD
from tensorflow.keras.preprocessing.image import ImageDataGenerator
from util import preprocess_image, create_model

def get_label_from_image_path(image_path, data_path):
    path = image_path.replace(data_path, "");
    paths = path.split("/")
    label = int(paths[0])
    return label


def get_training_data(data_path, num_classes, img_size):
    images = []
    labels = []

    all_image_paths = glob.glob(os.path.join(data_path, '*/*.ppm'))
    np.random.shuffle(all_image_paths)
    print(data_path)
```

```
        i = 0
    for image_path in all_image_paths:
        try:
                img = preprocess_image(io.imread(image_path), img_size)
                label = get_label_from_image_path(image_path, data_path)
                images.append(img)
                labels.append(label)
                print("load images: {}".format(i))
                i = i+1
        except(IOError, OSError):
                print("failed to process {}".format(image_path))


    X = np.array(images, dtype='float32')
    y = np.eye(num_classes, dtype='uint8')[labels]

    return X, y


NUM_CLASSES = 43
IMG_SIZE = 48

TRAINING_DATA_PATH = "./GTSRB/Final_Training/Images/"


model = create_model(NUM_CLASSES, IMG_SIZE)
X, y = get_training_data(TRAINING_DATA_PATH, NUM_CLASSES, IMG_SIZE)

X_train, X_val, Y_train, Y_val = train_test_split(X, y, test_size=0.2, random_state=42)
datagen = ImageDataGenerator(featurewise_center=False,
                             featurewise_std_normalization=False,
                             rotation_range=10.,
                             width_shift_range=0.1,
                             height_shift_range=0.1,
                             shear_range=0.1,
                             zoom_range=0.2,
                             )
datagen.fit(X)


learning_rate = 0.01
sgd = SGD(lr=learning_rate, decay=1e-6, momentum=0.9, nesterov=True)

model.compile(loss='categorical_crossentropy',
              optimizer=sgd,
              metrics=['accuracy'])

batch_size = 32
epochs = 30

history = model.fit_generator(datagen.flow(X_train, Y_train, batch_size=batch_size),
                   steps_per_epoch=X_train.shape[0]/batch_size,
```

```
                    epochs=epochs,
                    validation_data=(X_val, Y_val))
model.save(sys.argv[1])
```

훈련을 완료한 후, predict.py에서 load_weights()를 gtsrb_CNN_augmentation.h5에서 읽어온 값으로 수정합니다. 실행해 보면 정확도가 98% 이상으로, 기존 모델 대비 향상되었음을 알 수 있습니다.

7.4.2 레스넷

2015년, 마이크로소프트는 레스넷ResNet(참고자료 [6])을 공개하고 이미지넷 이미지 분류 대회에서 우승을 차지했습니다. 기본적인 CNN 모델과 비교했을 때 레스넷의 가장 큰 차이점은 스킵 커넥션skip connection이라는 개념을 사용해 더 깊은 네트워크를 성공적으로 훈련시켰다는 점입니다.

7.3절의 코드에서는 6개의 합성곱층을 가진 합성곱 신경망을 구현했습니다. 우리는 이를 통해 겨우 6개뿐인 합성곱층을 가진 모델에서 훈련시켜야 하는 파라미터가 266만개 이상에 달한다는 것을 확인했습니다. 만약 네트워크의 층을 추가한다면 훈련이 더 어려워지고 경사 소실vanishing gradient 문제도 발생할 것입니다(3장에서 언급한 것처럼 최적화 과정 중에 네트워크층이 크면 클수록 오차에 대해 미분하는 값이 작아져 최종적으로는 소멸하게 됩니다). 참고자료 [6]에서는 150층에 달하는 네트워크를 구성했는데, 경사 소실 문제를 해결하기 위해 그림 7-17과 같은 스킵 커넥션을 디자인했습니다.

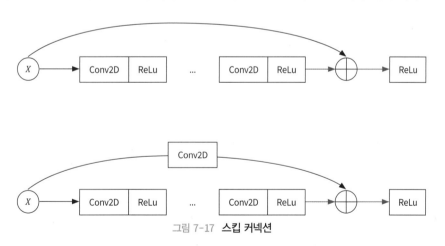

그림 7-17 **스킵 커넥션**

그림 7-17은 레스넷에서 사용한 스킵 커넥션의 기본 개념에 대해 보여주고 있습니다. 앞부분의 입력을 뒷부분의 출력에 더하고, 그 결괏값을 다음 층의 입력으로 사용합니다.

```
X_shortcut = X
# X에 대한 합성곱 연산

X=Add()([X, X_shortcut])
```

앞 의사 코드pseudocode는 X와 X_shortcut이라는 두 개의 차원이 동일한 행렬임을 가정합니다. 만약 양자의 차원이 서로 다르다면 그림 7-17(b)처럼 X_short에 대해 합성곱 처리를 진행해 둘의 차원을 동일하게 만든 후 추가해야 합니다.

여기서는 레스넷의 구현 부분에 대해 깊게 다루진 않겠습니다. 왜냐하면 다음 장인 8장에서 객체 검출을 설명할 때 YOLO 모델을 사용할 텐데, 해당 모델 또한 레스넷에서 사용한 스킵 커넥션 개념을 사용하기 때문입니다. 여기서는 케라스에 내장된 레스넷 모델을 살펴보며 효과가 어떤지 확인해 보겠습니다. 앞서 살펴본 util.py에서 다음 코드만 추가하면 구현이 가능합니다.

```
41    from tensorflow.keras.layers import GlobalAveragePooling2D
42    from tensorflow.keras.applications import resnet50
43
44    def create_resnet50(num_classes, img_size):
45        base_model = resnet50.ResNet50(
46    weights = None, include_top = False, input_shape = (img_size, img_size, 3))
47        x = base_model.output
48        x = GlobalAveragePooling2D()(x)
49        x = Dropout(0.7)(x)
50        predictions = Dense(num_classes, activation = 'softmax')(x)
51        model = Model(inputs = base_model.input, outputs = predictions)
52        return model
```

앞 코드를 한번 살펴봅시다.

`41~42번 행` 관련 패키지를 불러옵니다.

`44번 행` 새로운 함수를 정의합니다. ResNet50을 만듭니다. ResNet50은 비교적 작은 크기의 레스넷 네트워크입니다.

`45번 행` 레스넷 기초 모델을 만듭니다. 여기서는 weights를 0으로 설정해 모델을 처음부터 훈련시킵니다. 혹은 weights = 'imagenet'으로 설정해도 됩니다. 이는 이미지넷의 훈련 가중치를 초깃값으로 사용한다는 뜻입니다. include_top은 완전연결층을 더할 것인지를 결정하는 인자입니다.

`47~51번 행` 기본적인 ResNet50에 전역 평균 풀링global average pooling층을 더합니다. 이는 완전연결층에 대한 최적화라고 볼 수 있습니다. 여기서는 전역 평균 풀링에 대한 자세한 설명은 생략합니다. 관심 있는 독자는 참고자료 [7]을 확인하기 바랍니다. 우리는 다시 드롭아웃층을 더하고 최종적으로 이전 합성곱 신경망과 동일하게 소프트맥스 활성화 함수를 통해 최종 클래스 확률을 얻습니다.

다른 부분은 이전에 설명한 train.py나 predict.py 코드와 비슷합니다. 주의해야 할 점은 레스넷을 CPU에서 돌린다면 훈련 시간이 매우 길다는 것입니다. 따라서 코드를 실행하는 동안 인내심이 필요합니다.

7.5 요약

이번 장을 시작으로 우리는 컴퓨터 비전computer vision의 영역으로 들어왔습니다. 일단은 이미지 분류 문제에 초점을 맞춰 설명했습니다. 이번 장에서는 먼저 이미지 분류 문제 자체에 대한 특징을 설명 했습니다. 특히 합성곱 신경망이 이미지 분류 문제를 해결하는 데 왜 효과적인 알고리즘인지에 대해 설명하고, 이러한 문제들을 중심으로 합성곱 신경망 모델에 관련된 세부적인 내용을 설명했습니다. 7.3절에서는 독일 교통 표지판 데이터를 사용해 케라스에 기반한 합성곱 신경망 모델을 구현했습니다. 4만 장에 달하는 이미지를 훈련하고 검증해 최종적으로 97%에 달하는 정확도를 달성했습니다. 이어서 7.4절에서는 데이터 증강과 모델 최적화라는 두 가지 방면에서 모델의 정확도를 높이는 방법 에 대해 알아봤습니다. 데이터 증강에 관해서는 케라스에 내장된 ImangeDataGenerator를 사용했으 며, 해당 방법을 통해 정확도를 98% 이상까지 향상시켰습니다. 그리고 마지막으로 레스넷 모델을 소 개하고, 모델의 핵심 원리와 핵심 개념에 대해서 설명하며 ResNet50 모델을 구현했습니다.

이미지 분류는 딥러닝에서 매우 중요한 영역입니다. 동시에 딥러닝이 주목받기 시작한 중요한 터닝포 인트가 되었죠. 8장에서는 보다 넓은 응용 범위를 가진 객체 검출object detection에 대해 공부해 봅시다.

7.6 참고자료

[1] IJCNN 2011 Competition result table. OFFICIAL IJCNN 2011 COMPETITION.2011

[2] 《Deep Learning》, John D. Kelleher, MIT Press, 2019

[3] Sobel Operator, https://en.wikipedia.org/wiki/Sobel_operator

[4] GTSRB, http://benchmark.ini.rub.de/?section=gtsrb&subsection=dataset

[5] ImageNet: Constructing a large-scale image database, Fei fei Li, Jia Deng, Kai Li, 2009

[6] Deep Residual Learning for Image Recognition, Kaiming He, X. Zhang, S. Ren, J. Sun, Microsoft Research, 2015

[7] Network in Network, Min Lin, Q. Chen, S. Yan, 2013

CHAPTER

8

객체 검출

이번 장에서는 딥러닝에서 가장 눈길을 끄는 영역 중 하나인 객체 검출object detection(혹은 객체 탐지)에 대해 살펴보겠습니다.

말할 필요도 없이 객체 검출은 현재 인공지능 응용에 가장 중요한 기술 중 하나입니다. 무인 계산대부터 무인 자동차, 그리고 의학 영상에서 안전 감시까지, 객체 검출은 많은 영역에서 핵심 역할을 하고 있습니다. 객체 검출의 응용 범위가 갈수록 늘어가면서 각종 응용 환경과 서로 다른 설비에 대한 요구가 해당 기술에 대한 발전을 촉진했습니다. 많은 최신 논문들이 실제 현장에 빠르게 적용되고 있어, 아마도 학술 연구와 실제 응용이 긴밀하게 결합한 영역 중 하나일 것입니다.

이번 장에서는 기본적인 합성곱 신경망(이후 CNN으로 표기)을 시작으로 객체 검출을 위한 딥러닝 핵심 개념을 설명하고, 최근에 유행 중인 두 가지 객체 검출 방식을 실전 예제와 함께 소개하겠습니다. 그럼 시작해 보죠!

> 이번 장은 이 책에서 가장 복잡한 내용을 담고 있습니다. 왜냐하면 객체 검출 자체가 딥러닝에서 가장 도전적인 영역이기 때문이죠. 독자 여러분은 프로세스와 개념적인 부분의 주요 알고리즘에 대해 이해하는 것에 초점을 맞추고, 코드에 너무 집중하지 않도록 해야 합니다. 이번 장의 Faster R-CNN 부분의 핵심 코드는 독자 여러분이 그냥 읽어 보고 이해할 수 있도록 제공하고 있으며, YOLO 부분의 코드는 직접 실행과 테스트 목적으로 소개하고 있습니다.

8.1 CNN의 진화

8.1.1 CNN과 슬라이딩 윈도우

7장에서는 이미지 분류에 응용되는 CNN을 살펴봤습니다. 그렇다면 동일한 CNN 모델을 객체 검출에 사용할 수는 없는 걸까요?

이미지 분류 문제와는 다르게 객체 검출에서는 이미지가 어떤 물체에 속하는지 단순하게 판단하는 것뿐만 아니라 해당 물체의 위치 및 너비와 높이까지 출력해야 합니다. 만약 그림 8-1처럼 이미지에 여러 가지 물체가 함께 있다면 각 물체의 위치, 그리고 너비와 높이까지 판단해야 합니다.

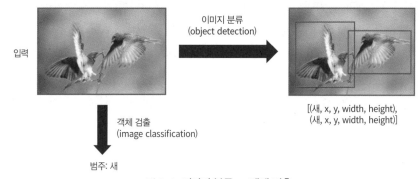

그림 8-1 **이미지 분류 vs 객체 검출**

그림 8-1에서 볼 수 있듯이 이미지 분류는 이미지의 주요 물체에 대한 분류만을 목적으로 합니다. 하지만 객체 검출은 먼저 이미지에 존재하는 모든 객체를 찾아내야 합니다. 그 외에 각 객체가 속하는 클래스를 찾아야 하고, 이미지상의 위치나 크기도 찾아야 합니다. 따라서 이미지 분류에 사용되는 CNN 방법을 그대로 가져와 객체 검출을 진행하기에는 무리가 있습니다.

그러나 슬라이딩 윈도우sliding window를 사용해 이미지를 여러 개의 작은 구역으로 나누고, 각 구역에 대해 CNN을 사용한 분류를 진행하면 서로 다른 위치에 있는 물체에 대한 식별이 가능해집니다(그림 8-2 참고).

그림 8-2 **슬라이딩 윈도우를 사용한 식별**

하지만 이미지에 존재하는 물체의 크기는 서로 다르기 때문에 하나의 적합한 크기의 슬라이딩 윈도우를 찾는 것은 어렵습니다. 물론 여러 가지 크기의 슬라이딩 윈도우를 사용할 수는 있으나, 응용 측면에서 현실적이지는 않습니다. 이 문제를 해결하기 위해 로스 걸식Ross Girshick 등의 연구자들이 2014년 〈Rich feature hierarchies for accurate object detection and semantic segmentation(정확한 객체 검출과 시멘틱 세그멘테이션을 위한 풍부한 피처 계층)〉(참고자료 [1])이란 논문을 통해 R-CNN 알고리즘을 제안했습니다.

8.1.2 R-CNN

R-CNN은 구현 과정은 그림 8-3과 같은 4단계로 구성됩니다.

R-CNN: Regions with CNN fratures

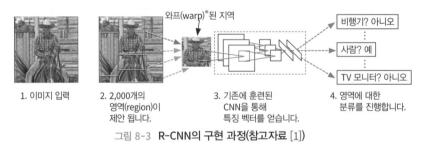

그림 8-3 **R-CNN의 구현 과정(참고자료 [1])**

R-CNN은 1번~2번 단계에서 〈Selective Search for Object Recognition(객체 인지를 위한 선택적 탐색)〉(참고자료 [2])에 나온 선택적 탐색selective search 방식으로 2,000개 정도의 추천 영역region proposal 을 만들어 냅니다. 그리고 각 영역에 대해 CNN 분류를 진행합니다. 여기서 선택적 탐색이란 먼저 〈efficient graph-based image segmentations(효율적인 그래프 기반 이미지 분할)〉(참고자료 [3])에 나오는

---

* 옮긴이 이미지 와핑(warping)은 기하학적 변형(geometric transformation)의 한 종류로, (x, y) 좌표의 픽셀을 (x´, y´) 좌표로 대응하는 작업입니다.)

알고리즘을 바탕으로 이미지를 작은 영역으로 분할합니다. 그리고 이미지의 색채, 텍스쳐(SIFT 정보), 크기, 상호 겹치는 정도 등의 정보를 종합해 이 작은 영역들을 병합하여 최종적으로 가장 적합한 2,000개 정도의 추천 영역을 만들어 냅니다.

두 번째 단계에서 서로 다른 추천 영역을 얻은 후, 각 영역을 정사각형 형태로 변형시킵니다. 그리고 세 번째 단계에서는 기존에 훈련된 CNN 모델을 사용해 특징 벡터feature vector를 추출합니다. 네 번째 분류 단계에서는 사실상 SVMSupport Vector Machine(서포트 벡터 머신)을 사용한 이진 분류 모형으로 분류를 진행합니다. 해당 SVM 이진 분류 모델은 각 클래스에 대해 단독 훈련을 실시해야 합니다.

그림 8-3의 4단계 과정을 거친 후 바운딩 박스bounding box라는 수정 과정이 추가로 더 존재하긴 합니다. 두 번째 단계에서 추천된 영역이 객체의 실제 위치가 아닐 수 있기 때문이죠. 이 단계는 로지스틱 회귀를 통해 완성되는데, 이 과정에 대해 간단히 설명하겠습니다.

그림 8-4처럼 점선 구역 $P = (p_x, p_y, p_w, p_h)$를 예측 구역으로 설정합니다(P는 prediction을 뜻하는데, 2단계에서 선택적 탐색을 통해 추천된 영역을 뜻합니다). 여기서 (p_x, p_y)는 영역의 중심이고, P_w와 P_h는 각각 넓이와 높이를 뜻합니다. 실선 구역은 객체의 실제 클래스ground truth를 뜻하고, 여기서 영역은 $G = (g_x, g_y, g_w, g_h)$로 정의됩니다.

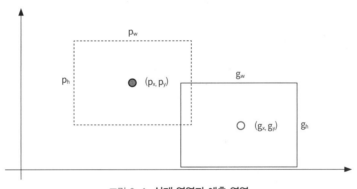

그림 8-4 **실제 영역과 예측 영역**

만약 P를 길이가 4인 입력 파라미터라고 간주한다면, 실제 영역과 예측 영역 사이에 다음과 같은 관계가 존재한다고 설정할 수 있습니다.

```
gx = px + Dx = px + pw * dx(P)
gy = py + Dy = py + ph * dy(P)
gw = pw * Rw = pw * exp(dw(P))
gh = ph * Rh = ph * exp(dh(P))
```

그러면 target(t_x, t_y, t_w, t_h)를 얻을 수 있습니다.

```
dx(P) = (gx - px)/pw = tx
dy(P) = (gy - py)/ph = ty
dw(P) = log(gw/pw) = tw
dh(P) = log(gh/ph) = th
```

이후에 Faster R-CNN의 코드를 설명할 때 앞 논리가 어떻게 구체적으로 이미지 영역 예측에 사용되는지 확인할 수 있습니다. 여기서는 일단 t_x, t_y, t_w, t_h를 계산하는 코드에 대해 살펴봅시다.

```python
def apply_regr_np(X, T):
    try:
        x = X[0, :, :]
        y = X[1, :, :]
        w = X[2, :, :]
        h = X[3, :, :]

        tx = T[0, :, :]
        ty = T[1, :, :]
        tw = T[2, :, :]
        th = T[3, :, :]

        cx = x + w/2.
        cy = y + h/2.
        cx1 = tx * w + cx
        cy1 = ty * h + cy

        w1 = np.exp(tw.astype(np.float64)) * w
        h1 = np.exp(th.astype(np.float64)) * h
        x1 = cx1 - w1/2.
        y1 = cy1 - h1/2.

        x1 = np.round(x1)
        y1 = np.round(y1)
        w1 = np.round(w1)
        h1 = np.round(h1)
        return np.stack([x1, y1, w1, h1])
    except Exception as e:
        print(e)
        return X print(e)
```

이 코드에서 우리는 입력 X는 예측된 이미지 영역 데이터이며, T는 실제 영역임을 알 수 있습니다. 구체적인 구현 부분은 이전에 설명했던 내용과 동일하기 때문에 더 이상의 설명은 하지 않겠습니다 (코드 부분에서 tx, ty, tw, th는 실제 영역 x, y, w, h를 뜻하고, 최종 출력은 x1, y1, w1, h1입니다. 변수명에서는 차이가 있을 수 있지만, 원리는 동일합니다).

이렇게 하면 타깃 함수target function를 얻을 수 있습니다. 우리는 t_i(각각 t_x, t_y, t_w, t_h에 대응)로 표현할 수 있으며, SSESum of Squared Error(오차제곱합)를 간단하게 손실함수로 사용할 수 있습니다.

$$L = \sum_{i \in \{x,y,w,h\}} (t_i - d_i(P))^2 + \lambda \|w\|^2$$

주의해야 할 점은 모든 예측된 이미지 영역에 대응하는 실제 영역이 존재하지는 않는다는 점입니다 (예를 들어, 예측이 틀렸을 경우). 일반적으로 양자가 겹칠 확률이 0.6 이상이 되어야 앞 알고리즘을 사용해 훈련할 수 있습니다.

R-CNN은 두말할 것 없이 큰 진보를 이뤄냈고, 상당히 좋은 효과를 거뒀습니다. 그러나 다음과 같은 명확한 문제점이 있습니다.

- 각 장의 이미지에 대해 선택적 탐색을 하며 2,000개 정도의 추천 영역을 얻는다는 점
- 2,000개 추천 영역에 대해 CNN을 사용해 특징 벡터를 얻는다는 점
- 3개의 별도 모델(CNN 모델과 SVM 모델, 그리고 이미지 영역 수정을 위한 로지스틱 회귀 모형)을 훈련시켜야 한다는 점

R-CNN이 공개된 후, 상기 문제점을 해결하기 위해 Fast R-CNN과 Faster R-CNN이 연달아 개발되었습니다.

8.1.3 Fast R-CNN에서 Faster R-CNN까지

이 둘은 모두 R-CNN을 개발하던 개발자와 그가 근무하던 페이스북Facebook 동료들이 함께 개발한 알고리즘입니다. 각각 〈Faster R-CNN: Towards real-time object detection with region proposal networks(Faster R-CNN: 영역 추출 네트워크를 사용한 실시간 객체 검출을 향한)〉(참고자료 [5])와 〈Mask R-CNN(마스크 R-CNN)〉(참고자료 [6])이라는 두 논문을 통해 세상에 소개되었습니다.

먼저 Fast R-CNN을 살펴봅시다. Fast R-CNN은 위에서 언급한 2,000여 개의 각각의 영역에 단독으로 CNN 연산을 해야 하는 문제를 해결했습니다. 이 알고리즘은 전체 이미지에 대한 CNN 연산을 실시한 뒤, 선택적 탐색으로 얻은 2,000여 개 영역에 기반해 원래 이미지의 '추천 영역region proposal'을 CNN 연산 결과에 대응하는 영역으로 투영projection시킵니다(이 단계가 바로 RoI 풀링입니다). 이렇게 하면 전체 이미지 CNN 연산 결과를 사용하기 때문에 각 영역에 대한 중복 연산을 피할 수 있게 됩니다.

그림 8-5에서 볼 수 있듯이, 전체 이미지에서 한 번의 CNN 연산을 한 후 얻은 피처 맵에 직접적으로 RoI 투영RoI Projection시키기 때문에 2,000여 개 영역에 대해 일일이 CNN 연산을 하는 과정을 피할 수 있어 연산 속도를 대폭 향상시킵니다. RoI 투영은 먼저 하나의 작은 윈도우 영역(r, c, h, w)를 정의한 후, 합성곱 신경망 출력에서 크기가 (H, W)인 피처 맵을 $H/h \cdot W/w$개의 보조 윈도우sub windows로 분할하고, 각 보조 윈도우에 대해 맥스 풀링max pooling 처리 후 완전연결층에 연결하는 과정을 거칩니다.

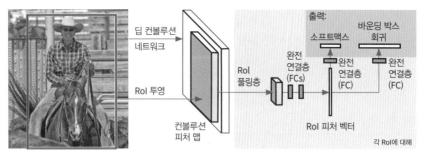

그림 8-5 **Fast R-CNN 과정**

다시 정리하면 Fast R-CNN의 구현 과정은 다음과 같습니다.

1 이미지 분류를 위한 CNN 모델을 훈련합니다.

2 선택적 탐색selective search을 사용해 2,000여 개의 예비 영역region을 만듭니다.

3 선택된 영역에 기반해 CNN 모델의 최종 맥스 풀링층을 RoI* 풀링층으로 바꿔줍니다.

4 CNN의 소프트맥스softmax층의 k개의 클래스를 $k+1$개 클래스로 수정합니다(왜냐하면 어떤 클래스에도 속하지 않는 클래스가 존재하기 때문입니다).

5 최종적으로 클래스와 이미지 영역이라는 두 가지 출력을 얻게 됩니다.

그림 8-5의 최종 출력에는 두 가지 내용이 있습니다. 분류 결과를 의미하는 소프트맥스 출력과 이미지 영역의 회귀 모형 출력입니다. 실제로 우리가 훈련할 때 정의하는 손실함수는 두 출력의 결합입니다.

$$L = L_{\text{class}} + L_{\text{location}}$$

Fast R-CNN의 손실함수 유도 과정은 여기서 자세히 설명하지 않겠습니다. 관심 있는 독자는 참고자료 [5]를 살펴보길 바랍니다.

다시 8.1.2절에 언급했던 R-CNN에 존재하는 문제들에 대해 살펴보도록 합시다. Fast R-CNN이 중복된 CNN 계산과 SVM 연산 문제를 해결했다고 하더라도 여전히 한 가지 문제가 남아있습니다. 바로 선택적 탐색을 통해 2,000여 개의 '추천 영역region proposal'을 설정하는 것이죠.

우리는 딥러닝 방식을 그림 8-5의 과정 중에 추가해 별도 모델을 만들지 않고 앞 문제를 처리하기를 바랄 것입니다. 이것이 Faster R-CNN(참고자료 [6])이 탄생하게 된 배경입니다.

Faster R-CNN은 Fast R-CNN을 개선한 버전입니다. 그림 8-6처럼 RPNRegion Proposal Network라고 불리는 네트워크층으로 R-CNN과 Fast R-CNN에서 사용된 선택적 탐색을 대체합니다.

---

* 옮긴이 RoI(Region of Interest) 영역에 해당하는 부분만 맥스-풀링을 통해 피처 맵으로부터 고정된 길이의 저차원 벡터로 축소하는 단계를 뜻합니다.

그림 8-6에서 입력은 여전히 이미지 자체에 대해 CNN 연산을 진행해 얻은 피처 맵이며, 이는 Fast R-CNN과 일치합니다. 그리고 이 위에 3×3의 슬라이딩 윈도우sliding window를 사용하는데, 여기서 윈도우 중앙 위치를 앵커anchor라고 부릅니다.

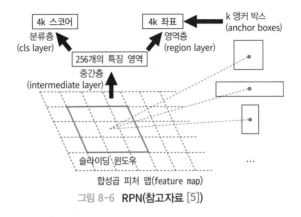

그림 8-6 **RPN**(참고자료 [5])

앵커 박스anchor box는 해당 점을 중심으로 하는 서로 다른 크기와 비율을 가진 직사각형 윈도우를 정의합니다. 참고자료 [5]에서는 세 가지 비율(1:1, 1:2, 2:1)과 세 가지 크기(128, 256, 512)를 사용합니다. 그렇다면 그림 8-7처럼 각 앵커에 대해 9(3×3)개의 앵커 박스를 가지게 됩니다.

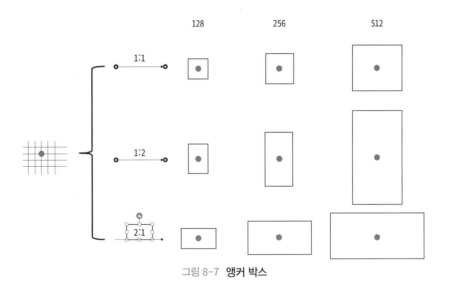

그림 8-7 **앵커 박스**

3×3 크기의 윈도우를 사용해 피처 맵을 이동하면 각 점마다 9개의 앵커 박스가 생성됩니다. 그렇다면 40×60 크기의 피처 맵에 대해서 우리는 40×60×9=21,600개의 앵커 박스를 얻게 됩니다. 21,600은 상당히 큰 숫자이기 때문에 약간의 처리가 필요합니다. 실제 응용에서는 일반적으로 두 가지 방법이 있습니다.

1 가장자리에 위치한 윈도우를 제거합니다. 만약 중심이 (0, j)와 (i, 0)에 위치한 윈도우라면 많은 공백을 포함할 것이기 때문입니다.

2 NMS~Non-Max Supression~을 사용합니다. 즉 모든 앵커 박스의 IoU~Intersection over Union~이 0.7이 넘지 않는 윈도우를 제거합니다. IoU는 예측 영역과 실제 영역의 교차와 양자의 총 면적 비율입니다.

$$IoU = \frac{Area_{predict} \cap Area_{ground\ truth}}{Area_{predict} \cup Area_{ground\ truth}}$$

그림 8-8을 보면 조금 더 쉽게 이해할 수 있습니다.

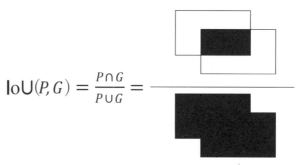

그림 8-8 **IoU 예시**

앞 두 가지 방법을 통해 사용 가능한 앵커 박스를 2,000개 좌우로 제어할 수 있습니다.

다시 그림 8-6을 살펴봅시다. 앵커 박스를 얻은 후 우리는 모든 윈도우를 다음 연산에 사용하지 않고 각 에포크~epoch~에서 랜덤으로 256개의 양성 샘플(IoU>0.7)과 256개의 음성 샘플(IoU<0.3)을 선택해 다음 단계에서 미니 배치~mini batch~ 데이터로 사용합니다.

다음 단계는 매우 단순합니다. 위에서 얻은 샘플을 다음 완전연결층~fully-connected layer~의 입력으로 사용합니다. 이 네트워크는 다음 6개의 출력을 포함합니다(원-핫 인코딩 벡터 형식).

- P_{obj}: 객체를 포함할 확률
- $P_{not\text{-}obj}$: 객체를 포함하지 않을 확률
- x: 이미지 영역의 x좌표 예측
- y: 이미지 영역의 y좌표 예측
- w: 이미지 영역의 너비 예측
- h: 이미지 영역의 높이 예측

설명한 각 단계를 다시 정리한 모습은 그림 8-9와 같습니다.

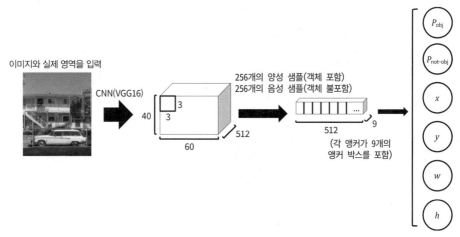

그림 8-9 **RPN의 구현 과정**

그림 8-9는 Faster R-CNN의 RPN 구현 과정이지, 전체 Faster R-CNN의 연산 과정은 아닙니다. RPN은 Fast R-CNN의 선택적 탐색을 RPN의 RoI 영역 선택 기능으로 대체해 전체적인 연산 효율을 향상시키는 역할을 합니다. 쉬운 비교를 위해 스탠포드 대학 리페이페이FeiFei-Li 교수님의 'CS231n: Convolutional Neural Networks for Visual Recognition(CS231n: 이미지 인식을 위한 합성곱 신경망)'(참고자료 [7])라는 이미지 인식 수업에 나온 예제(그림 8-10 참고)를 살펴봅시다. 이 예제는 R-CNN, Fast R-CNN, 그리고 Faster R-CNN을 생동감 있게 비교하고 있습니다.

앞 예제는 R-CNN에 기반한 여러 가지 객체 인식 알고리즘을 원리와 과정이라는 두 가지 관점에서 설명하고 있습니다. Faster R-CNN 이후, 페이스북의 연구원들은 〈Mask R-CNN(마스크 R-CNN)〉(참고자료 [6])이란 알고리즘을 개발했습니다. 하지만 이 알고리즘은 더 정밀한 화소를 가진 이미지 분할imange segmentation 영역에서 사용되므로 여기서 더 이상 언급하진 않겠습니다.

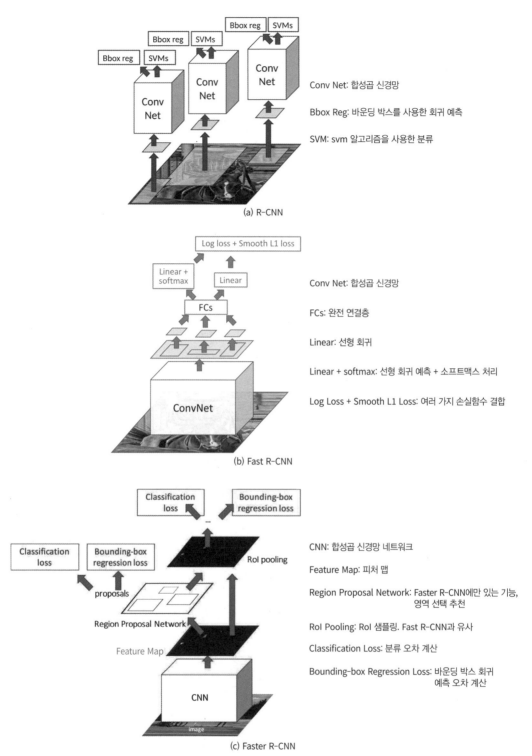

Conv Net: 합성곱 신경망

Bbox Reg: 바운딩 박스를 사용한 회귀 예측

SVM: svm 알고리즘을 사용한 분류

(a) R-CNN

Conv Net: 합성곱 신경망

FCs: 완전 연결층

Linear: 선형 회귀

Linear + softmax: 선형 회귀 예측 + 소프트맥스 처리

Log Loss + Smooth L1 Loss: 여러 가지 손실함수 결합

(b) Fast R-CNN

CNN: 합성곱 신경망 네트워크

Feature Map: 피처 맵

Region Proposal Network: Faster R-CNN에만 있는 기능,
영역 선택 추천

RoI Pooling: RoI 샘플링. Fast R-CNN과 유사

Classification Loss: 분류 오차 계산

Bounding-box Regression Loss: 바운딩 박스 회귀
예측 오차 계산

(c) Faster R-CNN

그림 8-10 **스탠포드 대학교 CS231n 강의 예제**

8.1.4 Faster R-CNN 핵심 코드 분석

Faster R-CNN을 더 자세히 이해하기 위해서 케라스에 기반한 Faster R-CNN 오픈 소스 코드를 살펴봅시다. 여기서는 모델을 만드는 방법을 중점적으로 설명하고, 데이터 전처리 과정에 대한 설명은 간략하게만 기술하겠습니다. 먼저, frcnn_train_vgg.ipynb 코드 파일의 'build the model' 부분부터 살펴봅시다.

```
1    input_shape_img = (None, None, 3)
2
3    img_input = Input(shape=input_shape_img)
4    roi_input = Input(shape=(None, 4))
5
6    # 베이스 네트워크를 정의(여기서는 VGG를 사용했지만, ResNet500이나 Inception 등 다른 네트워크도 사용 가능)
7    shared_layers = nn_base(img_input, trainable=True)
```

앞 코드는 비교적 간단합니다. img_input과 roi_input이라는 두 입력층을 정의하고 있습니다. nn_base는 보조 함수로 CNN 모델을 반환합니다.

네트워크 모델을 만드는 핵심 함수를 살펴봅시다.

```
1     num_anchors = len(C.anchor_box_scales) * len(C.anchor_box_ratios)    # 9
2     rpn = rpn_layer(shared_layers, num_anchors)
3
4     classifier = classifier_layer(shared_layers, roi_input, C.num_rois,
5                             nb_classes=len(classes_count))
6
7     model_rpn = Model(img_input, rpn[:2])
8     model_classifier = Model([img_input, roi_input], classifier)
9
10    model_all = Model([img_input, roi_input], rpn[:2] + classifier)
```

실제 파일의 행 번호는 위에 보이는 행 번호와 다릅니다. 여기서는 편의를 위해 다시 정리한 것입니다. 해당 코드를 자세히 살펴봅시다.

1번 행 num_anchors는 각 점에 있는 바운딩 박스의 숫자입니다. 여기서 anchor_box_scales는 총 세 가지가 있으며, anchor_box_ratio 역시 세 가지가 있습니다. 따라서 num_anchors는 9가 됩니다.

2번 행 RPC층을 정의합니다. 이 rpn_layer 함수에 대해서는 뒤에서 다시 살펴보도록 합시다.

4번 행 최종 분류 출력층을 정의합니다.

5번 행 객체 종류 숫자를 얻습니다.

7~10번 행 RPC 모델, 분류 모델 및 최종 완성된 Faster R-CNN 모델을 정의합니다. 최종 모델(model_all)과 분류 모델(model_classifier)을 비교했을 때 RPC 모델의 영역 위치 출력output이 더 많을 뿐입니다.

이제 rpn_layer와 classifier_layer를 어떻게 정의했는지 살펴봅시다.

```
1    def rpn_layer(base_layers, num_anchors):
2        x = Conv2D(512, (3, 3), padding='same', activation='relu',
3                    kernel_initializer='normal', name='rpn_conv1')(base_layers)
4
5        x_class = Conv2D(num_anchors, (1, 1), activation='sigmoid',
6                        kernel_initializer='uniform', name='rpn_out_class')(x)
7        x_regr = Conv2D(num_anchors * 4, (1, 1), activation='linear',
8                        kernel_initializer='zero', name='rpn_out_regress')(x)
9
10       return [x_class, x_regr, base_layers]
11
12   def classifier_layer(base_layers, input_rois, num_rois, nb_classes = 4):
13       input_shape = (num_rois,7,7,512)
14
15       pooling_regions = 7
16
17       out_roi_pool = RoiPoolingConv(pooling_regions, num_rois)([base_layers,
18                                    input_rois])
19
20       out = TimeDistributed(Flatten(name='flatten'))(out_roi_pool)
21       out = TimeDistributed(Dense(4096, activation='relu', name='fc1'))(out)
22       out = TimeDistributed(Dropout(0.5))(out)
23       out = TimeDistributed(Dense(4096, activation='relu', name='fc2'))(out)
24       out = TimeDistributed(Dropout(0.5))(out)
25
26       out_class = TimeDistributed(Dense(nb_classes, activation='softmax', kernel_
27       initializer='zero'), name='dense_class_{}'.format(nb_classes))(out)
28
29       out_regr = TimeDistributed(Dense(4 * (nb_classes-1), activation='linear', kernel_
30       initializer='zero'),name='dense_regress_{}'.format(nb_classes))(out)
31
32       return [out_class, out_regr]
```

앞 코드는 RPN 네트워크와 분류classifier 네트워크를 정의하고 있습니다. 사실, RPN 네트워크와 분류 네트워크의 구조는 비교적 간단합니다. RPN 네트워크는 그림 8-10(c)와 같이 출력하는 두 개의 합성곱층이 객체 및 객체 영역을 포함하는지 여부를 나타냅니다. 분류 네트워크는 먼저 두 개의 완전연결 네트워크를 더하고 각각 소프트맥스 함수를 사용해 클래스 및 선형 회귀 출력 영역을 출력합니다.

1~10번 행 먼저 RPN을 정의합니다. 2번 행에 3×3 합성곱층을 더했다는 것을 알 수 있습니다. 이어서 5번 행에 1×1 합성곱층을 정의하고, 시그모이드를 활성화 함수로 사용해 객체 포함 여부에 대한 이진 분류 처리를 했습니다. **7번 행**에서 다시 1×1 합성곱층을 정의하고 선형 회귀를 활성화 함수로 사용해 영역 위치 출력에 대한 처리를 진행했습니다. 주의해야 할 점은 첫 번째 분류 출력의 필터는 총 앵커의 수이며, 두 번째 위치 출력의 필터는 num_anchors×4라는 점입니다[왜냐하면 4개의 수치 (x, y, w, h)를 포함하기 때문입니다].

12~32번 행 분류 네트워크를 정의합니다. 파라미터는 다음과 같습니다.

- base_layers: CNN×6 등으로 정의됩니다.
- input_rois: 입력의 RoI는 (1, num_rois, 4)의 형식으로 지정되며, num_rios는 RoI의 개수입니다. 각 RoI는 모두 (x, y, w, h) 형식으로 저장합니다.
- nb_classes: 객체 종류 숫자를 나타냅니다.

13~18번 행 input_shape 및 pooling_regions를 정의합니다. pooling_regions는 사실 pooling_size와 같은 뜻입니다. RoiPoolingConv에 대한 구현은 이후에 다시 자세히 설명하겠습니다.

20~24번 행 두 개의 완전연결층을 정의합니다. 참고자료 [9]의 코드에서는 TimeDistributed층을 사용했습니다. 그러나 이 층은 케라스에서는 필요 없습니다(Dense를 사용해 처리하면 됩니다. 7장의 CNN 구현 부분을 참고).

26~27번 행 출력의 분류층을 구현합니다. 여기서는 소프트맥스를 활성화 함수로 사용했습니다. 앞 RPN의 출력 분류와 다른 점은, RPN은 영역 내에 객체를 포함하는지 여부에만 관심을 가진다면, 분류 네트워크의 주요 관심사는 각 객체 유형에 대한 판별이라는 것입니다.

29~30번 행 RPN과 유사하게 선형 회귀를 사용해 영역 위치의 출력에 대한 구현을 실시 합니다.

그렇다면 RoI 풀링은 어떻게 구현할까요? RoiPoolingConv 함수를 살펴봅시다.

```
1    class RoiPoolingConv(Layer):
2        def __init__(self, pool_size, num_rois, **kwargs):
3            self.dim_ordering = K.image_dim_ordering()
4            self.pool_size = pool_size
5            self.num_rois = num_rois
6            super(RoiPoolingConv, self).__init__(**kwargs)
7
8        def build(self, input_shape):
9            self.nb_channels = input_shape[0][3]
10
11       def compute_output_shape(self, input_shape):
12           return None, self.num_rois, self.pool_size, self.pool_size, self.nb_channels
```

```
13
14          def call(self, x, mask=None):
15              assert(len(x) == 2)
16
17              img = x[0]
18
19              rois = x[1]
20
21              input_shape = K.shape(img)
22
23              outputs = []
24
25              for roi_idx in range(self.num_rois):
26                  x = rois[0, roi_idx, 0]
27                  y = rois[0, roi_idx, 1]
28                  w = rois[0, roi_idx, 2]
29                  h = rois[0, roi_idx, 3]
30
31                  x = K.cast(x, 'int32')
32                  y = K.cast(y, 'int32')
33                  w = K.cast(w, 'int32')
34                  h = K.cast(h, 'int32')
35
36                  # Resized roi of the image to pooling size (7×7)
37                  rs = tf.image.resize_images(img[:, y:y+h, x:x+w, :],
38                                              (self.pool_size, self.pool_size))
39                  outputs.append(rs)
40
41              final_output = K.concatenate(outputs, axis=0)
42              final_output = K.reshape(final_output, (1, self.num_rois, self.pool_size,
43                                              self.pool_size, self.nb_channels))
44
45              final_output = K.permute_dimensions(final_output, (0, 1, 2, 3, 4))
46
47              return final_output
48
49      def get_config(self):
50          config = {'pool_size': self.pool_size, 'num_rois': self.num_rois}
51          base_config = super(RoiPoolingConv, self).get_config()
52          return dict(list(base_config.items()) + list(config.items()))
```

3장에서 케라스 공식 문서에 기반해 간단한 자체 정의 케라스층keras layer를 구현하는 방법에 대해 설명하고 간단한 구현했던 것을 기억하나요? 여기서 볼 수 있는 핵심 단계 역시 call 메서드의 피드 포워드 전파를 오버로드한 것입니다.

2~6번 행 해당 층의 입력을 정의합니다. 여기서 핵심은 pool_size, 즉 풀링 처리 후 얻고자 하는 이 미지 영역의 크기를 뜻합니다(100×100 영역을 7×7로 변환한다면 pool_size는 7이 됨)

8~9번 행 input_shape는 두 개의 4D 텐서(X_img, X_roi)입니다. 여기서 X_img는 (1, rows, cols, channels)이고, channels는 RGB 컬러 채널입니다. X_roi는 분류 네트워크와 비슷하게 (1, num_rois, 4)의 구조를 가지고 있습니다.

14~47번 행 RoI 풀링의 핵심입니다. 17~19번 행 에서는 사용할 구체적인 데이터를 정의합니다. 여기서 img와 rois는 각각 두 개의 4D 텐서이며, 형식은 위에서 기술한 것과 동일합니다. 25~34번 행 은 매우 직관적입니다. 모든 RoI 포인트를 탐색하며 각 RoI 포인트의 좌표와 높이, 너비(x, y, w, h)를 얻으면 해당 RoI 영역의 img[:, y:y+h, x: x+w, ;]을 얻습니다. 그리고 텐서플로_{TensorFlow}의 resize_images 함수를 사용해 해당 영역의 이미지를 pool_size을 바탕으로 축소합니다(36~38번 행). 그리고 축소된 이미지를 outputs에 추가합니다. 41~47번 행 은 compute_output_shape에서 정의한 출력을 바탕으로 outputs에 대한 변환 후 출력을 반환합니다.

그림 8-10(c)의 Faster R-CNN 구조를 다시 대조해 보면, 그림 8-11처럼 주요 네트워크는 이미 정의되었음을 확인할 수 있습니다.

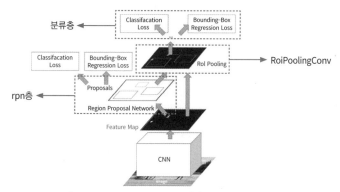

그림 8-11 **Faster R-CNN 모델과 코드의 대응관계**

이제 남은 것은 어떻게 이 네트워크를 연결시켜 훈련을 할 것인가에 대한 부분입니다. 더 구체적인 코드 구현에 대해서는 이번 장의 참고자료 [8], [9]를 읽어 보기 바랍니다. 여기서는 지면의 제약으로 인해 비교적 중요한 부분에 대해서만 설명하겠습니다.

먼저, 우리는 rpn_layer에서 출력의 분류와 이미지 영역 정보를 얻은 후, 이 정보와 RoI 풀링을 어떻게 연결시킬 수 있을까요? 혹은 어떻게 rpn_layer의 출력을 RoI 풀링의 입력으로 변환시킬까요? 이에 대해서는 rpn_to_roi 함수의 구현 부분을 살펴봐야 합니다.

```
1   def rpn_to_roi(rpn_layer, regr_layer, C, dim_ordering, use_regr=True,
2               max_boxes=300,overlap_thresh=0.9):
3       regr_layer = regr_layer / C.std_scaling
4
```

```
5      anchor_sizes = C.anchor_box_scales    # (여기서는 3)
6      anchor_ratios = C.anchor_box_ratios   # (여기서는 3)
7
8      assert rpn_layer.shape[0] == 1
9      (rows, cols) = rpn_layer.shape[1:3]
10
11     curr_layer = 0
12     A = np.zeros((4, rpn_layer.shape[1], rpn_layer.shape[2], rpn_layer.shape[3]))
13
14     for anchor_size in anchor_sizes:
15         for anchor_ratio in anchor_ratios:
16             anchor_x = (anchor_size * anchor_ratio[0])/C.rpn_stride
17             anchor_y = (anchor_size * anchor_ratio[1])/C.rpn_stride
18             # 차원(shape) => (18, 25, 4)
19             regr = regr_layer[0, :, :, 4 * curr_layer:4 * curr_layer + 4]
20
21             regr = np.transpose(regr, (2, 0, 1)) # shape => (4, 18, 25)
22
23             X, Y = np.meshgrid(np.arange(cols),np. arange(rows))
24             # 각 피처 맵 포인트에 대한 앵커 위치와 사이즈 계산
25             A[0, :, :, curr_layer] = X - anchor_x/2 # 좌측 상단 x 좌표
26             A[1, :, :, curr_layer] = Y - anchor_y/2 # 좌측 상단 y 좌표
27             A[2, :, :, curr_layer] = anchor_x        # 현재 앵커의 너비
28             A[3, :, :, curr_layer] = anchor_y        # 현재 앵커의 높이
29
30             A[:, :, :, curr_layer] = apply_regr_np(A[:, :, :, curr_layer], regr)
31             # 너비와 높이가 1을 넘지 않게 만들기
32             A[2, :, :, curr_layer] = np.maximum(1, A[2, :, :, curr_layer])
33             A[3, :, :, curr_layer] = np.maximum(1, A[3, :, :, curr_layer])
34
35             A[2, :, :, curr_layer] += A[0, :, :, curr_layer]
36             A[3, :, :, curr_layer] += A[1, :, :, curr_layer]
37             # 바운딩 박스가 피처 맵 밖으로 벗어나지 않도록 만들기
38             A[0, :, :, curr_layer] = np.maximum(0, A[0, :, :, curr_layer])
39             A[1, :, :, curr_layer] = np.maximum(0, A[1, :, :, curr_layer])
40             A[2, :, :, curr_layer] = np.minimum(cols-1, A[2, :, :, curr_layer])
41             A[3, :, :, curr_layer] = np.minimum(rows-1, A[3, :, :, curr_layer])
42
43             curr_layer += 1
44
45     all_boxes = np.reshape(A.transpose((0, 3, 1, 2)), (4, -1)).transpose((1, 0))
46     all_probs = rpn_layer.transpose((0, 3, 1, 2)).reshape((-1))
47
48     x1 = all_boxes[:, 0]
49     y1 = all_boxes[:, 1]
50     x2 = all_boxes[:, 2]
51     y2 = all_boxes[:, 3]
52     # 적합하지 않은 바운딩 박스를 탐색해 바운딩 박스 리스트에서 제외
53     idxs = np.where((x1 - x2 >= 0) | (y1 - y2 >= 0))
54
55     all_boxes = np.delete(all_boxes, idxs, 0)
56     all_probs = np.delete(all_probs, idxs, 0)
```

```
57
58      result = non_max_suppression_fast(all_boxes, all_probs, overlap_thresh=overlap_
59   thresh, max_boxes=max_boxes)[0]
60
61      return result
```

이 코드를 살펴봅시다.

`1~3번 행` 먼저 입력을 살펴봅시다. 여기서 가장 중요한 부분은 rpn_layer와 regr_layer입니다. 이들은 각각 RPN 네트워크가 출력하는 분류와 이미지 영역의 위치를 뜻합니다. 즉 rpn_layer는 rpn_layer가 출력하는 x_class에 대응하는데, 즉 각 앵커 박스의 클래스 확률을 뜻하며, 형태는 shape(1, feature_map.height, feature_map.width, num_anchors)입니다. 여기서 num_anchors는 하나의 점 위의 앵커 박스 숫자이며, 그림 8-7을 보면 num_anchors는 9임을 알 수 있습니다. regr_layer는 rpn_layer 출력의 x_regr에 대응하며, 형태는 shape(1, feature_map.height, feature_map.width, num_anchors*4)가 됩니다. C는 설정된 정보이며, max_boxes는 출력 이미지 영역 숫자의 최댓값입니다. 기타 내용에 대해서는 뒤에서 다시 설명하겠습니다.

`5~12번 행` 초기화 세팅을 합니다. 가장 중요한 부분은 텐서 A를 만드는 부분입니다. 텐서 A는 모든 앵커 박스의 정보를 저장하는 데 사용됩니다. 이는 입력되는 regr_layer의 이미지 영역의 위치와 다소 다릅니다. 왜냐하면 이미지 영역에는 중심점(앵커)을 포함하지 않고 있으며, 데이터 순서도 다르기 때문입니다. curr_layer의 초깃값은 0으로, 최댓값은 8로 설정하는데, 그 이유는 총 9개의 층layer이 있기 때문입니다(각 앵커 박스에 대응하는 크기 anchor_sizes, 비율 anchor_ratios는 각각 하나의 층layer입니다).

`14~43번 행` 각 층의 앵커 박스에 대한 처리를 진행합니다.

```
for anchor_size in anchor_sizes:
    for anchor_ratio in anchor_ratios:
        ...
        # 이미지 영역을 앵커 박스로 전환하고 텐서 A로 저장
        curr_layer += 1
```

`16~17번 행` 현재 앵커의 위치를 계산합니다.

`19~21번 행` regr_layer에 대한 변환을 합니다. 먼저, 현재 층의 모든 이미지 영역 정보를 얻습니다. 예를 들어, 크기 40×60의 피처 맵에 대해 (40, 60, 4)의 행렬을 얻고, np.transpose로 (4, 40, 60) 행렬로 변환합니다.

np.meshgrid 메서드를 사용해 두 개의 2D 행렬을 만듭니다. Meshgrid의 역할에 대해서는 참고자료 [11]을 참조하세요.

25~41번 행 앵커 박스의 위치와 높이, 그리고 너비를 계산합니다. 여기서 사용되는 apply_regr_np 는 이미지 영역의 회귀regression 파라미터이며, 그림 8-4에 대해 설명하면서 언급했습니다.

45~60번 행 마지막 출력을 위한 처리를 진행합니다. all_boxes로 변환해 준 뒤 (40×60×9, 4) 행렬을 얻을 수 있는데, 이는 모든 앵커 박스의 값을 나타냅니다. all_probs는 입력 rpn_layer에 대한 변환이며, 1차원 데이터 조합 (40×60×9, 1)을 얻을 수 있고, 이는 각 앵커 박스가 객체object를 포함하는지에 대한 여부를 나타냅니다. 53번 행 에서는 다시 앵커 박스에 대한 필터링을 진행하고, 부적합한 앵커 박스를 걸러냅니다. 마지막으로 비-최대 억제Non-Maximum Suppression, NMS*를 적용해 비교적 작은 IoU를 가진 앵커 박스를 모두 걸러내고 조건에 부합하는 부분만 남겨 max_boxes에 저장합니다. non_max_suppression_fast 함수의 구현은 참고자료 [9]나 이후 설명할 YOLO 알고리즘 〈You Only Look Once: Unified, Real-Time Object Detection(You Only Look Once: 통합된, 실시간 객체 검출)〉(참고자료 [13])을 참고하기 바랍니다. 사실, 비교적 간단하기 때문에 여기서 별도로 설명하진 않겠습니다.

그 외에 Faster R-CNN(참고자료 [9])의 구현 과정, 특히 훈련 과정에서 사용되는 중요한 단계가 미니 배치 데이터에서 실제 영역의 RPN을 얻는 단계입니다. 해당 단계가 없으면 실제 영역 데이터를 얻지 못하게 되고, RPN 네트워크 훈련을 할 수 없게 됩니다. 해당 부분에 대한 구현은 참고자료 [9]의 calc_rpn 함수(아래 함수)를 참고하세요.

```
1    def calc_rpn(C, img_data, width, height, resized_width, resized_height,
2                 img_length_calc_function):
3       downscale = float(C.rpn_stride)
4       anchor_sizes = C.anchor_box_scales    # 128, 256, 512
5       anchor_ratios = C.anchor_box_ratios   # 1:1, 1:2*sqrt(2), 2*sqrt(2):1
6       num_anchors = len(anchor_sizes) * len(anchor_ratios) # 3×3=9
7       # 네트워크 아키텍처에 기반해 출력 맵 사이즈를 계산
8       (output_width, output_height) = img_length_calc_function(resized_width,
9                                                               resized_height)
10
11      n_anchratios = len(anchor_ratios)    # 3
12      # 빈 출력 객체 생성
13      y_rpn_overlap = np.zeros((output_height, output_width, num_anchors))
14      y_is_box_valid = np.zeros((output_height, output_width, num_anchors))
15      y_rpn_regr = np.zeros((output_height, output_width, num_anchors * 4))
16
```

---

* 옮긴이 non-max suppression이라고도 표기합니다. 객체 식별자(objective detector)가 예측한 바운딩 박스(bounding box)에서 정확한 바운딩 박스를 선택하는 기법입니다.

```
17      num_bboxes = len(img_data['bboxes'])
18
19      num_anchors_for_bbox = np.zeros(num_bboxes).astype(int)
20      best_anchor_for_bbox = -1*np.ones((num_bboxes, 4)).astype(int)
21      best_iou_for_bbox = np.zeros(num_bboxes).astype(np.float32)
22      best_x_for_bbox = np.zeros((num_bboxes, 4)).astype(int)
23      best_dx_for_bbox = np.zeros((num_bboxes, 4)).astype(np.float32)
24      # GT 박스 좌표를 얻고, 이미지 사이즈 재설정을 진행
25      gta = np.zeros((num_bboxes, 4))
26      for bbox_num, bbox in enumerate(img_data['bboxes']):
27          gta[bbox_num, 0] = bbox['x1'] * (resized_width / float(width))
28          gta[bbox_num, 1] = bbox['x2'] * (resized_width / float(width))
29          gta[bbox_num, 2] = bbox['y1'] * (resized_height / float(height))
30          gta[bbox_num, 3] = bbox['y2'] * (resized_height / float(height))
31
32      for anchor_size_idx in range(len(anchor_sizes)):
33          for anchor_ratio_idx in range(n_anchratios):
34              anchor_x = anchor_sizes[anchor_size_idx] *
35              anchor_ratios[anchor_ratio_idx][0]
36              anchor_y = anchor_sizes[anchor_size_idx] *
37              anchor_ratios[anchor_ratio_idx][1]
38
39              for ix in range(output_width):
40                  x1_anc = downscale * (ix + 0.5) - anchor_x / 2
41                  x2_anc = downscale * (ix + 0.5) + anchor_x / 2
42                  # 이미지 경계선을 넘은 박스를 무시한다
43                  if x1_anc < 0 or x2_anc > resized_width:
44                      continue
45
46                  for jy in range(output_height):
47                      y1_anc = downscale * (jy + 0.5) - anchor_y / 2
48                      y2_anc = downscale * (jy + 0.5) + anchor_y / 2
49                      # 이미지 경계선을 넘은 박스를 무시한다
50                      if y1_anc < 0 or y2_anc > resized_height:
51                          continue
52
53                      bbox_type = 'neg'
54
55                      best_iou_for_loc = 0.0
56
57                      for bbox_num in range(num_bboxes):
58                          curr_iou = iou([gta[bbox_num, 0], gta[bbox_num, 2],
59                                          gta[bbox_num, 1], gta[bbox_num, 3]],
60                                          [x1_anc, y1_anc, x2_anc, y2_anc])
61                          if curr_iou > best_iou_for_bbox[bbox_num] or curr_iou >
62                          C.rpn_max_overlap:
63                              cx = (gta[bbox_num, 0] + gta[bbox_num, 1]) / 2.0
64                              cy = (gta[bbox_num, 2] + gta[bbox_num, 3]) / 2.0
65                              cxa = (x1_anc + x2_anc)/2.0
66                              cya = (y1_anc + y2_anc)/2.0
67
68                              tx = (cx - cxa) / (x2_anc - x1_anc)
```

```
69                    ty = (cy - cya) / (y2_anc - y1_anc)
70                    tw = np.log((gta[bbox_num, 1] - gta[bbox_num, 0]) /
71                                (x2_anc - x1_anc))
72                    th = np.log((gta[bbox_num, 3] - gta[bbox_num, 2]) /
73                                (y2_anc - y1_anc))
74
75                if img_data['bboxes'][bbox_num]['class'] != 'bg':
76                    if curr_iou > best_iou_for_bbox[bbox_num]:
77                        best_anchor_for_bbox[bbox_num] = [jy, ix,
78                                                          anchor_ratio_idx,
79                                                          anchor_size_idx]
80                        best_iou_for_bbox[bbox_num] = curr_iou
81                        best_x_for_bbox[bbox_num,:] = [x1_anc, x2_anc,
82                                                       y1_anc, y2_anc]
83                        best_dx_for_bbox[bbox_num,:] = [tx, ty, tw, th]
84
85                    if curr_iou > C.rpn_max_overlap:
86                        bbox_type = 'pos'
87                        num_anchors_for_bbox[bbox_num] += 1
88                        # 만약 해당 IoU가 현재(x,y) 데이터와 앵커 포지션에 최적이라면
89                        # 회귀층 타깃을 업데이트한다
90                        if curr_iou > best_iou_for_loc:
91                            best_iou_for_loc = curr_iou
92                            best_regr = (tx, ty, tw, th)
93
94                    if C.rpn_min_overlap < curr_iou < C.rpn_max_overlap:
95                        if bbox_type != 'pos':
96                            bbox_type = 'neutral'
97
98            if bbox_type == 'neg':
99                y_is_box_valid[jy, ix, anchor_ratio_idx + n_anchratios *
100                               anchor_size_idx] = 1
101                y_rpn_overlap[jy, ix, anchor_ratio_idx + n_anchratios *
102                               anchor_size_idx] = 0
103            elif bbox_type == 'neutral':
104                y_is_box_valid[jy, ix, anchor_ratio_idx + n_anchratios *
105                               anchor_size_idx] = 0
106                y_rpn_overlap[jy, ix, anchor_ratio_idx + n_anchratios *
107                               anchor_size_idx] = 0
108            elif bbox_type == 'pos':
109                y_is_box_valid[jy, ix, anchor_ratio_idx + n_anchratios *
110                               anchor_size_idx] = 1
111                y_rpn_overlap[jy, ix, anchor_ratio_idx + n_anchratios *
112                               anchor_size_idx] = 1
113                start = 4 * (anchor_ratio_idx + n_anchratios *
114                             anchor_size_idx)
115                y_rpn_regr[jy, ix, start:start+4] = best_regr
116
117    for idx in range(num_anchors_for_bbox.shape[0]):
118        if num_anchors_for_bbox[idx] == 0:
119            if best_anchor_for_bbox[idx, 0] == -1:
120                continue
```

```
121          y_is_box_valid[
122              best_anchor_for_bbox[idx,0], best_anchor_for_bbox[idx,1],
123              best_anchor_for_bbox[idx,2] + n_anchratios *
124              best_anchor_for_bbox[idx,3]] = 1
125          y_rpn_overlap[
126              best_anchor_for_bbox[idx,0], best_anchor_for_bbox[idx,1],
127              best_anchor_for_bbox[idx,2] + n_anchratios *
128              best_anchor_for_bbox[idx,3]] = 1
129          start = 4 * (best_anchor_for_bbox[idx,2] + n_anchratios *
130                       best_anchor_for_bbox[idx,3])
131          y_rpn_regr[
132              best_anchor_for_bbox[idx,0], best_anchor_for_bbox[idx,1],
133              start:start+4] = best_dx_for_bbox[idx, :]
134
135  y_rpn_overlap = np.transpose(y_rpn_overlap, (2, 0, 1))
136  y_rpn_overlap = np.expand_dims(y_rpn_overlap, axis=0)
137
138  y_is_box_valid = np.transpose(y_is_box_valid, (2, 0, 1))
139  y_is_box_valid = np.expand_dims(y_is_box_valid, axis=0)
140
141  y_rpn_regr = np.transpose(y_rpn_regr, (2, 0, 1))
142  y_rpn_regr = np.expand_dims(y_rpn_regr, axis=0)
143
144  pos_locs = np.where(np.logical_and(y_rpn_overlap[0, :, :, :] == 1,
145                                     y_is_box_valid[0, :, :, :] == 1))
146  neg_locs = np.where(np.logical_and(y_rpn_overlap[0, :, :, :] == 0,
147                                     y_is_box_valid[0, :, :, :] == 1))
148
149  num_pos = len(pos_locs[0])
150
151  num_regions = 256
152
153  if len(pos_locs[0]) > num_regions/2:
154      val_locs = random.sample(range(len(pos_locs[0])), len(pos_locs[0]) -
155                               num_regions/2)
156      y_is_box_valid[0, pos_locs[0][val_locs], pos_locs[1][val_locs],
157                     pos_locs[2][val_locs]] = 0
158      num_pos = num_regions/2
159
160  if len(neg_locs[0]) + num_pos > num_regions:
161      val_locs = random.sample(range(len(neg_locs[0])), len(neg_locs[0])
162                               - num_pos)
163      y_is_box_valid[0, neg_locs[0][val_locs], neg_locs[1][val_locs],
164                     neg_locs[2][val_locs]] = 0
165
166  y_rpn_cls = np.concatenate([y_is_box_valid, y_rpn_overlap], axis=1)
167  y_rpn_regr = np.concatenate([np.repeat(y_rpn_overlap, 4, axis=1),
168                               y_rpn_regr], axis=1)
169
170  return np.copy(y_rpn_cls), np.copy(y_rpn_regr), num_pos
```

우리는 calc_rpn을 rpn_to_roi의 역산inverse operation으로 간주할 수 있습니다. 왜냐하면 실제 영역의 데이터 중에서 이미지 영역이 바로 roi이기 때문입니다. 우리는 이를 RPN 형식으로 변환해 주어야 합니다.

먼저 입력 부분을 살펴봅시다. 입력 파라미터는 이미지 데이터, 높이와 너비, (C의 설정에 따른) 축소 후의 크기를 포함합니다. 그 외에, 피처 맵의 크기를 계산해 출력하는 함수가 있는데, 이 함수는 사실 이미지의 높이와 너비에 스트라이드(이번 예제에서는 16)를 나눈 후의 크기입니다.

3~25번 행 파라미터 초기화 단계입니다. 많은 부분이 rpn_to_roi 코드와 유사합니다. y_rpn_overlap은 중첩된 RPN 영역을 뜻합니다. 우리는 구체적인 객체를 구별하는 것이 아니라 RPN이 임의의 객체를 포함하는지 여부에 대해 고려하기 때문에(전면foreground인지 후면backgound 대해), 중첩된 RPN 영역에도 하나의 객체만 포함하면 됩니다. 따라서 대응하는 y_rpn_overlap 역시 1입니다. 그리고 y_is_box_valid는 해당 이미지 영역이 유효한 영역(전면과 후면을 명확하게 구별할 수 있는 영역)인지를 나타냅니다. y_rpn_regr은 우리가 여러 번 만났던 이미지 영역의 좌표와 높이, 너비입니다(x, y, w, h). 그런 다음 best_anchor_for_bbox, best_iou_for_bbox, best_x_for_bbox, best_dx_for_bbox를 사용해 각 구역의 최적값을 기록합니다.

26~30번 행 훈련 데이터셋을 사용해 (실제 영역에서의) 실제 영역을 얻습니다.

32~37번 행 앞서 소개한 rpn_to_iou 메서드와 유사합니다. 각 층의 데이터에 대한 처리와 변환을 진행합니다.

39~55번 행 각 위치를 탐색합니다. 코드는 다음과 같이 이해할 수 있습니다.

```
for ix in range(output_width):
    for jy in range(output_height):
```

앞 코드는 먼저 x축에서 x1_anc와 x2_anc를 앵커 박스의 위치로 설정합니다. 그리고 y축에서의 위치 y1_anc와 y2_anc를 얻습니다. 사실상 이미 앵커 박스를 찾은 것과 마찬가지인데, 이후 계산은 다음과 같은 단계로 진행됩니다.

- 이미지 이외의 앵커 박스를 무시합니다(39번 행, 46번 행).
- 현재 앵커에 대해 포함하는 모든 앵커 박스의 관련 속성을 계산합니다(위치, 높이, 너비 포함). 만약 목표가 전면foreground 대상이면 최적의 IoU에 대응하는 앵커 위치와 관련 속성을 계산하고 저장합니다.
- IoU 커버리지coverage에 기반해 현재 이미지 영역이 pos(양성 샘플, 객체 포함, IoU>0.7)에 속하는

지 neg(음성 샘플, 객체 불포함, IoU<0.3)에 속하는지, 혹은 neutral(판단 미정)에 속하는지 판단합니다.

- bbox_type(이전 단계에서 얻은 현재 이미지 영역의 클래스)에 기반해 y_is_box_valid, y_rpn_overlap 등 대응하는 값을 설정합니다.

57~133번 행 모든 앵커를 탐색하고 각 이미지 영역이 객체를 포함하는 RPN 영역을 포함하고 있음을 확인합니다.

135~142번 행 출력 형식을 변환합니다.

144~151번 행 최대 256개의 RPN 영역을 출력합니다. 여기서 양성 샘플은 128개, 음성 샘플 역시 128개입니다. num_regions는 RPN 영역의 크기를 정의합니다.

153~170번 행 최종적으로 RPN의 클래스(유형)과 위치, 그리고 총 개수를 출력합니다.

앞서 나온 소개를 통해 우리는 Faster R-CNN의 이론과 구체적인 구현 부분에 대해 자세히 살펴봤습니다. Faster R-CNN은 정확도를 향상시킬 수 있지만 식별 속도는 약간 느립니다. 만약 속도가 중요한 환경이라면 Faster R-CNN을 권장하지 않습니다. 현재 식별 속도에 대한 요구가 높은 환경에서는 주로 YOLO 알고리즘을 주로 사용합니다.

8.2 YOLO

R-CNN에서 Faster R-CNN까지 소개했는데, 사실 R-CNN이든, Faster R-CNN이든 두 단계로 분리할 수 있습니다. 바로 후보(예비) 영역을 찾는 부분(선택적 탐색부터 RPN까지)과 후보 구역을 기반으로 분류와 이미지 영역 예측을 하는 부분입니다.

이러한 방식을 통상적으로 2단계 검출2-stage detection이라고 부릅니다. 그렇다면 우리는 자연스럽게 이 2단계를 하나의 단계로 합치는 방법에 대해 고민을 하게 될 것입니다. 이번 장 참고자료 [13]에서 YOLOYou Only Look Once 알고리즘을 가장 처음으로 제안했습니다. 그리고 이 알고리즘은 실시간 객체 검출 응용 부분에서 가장 널리 사용되는 알고리즘으로 자리매김했습니다. YOLO의 버전은 2016년부터 지금까지 계속해서 업데이트되었지만, 그 기본 원리는 변하지 않았습니다. 그렇다면 우리는 먼저 가장 초기 버전인 YOLO v1부터 살펴보겠습니다.

8.2.1 YOLO v1

YOLO의 전체 프로세스와 알고리즘 아이디어는 그림 8-12와 같습니다. 이 그림은 YOLO의 아이디어를 단순하고 아름답게 묘사하고 있습니다.

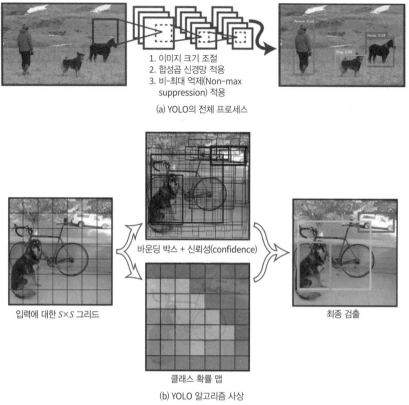

1. 이미지 크기 조절
2. 합성곱 신경망 적용
3. 비-최대 억제(Non-max suppression) 적용

(a) YOLO의 전체 프로세스

바운딩 박스 + 신뢰성(confidence)

입력에 대한 $S \times S$ 그리드

클래스 확률 맵

최종 검출

(b) YOLO 알고리즘 사상

그림 8-12 **YOLO의 전체 프로세스와 알고리즘 사상**

이번 장 참고자료 [13]에서 언급한 것처럼 피처 맵은 먼저 $S \times S$ 네트워크로 분할되고, 네트워크의 각 셀cell(정확히는 그리드 셀grid cell)은 B개의 이미지 영역 및 각 이미지 영역의 신뢰성 점수confidence score를 계산합니다. 신뢰성 점수(혹은 신뢰도 점수)는 해당 이미지 영역이 객체를 포함하고 있을 확률을 나타내며 다음과 같이 정의됩니다.

$$\text{confidence} = \text{Pr(Object)} \cdot \text{IoU}$$

만약 해당 셀에 어떤 객체도 포함하고 있지 않다면 Pr(Object)은 0이 됩니다. 반대라면 우리는 Pr(Object)가 1이 되길 바랄 것입니다. 따라서 실질적으로 신뢰성confidence은 예측 이미지 영역과 실제 영역 사이의 IoU라고 이해할 수 있습니다.

동시에 각 셀 역시 C개의 클래스 확률을 예측하는데, 즉 셀이 객체를 포함하고 있을 때(Pr(Object)가 1일 때) Pr(Class_i | Object) 확률이며 이미지 영역과는 무관합니다. 우리는 각 셀에 대한 예측을 진행해 그림 8-12(b)에 나오는 클래스 확률 맵class probability map을 얻습니다.

마지막으로 양자를 결합해 모델 실행 시 각 이미지 영역에 대한 예측을 계산합니다.

$$Pr(\text{class} \mid \text{object}) \times Pr(\text{object}) \times IoU = Pr(\text{class}_i) \times IoU$$

이렇게 각 윈도우에 대해 서로 다른 객체의 예측값을 얻습니다. 다시 그림 8-12(b)로 돌아가 $B=2$, $C=20$, $S=7$로 설정한다면, 전체 이미지에 대한 첫 번째 합성곱 연산 후 생성되는 결과는 그림 8-13에 보이는 $S \times S \times (5B+C) = 7 \times 7 \times 30$의 텐서가 됩니다.

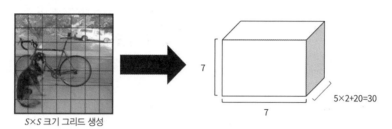

$S \times S$ 크기 그리드 생성

그림 8-13 **YOLO 합성곱 연산 출력**

그러나 그림 8-13에는 문제점이 하나 있습니다. 각 셀의 출력이 길이가 30인 벡터vector인데, 이 벡터는 어떤 것을 포함하고 있을까요?

앞 예제에서 우리는 B를 2로 설정했습니다(바운딩 박스를 뜻합니다). 이는 각 셀이 두 개의 영역 바운딩 박스를 가진다는 뜻이고, 각 바운딩 박스는 5개의 속성(c, x, y, w, h)을 가집니다. 여기서 c는 앞서 언급했던 신뢰성 점수입니다. 따라서 그림 8-12(b)에서 '바운딩 박스+신뢰성 점수'는 총 5×2개의 속성을 가집니다. 이어서 나오는 20은 20개의 서로 다른 클래스에 대한 분류 확률입니다(그림 8-14 참고).

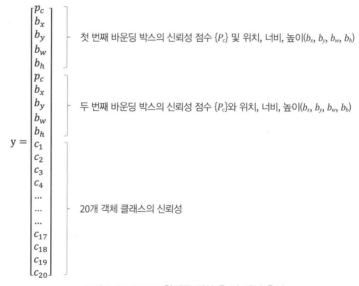

그림 8-14 **YOLO 합성곱 연산 후 각 셀의 출력**

참고자료 [14]의 코드에 YOLO v1의 완전한 구현 코드를 포함하고 있습니다. 여기서 중요한 코드는 다음과 같습니다.

```
def get_model():
    model = Sequential()

    # 레이어 1
    model.add(Conv2D(16, 3, 3,input_shape=(3,448,448),
                            border_mode='same',subsample=(1,1)))
    model.add(LeakyReLU(alpha=0.1))
    model.add(MaxPooling2D(pool_size=(2, 2)))
    ...

    # 레이어 11
    model.add(Dense(4096))
    model.add(LeakyReLU(alpha=0.1))

    # 레이어 12
    model.add(Dense(1470))

    return model
```

먼저 앞 코드의 첫 번째 단계는 CNN을 만드는 것입니다. 마지막 층의 출력인 1470은 $7 \times 7 \times (5 \times 2+20)$의 결과이며, 이는 우리가 앞서 이야기한 총 텐서의 차원입니다. 이 코드에서 저자는 다음 규칙에 따라 이 총 길이가 1470인 텐서를 분할했습니다.

1 980개의 수치는 20개의 클래스에 대응하는 7×7의 셀의 각 클래스 확률($7 \times 7 \times 20=980$)입니다.

2 이어서 98개의 수치는 이미지 영역(B=2)에 대응하는 각 셀의 신뢰성 점수입니다($7 \times 7 \times 2=98$).

3 나머지 392개의 값은 이미지 영역에 대응하는 각 셀의 위치와 높이, 너비입니다($7 \times 7 \times 2 \times 4=392$).

이제 우리는 YOLO 모델이 구체적으로 어떻게 사용되는지에 대해 살펴보겠습니다.

```
1    model = get_model()
2    load_weights(model,'yolo-tiny.weights')
3    test_image = mpimg.imread('test_images/test1.jpg')
4    pre_processed = preprocess(test_image)
5    batch = np.expand_dims(pre_processed, axis=0)
6    batch_output = model.predict(batch)
7
8    boxes = yolo_output_to_car_boxes(batch_output[0], threshold=0.25)
9    final = draw_boxes(boxes, test_image, ((500,1280),(300,650)))
```

앞 코드의 첫 번째 행은 CNN 모델을 만듭니다. 2~4번 행은 모델 가중치를 초기화하고 테스트 데이터를 불러옵니다. **6번 행**은 모델에 대한 예측을 실행합니다. 이는 모두 합성곱 신경망의 표준 동작 과정입니다. 만약 우리가 CNN의 출력을 프린트한다면 다음과 같이 이해하기 힘든 숫자가 출력될 것입니다.

```
[0.4187, 0.9201, 0.3476, ...]    # 길이는 1,470
```

물론 이전에 배운 내용을 결합해 보면 앞 데이터를 분석해 이미지 영역을 만들 수도 있지만, 아무래도 별도의 단계에서 CNN 출력 내용을 최종 결과로 변환해 주어야 할 것 같습니다.

8번 행에서 우리는 CNN의 출력을 yolo_output_to_car_boxes라는 함수에 입력해 이미지 영역에 대한 예측값을 얻을 수 있습니다. 그리고 **9번 행**에서 그래프를 만들어 줍니다. 이전 그림 8-12(b)의 바운딩 박스+신뢰도와 클래스 확률 맵을 결합해 최종 검출 결과를 얻는다고 설명했는데, yolo_output_to_car_boxes 함수가 바로 그 역할을 합니다. 그렇다면 구체적으로 어떻게 구현하는지 살펴봅시다.

```python
1   def yolo_output_to_car_boxes(yolo_output, threshold=0.2, sqrt=1.8, C=20, B=2, S=7):
2       car_class_number = 6
3
4       boxes = []
5       SS = S*S  # 그리드 셀 개수
6       prob_size = SS*C  # 클래스 확률
7       conf_size = SS*B  # 각 그리드 셀의 신뢰도
8
9       probabilities = yolo_output[0:prob_size]
10      confidence_scores = yolo_output[prob_size: (prob_size + conf_size)]
11      cords = yolo_output[(prob_size + conf_size):]
12      probabilities = probabilities.reshape((SS, C))
13      confs = confidence_scores.reshape((SS, B))
14      cords = cords.reshape((SS, B, 4))
15
16      for grid in range(SS):
17          for b in range(B):
18              bx = Box()
19
20              bx.c = confs[grid, b]
21
22              bx.x = (cords[grid, b, 0] + grid % S) / S
23              bx.y = (cords[grid, b, 1] + grid // S) / S
24              bx.w = cords[grid, b, 2] ** sqrt
25              bx.h = cords[grid, b, 3] ** sqrt
26
27              p = probabilities[grid, :] * bx.c
28
29              if p[car_class_number] >= threshold:
```

```
30              bx.prob = p[car_class_number]
31              boxes.append(bx)
32
33      boxes.sort(key=lambda b: b.prob, reverse=True)
34
35      for i in range(len(boxes)):
36          boxi = boxes[i]
37          if boxi.prob == 0:
38              continue
39
40          for j in range(i + 1, len(boxes)):
41              boxj = boxes[j]
42
43              if box_iou(boxi, boxj) >= 0.4:
44                  boxes[j].prob = 0
45
46      boxes = [b for b in boxes if b.prob > 0]
47
48      return boxes
```

앞 코드는 '자동차_{car}'에 속하는 클래스만 검출하는 것을 목적으로 하기 때문에 다른 클래스는 무시합니다. 따라서 1~2번 행에 자동차 종류 개수를 지정합니다. 이는 YOLO의 바운딩 박스에 대한 이해도를 높이기 위함입니다.

4~14번 행 변수를 초기화합니다. 여기서 SS를 정의해 줬는데, 이는 셀_{cell}의 총 개수(7×7=49)입니다. 그리고 prob_size는 클래스 확률 맵의 총 개수(7×7×20=980)이며, conf_size는 모든 셀의 바운딩 박스의 신뢰성 총 개수(7×7×2=98)입니다. 우리는 앞서 논의한 CNN 출력 데이터 형식에 기반해 CNN의 출력을 3단계(probabilities, confidence_scores, cords)로 나눕니다. 마지막으로 12~14번 행에서 reshape을 통해 재배열해 주어 이후 코드에서 셀의 위치에 기반해 대응하는 수치를 가져올 수 있도록 해줍니다.

16~31번 행 앞 3단계 데이터에서 각 바운딩 박스의 속성을 얻습니다. 29~30번 행에서는 필터링을 해주는데, 클래스 확률이 임곗값보다 클 때 선택 가능한 바운딩 박스라고 간주합니다. 만약 임곗값보다 낮다면 고려하지 않습니다.

33번 행 모든 이미지 영역은 prob 속성에 기반해 내림차순으로 배열합니다.

35~49번 행 불필요한 이미지 영역을 제거합니다. 43번 행 에서 만약 이전(확률이 비교적 큰 윈도우)과 이후의 윈도우 사이의 IoU가 0.4보다 크다면 이후 윈도우의 확률을 0으로 설정합니다. 그리고 46번 행 에서 필터링합니다. 마지막으로 최종 이미지 영역 결과를 반환합니다.

여기까지 YOLO v1의 원리에 대해 간단히 설명했습니다. YOLO v1은 상당히 빠른 검출 속도를 보였지만, 정확도 측면에서 Fast R-CNN과 이후 나온 〈SSD: Single Shot MultiBox Detector(SSD: 싱글

샷 멀티박스 검출기)》(참고자료 [15]) 논문의 SSD에는 미치지 못합니다. 따라서 YOLO는 두 번의 업데이트가 이루어지는데, 이는 각각 2016년 YOLO9000: Better, Faster, Stronger(참고자료 [16])에서 발표된 YOLO v2 알고리즘과 2018년 YOLO v3: AN Incremental Improvement(참고자료 [17])에서 발표된 YOLO v3입니다.

8.2.2 YOLO v2

여기서는 YOLO v2와 YOLO v3의 모든 세부적인 내용에 대해서는 설명하지 않을 예정입니다. 예를 들면 YOLO v2에서는 배치 정규화batch normalization와 비교적 높은 화소로 10번의 예비 훈련을 하는 등의 개선 방안을 도입했지만, 여기서 자세히 다루지는 않겠습니다. 하지만 중요한 개선 포인트에 대해서는 자세히 다루고 넘어갈 것입니다. YOLO v3는 YOLO v2에 기반해 개선이 이루어지므로 YOLO v2에서 곧바로 YOLO v3로 넘어갈 수는 없습니다. 따라서 먼저 YOLO v2에서 어떤 변화가 일어났는지 살펴보겠습니다.

YOLO v2에서는 YOLO v1에 존재하던 다음 두 가지 문제에 대한 개선이 이루어졌습니다.

- 앵커 박스 크기는 랜덤 선택된 후 CNN을 통해 훈련됩니다. 만약 앵커 박스의 크기를 '랜덤 선택'하지 않을 수 있다면, 더 좋은 효과를 얻을 수 있지 않을까요?

- 서로 다른 크기의 물체를 어떻게 정확히 구별할 수 있을까요?(YOLO v1에서는 작은 물체와 비교적 가까이 위치한 물체를 식별할 때 정확도가 높지 않았습니다)

첫 번째 문제(앵커 박스 크기의 설정)에 대해서는 대부분의 사진에서 많은 비슷한 물체의 비율과 크기가 비슷한 것을 알 수 있습니다. 그림 8-15는 유튜브youTube에서 캡처한 교통 객체 식별 영상의 스크린샷입니다. 각 차량의 바운딩 박스는 큰 범위 내에서 비교적 유사하며, 바운딩 박스는 앵커 박스 범위의 영향을 크게 받는 것을 확인할 수 있습니다. YOLO v1에서는 이런 부분이 고려되지 않고 임의로 앵커 박스의 범위를 설정했습니다. 그리고 훈련 시 네트워크를 통해 자동 조절했는데, 이는 많은 시간과 자원을 낭비하게 했습니다.

그림 8-15 **유튜브에서 가져온 교통 객체 식별 영상 이미지**

YOLO v2에서는 앵커 박스에 대해 별도의 처리 과정을 추가합니다. 먼저, 앵커 박스에 대해, YOLO v1에서는 그림 8-16과 같은 결과를 얻을 가능성이 높습니다.

그림 8-16 **적합한 앵커 박스(사람)와 적합하지 않은 앵커박스(자동차)**

그림 8-16에서 사람에 대해 비교적 적합했던 앵커 박스를 자동차에 대해 사용하면 적합하지 않을 수도 있습니다. 사실, 우리는 그림 8-16의 모든 앵커 박스가 객체를 정확히 포괄하지 못해도 괜찮습니다. 하나의 앵커 박스가 효과적으로 그 역할을 해주기만 하면 되니까요.

YOLO v1에서 하나의 앵커는 두 개의 앵커 박스에 대응합니다. 그러나 YOLO v2에서는 각 앵커에 대해 5개의 서로 다른 비율을 가진 앵커 박스(뒤에서 어떻게 정의하는지를 설명하겠습니다)를 설정하고, 훈련을 통해 초깃값을 조정합니다. 앵커 박스의 절대 수치를 훈련하는 것은 아니고 단지 대응하는 셀을 한 방향으로 이동시키는 것입니다. YOLO9000: Better, Faster, Stronger(참고자료 [16])에서는 활성화 함수로 로지스틱 회귀를 사용했는데, 이렇게 하면 셀의 이동 범위를 (0~1)로 제어할 수 있기 때문에 오차 범위가 크지 않습니다.

이러한 개선으로 인한 두 가지 장점은 다음과 같습니다.

1 초기의 앵커 박스가 랜덤 크기가 아니게 되며, 동일 물체에 기반해 계산되어 나온 대략적인 범위가 됩니다(그림 8-17 참고).

2 회귀 예측값이 box의 절댓값이 아닌, 초기 설정과 크기에 상대적인 값이 됩니다.

이 두 가지 장점이 YOLO v2를 더욱 빠르고 정확하게 만들어 주었습니다. 더 이상 YOLO v1에서처럼 임의로 선택된 초깃값 때문에 많은 시간을 버릴 필요가 없어진 것입니다.

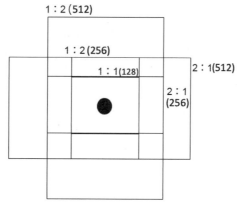

그림 8-17 **YOLO v2에서의 초기 앵커 박스**

또 다른 문제는 어떻게 앵커 박스 크기를 설정하냐는 것입니다. 이전에 기술한 것처럼, 한 장의 이미지상에서 유사한 범위 내의 물체 크기는 서로 비슷합니다. 이러한 생각은 자연스럽게 k-means 군집을 떠올리게 했습니다. 따라서 단순히 훈련을 통해 얻어지는 것이 아닌, 실제 영역의 데이터에 기반해 가능한 앵커 박스 크기의 범위를 미리 얻을 수 있게 된 것입니다.

그림 8-18은 군집 후의 결과를 보여주고 있습니다. 물론 여기서는 k-means를 사용해 군집화했지만, 직접적으로 앵커 박스 사이의 거리로 표현할 수는 없고, 대신 다른 유사성을 판별할 수 있는 아이디어를 떠올려야 했습니다.

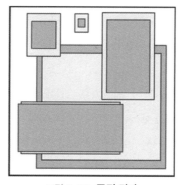

그림 8-18 **군집 결과**

해결책은 양자의 IoU로 군집화하는 것입니다. IoU가 크면 클수록 유사합니다. YOLO9000: Better, Faster, Stronger(참고자료 [16])에서 제안한 거리 계산 방식은 다음과 같습니다.

$$d(\text{box}, \text{centroid}) = 1 - \text{IoU}(\text{box}, \text{centroid})$$

여기서 box는 비교할 앵커 박스이며, centroid는 현재 선택된 기준 박스를 나타냅니다.

이런 식으로 군집 후 대략적인 이미지 영역 크기를 얻을 수 있습니다. 일반적으로 훈련을 하기 전에 먼저 관련 클래스의 앵커 박스 설정을 생성합니다. 참고자료 [19]에 비교적 완성도 높은 구현 방법이 나와 있는데, 관심 있는 독자는 참고해서 직접 실행해 보기 바랍니다.

다른 문제는 어떻게 서로 다른 크기의 동일 물체의 식별 정확도를 올릴 수 있는가에 대한 것입니다. 이 문제는 사실 쉽게 해결할 수 있습니다. YOLO v2는 각 미니 배치가 사용한 이미지에 대해 훈련 과정에 한해서만 서로 다른 크기의 변환을 실시합니다. 사실, 매번 미니 배치에서 사용한 이미지에 대해 크기 조절뿐만 아니라 첨예도 조절, 명암 조절, 노이즈 추가 등의 기교를 더하는 것은 데이터 증강 작용을 합니다.

이 두 가지가 YOLO v2에서 개선된 가장 중요한 부분이며, 이어서 YOLO v3에 대해 설명하겠습니다.

8.2.3 YOLO v3

YOLO v3는 2018년 CVPR에서 발표된 〈YOLO v3: An Incremental Improvement〉(참고자료 [17]) 논문에서 제안된 알고리즘입니다. YOLO v2가 YOLO v1의 앵커 박스 부분의 개선이 이루어졌다면, YOLO v3는 YOLO v2의 최적화와 네트워크 구조상의 개선을 이루었습니다. 전체적으로 YOLO v3 의 주요 개선점은 다음 몇 가지로 요약할 수 있습니다.

1 앵커 박스를 기존 5개에서 9개로 늘렸습니다. Faster R-CNN의 아이디어를 착안해 세 가지 종류의 스케일링 척도로 분리합니다. 각 척도는 3개의 서로 다른 비율의 앵커 박스를 포함합니다. 그러나 앵커 박스 설정 자체는 Faster R-CNN처럼 고정 비율을 사용하지 않고 YOLO v2처럼 k-means 군집을 통해 얻습니다. 그리고 배열 후 가장 큰 3개를 사용해 최대 스케일링 척도로 사용하고 이후 3개를 두 번째 중간 스케일링 척도로 사용합니다. 마지막 3개는 가장 작은 스케일링 척도로 사용합니다. 예를 들어, 참고자료 [17]에서 언급한 것처럼 실험에 사용된 COCO 데이터셋(참고자료 [20])에 대해 k-means로 얻은 9개의 앵커 박스 크기는 각각 10×13, 16×30, 33×23, 30×61, 62×45, 59×119, 116×90, 156×198, 373×326입니다. 그렇다면 순서에 따라 다음과 같이 분할할 수 있습니다.

- [(10×13), (16×30), (33×23)]: 가장 작은 스케일의 앵커 박스 크기
- [(30×61), (62×45), (59×119)]: 중간 크기 스케일의 앵커 박스 크기
- [(116×90), (156×198), (373×326)]: 최대 크기의 앵커 박스 크기

2 레스넷을 도입했습니다. 네트워크 구조에서 YOLO v2는 기본적으로 레스넷의 설계를 따르고 있습니다. 총 층의 개수는 53개에 달해 식별 정확도가 대폭 향상되었습니다. 자세한 네트워크 구조는 참고자료 [17]을 참조하세요.

3 활성화 함수를 소프트맥스에서 로지스틱 회귀로 대체했습니다. 따라서 동일 영역에 대해 다중 클래스 레이블링이 가능해졌습니다. 이전 구현에서는 동일 영역에 대해 소프트맥스를 사용했는데, 이는 해당 영역에서 확률이 가장 큰 클래스만 선택했습니다. 그러나 실제로 많은 경우 동일 영역 내에 다수의 객체가 존재할 수 있기 때문에 YOLO v3에서는 로지스틱 회귀를 사용해 소프트맥스를 대체했습니다. 이렇게 함으로써 하나의 영역 내에서 다양한 객체를 식별하는 것이 가능해졌습니다.*

4 마지막으로, YOLO v3의 최대 공헌은 3개의 서로 다른 스케일링 척도하에서 식별을 각각 진행해 작은 객체에 대한 식별 능력을 향상시켰다는 점입니다. 앞서 언급했듯이 YOLO v3는 세 가지 스케일링 척도를 사용하고, k-means 군집을 통해 세 가지 종류의 스케일링 척도하의 서로 다른 크기의 앵커 박스를 얻습니다. 그리고 각 척도는 모두 3개의 앵커 박스를 가지게 됩니다.

YOLO는 마지막으로 1×1 크기의 커널을 통해 3개의 서로 다른 스케일링 척도의 피처 맵상에서 검출하게 되는데, 이 커널 자체가 하나의 1×1×(B×(5×C)) 크기의 텐서입니다. 여기서 B는 3(각 스케일링 척도의 3개의 앵커 박스)이며, YOLO v3에서 사용한 COCO 데이터셋에는 총 80개의 객체가 있기 때문에 커널의 크기는 1×1×(3×(5+80)) = 1×1×255개가 됩니다.

그림 8-19는 예측 과정 중의 커널 구조를 보여주고 있습니다. 커널은 모든 앵커를 탐색하는 1×1×255 크기의 텐서입니다. 각 앵커상에서 커널에 기반한 연산 결과를 통해 서로 다른 이미지 영역의 값 $(x, y, w, h, p_0, p_1, p_2, …, p_c)×B$을 얻습니다. 여기서 x, y, w, h는 이미지 영역 d의 위치와 크기이며, p_0는 객체를 포함하는 신뢰성입니다. P_1, P_2 등은 서로 다른 객체 클래스의 확률이며, B는 이미지 영역의 총 개수입니다.

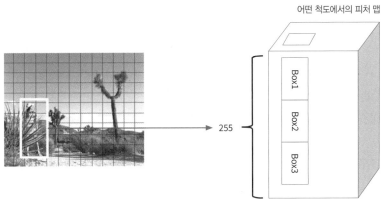

그림 8-19 예측 과정 중의 커널 텐서

---

* 옮긴이 레이블이 겹치게 될 경우(예: 남자 & 사람)에 소프트맥스를 사용하게 되면 '사람'과 '남자'가 서로 배타적(mutually exclusive)이지 않기 때문에 문제가 될 수 있습니다. 따라서 이런 경우에는 멀티레이블(multi-label) 방식으로 접근하는 것이 좋습니다.

YOLO v3에서 이미지는 3개의 서로 다른 척도의 피처 맵(52×52, 26×26, 13×13)으로 분할됩니다. 이렇게 하면 서로 다른 스케일 척도에 대해 각각의 객체 예측을 진행할 수 있습니다. 52×52는 큰 객체를, 26×26은 중간 크기의 객체를, 그리고 13×13은 작은 객체를 맡습니다. 이렇게 하면 검출 정확도를 향상시킬 수 있습니다. 그 외에, 마지막 스트라이드_stride가 32와 16인 두 층에서 각각 오버 샘플링을 하면, 비교적 작은 객체에 대해 더 좋은 검출 효과를 얻을 수 있게 됩니다.

여기까지 YOLO v3에서 제안된 주요 개선점에 대해 알아 보았습니다. 이어서 YOLO v3의 구체적인 구현 코드에 대해 살펴봅시다.

8.3   YOLO v3 구현

YOLO v3 저자의 홈페이지인 Darknet(참고자료 [21])에는 C 언어로 만들어진 YOLO v3 코드와 사용법을 제공하고 있습니다. 그러나 해당 코드에서 사용하는 VOC 데이터셋이 비교적 크고(1.9GB) 코드 구현이 번거로워 학습이 용이하진 않습니다. 따라서 YOLO v3 오픈 소스 코드(참고자료 [22])를 약간 단순화하고 새로운 텐서플로 버전에 맞게 수정했습니다. 해당 코드는 참고자료 [19]에서 제공하고 있으며 200여장의 너구리 식별 데이터셋과 이에 대응하는 YOLO v3의 케라스 구현입니다. 이후 코드 설명은 이 코드에 기반하고 있음을 참고해 주세요.

전체 YOLO v3의 훈련과 사용은 다음 3단계로 진행됩니다.

1 데이터 전처리 및 앵커 박스 설정 생성

2 모델 훈련

3 예측

Faster R-CNN 등 알고리즘과의 차이점은 YOLO v3에서 자체적으로 모델을 훈련시킬 때 모델 훈련 이전에 먼저 실제 영역의 데이터에 대한 예측을 진행하고, k-means 알고리즘을 사용해 이미지 영역에 대한 군집을 통해 적합한 앵커 박스의 크기를 얻는다는 점입니다. 이러한 방식은 YOLO v2에서 먼저 제안되었습니다. 이제 앞 3단계에 기반해 설명을 시작하겠습니다.

8.3.1 데이터 전처리

우리는 먼저 훈련과 테스트에 사용되는 데이터를 준비해야 합니다. 여기서는 너구리_raccoon 데이터를 사용해 너구리를 식별하는 YOLO v3 모델을 만듭니다.

```
git clone https://github.com/likezhang-public/qconbj2019
```

```
cd qconbj2019/yolov3
ls data
```

yolov3/data 파일에는 다음 데이터를 포함하고 있습니다.

- training_image: 훈련에 필요한 이미지 데이터

- training_annotation: 훈련 이미지에 대응하는 어노테이션annotation

- test_image: 테스트 이미지 데이터셋

- test_annotation: 테스트 이미지에 대응하는 어노테이션

데이터에 대한 이해를 돕기 위해 어노테이션 파일을 열어보겠습니다(training_annotation/raccoon-151.xml 참고).

```xml
<annotation verified="yes">
    <folder>images</folder>
    <filename>raccoon-1.jpg</filename>
    <path>/Users/datitran/Desktop/raccoon/images/raccoon-1.jpg</path>
    <source>
        <database>Unknown</database>
    </source>
    <size>
        <width>650</width>
        <height>417</height>
        <depth>3</depth>
    </size>
    <segmented>0</segmented>
    <object>
        <name>raccoon</name>
        <pose>Unspecified</pose>
        <truncated>0</truncated>
        <difficult>0</difficult>
        <bndbox>
            <xmin>81</xmin>
            <ymin>88</ymin>
            <xmax>522</xmax>
            <ymax>408</ymax>
        </bndbox>
    </object>
</annotation>
```

여기서 레이블 문서는 표준 xml 형식이며, 여기서는 이미지의 경로, 크기, 컬러 채널 숫자(depth), 객체 클래스(object) 및 대응하는 이미지 영역 위치(bndbox) 등이 정의되어 있습니다. 우리가 실제로 필요한 것은 filename, width, height 및 이미지 영역의 위치입니다. 이번 예제에서 우리는 너

구리 클래스만 식별하기 때문에 **object.name** 속성(객체 유형, 객체 클래스)은 사실 아무런 영향이 없습니다. 그러나 실제 상품 개발에서 만약 클래스_class_(유형)가 많다면 **name**은 영향을 주게 됩니다. raccoon-24.xml 파일에는 다수 객체 검출(동일 클래스라고 하더라도)을 포함하고 있으며, 다음과 같이 정의됩니다.

```
<object>
    <name>raccoon</name>
    <pose>Unspecified</pose>
    <truncated>0</truncated>
    <difficult>0</difficult>
    <bndbox>
        <xmin>77</xmin>
        <ymin>48</ymin>
        <xmax>179</xmax>
        <ymax>156</ymax>
    </bndbox>
</object>
<object>
    <name>raccoon</name>
    <pose>Unspecified</pose>
    <truncated>0</truncated>
    <difficult>0</difficult>
    <bndbox>
        <xmin>139</xmin>
        <ymin>77</ymin>
        <xmax>202</xmax>
        <ymax>145</ymax>
    </bndbox>
</object>
```

어노테이션 파일의 코드 해석은 voc.py에 있습니다. xml 파일에 대한 해석이 더 궁금한 독자는 해당 파일을 참고하기 바랍니다.

이어서 첫 번째 단계를 진행해 봅시다. 이미지에 기반해 적합한 앵커 위치를 찾고 k-means 알고리즘으로 서로 다른 이미지의 이미지 영역에 대한 군집을 진행합니다. 그리고 최종적으로 9개의 앵커 박스의 높이와 너비(width와 weight)를 얻습니다. 이 단계는 gen_anchors.py에 구현되어 있으며, 코드는 다음과 같습니다.

```
1  import random
2  import argparse
3  import numpy as np
4
5  from voc import parse_voc_annotation
6  import json
7  # IoU 구역 비율 계산
```

```
8     def IOU(ann, centroids):
9         w, h = ann
10        similarities = []
11
12        for centroid in centroids:
13            c_w, c_h = centroid
14
15            if c_w >= w and c_h >= h:
16                similarity = w*h/(c_w*c_h)
17            elif c_w >= w and c_h <= h:
18                similarity = w*c_h/(w*h + (c_w-w)*c_h)
19            elif c_w <= w and c_h >= h:
20                similarity = c_w*h/(w*h + c_w*(c_h-h))
21            else: #means both w,h are bigger than c_w and c_h respectively
22                similarity = (c_w*c_h)/(w*h)
23            similarities.append(similarity)     # (k,) 차원이 됨
24
25        return np.array(similarities)     # 평균 IoU를 계산
26
27    def avg_IOU(anns, centroids):
28        n,d = anns.shape
29        sum = 0.
30
31        for i in range(anns.shape[0]):
32            sum+= max(IOU(anns[i], centroids))
33
34        return sum/n
35    # centroid를 보여주고, 대응하는 문서 생성
36    def output_anchors(centroids, anchor_file):
37        out_string = ''
38        anchors = centroids.copy()
39        widths = anchors[:, 0]
40        sorted_indices = np.argsort(widths)
41        sorted_anchors = []
42        r = "anchors: ["
43        for i in sorted_indices:
44            w = int(anchors[i,0]*416)
45            h = int(anchors[i,1]*416)
46            sorted_anchors.append(w)
47            sorted_anchors.append(h)
48        print(sorted_anchors)
49        with open(anchor_file, 'w') as outfile:
50            json.dump(sorted_anchors, outfile)
51    # k-means 군집 실행, 앵커박스 생성
52    def run_kmeans(ann_dims, anchor_num):
53        ann_num = ann_dims.shape[0]
54        iterations = 0
55        prev_assignments = np.ones(ann_num)*(-1)
56        iteration = 0
57        old_distances = np.zeros((ann_num, anchor_num))
58
59        indices = [random.randrange(ann_dims.shape[0]) for i in range(anchor_num)]
60        centroids = ann_dims[indices]
```

```
61          anchor_dim = ann_dims.shape[1]
62
63      while True:
64          distances = []
65          iteration += 1
66          for i in range(ann_num):
67              d = 1 - IOU(ann_dims[i], centroids)
68              distances.append(d)
69          distances = np.array(distances) # distances.shape = (ann_num, anchor_num)
70
71          print("iteration {}: dists = {}".format(
72              iteration, np.sum(np.abs(old_distances-distances))))
73          # 샘플을 중심점 거리에 기반해 분류
74          assignments = np.argmin(distances, axis=1)
75
76          if (assignments == prev_assignments).all() :
77              return centroids
78
79          # 새로운 중심(centroids) 계산
80          centroid_sums=np.zeros((anchor_num, anchor_dim), np.float)
81          for i in range(ann_num):
82              centroid_sums[assignments[i]]+=ann_dims[i]
83          for j in range(anchor_num):
84              centroids[j] = centroid_sums[j]/(np.sum(assignments==j) + 1e-6)
85
86          prev_assignments = assignments.copy()
87          old_distances = distances.copy()
88
89  def _main_(argv):
90      config_path = args.conf
91      num_anchors = args.anchors
92
93      with open(config_path) as config_buffer:
94          config = json.loads(config_buffer.read())
95
96      train_imgs, train_labels = parse_voc_annotation(
97          config['train']['train_annot_folder'],
98          config['train']['train_image_folder'],
99          config['train']['cache_name'],
100         config['model']['labels']
101     )
102
103     # k_mean을 통해 앵커 찾기
104     annotation_dims = []
105     for image in train_imgs:
106         print(image['filename'])
107         for obj in image['object']:
108             relative_w = (float(obj['xmax']) - float(obj['xmin']))/image['width']
109             relatice_h = (float(obj["ymax"]) - float(obj['ymin']))/image['height']
110             annotation_dims.append(tuple(map(float, (relative_w,relatice_h))))
111
112     annotation_dims = np.array(annotation_dims)
113     centroids = run_kmeans(annotation_dims, num_anchors)
```

```
114
115      print('\naverage IOU for', num_anchors, 'anchors:',
116            '%0.2f' % avg_IOU(annotation_dims, centroids))
117      output_anchors(centroids, config['model']['anchors'])
118
119 if __name__ == '__main__':
120      argparser = argparse.ArgumentParser()
121
122      argparser.add_argument(
123          '-c',
124          '--conf',
125          default='config.json',
126          help='path to configuration file')
127      argparser.add_argument(
128          '-a',
129          '--anchors',
130          default=9,
131          help='number of anchors to use')
132
133      args = argparser.parse_args()
134      _main_(args)
```

이제 코드를 살펴봅시다.

`1~34번 행` 라이브러리를 불러오고, IoU의 계산 방법을 정의합니다. 여기서 `IOU(ann, centroids)`은 하나의 객체 이미지 영역과 각 앵커 박스(centroids)의 IoU를 계산하고, np.array를 통해 반환합니다. ave_iou는 각 어노테이션 파일의 이미지 영역과 최종적으로 얻은 앵커 박스의 최대 IoU 평균값입니다.

`36~50번 행` 계산한 9개의 앵커 박스의 구체적인 높이와 너비를 보여줍니다. 여기서는 코드에 대한 쉬운 설명을 위해 centroid 변수명을 앵커 박스와 동일시합니다. 8.2.3절에서 언급했듯이 YOLO v3는 3개의 서로 다른 스케일 척도하의 3개의 앵커 박스를 계산합니다. 따라서 여기서는 모든 앵커 박스에 대해 너비(width)를 기준으로 오름차순으로 배열하고 JSON 파일로 출력합니다.

`52~87번 행` 이미지 영역에 대해 k-means 군집을 진행해 9개의 앵커 박스를 얻는 핵심적인 코드입니다. 두 개의 입력 파라미터가 존재하는데, ann_dims는 모든 이미지의 어노테이션 정보 데이터셋이고, anchor_num은 9(9개의 앵커 박스를 뜻함)로 정의합니다. 해당 코드의 기본적인 아이디어는 9개의 앵커 박스를 정의하고 모든 실제 객체 바운딩 박스와 9개의 앵커 박스의 IoU에 대한 군집을 진행하고, 동시에 앵커 박스에 대한 조정을 진행하는 것입니다. `62~72번 행`에서는 IOU 함수를 사용해 각 이미지 영역과 앵커 박스의 IoU를 계산합니다. 그리고 차이가 가작 작은 것을 선택해 대응하는 이미지 영역의 클래스로 간주합니다(assignments 데이터셋에 저장되며, assignments는 각 이미지 영역이 속하는 앵커 박스 인덱스를 포함합니다). `76~77번 행`에서는 만약 각 이미지 영역의 인덱스와 이전 인덱스(prev_assignments)에 변화가 없으면 군집이 완료되었다고 간주하고 현재 앵커 박스를 반환하게 됩니다.

앤커 박스의 높이와 너비를 조절합니다. 이 코드는 각 앤커 박스의 높이와 너비의 합을 계산합니다(ann_dims[i]는 두 개의 값을 반환합니다).

```
for i in range(ann_num):
    centroid_sums[assignments[i]]+=ann_dims[i]
```

다음 코드는 각 앤커 박스의 높이와 너비의 평균값을 취해 새로운 앤커 박스의 크기를 얻습니다.

```
for j in range(anchor_num):
    centroids[j] = centroid_sums[j]/(np.sum(assignments==j) + 1e-6)
```

89~117번 행 main 함수는 구체적인 실행 과정입니다. 먼저, 89~91번 행 에서 config 설정을 합니다. 그리고 96~101번 행 에서 어노테이션 파일에 대한 분석을 합니다. 이어서 103~110번 행 에서 각 객체 이미지 영역의 높이와 너비 데이터를 얻습니다(원본 이미지와 비교한 상대적 비율이지 절댓값이 아닙니다). 마지막으로 112~117번 행 에서 k-means 알고리즘을 통해 앤커 박스를 얻고 출력합니다.

다음 프로그램을 실행합니다.

```
python gen_anchors.py -c config.json
```

그리고 출력 파일 anchors.json을 확인합니다. 출력은 길이가 18인 데이터셋(9개 앤커 박스의 높이와 너비), 즉 [112, 134, 160, 231, 186, 338, 235, 380, 280, 294, 305, 385, 338, 226, 359, 310, 378, 392]임을 알 수 있습니다. 앞 출력은 k-means 군집 알고리즘 자체의 임의성으로 인해 매번 출력할 때마다 결과물이 다릅니다.

8.3.2 모델 훈련

앤커 박스의 군집을 완료한 후, 이제 모델 훈련에 대한 준비를 마쳤습니다. 사실, YOLO v3의 훈련 과정은 복잡하지 않습니다. 왜냐하면 단일 단계 검출/훈련one stage detection/training이기 때문입니다. 따라서 Faster R-CNN처럼 앤커 박스 예측과 이미지 영역 예측을 동시에 완료하지 않아도 됩니다. 사실상 베이스넷Base net에 YOLO층을 더한 전체 엔드투엔드end-to-end 모델을 훈련시키는 것과 같습니다.

이번에 제공된 코드(참고자료 [19])에서 훈련과 관련된 파일은 다음과 같습니다.

- train.py: 모델 훈련의 주요 과정
- yolo.py: YOLO 네트워크 구조
- generator.py: 훈련 중 데이터의 생성

먼저 train.py 파일을 살펴봅시다. 원본 코드는 매우 길기 때문에 모듈별로 나누어 분석해 보겠습니다.[*]

1. 주요 프로세스

먼저 주요 프로세스인 _main_ 함수를 살펴봅시다.

```
1    def _main_(args):
2        global WARMUP_EPOCHS
3        global LEARNING_RATE
4
5        config_path = args.conf
6
7        with open(config_path) as config_buffer:
8            config = json.loads(config_buffer.read())
9
10       anchors = []
11       with open(config['model']['anchors']) as anchors_file:
12           anchors = json.loads(anchors_file.read())
13
14       train_ints, valid_ints, labels, max_box_per_image =
15       create_training_instances(
16           config['train']['train_annot_folder'],
17           config['train']['train_image_folder'],
18           config['train']['cache_name'],
19           config['valid']['valid_annot_folder'],
20           config['valid']['valid_image_folder'],
21           config['valid']['cache_name'],
22           config['model']['labels']
23       )
24       print('\nTraining on: \t' + str(labels) + '\n')
25
26       train_generator = BatchGenerator(
27           instances            = train_ints,
28           anchors              = anchors,
29           labels               = labels,
30           downsample           = 32, # 네트워크 입력(input)의 크기와 네트워크 출력(output)의 비율.
31                                   # YOLO v3에서는 32
32           max_box_per_image    = max_box_per_image,
33           batch_size           = config['train']['batch_size'],
34           min_net_size         = config['model']['min_input_size'],
35           max_net_size         = config['model']['max_input_size'],
36           shuffle              = True,
37           jitter               = 0.3,
38           norm                 = normalize
39       )
40
41       valid_generator = BatchGenerator(
42           instances            = valid_ints,
```

---

[*] 옮긴이 코드가 길기 때문에 모든 모듈(혹은 함수)를 살펴보지 않습니다. 주요 함수만 살펴보고 있으니, 실행을 위해서는 전체 코드를 확인해 주세요.

```
43          anchors              = anchors,
44          labels               = labels,
45          downsample           = 32, # 네트워크 입력(input)의 크기와 네트워크 출력(output)의 비율.
46                                  # YOLO v3에서는 32
47          max_box_per_image    = max_box_per_image,
48          batch_size           = config['train']['batch_size'],
49          min_net_size         = config['model']['min_input_size'],
50          max_net_size         = config['model']['max_input_size'],
51          shuffle              = True,
52          jitter               = 0.0,
53          norm                 = normalize
54      )
55
56      if os.path.exists(config['train']['saved_weights_name']):
57          config['train']['warmup_epochs'] = 0
58      warmup_batches = config['train']['warmup_epochs'] *
59      (config['train']['train_times']*len(train_generator))
60
61      WARMUP_EPOCHS = config['train']['warmup_epochs']
62      LEARNING_RATE = config['train']['learning_rate']
63
64      multi_gpu = 0
65
66      train_model, infer_model = create_model(
67          nb_class             = len(labels),
68          anchors              = anchors,
69          max_box_per_image    = max_box_per_image,
70          max_grid             = [config['model']['max_input_size'],
71                                  config['model']['max_input_size']],
72          batch_size           = config['train']['batch_size'],
73          warmup_batches       = warmup_batches,
74          ignore_thresh        = config['train']['ignore_thresh'],
75          multi_gpu            = multi_gpu,
76          saved_weights_name   = config['train']['saved_weights_name'],
77          lr                   = config['train']['learning_rate'],
78          grid_scales          = config['train']['grid_scales'],
79          obj_scale            = config['train']['obj_scale'],
80          noobj_scale          = config['train']['noobj_scale'],
81          xywh_scale           = config['train']['xywh_scale'],
82          class_scale          = config['train']['class_scale'],
83      )
84      callbacks = create_callbacks(config['train']['saved_weights_name'],
85                                   config['train']['tensorboard_dir'], infer_model)
86
87      sess = K.backend.get_session()
88      sess.run(tf.global_variables_initializer())
89
90      train_model.fit_generator(
91          generator        = train_generator,
92          steps_per_epoch  = len(train_generator) * config['train']['train_times'],
93          epochs           = config['train']['nb_epochs'] +
94                             config['train']['warmup_epochs'],
95          verbose          = 2 if config['train']['debug'] else 1,
```

```
96          callbacks        = callbacks,
97          workers          = 4,
98          max_queue_size   = 8
99      )
100
101     average_precisions = evaluate(infer_model, valid_generator)
102
103     for label, average_precision in average_precisions.items():
104         print(labels[label] + ': {:.4f}'.format(average_precision))
105     print('mAP: {:.4f}'.format(sum(average_precisions.values()) /
106                         len(average_precisions)))
107
108 if __name__=='__main__':
109     argparser = argparse.ArgumentParser(description = "train and evaluate YOLO v3
110 model on any dataset")
111     argparser.add_argument('-c', '--conf', help='path to configuration file')
112
113     args = argparser.parse_args()
114     _main_(args)
```

앞 코드에서 `101~106번 행`은 파라미터 처리에 대한 명령어이기 때문에 설명은 생략합니다. _main_ 함수 중 훈련 과정 구현 부분이 중요한데, 한번 자세히 살펴보겠습니다.

`2~3번 행` 두 개의 전역 변수 WARMUP_EPOCHS와 LEARNING_RATE를 불러옵니다. 이 두 전역 변수는 훈련 시 callback 함수에 사용되고, 학습률learning rate을 튜닝하는 데 사용됩니다.

`5~12번 행` config 설정과 이전에 만들어놓은 앵커 박스 크기 데이터를 불러옵니다.

`14~23번 행` create_training_instances 메서드를 사용해 훈련 데이터셋을 불러옵니다.

`26~54번 행` BatchGenerator를 사용해 훈련 데이터와 검증 데이터 생성기generator를 만듭니다.

`56~59번 행` 가중치(weight) 파일이 존재하는지 여부를 확인합니다. 만약 가중치 파일이 없다면 다시 처음부터 훈련하고 웜업 배치warm-up batches를 더해야 합니다.

`61~62번 행` LEARNING_RATE와 WARMUP_EPOCHS를 설정합니다. Darknet(참고자료 [21])의 구현에 따르면 WARMUP_EPOCHS 이전의 훈련 배치에서 학습률은 매우 작고 WARMUP_EPOCHS에 도달한 이후에 지정한 학습률을 회복한다고 합니다.

`64번 행` GPU 개수를 0으로 설정합니다. 이번 구현 과정에서는 CPU만 사용합니다. GPU 지원 설정은 복잡하지 않으니 여기서는 생략하겠습니다.

`62~83번 행` YOLO 모델을 만듭니다. 여기서는 create_model 함수를 사용했습니다. 여기서 반환된 모델 중 하나는 훈련 시 사용하는 모델이고, 다른 하나의 모델은 예측 시 사용하는 모델입니다. 전자는 실제 영역을 입력으로 훈련해야 하는 반면 후자는 그럴 필요가 없습니다.

84~85번 행 훈련 과정에 대한 콜백 함수 create_callbacks를 설정합니다(중간 결과를 저장하기에 용이합니다).

87~99번 행 텐서플로의 전역 변수를 초기화합니다. 그리고 모델을 케라스의 fit_generator 메서드로 훈련합니다.

101~106번 행 모델 결과를 평가합니다.

앞 코드에는 세 가지 핵심 함수가 있습니다.

- create_training_instances: 원본 훈련 데이터를 사용 가능한 형식으로 변환합니다.
- BatchGenerator: Keras.utils.Sequence 클래스를 계승합니다. YOLO v3의 디자인에 따라 대응하는 훈련 데이터 미니 배치를 생성해 fit_generator의 generator 파라미터로 사용합니다.
- create_model: YOLO v3 모델을 만듭니다.

그 외에 create_callback 역시 비교적 중요한 일환입니다. 실제 훈련에서 YOLO v3의 훈련 속도가 굉장히 느린 것을 확인할 수 있는데, CPU 환경에서는 하루가 넘게 걸리는 경우도 많습니다. 따라서 결과를 중간중간 저장하는 것이 매우 중요합니다.

2. 데이터셋 생성

일단 몇 개의 핵심 함수를 살펴봅시다. 먼저, create_training_instances입니다.

```
1    def create_training_instances(
2        train_annot_folder,
3        train_image_folder,
4        train_cache,
5        valid_annot_folder,
6        valid_image_folder,
7        valid_cache,
8        labels,
9    ):
10       # 훈련 세트의 어노테이션을 파싱
11       train_ints, train_labels = parse_voc_annotation(
12           train_annot_folder, train_image_folder, train_cache, labels)
13
14       # 검증 세트의 어노테이션을 파싱
15       # (검증 세트가) 없다면 훈련 세트에서 분할
16       if os.path.exists(valid_annot_folder):
17           valid_ints, valid_labels = parse_voc_annotation(
18               valid_annot_folder, valid_image_folder, valid_cache, labels)
19       else:
20           print("valid_annot_folder not exists. Spliting the trainining set.")
21
22           train_valid_split = int(0.8*len(train_ints))
```

```
23          np.random.seed(0)
24          np.random.shuffle(train_ints)
25          np.random.seed()
26
27          valid_ints = train_ints[train_valid_split:]
28          train_ints = train_ints[:train_valid_split]
29
30      max_box_per_image = max([len(inst['object']) for inst in
31                              (train_ints + valid_ints)])
32
33      return train_ints, valid_ints, sorted(labels), max_box_per_image
```

코드를 살펴봅시다.

11~28번 행 이전에 생성한 앵커 박스와 유사하게, parse_voc_annotation을 사용해 훈련 데이터 어노테이션을 분석합니다. 그리고 이미 대응하는 테스트 데이터셋 리스트가 있는지 여부를 판단하고, 만약 없다면 20/80의 비율로 데이터셋을 분리합니다.

30~33번 행 각 이미지 영역의 가능한 최댓값을 찾고, 훈련 데이터, 테스트 데이터, 클래스 레이블, 그리고 가능한 최대 이미지 영역값을 반환합니다. 주의해야 할 점은 여기서는 이미지 레이블에 정의되지 않은 유형(클래스)을 포함하고 있는지, 없는지의 여부에 대해서 판단하지 않는다는 점입니다. 우리는 하나의 클래스(너구리)만 판단하기 때문에 검증을 여러 차례 할 필요가 없습니다.

3. 훈련 콜백 함수 만들기

create_callbacks 함수를 살펴봅시다. 특별히 주의를 기울여야 할 부분은 다음 부분입니다.

```
1   def get_current_learning_rate(epoch, lr):
2       global WARMUP_EPOCHS
3       global LEARNING_RATE
4
5       lrate = LEARNING_RATE
6
7       if WARMUP_EPOCHS > 0 and epoch <= WARMUP_EPOCHS:
8           lrate = LEARNING_RATE * math.pow(epoch/WARMUP_EPOCHS, 4)
9
10      return lrate
11
12  def create_callbacks(saved_weights_name, tensorboard_logs, model_to_save):
13      makedirs(tensorboard_logs)
14
15      early_stop = EarlyStopping(
16          monitor     = 'loss',
17          min_delta   = 0.01,
18          patience    = 5,
19          mode        = 'min',
```

```
20          verbose      = 1
21      )
22      checkpoint = CustomModelCheckpoint(
23          model_to_save   = model_to_save,
24          filepath        = saved_weights_name,# + '{epoch:02d}.h5',
25          monitor         = 'loss',
26          verbose         = 1,
27          save_best_only  = True,
28          mode            = 'min',
29          period          = 1
30      )
31
32      lrate = LearningRateScheduler(get_current_learning_rate)
33
34      return [lrate, early_stop, checkpoint, tensorboard]
```

create_callbacks에서 early_stop, check_point 부분은 비교적 이해하기 쉽습니다. 각각 훈련 종료 조건과 중간 결과 가중치의 저장 경로를 뜻합니다.

주의해야 할 부분은 LearningRateScheduler에서 사용하는 get_current_learning_rate 함수입니다. ⌜1~10번 행⌟에서 이 함수는 현재 에포크 번호가 반환하는 서로 다른 학습률learning rate에 기반하는데, 해당 구현은 YOLO v3 원본 코드(참고자료 [21])의 network.c 부분에 해당합니다.

4. 모델 만들기

앞 단계에서 YOLO v3의 주요 훈련 과정과 보조 코드에 대해 소개했지만, 구체적인 모델을 만드는 방법에 대해서는 아직 언급하지 않았습니다. 이번 절과 다음 절에서 ① 모델 구성 과정 ② YOLO층의 구현 ③ 완전한 모델의 구현, 이렇게 3개의 파트를 통해 해당 부분에 대한 소개를 진행할 것입니다.

먼저 create_model 함수를 살펴봅시다.

```
def create_model(
    nb_class,
    anchors,
    max_box_per_image,
    max_grid, batch_size,
    warmup_batches,
    ignore_thresh,
    multi_gpu,
    saved_weights_name,
    lr,
    grid_scales,
    obj_scale,
    noobj_scale,
    xywh_scale,
    class_scale
```

```
):
    template_model, infer_model = create_yolov3_model(
        nb_class            = nb_class,
        anchors             = anchors,
        max_box_per_image   = max_box_per_image,
        max_grid            = max_grid,
        batch_size          = batch_size,
        warmup_batches      = warmup_batches,
        ignore_thresh       = ignore_thresh,
        grid_scales         = grid_scales,
        obj_scale           = obj_scale,
        noobj_scale         = noobj_scale,
        xywh_scale          = xywh_scale,
        class_scale         = class_scale
    )
    plot_model(template_model, to_file='training_model.png', show_shapes=True)
    plot_model(infer_model, to_file='infer_model.png', show_shapes=True)

    # 사전 계산된 가중치를 불러오며, (사전 계산된 가중치가) 없다면 백엔드 가중치를 불러온다
    if os.path.exists(saved_weights_name):
        print("\nLoading pretrained weights.\n")
        template_model.load_weights(saved_weights_name)
    else:
        template_model.load_weights("backend.h5", by_name=True)

    train_model = template_model

    optimizer = Adam(lr=0.0, clipnorm=0.001)
    train_model.compile(loss=dummy_loss, optimizer=optimizer)

    return train_model, infer_model
```

create_model 함수의 논리는 매우 간단합니다. 먼저, 두 개의 YOLO v3 모델(뒤에서 다시 자세히 설명)을 만들고 이미 훈련한 가중치가 있는지 여부를 판단한 후 읽어옵니다. 만약 사전에 훈련한 가중치가 존재하지 않는다면, backend.h5를 단독으로 불러와 초기 가중치로 설정합니다.

여기에는 문제점이 있습니다. 바로 backend.h5(실제 다크넷Darknet에서 YOLO v3의 사전 훈련 가중치)를 초깃값으로 사용해야 할지에 대한 문제입니다. 답안은 '이론상으로 가능하고, 실제 개발에서 임의의 가중치를 사용하는 것은 현실적이지 못하다'입니다. YOLO v3 네트워크는 매우 복잡합니다. YOLO v3 자체적으로도 이미지넷의 가중치를 초깃값으로 사용했습니다. 만약 임의의 가중치를 설정하고 시작한다면 매우 많은 시간을 낭비하게 될 것입니다. 따라서 사전 훈련을 마친 YOLO v3 가중치로 초기화하는 것은 현실적인 선택입니다.

이번 절의 코드에서 사용한 backend.h5 가중치 파일은 이미 업로드해 놓았기 때문에 안내된 홈페이지에서 직접 내려받을 수 있습니다.

이제 create_model의 파라미터를 살펴보도록 합시다.

- nb_class: 클래스 수. 여기서는 '너구리' 클래스만 존재하기 때문에 사실상 1임

- anchors: gen_anchors.py에서 생성한 앵커박스 크기 데이터

- max_box_per_image: 각 이미지상에서 가질 수 있는 최대 이미지 영역 수량. 이 수량은 create_training_instances를 통해 얻음

- max_grid: 이미지의 최대 크기. config.json에서는 416×416으로 설정

- batch_size: 훈련 시 사용하는 미니 배치 크기. 여기서는 16으로 설정

- warmup_batches: 웜업warm-up 훈련의 배치의 상한

- ignore_thresh: IoU의 임곗값. 0.5로 설정하면, IoU가 0.5보다 작다면 무시

- multi_gpu: GPU 지원 기능. 이번 코드에서는 CPU를 사용함으로 설정하지 않음

- saved_weights_name: 훈련 중인 가중치 파일명

- lr: 학습률

- grid_scales: YOLO v3 모델이 정의한 3개의 서로 다른 스케일 척도의 출력층. 각 층의 손실loss에 대해 grid_scale의 대응하는 수치를 통해 제어함. 여기서 grid_scales는 [1, 1, 1]로 설정. 즉 서로 다른 출력층의 손실이 변하지 않음

- ojb_scale, noobj_scale, xywh_scale, class_scale: YOLO 출력 시의 손실 계산에 사용됨. 여기서 obj_scale은 5, 다른 파라미터는 1로 설정

이 파라미터들은 YOLO v3 모델을 만들기 위한 하이퍼 파라미터hyper-parameter들로, 이상으로 train.py에서 가장 중요한 함수에 대해 분석해 보았습니다. 다음은 yolo.py 파일에서 YOLO v3 모델의 구체적인 구현 부분에 대해 살펴봅시다.

5. YOLO층

YOLO층은 표준적이지 않은 케라스층입니다. 출력에 대해 최후 처리를 진행하고, 바운딩 박스 속성을 계산하고, 신뢰성confidence 및 클래스 확률의 손실을 계산합니다. 다음은 yolo.py 파일에 포함된 YOLO층에 대한 코드입니다.

```
1    class YoloLayer(Layer):
2        def __init__(self, anchors, max_grid, batch_size, warmup_batches, ignore_thresh,
3                     grid_scale, obj_scale, noobj_scale, xywh_scale, class_scale,
4                     **kwargs):
5            # 모델 설정
6            self.ignore_thresh  = ignore_thresh
```

```python
 7          self.warmup_batches = warmup_batches
 8          self.anchors        = tf.constant(anchors, dtype='float', shape=[1,1,1,3,2])
 9          self.grid_scale     = grid_scale
10          self.obj_scale      = obj_scale
11          self.noobj_scale    = noobj_scale
12          self.xywh_scale     = xywh_scale
13          self.class_scale    = class_scale
14
15          # 메시 그리드(mesh grid) 설정
16          max_grid_h, max_grid_w = max_grid
17
18          cell_x = tf.cast(tf.reshape(tf.tile(tf.range(max_grid_w),
19                  [max_grid_h]), (1, max_grid_h, max_grid_w, 1, 1)), tf.float32)
20          cell_y = tf.transpose(cell_x, (0,2,1,3,4))
21          self.cell_grid = tf.tile(tf.concat([cell_x,cell_y],-1),
22                              [batch_size, 1, 1, 3, 1])
23
24          super(YoloLayer, self).__init__(**kwargs)
25
26      def build(self, input_shape):
27          super(YoloLayer, self).build(input_shape)
28
29
30      def call(self, x):
31          input_image, y_pred, y_true, true_boxes = x
32
33          y_pred = tf.reshape(y_pred, tf.concat([tf.shape(y_pred)[:3],
34                                              tf.constant([3, -1])], axis=0))
35
36          object_mask     = tf.expand_dims(y_true[..., 4], 4)
37
38          batch_seen = tf.Variable(0.)
39
40          grid_h      = tf.shape(y_true)[1]
41          grid_w      = tf.shape(y_true)[2]
42          grid_factor = tf.reshape(tf.cast([grid_w, grid_h], tf.float32),
43                              [1, 1, 1, 1, 2])
44
45          net_h       = tf.shape(input_image)[1]
46          net_w       = tf.shape(input_image)[2]
47          net_factor  = tf.reshape(tf.cast([net_w, net_h], tf.float32),
48                              [1, 1, 1, 1, 2])
49
50          """
51          예측 조정
52          """
53          pred_box_xy     = (self.cell_grid[:,:grid_h,:grid_w,:,:] +
54                              tf.sigmoid(y_pred[..., :2]))  # sigma(t_xy) + c_xy
55          pred_box_wh     = y_pred[..., 2:4]
56          pred_box_conf   = tf.expand_dims(tf.sigmoid(y_pred[..., 4]), 4)
57          pred_box_class  = y_pred[..., 5:]
58
```

```
59          """
60          실제 클래스(ground-truth) 조정
61          """
62          true_box_xy    = y_true[..., 0:2]    # (sigma(t_xy) + c_xy)
63          true_box_wh    = y_true[..., 2:4]    # t_wh
64          true_box_conf  = tf.expand_dims(y_true[..., 4], 4)
65          true_box_class = tf.argmax(y_true[..., 5:], -1)
66
67          """
68          예측한 박스를 실제 박스값과 비교
69          """
70          # 모든 박스의 객체를 가져와 0으로 만듦
71          conf_delta  = pred_box_conf - 0
72
73          # 실제 박스와 겹치는(오버랩) 경우가 많은 박스는 무시
74          true_xy = true_boxes[..., 0:2] / grid_factor
75          true_wh = true_boxes[..., 2:4] / net_factor
76
77          true_wh_half = true_wh / 2.
78          true_mins    = true_xy - true_wh_half
79          true_maxes   = true_xy + true_wh_half
80
81          pred_xy = tf.expand_dims(pred_box_xy / grid_factor, 4)
82          pred_wh = tf.expand_dims(tf.exp(pred_box_wh) *
83                                   self.anchors / net_factor, 4)
84
85          pred_wh_half = pred_wh / 2.
86          pred_mins    = pred_xy - pred_wh_half
87          pred_maxes   = pred_xy + pred_wh_half
88
89          intersect_mins  = tf.maximum(pred_mins,  true_mins)
90          intersect_maxes = tf.minimum(pred_maxes, true_maxes)
91
92          intersect_wh    = tf.maximum(intersect_maxes - intersect_mins, 0.)
93          intersect_areas = intersect_wh[..., 0] * intersect_wh[..., 1]
94
95          true_areas = true_wh[..., 0] * true_wh[..., 1]
96          pred_areas = pred_wh[..., 0] * pred_wh[..., 1]
97
98          union_areas = pred_areas + true_areas - intersect_areas
99          iou_scores  = tf.truediv(intersect_areas, union_areas)
100
101         best_ious   = tf.reduce_max(iou_scores, axis=4)
102         conf_delta *= tf.expand_dims(tf.cast(best_ious < self.ignore_thresh,
103                                      tf.float32), 4)
104
105         wh_scale = tf.exp(true_box_wh) * self.anchors / net_factor
106         wh_scale = tf.expand_dims(2 - wh_scale[..., 0] * wh_scale[..., 1], axis=4)
107         xy_delta    = object_mask * (pred_box_xy-true_box_xy) *
108         wh_scale * object_mask
109         wh_delta    = object_mask * (pred_box_wh-true_box_wh) *
110         wh_scale * object_mask
```

```
111          conf_delta   = object_mask * (pred_box_conf-true_box_conf) * self.obj_scale +
112          (1-object_mask) * conf_delta * self.noobj_scale
113          class_delta = object_mask * \
114                        tf.expand_dims(tf.nn.sparse_softmax_cross_entropy_with_logits(
115            labels=true_box_class, logits=pred_box_class), 4) * self.class_scale
116
117          loss_xy = tf.reduce_sum(tf.square(xy_delta), list(range(1,5)))
118          loss_wh = tf.reduce_sum(tf.square(wh_delta), list(range(1,5)))
119          loss_conf = tf.reduce_sum(tf.square(conf_delta), list(range(1,5)))
120          loss_class = tf.reduce_sum(class_delta, list(range(1,5)))
121
122          loss = loss_xy + loss_wh + loss_conf + loss_class
123
124          return loss*self.grid_scale
125
126      def compute_output_shape(self, input_shape):
127          return [(None, 1)]
```

YOLO층은 케라스층에 기반해 자체 정의한 층입니다. 3장에서 이미 어떻게 케라스층을 만들 수 있는지에 대해 설명했기 때문에 해당 부분에 대한 추가 설명은 생략하겠습니다.

먼저 `2~22번 행`에서 구현된 __init__ 메서드입니다. 앞서 소개한 train.py의 create_model과 유사하게 주로 파라미터를 저장합니다. 여기서부터는 순수 케라스 코드가 아닌, 텐서플로의 오리지널 데이터 유형과 함수를 사용합니다. 예를 들어, `8번 행`은 입력된 anchors 데이터를 [1, 1, 1, 3, 2]의 벡터로 변환합니다(각 층의 앵커 박스는 총 3개이며, 모두 너비와 높이라는 두 개의 속성을 가집니다).

```
self.anchors = tf.constant(anchors, dtype='float', shape=[1,1,1,3,2])
```

YOLO가 처리해야 하는 그리드 정보에 대한 변환 처리는 다음과 같습니다.

```
cell_x = tf.cast(tf.reshape(tf.tile(tf.range(max_grid_w), [max_grid_h]), (1, max_grid_h,
max_grid_w, 1, 1)), tf.float32)
cell_y = tf.transpose(cell_x, (0,2,1,3,4))
self.cell_grid = tf.tile(tf.concat([cell_x,cell_y],-1), [batch_size, 1, 1, 3, 1])
```

앞 텐서플로 코드로 진행한 행렬 변환은 매우 복잡해 보이지만, 사실 다차원의 텐서를 만들어 각 크기하의 서로 다른 앵커 박스를 설정할 때 각 셀이 대응하는 이미지 영역의 x와 y 위치를 저장하는 것입니다. 만약 max_grid_w와 max_grid_h가 7이라고 가정한다면, batch_size는 64이며, 이때 만약 이 3개의 변수를 확인한다면 cell_x와 cell_y 모두 (1, 7, 7, 1, 1)의 shape을 가진 텐서임을 알 수 있습니다. 반면 cell_grid는 (64, 7, 7, 3, 2) shape의 텐서이며, 여기서 64는 미니 배치의 크기이고, grid는 7×7이며, 3은 3개의 앵커 박스를 타나냅니다. 그리고 각각 x와 y 두 개의 속성을 포함합니다.

앞 코드 중 tf.range, tf.tile, tf.rshape, tf.cast, tf.transpose 등 텐서플로 연산에 대해서는 텐서플로 참고자료 [25]를 통해 별도로 학습할 수 있도록 합니다.

[26~27번 행] 기본 메서드를 약간 조정했습니다. [30번 행] 아래부터 시작되는 call(x) 구현은 매우 중요합니다. 손실을 계산하는 데 사용되는데, 한번 자세히 살펴봅시다. 먼저 [31번 행]의 입력 데이터를 분석해 봅시다. 입력은 다음 내용을 포함하고 있습니다.

- input_image: 입력 이미지
- y_pred: 결과 예측
- y_true: 실제 클래스의 예측 결과
- true_boxes: 실제 클래스의 이미지 영역

이후 완전한 YOLO 모델을 만들 때 우리는 다음과 같이 조정된 방식을 확인할 수 있습니다.

```
loss_yolo_1 = YoloLayer(anchors[12:],
                        [1*num for num in max_grid],
                        batch_size,
                        warmup_batches,
                        ignore_thresh,
                        grid_scales[0],
                        obj_scale,
                        noobj_scale,
                        xywh_scale,
                        class_scale)([input_image, pred_yolo_1, true_yolo_1, true_boxes])
```

뒤의 [input_image, pred_yolo_1, true_yolo_1, true_boxes]는 call() 메서드의 입력입니다.

[31~48번 행] 예를 들어, y_pred 같은 변수를 [batch, grid_h, grid_w, 3, 4+1+nb_classes]의 텐서로 변환시킵니다.

```
input_image, y_pred, y_true, true_boxes = x
y_pred = tf.reshape(y_pred, tf.concat([tf.shape(y_pred)[:3], = tf.constant([3, -1])], axis=0))
```

사실 y_pred 텐서는 배치의 입력, 그리드grid, 앵커anchor에 대응하는 속성(x, y, w, h, object, class 확률)을 뜻합니다. 이후 [53~65번 행]에서 y_pred와 대조하며 변환 후 데이터 내용에 대해 다시 살펴보겠습니다.

동시에, 여기서는 batch_seen 같은 새로운 변수를 정의합니다. batch_seen은 현재의 배치 번호를 기록하고, object_mask는 차원을 하나 더 추가해 객체 포함 여부를 알려줍니다. grid_h, grid_w, grid_factor, net_h, net_w, net_factor는 실제 영역의 데이터와 입력 이미지에서 얻은 그리드의 높이와 너비 그리고 입력 이미지의 높이와 너비를 뜻합니다.

`45~69번 행` 예측 이미지 영역과 실제 이미지 영역의 좌표, 높이와 너비, 신뢰성, 그리고 클래스 확률을 얻습니다. 이 부분은 YOLO v3 논문(참고자료 [17])의 다음 단락에 대응합니다.

> Predict location coordinates relative to the location of the grid cell. This bounds the ground truth to fall between 0 and 1. We use a logistic activation to constrain the network's predictions to fall in this range.

따라서 예측 이미지 영역의 높이와 너비는 입력에서 바로 얻을 수 있더라도 좌표 x, y에 대해서 시그모이드 함수를 더해 변환을 진행합니다.

```
pred_box_xy = (self.cell_grid[:,:grid_h,:grid_w,:,:] + tf.sigmoid(y_pred[..., :2]))
```

주의해야 할 점은 실제 영역의 이미지 영역에 대해서는 변환 없이 그대로의 입력을 사용해도 된다는 것입니다.

`71~103번 행` 몇 가지 변수를 계산하는데, 가장 중요한 것은 `102번 행` 코드입니다. 이 단계는 IoU가 임곗값보다 큰 부분 이미지 영역의 신뢰도 차이를 모두 0으로 만듭니다.

```
conf_delta *= tf.expand_dims(tf.cast(best_ious < self.ignore_thresh, tf.float32), 4)
```

`105~106번 행` wh_scale을 계산합니다. 이는 입력 이미지에 비한 실제 대상의 크기를 나타냅니다. 음의 상관관계를 가지며, 작은 면적의 대상을 식별하기 위해서 실제 바운딩 박스 면적은 더 작아지고 상응하는 스케일 척도는 커집니다. `106번 행`의 wh_scale[..., 0], * wh_scle[..., 1]은 바운딩 박스 면적임을 주의해야 합니다.

`107~115번 행` 이미지 영역의 x, y 좌표 차이, 높이와 너비 차이, 신뢰성과 클래스 확률 차이를 계산합니다. 일반적으로 object_mask가 1인 경우는 객체를 식별한 것을 뜻하고, 위치, 높이와 너비, 신뢰성 그리고 확률을 모두 계산합니다. 만약 object_mask가 0이라면 객체를 식별하지 않았다는 것을 뜻하고, 이때는 신뢰성만이 의미를 가지게 됩니다. 따라서 우리는 `112번 행`에서 1-object_mask의 결과에 기반해 다른 선택을 하는 것을 볼 수 있습니다.

`117~124번 행` 간단한 손실값 계산을 합니다. 마지막으로 스케일 계수를 곱해 반환합니다.

이렇게 YOLO층의 분석을 마쳤습니다. 그러나 YOLO층은 전체 YOLO 모델의 마지막 층일 뿐입니다. 완전한 YOLO 모델은 레스넷과 유사한 네트워크에 YOLO층을 더한 것입니다.

6. 완전한 YOLO v3 모델

먼저 합성곱을 정의하는 작업을 실시합니다.

```
1   def _conv_block(inp, convs, skip=True):
2       x = inp
3       count = 0
4
5       for conv in convs:
6           if count == (len(convs) - 2) and skip:
7               skip_connection = x
8           count += 1
9
10          if conv['stride'] > 1: x = ZeroPadding2D(((1,0),(1,0)))(x)
11          x = Conv2D(conv['filter'],
12                     conv['kernel'],
13                     strides=conv['stride'],
14                     padding='valid' if conv['stride'] > 1 else 'same',
15                     name='conv_' + str(conv['layer_idx']),
16                     use_bias=False if conv['bnorm'] else True)(x)
17
18          if conv['bnorm']: x = BatchNormalization(
19              epsilon=0.001, name='bnorm_' + str(conv['layer_idx']))(x)
20
21          if conv['leaky']: x = LeakyReLU(
22              alpha=0.1, name='leaky_' + str(conv['layer_idx']))(x)
23
24      return add([skip_connection, x]) if skip else x
```

_conv_block 함수는 입력에 대해 연속된 합성곱층을 구현하고, 상황에 따라 배치 정규화batch normalization 혹은 LeakyReLU를 사용할지 여부를 결정하고, 마지막으로는 스킵 커넥션skip connection을 더할 것인지 여부를 결정하는 데 사용됩니다(-2층은 뒤에서 두 번째 층이라는 뜻입니다).

주요 프로세스와 목적을 이해하기 위해 코드를 다시 한번 살펴봅시다.

6~8번 행 현재 층이 -2층인지 여부를 확인합니다. 만약 그렇다면 skip_connection을 x로 설정합니다(이전 층의 출력).

10번 행 오른쪽 위에 대한 제로 패딩zero padding을 진행합니다.

11~16번 행 자주 사용되는 합성곱층입니다.

18~19번 행 파라미터에 기반해 BatchNormalization을 사용할지 여부를 판단합니다.

21~22번 행 LeakyReLU를 연결할지 여부를 결정합니다.

24번 행 파라미터에 기반해 skip_connection을 더할지 여부를 결정합니다.

코드를 살펴보기 전에 먼저 YOLO v3 훈련 모델의 대략적인 구조를 그림 8-20을 통해 살펴봅시다.

그림 8-20은 YOLO 모델 앞부분 몇 개 층을 도식화한 것입니다. 우리는 입력이 합성곱층으로 전달될 뿐 아니라, 다른 곳까지도 전달되는 것을 확인할 수 있습니다. 여기서 leaky_1이 동일하게 이후 층에 전달되고, 뒷부분의 출력 leaky_3와 겹쳐add지고 새로운 출력으로 처리가 진행되는데, 이는 7장에서 설명했던 스킵 커넥션의 개념입니다. 먼저, 코드에서 앞부분의 _conv_block() 메서드를 사용해 어떻게 구현했는지 살펴봅시다.

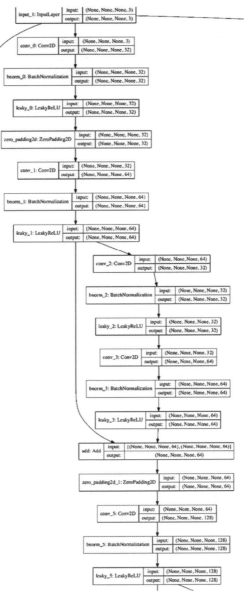

그림 8-20 YOLO v3 모델: 시작 부분

```
x = _conv_block(input_image,
                [{'filter': 32, 'kernel': 3, 'stride': 1, 'bnorm': True,
'leaky': True, 'layer_idx': 0},
                {'filter': 64, 'kernel': 3, 'stride': 2, 'bnorm': True,
'leaky': True, 'layer_idx': 1},
                {'filter': 32, 'kernel': 1, 'stride': 1, 'bnorm': True,
'leaky': True, 'layer_idx': 2},
                {'filter': 64, 'kernel': 3, 'stride': 1, 'bnorm': True,
'leaky': True, 'layer_idx': 3}])
```

이 코드는 네 그룹의 층을 정의합니다. 다음은 _conv_block의 코드에 기반합니다.

```
for conv in convs:
    if count == (len(convs) - 2) and skip:
        skip_connection = x
    count += 1

    if conv['stride'] > 1: x = ZeroPadding2D(((1,0),(1,0)))(x)
    x = Conv2D(...)(x)
    if conv['bnorm']: x = BatchNormalization(...)(x)
    if conv['leaky']: x = LeakyReLU(...)(x)

return add([skip_connection, x]) if skip else x
```

첫 번째 그룹(layer_idx=0)에 대해 conv_0, bnorm_0 그리고 leaky_0을 만듭니다.

두 번째 그룹(layer_idx=1)에 대해서는 stride=2입니다. 따라서 먼저 제로 패딩층을 만든 후 conv_1, bnorm_1, 그리고 leaky_1을 만듭니다.

세 번째 그룹(layer_idx=2)에 대해서는 count를 확인하면, 이때 count=2, len(convs)=4가 됩니다. 따라서 skip_connection 이전의 두 번째 층의 출력(leaky_1)이 skip_connection이 되고, 그 이후에는 동일하게 conv_2, bnorm_2, leaky_2가 됩니다.

네 번째 그룹(layer_idx=3)에 대해 동일하게 conv_3, bnorm_3, leaky_3를 만듭니다. 그리고 for conv in convs 루프를 빠져나가고 add(skip_connection, x)를 실행합니다. 이때 skip_connection은 이전 leaky_2가 되고, x는 현재의 leaky_3가 됩니다.

그림 8-20과 대조해 보면, 해당 기술 과정은 conv_0에서 zeropadding2d_1까지의 전체 과정이라고 볼 수 있습니다.

스킵 커넥션에 대한 구현을 이해했으니, 이제 그림 8-21부터 그림 8-23을 살펴보며 3개의 YOLO층의 구조에 대해 알아봅시다(앞서 이야기한 것처럼, YOLO v3는 총 3개의 서로 다른 스케일 척도를 가진 YOLO층을 만듭니다).

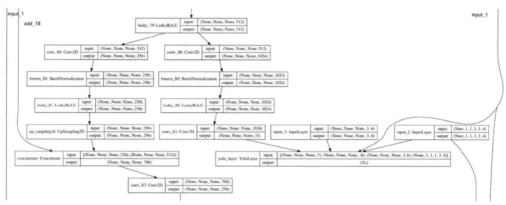

그림 8-21 **YOLO v3 모델: 첫 번째 YOLO층은 3개의 입력(input)과 81번째 층(합성곱층)의 출력을 포함**

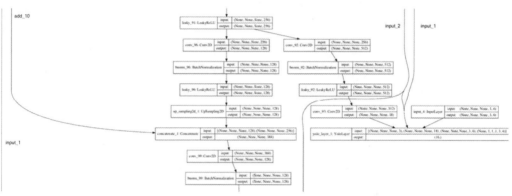

그림 8-22 **YOLO v3 모델: 두 번째 YOLO층은 input_1, input_2, input_4 그리고 93번째 층(합성곱층)의 출력을 포함**

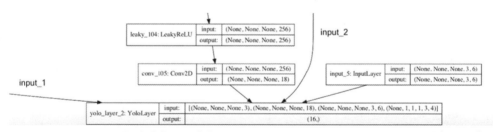

그림 8-23 **YOLO v3 모델: 세 번째 YOLO층은 input_1, input_2, input_5 및 마지막 105번째 층(합성곱층)의 출력을 포함**

그 외에 그림 8-21에서 skip_connection_add_18은 concatenate의 입력으로 사용되고 이전 up_sampling2D의 출력과 연결된다는 점에 주의해야 합니다. 동일하게, 그림 8-22에 보이는 add_10과 up_sampling2D_1도 연결됩니다. 이 부분의 코드 구현은 다음과 유사합니다.

```
for i in range(7):
    x = _conv_block(x, [{'filter': 256, 'kernel': 1, 'stride': 1, 'bnorm': True,
'leaky': True, 'layer_idx': 41+i*3},
                        {'filter': 512, 'kernel': 3, 'stride': 1, 'bnorm': True,
'leaky': True, 'layer_idx': 42+i*3}])

    skip_61 = x
    ...
    x = _conv_block(x, [{'filter': 256, 'kernel': 1, 'stride': 1, 'bnorm': True, 'leaky':
True, 'layer_idx': 84}], do_skip=False)
    x = UpSampling2D(2)(x)
    x = concatenate([x, skip_61])
```

이렇게 우리는 YOLO v3 모델의 완전한 형태를 확인했습니다. 이전 부분의 코드 해석에 기반해 다음
코드를 이해하는 데 무리가 없다고 판단되므로 다음 부분에 대한 자세한 설명은 생략하겠습니다.

```
from tensorflow.keras.layers import Conv2D, Input, BatchNormalization, LeakyReLU,
ZeroPadding2D, UpSampling2D, Lambda
from tensorflow.keras.layers import add, concatenate
from tensorflow.keras.models import Model
from tensorflow.keras.layers import Layer
import tensorflow as tf

class YoloLayer(Layer):
    def __init__(self, anchors, max_grid, batch_size, warmup_batches, ignore_thresh,
                    grid_scale, obj_scale, noobj_scale, xywh_scale, class_scale, **kwargs):
        # 모델 설정
        self.ignore_thresh  = ignore_thresh
        self.warmup_batches = warmup_batches
        self.anchors        = tf.constant(anchors, dtype='float', shape=[1,1,1,3,2])
        self.grid_scale     = grid_scale
        self.obj_scale      = obj_scale
        self.noobj_scale    = noobj_scale
        self.xywh_scale     = xywh_scale
        self.class_scale    = class_scale

        # 메시 그리드 설정
        max_grid_h, max_grid_w = max_grid

        cell_x = tf.cast(tf.reshape(tf.tile(tf.range(max_grid_w), [max_grid_h]), (1,
max_grid_h, max_grid_w, 1, 1)), tf.float32)
        cell_y = tf.transpose(cell_x, (0,2,1,3,4))
        self.cell_grid = tf.tile(tf.concat([cell_x,cell_y],-1), [batch_size, 1, 1, 3, 1])

        super(YoloLayer, self).__init__(**kwargs)

    def build(self, input_shape):
        super(YoloLayer, self).build(input_shape)  # 해당 함수 반드시 불러오기!

    def call(self, x):
```

```
        input_image, y_pred, y_true, true_boxes = x

        # y_predict [batch, grid_h, grid_w, 3, 4+1+nb_class]의 차원 조정
        y_pred = tf.reshape(y_pred, tf.concat([tf.shape(y_pred)[:3], tf.constant([3,
-1])], axis = 0))

        # 마스크(mask) 적용
        object_mask = tf.expand_dims(y_true[..., 4], 4)

        # 진행 중인 배치 숫자를 트래킹하기 위한 변수
        # batch_seen = tf.Variable(0.)

        # 그리드 팩터(grid factor)와 넷 팩터(net factor) 계산
        grid_h     = tf.shape(y_true)[1]
        grid_w     = tf.shape(y_true)[2]
        grid_factor = tf.reshape(tf.cast([grid_w, grid_h], tf.float32), [1,1,1,1,2])

        net_h      = tf.shape(input_image)[1]
        net_w      = tf.shape(input_image)[2]
        net_factor = tf.reshape(tf.cast([net_w, net_h], tf.float32), [1,1,1,1,2])

        """
        예측 조정
        """
        pred_box_xy    = (self.cell_grid[:,:grid_h,:grid_w,:,:] + tf.sigmoid(y_pred[...,
:2]))  # sigma(t_xy) + c_xy
        pred_box_wh    = y_pred[..., 2:4]
# t_wh
        pred_box_conf  = tf.expand_dims(tf.sigmoid(y_pred[..., 4]), 4)
# 신뢰도(confidence) 조정
        pred_box_class = y_pred[..., 5:]
# 클래스 확률 조정

        """
        실제 클래스(ground truth) 조정
        """
        true_box_xy    = y_true[..., 0:2] # (sigma(t_xy) + c_xy)
        true_box_wh    = y_true[..., 2:4] # t_wh
        true_box_conf  = tf.expand_dims(y_true[..., 4], 4)
        true_box_class = tf.argmax(y_true[..., 5:], -1)

        """
        예측된 박스를 실제 박스와 비교
        """
        # 모든 박스의 객체를 가져와 0으로 만듦
        conf_delta  = pred_box_conf - 0

        # 실제 박스와 겹치는(오버랩) 경우가 많은 박스는 무시
        true_xy = true_boxes[..., 0:2] / grid_factor
        true_wh = true_boxes[..., 2:4] / net_factor

        true_wh_half = true_wh / 2.
```

```
        true_mins   = true_xy - true_wh_half
        true_maxes  = true_xy + true_wh_half

        pred_xy = tf.expand_dims(pred_box_xy / grid_factor, 4)
        pred_wh = tf.expand_dims(tf.exp(pred_box_wh) * self.anchors / net_factor, 4)

        pred_wh_half = pred_wh / 2.
        pred_mins   = pred_xy - pred_wh_half
        pred_maxes  = pred_xy + pred_wh_half

        intersect_mins  = tf.maximum(pred_mins,  true_mins)
        intersect_maxes = tf.minimum(pred_maxes, true_maxes)

        intersect_wh    = tf.maximum(intersect_maxes - intersect_mins, 0.)
        intersect_areas = intersect_wh[..., 0] * intersect_wh[..., 1]

        true_areas = true_wh[..., 0] * true_wh[..., 1]
        pred_areas = pred_wh[..., 0] * pred_wh[..., 1]

        union_areas = pred_areas + true_areas - intersect_areas
        iou_scores  = tf.truediv(intersect_areas, union_areas)

        best_ious   = tf.reduce_max(iou_scores, axis=4)
        conf_delta *= tf.expand_dims(tf.cast(best_ious < self.ignore_thresh, tf.float32), 4)

        """
        웜업(warm-up) 훈련
        """
        # batch_seen = tf.assign_add(batch_seen, 1.)

        # true_box_xy, true_box_wh, xywh_mask = tf.cond(tf.less(batch_seen, self.warmup_
batches+1),
        #                          lambda: [true_box_xy + (0.5 + self.cell_grid[:,:grid_
h,:grid_w,:,:]) * (1-object_mask),
        #                                   true_box_wh + tf.zeros_like(true_box_wh) *
(1-object_mask),
        #                                   tf.ones_like(object_mask)],
        #                          lambda: [true_box_xy,
        #                                   true_box_wh,
        #                                   object_mask])

        """
        각 실제 박스를 모든 앵커 박스와 비교
        """
        wh_scale = tf.exp(true_box_wh) * self.anchors / net_factor
        wh_scale = tf.expand_dims(2 - wh_scale[..., 0] * wh_scale[..., 1], axis=4) # the
smaller the box, the bigger the scale

        xy_delta    = object_mask * (pred_box_xy-true_box_xy) * wh_scale * object_mask
        wh_delta    = object_mask * (pred_box_wh-true_box_wh) * wh_scale * object_mask
        conf_delta  = object_mask * (pred_box_conf-true_box_conf) * self.obj_scale +
(1-object_mask) * conf_delta * self.noobj_scale
```

```python
            class_delta = object_mask * \
                          tf.expand_dims(tf.nn.sparse_softmax_cross_entropy_with_
logits(labels=true_box_class, logits=pred_box_class), 4) * \
                          self.class_scale

            loss_xy    = tf.reduce_sum(tf.square(xy_delta),     list(range(1,5)))
            loss_wh    = tf.reduce_sum(tf.square(wh_delta),     list(range(1,5)))
            loss_conf  = tf.reduce_sum(tf.square(conf_delta),   list(range(1,5)))
            loss_class = tf.reduce_sum(class_delta,             list(range(1,5)))

            loss = loss_xy + loss_wh + loss_conf + loss_class

            return loss*self.grid_scale

    def compute_output_shape(self, input_shape):
        return [(None, 1)]

def _conv_block(inp, convs, do_skip=True):
    x = inp
    count = 0

    for conv in convs:
        if count == (len(convs) - 2) and do_skip:
            skip_connection = x
        count += 1

        if conv['stride'] > 1: x = ZeroPadding2D(((1,0),(1,0)))(x) # unlike tensorflow
darknet prefer left and top paddings
        x = Conv2D(conv['filter'],
                   conv['kernel'],
                   strides=conv['stride'],
                   padding='valid' if conv['stride'] > 1 else 'same', # unlike tensorflow
darknet prefer left and top paddings
                   name='conv_' + str(conv['layer_idx']),
                   use_bias=False if conv['bnorm'] else True)(x)
        if conv['bnorm']: x = BatchNormalization(epsilon=0.001, name='bnorm_' +
str(conv['layer_idx']))(x)
        if conv['leaky']: x = LeakyReLU(alpha=0.1, name='leaky_' + str(conv['layer_
idx']))(x)

    return add([skip_connection, x]) if do_skip else x

def create_yolov3_model(
    nb_class,
    anchors,
    max_box_per_image,
    max_grid,
    batch_size,
    warmup_batches,
    ignore_thresh,
    grid_scales,
    obj_scale,
```

```
        noobj_scale,
        xywh_scale,
        class_scale
    ):
    input_image = Input(shape=(None, None, 3)) # net_h, net_w, 3
    true_boxes  = Input(shape=(1, 1, 1, max_box_per_image, 4))
    true_yolo_1 = Input(shape=(None, None, len(anchors)//6, 4+1+nb_class)) # grid_h,
grid_w, nb_anchor, 5+nb_class
    true_yolo_2 = Input(shape=(None, None, len(anchors)//6, 4+1+nb_class)) # grid_h,
grid_w, nb_anchor, 5+nb_class
    true_yolo_3 = Input(shape=(None, None, len(anchors)//6, 4+1+nb_class)) # grid_h,
grid_w, nb_anchor, 5+nb_class

    # 레이어 0 => 4
    x = _conv_block(input_image, [{'filter': 32, 'kernel': 3, 'stride': 1, 'bnorm': True,
'leaky': True, 'layer_idx': 0},
                                 {'filter': 64, 'kernel': 3, 'stride': 2, 'bnorm': True,
'leaky': True, 'layer_idx': 1},
                                 {'filter': 32, 'kernel': 1, 'stride': 1, 'bnorm': True,
'leaky': True, 'layer_idx': 2},
                                 {'filter': 64, 'kernel': 3, 'stride': 1, 'bnorm': True,
'leaky': True, 'layer_idx': 3}])

    # 레이어 5 => 8
    x = _conv_block(x, [{'filter': 128, 'kernel': 3, 'stride': 2, 'bnorm': True, 'leaky':
True, 'layer_idx': 5},
                       {'filter':  64, 'kernel': 1, 'stride': 1, 'bnorm': True, 'leaky':
True, 'layer_idx': 6},
                       {'filter': 128, 'kernel': 3, 'stride': 1, 'bnorm': True, 'leaky':
True, 'layer_idx': 7}])

    # 레이어 9 => 11
    x = _conv_block(x, [{'filter':  64, 'kernel': 1, 'stride': 1, 'bnorm': True, 'leaky':
True, 'layer_idx': 9},
                       {'filter': 128, 'kernel': 3, 'stride': 1, 'bnorm': True, 'leaky':
True, 'layer_idx': 10}])

    # 레이어 12 => 15
    x = _conv_block(x, [{'filter': 256, 'kernel': 3, 'stride': 2, 'bnorm': True, 'leaky':
True, 'layer_idx': 12},
                       {'filter': 128, 'kernel': 1, 'stride': 1, 'bnorm': True, 'leaky':
True, 'layer_idx': 13},
                       {'filter': 256, 'kernel': 3, 'stride': 1, 'bnorm': True, 'leaky':
True, 'layer_idx': 14}])

    # 레이어 16 => 36
    for i in range(7):
        x = _conv_block(x, [{'filter': 128, 'kernel': 1, 'stride': 1, 'bnorm': True,
'leaky': True, 'layer_idx': 16+i*3},
                           {'filter': 256, 'kernel': 3, 'stride': 1, 'bnorm': True,
'leaky': True, 'layer_idx': 17+i*3}])
```

```
    skip_36 = x

    # 레이어 37 => 40
    x = _conv_block(x, [{'filter': 512, 'kernel': 3, 'stride': 2, 'bnorm': True, 'leaky':
True, 'layer_idx': 37},
                        {'filter': 256, 'kernel': 1, 'stride': 1, 'bnorm': True, 'leaky':
True, 'layer_idx': 38},
                        {'filter': 512, 'kernel': 3, 'stride': 1, 'bnorm': True, 'leaky':
True, 'layer_idx': 39}])

    # 레이어 41=>61
    for i in range(7):
        x = _conv_block(x, [{'filter': 256, 'kernel': 1, 'stride': 1, 'bnorm': True,
'leaky': True, 'layer_idx': 41+i*3},
                            {'filter': 512, 'kernel': 3, 'stride': 1, 'bnorm': True,
'leaky': True, 'layer_idx': 42+i*3}])

    skip_61 = x

    # 레이어 62 => 65
    x = _conv_block(x, [{'filter': 1024, 'kernel': 3, 'stride': 2, 'bnorm': True, 'leaky':
True, 'layer_idx': 62},
                        {'filter':  512, 'kernel': 1, 'stride': 1, 'bnorm': True, 'leaky':
True, 'layer_idx': 63},
                        {'filter': 1024, 'kernel': 3, 'stride': 1, 'bnorm': True, 'leaky':
True, 'layer_idx': 64}])

    # 레이어 66 => 74
    for i in range(3):
        x = _conv_block(x, [{'filter':  512, 'kernel': 1, 'stride': 1, 'bnorm': True,
'leaky': True, 'layer_idx': 66+i*3},
                            {'filter': 1024, 'kernel': 3, 'stride': 1, 'bnorm': True,
'leaky': True, 'layer_idx': 67+i*3}])

    # 레이어 75 => 79
    x = _conv_block(x, [{'filter':  512, 'kernel': 1, 'stride': 1, 'bnorm': True, 'leaky':
True, 'layer_idx': 75},
                        {'filter': 1024, 'kernel': 3, 'stride': 1, 'bnorm': True, 'leaky':
True, 'layer_idx': 76},
                        {'filter':  512, 'kernel': 1, 'stride': 1, 'bnorm': True, 'leaky':
True, 'layer_idx': 77},
                        {'filter': 1024, 'kernel': 3, 'stride': 1, 'bnorm': True, 'leaky':
True, 'layer_idx': 78},
                        {'filter':  512, 'kernel': 1, 'stride': 1, 'bnorm': True, 'leaky':
True, 'layer_idx': 79}], do_skip=False)

    # 레이어 80 => 82
    pred_yolo_1 = _conv_block(x, [{'filter': 1024, 'kernel': 3, 'stride': 1, 'bnorm':
True,  'leaky': True,  'layer_idx': 80},
                        {'filter': (3*(5+nb_class)), 'kernel': 1, 'stride': 1,
'bnorm': False, 'leaky': False, 'layer_idx': 81}], do_skip=False)
    loss_yolo_1 = YoloLayer(anchors[12:],
```

```
                                [1*num for num in max_grid],
                                batch_size,
                                warmup_batches,
                                ignore_thresh,
                                grid_scales[0],
                                obj_scale,
                                noobj_scale,
                                xywh_scale,
                                class_scale)([input_image, pred_yolo_1, true_yolo_1, true_
boxes])

    # 레이어 83 => 86
    x = _conv_block(x, [{'filter': 256, 'kernel': 1, 'stride': 1, 'bnorm': True, 'leaky':
True, 'layer_idx': 84}], do_skip=False)
    x = UpSampling2D(2)(x)
    x = concatenate([x, skip_61])

    # 레이어 87 => 91
    x = _conv_block(x, [{'filter': 256, 'kernel': 1, 'stride': 1, 'bnorm': True, 'leaky':
True, 'layer_idx': 87},
                        {'filter': 512, 'kernel': 3, 'stride': 1, 'bnorm': True, 'leaky':
True, 'layer_idx': 88},
                        {'filter': 256, 'kernel': 1, 'stride': 1, 'bnorm': True, 'leaky':
True, 'layer_idx': 89},
                        {'filter': 512, 'kernel': 3, 'stride': 1, 'bnorm': True, 'leaky':
True, 'layer_idx': 90},
                        {'filter': 256, 'kernel': 1, 'stride': 1, 'bnorm': True, 'leaky':
True, 'layer_idx': 91}], do_skip=False)

    # 레이어 92 => 94
    pred_yolo_2 = _conv_block(x, [{'filter': 512, 'kernel': 3, 'stride': 1, 'bnorm':
True,  'leaky': True,  'layer_idx': 92},
                                {'filter': (3*(5+nb_class)), 'kernel': 1, 'stride': 1,
'bnorm': False, 'leaky': False, 'layer_idx': 93}], do_skip=False)
    loss_yolo_2 = YoloLayer(anchors[6:12],
                                [2*num for num in max_grid],
                                batch_size,
                                warmup_batches,
                                ignore_thresh,
                                grid_scales[1],
                                obj_scale,
                                noobj_scale,
                                xywh_scale,
                                class_scale)([input_image, pred_yolo_2, true_yolo_2, true_
boxes])

    # 레이어 95 => 98
    x = _conv_block(x, [{'filter': 128, 'kernel': 1, 'stride': 1, 'bnorm': True, 'leaky':
True,   'layer_idx': 96}], do_skip=False)
    x = UpSampling2D(2)(x)
    x = concatenate([x, skip_36])
```

```
    # 레이어 99 => 106
    pred_yolo_3 = _conv_block(x, [{'filter': 128, 'kernel': 1, 'stride': 1, 'bnorm':
True,  'leaky': True,  'layer_idx': 99},
                                  {'filter': 256, 'kernel': 3, 'stride': 1, 'bnorm': True,
'leaky': True,  'layer_idx': 100},
                                  {'filter': 128, 'kernel': 1, 'stride': 1, 'bnorm': True,
'leaky': True,  'layer_idx': 101},
                                  {'filter': 256, 'kernel': 3, 'stride': 1, 'bnorm': True,
'leaky': True,  'layer_idx': 102},
                                  {'filter': 128, 'kernel': 1, 'stride': 1, 'bnorm': True,
'leaky': True,  'layer_idx': 103},
                                  {'filter': 256, 'kernel': 3, 'stride': 1, 'bnorm': True,
'leaky': True,  'layer_idx': 104},
                                  {'filter': (3*(5+nb_class)), 'kernel': 1, 'stride': 1,
'bnorm': False, 'leaky': False, 'layer_idx': 105}], do_skip=False)
    loss_yolo_3 = YoloLayer(anchors[:6],
                            [4*num for num in max_grid],
                            batch_size,
                            warmup_batches,
                            ignore_thresh,
                            grid_scales[2],
                            obj_scale,
                            noobj_scale,
                            xywh_scale,
                            class_scale)([input_image, pred_yolo_3, true_yolo_3, true_boxes])

    train_model = Model([input_image, true_boxes, true_yolo_1, true_yolo_2, true_yolo_3],
[loss_yolo_1, loss_yolo_2, loss_yolo_3])
    infer_model = Model(input_image, [pred_yolo_1, pred_yolo_2, pred_yolo_3])

    return [train_model, infer_model]
```

뒤에서 3~5번째 행 에서 두 개의 모델을 만들었는데, 하나는 훈련에 사용되고 또 다른 하나는 예측
에 사용됩니다. 예측 모델은 실제 영역에 대응하는 입력이 없고, 출력이 loss_yolo에서 pred_yolo
로 바뀌었을 뿐 나머지 부분은 거의 동일합니다. 만약 loss_yolo와 pred_yolo의 차이를 이해하고
싶다면 첫 번째 YoloLayer의 출력 부분을 참고합니다.

```
    pred_yolo_1 = _conv_block(x, [{'filter': 1024, 'kernel': 3, 'stride': 1, 'bnorm': True,
'leaky': True, 'layer_idx': 80},
                                  {'filter': (3*(5+nb_class)), 'kernel': 1,
'stride': 1, 'bnorm': False, 'leaky': False, 'layer_idx': 81}], do_skip=False)

    loss_yolo_1 = YoloLayer(anchors[12:],
                            [1*num for num in max_grid],
                            batch_size,
                            warmup_batches,
                            ignore_thresh,
                            grid_scales[0],
```

```
                        obj_scale,
                        noobj_scale,
                        xywh_scale,
                        class_scale)([input_image, pred_yolo_1, true_yolo_1, true_
 boxes])
```

여기서 pred_yolo_1의 출력은 바로 표준 4+1+nb_class 크기의 텐서를 필터로 한 합성곱 출력이며,
이는 우리가 예측할 때 필요한 부분입니다. 그리고 loss_yolo_1은 앞서 자세히 분석했던 YOLO층의
출력이며, 출력은 로스값과 같고, 훈련 시에 사용됩니다. 다른 부분에서는 양자가 모두 동일합니다.

7. 데이터 증강

지금까지는 YOLO v3의 훈련 과정과 모델 구조에 대해 자세히 살펴봤습니다. 앞에서 언급했듯이
YOLO v3에는 한 가지 더 개선된 점이 있습니다. 바로 데이터 증강을 이용해 훈련 과정에서 해상도
가 다른 이미지를 만들어 여러 스케일 척도를 가진 이미지의 식별 정확도를 향상하는 부분입니다.

7장에서 합성곱 신경망을 소개할 때 케라스 내장 ImageDataGenerator를 사용해 데이터 증강 부분
을 구현했었습니다. 여기서는 generator.py에서 keras.utils.Sequence를 상속받아 자체적으로 데이
터 증강을 할 수 있는 BatchGenerator를 구현했습니다.

```
def __init__(self,
        instances,
        anchors,
        labels,
        downsample=32, # 네트워크 입력(input) 크기와 네트워크 출력(output) 크기의 비율. YOLO v3에서는 32
        max_box_per_image=30,
        batch_size=1,
        min_net_size=320,
        max_net_size=608,
        shuffle=True,
        jitter=True,
        norm=None
    ):
    self.instances         = instances
    self.batch_size        = batch_size
    self.labels            = labels
    self.downsample        = downsample
    self.max_box_per_image = max_box_per_image
    self.min_net_size       = (min_net_size//self.downsample)*self.downsample
    self.max_net_size       = (max_net_size//self.downsample)*self.downsample
    self.shuffle           = shuffle
    self.jitter            = jitter
    self.norm              = norm
    self.anchors           = [BoundBox(0, 0, anchors[2*i], anchors[2*i+1]) for i in
 range(len(anchors)//2)]
    self.net_h             = 416
```

```
        self.net_w                = 416

        if shuffle: np.random.shuffle(self.instances)

def __len__(self):
    return int(np.ceil(float(len(self.instances))/self.batch_size))
```

BatchGenerator의 초기화에서 다음 변수들을 정의합니다.

- instances: 실제 데이터 샘플(이미지)
- anchors: gen_anchors.py를 이용해 생성한 앵커 포인트 정보로 만든 바운딩 박스(25~26번 행)
- labels: 데이터 레이블
- downsample: 모델 입력과 출력 크기의 전환 비율. YOLO v3에서는 32
- max_box_per_image: 각 이미지의 최대 객체 개수
- batch_size: 미니 배치의 총 횟수
- min_net_size: 모델의 최소 입력 이미지 크기
- max_net_size: 모델의 최대 입력 이미지 크기
- shuffle: 이미지 순서를 섞을지 여부를 결정
- jitter: 지터jitter(이미지를 늘리고 줄이는 범위 설정)
- norm: 정규화normalize 방법. 코드의 utils.py에서 정의. 이미지 화솟값을 [0, 1] 구간으로 정규화한 후 생성된 훈련 데이터셋으로 옮김

__len__()에서 instances 길이와 batch_size를 통해 각 미니 배치에서의 데이터 개수를 반환합니다.

BatchGenerator의 핵심 함수는 __getitem__(idx)입니다. 또한, 배치 번호에 기반해 훈련에 필요한 데이터를 반환합니다. 그러나 __getitem__을 분석하기 전에 우리는 다음과 같은 보조 함수를 확인할 필요가 있습니다.

```
def _get_net_size(self, idx):
    if idx%10 == 0:
        net_size = self.downsample*np.random.randint(self.min_net_size/self.downsample, \
                                        self.max_net_size/self.downsample+1)
        print("resizing: ", net_size, net_size)
        self.net_h, self.net_w = net_size, net_size
    return self.net_h, self.net_w

def _aug_image(self, instance, net_h, net_w):
    image_name = instance['filename']
```

```python
        image = cv2.imread(image_name) # RGB image

        if image is None: print('Cannot find ', image_name)
        image = image[:,:,::-1] # RGB image

        image_h, image_w, _ = image.shape

        # 스케일링(scaling)과 크로핑(cropping) 정도를 결정
        dw = self.jitter * image_w;
        dh = self.jitter * image_h;

        new_ar = (image_w + np.random.uniform(-dw, dw)) / (image_h + np.random.uniform(-dh,
dh)));
        scale = np.random.uniform(0.25, 2);

        if (new_ar < 1):
            new_h = int(scale * net_h);
            new_w = int(net_h * new_ar);
        else:
            new_w = int(scale * net_w);
            new_h = int(net_w / new_ar);

        dx = int(np.random.uniform(0, net_w - new_w));
        dy = int(np.random.uniform(0, net_h - new_h));

        # 스케일링과 크로핑 적용
        im_sized = apply_random_scale_and_crop(image, new_w, new_h, net_w, net_h, dx, dy)

        # randomly distort hsv space
        im_sized = random_distort_image(im_sized)

        # 임의 순서대로 뒤집기
        flip = np.random.randint(2)
        im_sized = random_flip(im_sized, flip)

        # 바운딩 박스의 사이즈와 위치 수정
        all_objs = correct_bounding_boxes(instance['object'], new_w, new_h, net_w, net_h, dx,
dy, flip, image_w, image_h)

        return im_sized, all_objs

    def on_epoch_end(self):
        if self.shuffle: np.random.shuffle(self.instances)

    def num_classes(self):
        return len(self.labels)

    def size(self):
        return len(self.instances)

    def get_anchors(self):
        anchors = []
```

```
        for anchor in self.anchors:
            anchors += [anchor.xmax, anchor.ymax]

        return anchors

    def load_annotation(self, i):
        annots = []

        for obj in self.instances[i]['object']:
            annot = [obj['xmin'], obj['ymin'], obj['xmax'], obj['ymax'], self.labels.
index(obj['name'])]
            annots += [annot]

        if len(annots) == 0: annots = [[]]

        return np.array(annots)

    def load_image(self, i):
        return cv2.imread(self.instances[i]['filename'])
```

여기서 중요한 함수는 다음 두 가지가 있습니다.

- _get_net_size(idx): 10개 그룹마다 랜덤으로 현재 이미지의 높이와 너비를 설정합니다.

- _aug_image(instance, net_h, net_w): 모든 이미지에 대한 증강augmentation 처리를 진행합니다. 먼저, 입력된 jitter 파라미터를 통해 이미지를 늘리는 비율을 설정하고, 잘려 나간crop 영역에 필요한 dx와 dy를 계산합니다. 그리고 utils.image의 함수를 이용해 이미지를 변환하고, 비틀고, 뒤집는 등의 작업을 진행합니다. 여기서는 데이터 증강 관련 함수에 대해서는 자세하게 소개하고 있지 않은데, 그 이유는 코드의 난이도가 높지 않고, 이미지의 변형, 늘리기, 축소하기 등 구현 방법에 여러 가지가 존재하므로 굳이 예제에 나온 대로 하지 않아도 되기 때문입니다. 여러분께서는 자신의 경험을 토대로 이미지 데이터 증강에 대한 다양한 시도를 해보시기 바랍니다. 예를 들면 노이즈를 추가하거나 투명도를 조정하는 등의 방법을 사용해 변환된 이미지를 얻을 수 있습니다.

한 가지 언급할 만한 부분은 correct_bounding_boxes() 함수가 이미지 변환 후 어떻게 원래 이미지에 포함된 이미지 영역을 변환 후의 이미지상으로 투영할 수 있는가에 대한 부분입니다. Utils/image.py에서는 다음과 같이 구현하고 있습니다.

```
1    def correct_bounding_boxes(boxes, new_w, new_h, net_w, net_h, dx, dy, flip, image_w,
2    image_h):
3        boxes = copy.deepcopy(boxes)
4
```

```
5      # 박스 순서 임의화
6      np.random.shuffle(boxes)
7
8      # 사이즈와 위치 수정
9      sx, sy = float(new_w)/image_w, float(new_h)/image_h
10     zero_boxes = []
11
12     for i in range(len(boxes)):
13         boxes[i]['xmin'] = int(_constrain(0, net_w, boxes[i]['xmin']*sx + dx))
14         boxes[i]['xmax'] = int(_constrain(0, net_w, boxes[i]['xmax']*sx + dx))
15         boxes[i]['ymin'] = int(_constrain(0, net_h, boxes[i]['ymin']*sy + dy))
16         boxes[i]['ymax'] = int(_constrain(0, net_h, boxes[i]['ymax']*sy + dy))
17
18         if boxes[i]['xmax'] <= boxes[i]['xmin'] or boxes[i]['ymax']
19         <= boxes[i]['ymin']:
20             zero_boxes += [i]
21             continue
22
23         if flip == 1:
24             swap = boxes[i]['xmin'];
25             boxes[i]['xmin'] = net_w - boxes[i]['xmax']
26             boxes[i]['xmax'] = net_w - swap
27
28     boxes = [boxes[i] for i in range(len(boxes)) if i not in zero_boxes]
29
30     return boxes
```

먼저 입력은 새로운 이미지 높이와 너비(new_w, new_h), 현재 입력 이미지의 높이와 너비(net_w, net_h), 잘린crop 영역과 가장자리의 거리(dx, dy), 뒤집기flip 여부, 원본 이미지의 높이와 너비(image_w, image_h)를 포함합니다. 그다음 9번 행에서 원본 이미지에 대한 상대적인 스케일 비율 sx, sy를 계산합니다.

다음으로 12~26번 행에서 각 원본 이미지에 대응하는 이미지 영역에 대해 스케일링과 잘라내기 거리 계산을 통해 이미지 영역의 왼쪽 상단 좌표와 오른쪽 아래 좌표를 계산합니다. 만약 뒤집힌 이미지라면 23~26번 행을 조정해 주어야 합니다. 마지막으로 정확한 이미지 영역 데이터셋을 반환합니다.

on_epoch_end(), num_classes(), size() 등은 케라스에서 data generator를 자체 정의할 때 필요한 함수입니다. get_anchors(), load_annotations(), load_image() 등 메서드는 훈련 시에는 사용하지 않으나 훈련이 끝나 평가와 예측을 진행할 때 사용되며, utils/evaluate.py를 참고합니다.

이렇게 YOLO v3의 3대 요소인 훈련, 모델 구현, 그리고 데이터 생성까지 살펴보았습니다. 이제 구체적인 실행 코드에 대해 살펴보도록 합시다.

8. 예측과 테스트

먼저, 이전 내용에 따라 대응하는 anchors 파일을 생성합니다.

```
python gen_anchors.py -c config.json
```

실행 후 anchors.json 파일이 하나 더 생성되었음을 알 수 있습니다.

```
[112, 134, 160, 231, 186, 338, 235, 380, 280, 294, 305, 385, 338, 226, 359, 310, 378, 392]
```

이어서 훈련 코드를 실행합니다.

```
python train.py -c config.json
```

우리는 다음과 같은 출력 결과를 확인할 수 있습니다. 그리고 손실이 계속해서 줄어드는 것을 확인할 수 있습니다(CPU 환경에서는 훈련 속도가 매우 느립니다).

```
Epoch 00001: loss improved from inf to 325.90974, saving model to raccoon.h5
- 15101s - loss: 325.9097 - yolo_layer_loss: 43.1135 - yolo_layer_1_loss:
87.0226 - yolo_layer_2_loss: 195.7736
...
Epoch 00002: loss improved from 325.90974 to 265.72863, saving model to raccoon.h5
- 14250s - loss: 237.6354 - yolo_layer_loss: 24.7856 - yolo_layer_1_loss:
67.7918 - yolo_layer_2_loss: 142.6411
..
```

속도의 향상을 위해 config.json 파일에서 nb_epochs를 10으로 바꾸었기 때문에 10회 훈련만을 진행합니다. 훈련이 끝난 후 config.json에 기반해 raccoon.h5가 생성됩니다.

그렇다면 훈련이 끝난 모델을 어떻게 predict.py에서 사용할 수 있을까요? 이전에 언급했던 것처럼 인스턴스 코드에 훈련에 사용되는 모델 하나와 예측에 사용되는 모델 하나가 포함된 것을 알 수 있습니다. 양자의 출력은 다른데 전자의 출력은 훈련 손실값이고, 후자의 출력은 합성곱 출력의 4+1+nb_classes 구조의 예측값입니다. predict.py에서 사용하는 것은 후자입니다. 여기서 핵심 함수는 utils.py의 get_yolo_boxes와 decode_netout입니다.

```
1    def get_yolo_boxes(model, images, net_h, net_w, anchors, obj_thresh, nms_thresh):
2        image_h, image_w, _ = images[0].shape
3        nb_images           = len(images)
4        batch_input         = np.zeros((nb_images, net_h, net_w, 3))
5
6        for i in range(nb_images):
```

```
7            batch_input[i] = preprocess_input(images[i], net_h, net_w)
8
9        batch_output = model.predict_on_batch(batch_input)
10       batch_boxes  = [None]*nb_images
11
12       for i in range(nb_images):
13           yolos = [batch_output[0][i], batch_output[1][i], batch_output[2][i]]
14           boxes = []
15
16           for j in range(len(yolos)):
17               yolo_anchors = anchors[(2-j)*6:(3-j)*6]
18               boxes += decode_netout(yolos[j], yolo_anchors, obj_thresh, net_h, net_w)
19
20           correct_yolo_boxes(boxes, image_h, image_w, net_h, net_w)
21           do_nms(boxes, nms_thresh)
22
23           batch_boxes[i] = boxes
24
25       return batch_boxes
```

먼저 get_yolo_boxes를 살펴보면, 입력에 배치 이미지, 입력 이미지의 높이와 너비, 앵커anchors, 객체 검출 임곗값, nms(no-max suppression)의 임곗값이 포함되어 있습니다.

코드는 간단합니다. 6~7번 행에서 utils.py의 preprocess_input 함수를 통해 이미지를 모델이 처리하기에 적합한 텐서 형식으로 전환합니다. 9번 행에서는 model.predict_on_batch를 사용해 모델의 출력을 얻는데, 해당 출력은 아직 직접적으로 사용되지 않습니다. 12~24번 행에서는 각 이미지의 yolos를 모델 출력에서의 해당 이미지의 검출 결과로 설정합니다(3개의 서로 다른 크기의 결과). 그리고 각 크기의 출력(17번 행)에 대해 대응하는 앵커anchors를 얻습니다. 18번 행에서는 decode_netout을 사용해 해당 크기의 바운딩 박스를 얻습니다. 21번 행에서는 앞서 언급했던 NMSNon-Max Suppression을 사용해 IoU가 너무 작은 이미지 영역을 버리고, 나머지를 검출 결과에 추가합니다.

decode_netout 함수는 다음과 같습니다.

```
1    def decode_netout(netout, anchors, obj_thresh, net_h, net_w, max_boxes=5):
2        grid_h, grid_w = netout.shape[:2]
3        nb_box = 3
4        netout = netout.reshape((grid_h, grid_w, nb_box, -1))
5        nb_class = netout.shape[-1] - 5
6
7        boxes = []
8
9        netout[..., :2]  = _sigmoid(netout[..., :2])
10       netout[..., 4]   = _sigmoid(netout[..., 4])
11       netout[..., 5:]  = netout[..., 4][..., np.newaxis] *
12       _softmax(netout[..., 5:])
```

```
13          netout[..., 5:] *= netout[..., 5:] > obj_thresh
14
15      for i in range(grid_h*grid_w):
16          row = i // grid_w
17          col = i % grid_w
18
19          for b in range(nb_box):
20              # 네 번째 원소가 객체 점수
21              objectness = netout[row, col, b, 4]
22
23              if(objectness <= obj_thresh): continue
24
25              x, y, w, h = netout[row,col,b,:4]
26
27              x = (col + x) / grid_w  # 센터 위치, 단위: 이미지 너비
28              y = (row + y) / grid_h  # 센터 위치, 단위: 이미지 높이
29              w = anchors[2 * b + 0] * np.exp(w) / net_w  # 단위: 이미지 너비
30              h = anchors[2 * b + 1] * np.exp(h) / net_h  # 단위: 이미지 높이
31
32              classes = netout[row,col,b,5:]
33
34              box = BoundBox(x-w/2, y-h/2, x+w/2, y+h/2, objectness, classes)
35
36              boxes.append({'objectness': objectness, 'box':box})
37
38      return sorted_boxes
```

해당 코드에서 netout은 어떤 크기 하에 YOLO 예측 모델 출력입니다. 우리는 먼저 YOLO가 분할한 그리드 크기를 얻고, nb_box를 3으로 설정(단일 척도하에서 각 앵커 포인트는 모두 3개의 앵커 박스에 대응하기 때문에)합니다. 그리고 netout에 대한 변형을 진행하고, 변형된 후에 유사한 차원을 가진 텐서 (13, 13, 3, 85), (26, 26, 3, 85), (52, 52, 3, 85)를 얻게 됩니다.

그 외에, 13×13, 26×26, 52×52는 서로 다른 크기의 그리드이며, 각 크기는 모두 3개의 앵커 박스가 있습니다. 그리고 표준이 되는 YOLO v3는 80종의 객체 식별을 지원하지만, 여기서는 사실상 한 종류의 객체만 존재합니다. **5번 행**에서는 간단한 계산을 통해 클래스 숫자를 얻는데, 여기서는 사용하지 않습니다.

9~13번 행에서는 재미있는 변환을 진행합니다. 우리는 먼저 netout에서 가장 앞에 있는 두 개의 출력 netout[..., :2]에 대해 시그모이드 연산을 합니다. 즉 x, y를 (0, 1) 구간으로 변환하는 것입니다. 신뢰성에 대해서도 비슷한 작업을 진행합니다. 이는 〈YOLO9000: Better, Faster, Stronger〉(참고자료 [16])이라는 논문에 설명되어 있는데, 앞서 소개한 YOLO층 훈련에서 예측한 x, y, 그리고 신뢰성에 대해서도 비슷한 연산을 진행했습니다. 출력된 클래스 확률에 대해서는 소프트맥스 처리를 해줍니다. **13번 행**에서는 임곗값을 설정해 클래스 확률이 낮은 부분을 버리게 됩니다.

에서는 각 셀에 대한 처리를 진행합니다. 에서는 각 이미지 영역에 대한 처리를 진행합니다.

우리는 다시 YOLO 각 이미지 영역의 출력을 살펴보겠습니다

```
[x, y, w, h, confidence, class_probabilities]
```

따라서 [21번 행]의 objectiveness는 사실상 confidence이며, 해당 이미지 영역이 객체를 포함할 가능성을 나타냅니다. 만약 이 수치가 너무 작다면, 무시하게 됩니다. [27~32번 행]의 코드는 모두 이미지 영역의 출력에서 관련 속성을 얻습니다. 여기서 높이와 너비에 대한 계산 부분은 〈YOLO9000: Better, Faster, Stronger〉(참고자료 [16])를 참고해 주세요.

이미지 영역 속성을 얻은 후 반환값에 더합니다. 그리고 마지막으로 다음을 실행합니다.

```
python predict.py -c config.json
```

우리는 output 목록이 생성되었음을 확인할 수 있습니다. 안에는 config.json에서 정의한 valid_image_folder의 모든 이미지에 대해 대응하는 식별 결과가 들어 있습니다. 10번의 훈련밖에 하지 않았기 때문에 검출 효과는 좋지 않습니다. 그러나 그림 8-24에서 보는 것처럼 여전히 어떤 너구리에 대해서는 얼굴 부분에 대한 식별을 진행했고, 어느 정도 효과가 있었음을 확인했습니다.

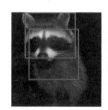

그림 8-24 **검출 효과**

8.4 요약

이번 장에서는 객체 식별의 근본적인 문제와 어려운 점을 시작으로, 객체 식별의 두 가지 방식인 R-CNN 계열과 YOLO 계열에 대해 살펴봤습니다. 전자는 투 스테이지two stage의 대표이며, 후자는 원 스테이지one stage의 대표입니다.

R-CNN 계열에서는 R-CNN을 시작으로 이를 개선한 버전인 Fast R-CNN을 살펴보고, RPN 개념을 도입한 Faster R-CNN까지 살펴봤습니다. 그리고 Faster R-CNN을 중심으로 케라스 코드를 활용해 모델 핵심 부분에 대한 이해를 돕고 구현을 진행했습니다.

YOLO 계열에서는 YOLO v1에서 YOLO v3까지의 변화 과정을 살펴봤습니다. YOLO v1을 설명하면서 케라스를 통한 코드 해설과 핵심 모델 구현을 진행했으며, 마지막에는 케라스를 기반으로 완전한 YOLO v3 모델을 구현했습니다. 이를 토대로 YOLO 계열의 훈련 과정, 모델 구현, 데이터 생성, 예측 과정, YOLO 출력 처리 등 핵심적인 부분을 자세히 살펴봤습니다.

이 장을 읽고 난 후에 여러분들은 객체 식별에 대한 구체적인 구현과 응용에 대해 충분히 이해했을 것이라 믿습니다. 이제 실전에서도 모델을 설계하고 튜닝하고 수정하며, 원하는 성과를 낼 수 있을 것입니다.

8.5 참고자료

[1] *Rich feature hierarchies for accurate object detection and semantic segmentation*, R. Girshick, et. al, CVPR 2014

[2] *Selective Search for Object Recognition*, IJCV 2013

[3] *Efficient Graph-Based Image Segmentation*, IJCV 2004

[4] *Fast R-CNN*, Ross Girshick, Proc. IEEE Conf. on Computer Vision, 2015

[5] *Faster R-CNN*: Towards real-time object detection with region proposal networks., Shaoqing Ren, Kaiming He, R. Girshick, NIPS, 2015

[6] *Mask R-CNN*, Kaiming He, G. Gkioxari, P. Dollar, R. Girshick, 2017

[7] *CS231n: Convolutional Neural Networks for Visual Recognition*, http://cs231n. stanford.edu/slides/2017/cs231n_2017_lecture11.pdf, Feifei Li

[8] https://github.com/RockyXu66/Faster_RCNN_for_Open_Images_Dataset_Keras

[9] https://github.com/RockyXu66/Faster_RCNN_for_Open_Images_Dataset_Keras/blob/master/frcnn_train_vgg.ipynb

[10] https://keras.io/layers/writing-your-own-keras-layers/

[11] https://stackoverflow.com/questions/36013063/what-is-the-purpose-of-meshgrid-inpython-numpy

[12] http://www.pyimagesearch.com/2015/02/16/faster-non-maximum-suppression-python

[13] *You Only Look Once: Unified, Real-Time Object Detection*, J. Redmon, S. Divvala, R. Girshick, A. Farhadi, 2016

[14] https://github.com/subodh-malgonde/vehicle-detection

[15] *SSD: Single Shot MultiBox Detector*, ECCV 2016

[16] *YOLO9000: Better, Faster, Stronger*, CVPR 2016

[17] *YOLO v3: An Incremental Improvement*, CVPR 2018

[18] https://www.youtube.com/watch?v=xVwsr9p3irA

[19] https://github.com/likezhang-public/qconbj2019/blob/master/yolov3/

[20] http://cocodataset.org/

[21] https://pjreddie.com/darknet/yolo/

[22] https://github.com/experiencor/keras-yolo3

[23] https://www.tensorflow.org/api_docs/python/tf

CHAPTER

9

모델 배포 및 서비스

이전 장에서 우리는 기본적인 머신러닝 모델부터 시작해 비교적 복잡한 RNN, CNN 및 객체 식별 관련 모델까지 살펴봤습니다. 단순히 살펴본 것에 그치지 않고, 코드를 분석하며 어떻게 이런 모델들이 실전에 활용될 수 있는지에 대해서도 공부했습니다.

그러나 위에서 살펴본 케라스에 기반한 코드는 아직 '상품 코드(혹은 프로덕트 레벨의 코드)'라고 부를 수 없습니다. 단순히 개인 연구에 활용하기에는 부족함이 없지만요. 아직 서비스 단계에 가기까지는 아주 중요한 부분이 남았습니다. 바로 모델 배포 부분에 대한 것입니다. 이제부터 우리는 텐서플로 서빙TensorFlow serving에 기반해 머신러닝 모델을 실제 생산 환경에 배포하고 서비스하는 과정을 살펴볼 것입니다.

> 이번 장은 도커(Docker) 환경에 대한 기본적인 이해를 요구합니다

9.1 생산 환경에서의 모델 서비스

머신러닝 연구원은 보통 모델 자체의 정확도accuracy, 재현율recall 등 지표에 초점을 맞춥니다. 그러나 생산 환경production environment에서는 이런 지표만으로는 부족합니다. 머신러닝 엔지니어는 모델의 정확도, 재현율 등의 지표는 이미 사용할 수 있는 표준을 달성했다고 가정하기 때문에 이들은 전통적인 백엔드 개발자가 초점을 맞추는 병렬 처리 가능 여부나 반응 속도 등에 초점을 맞춥니다. 표 9-1

은 머신러닝 연구원(혹은 데이터 과학자)과 머신러닝 개발자(데이터 엔지니어)의 서로 다른 관심사를 보여줍니다.

표 9-1 데이터 과학자와 데이터 엔지니어의 차이

기술 초점	데이터 과학자	데이터 엔지니어
파라미터 설정	중요	중요하지 않음
모델 구조	중요	중요하지 않음
데이터셋	표준 데이터셋	내부 데이터 사용
데이터 레이블	표준 데이터, 안정성 중시	자체 설계, 오차가 비교적 큼
배포 과정	중요하지 않음	중요함
모델 크기	중요하지 않음	중요함
버전 컨트롤	중요하지 않음	중요함
병렬 처리 성능	중요하지 않음	중요함
로딩 속도	중요하지 않음	중요함

사실 역할이 다르기 때문에 서로 중점적으로 신경 쓰는 부분이 다릅니다. 따라서 실제 엔지니어링 프로세스에서 많은 문제를 야기합니다.

- 모델이 과도하게 커져 생산 환경에서 서로 다른 문제에 대한 다수의 모델을 만들기 힘듦
- 모델 반응 속도가 매우 느림
- 버전 관리의 어려움이 존재. A/B 테스트를 진행하기 힘듦
- 인터페이스 파라미터를 설정하기 힘듦. 실제 응용 중에서 데이터 전환이 복잡함

간단한 케라스 예제를 통해 왜 이런 문제가 생기는지에 대해 살펴봅시다. 7장의 이미지 분류 문제에서 우리는 다음 코드로 간단한 CNN 모델을 만들어 분류 예측을 진행했습니다.

```
1  model = create_model(NUM_CLASSES, IMG_SIZE)
2  weight_file = 'gtsrb_cnn_augmentation.h5'
3  model.load_weights(weight_file)
4  y_pred = model.predict([[x]])
```

이 코드에서 우리는 CNN 모델을 만들어 네트워크 가중치를 읽어왔습니다. 그리고 입력 데이터 x에 대한 분류 예측을 진행했습니다. 물론 실제 응용에서 model을 전역 변수로 설정하고 입력된 데이터에 대한 처리를 진행하면 매번 모델을 만들어야 하는 문제를 피할 수 있습니다. 그럼 다음과 같은 플라스크flask에 기반한 웹 서비스 예제 코드가 있다고 생각해 봅시다.

```
model = create_model(NUM_CLASSES, IMG_SIZE)
weight_file = 'gtsrb_cnn_augmentation.h5'
model.load_weights(weight_file)

@proxy.route('/cnn', methods=["POST"])
def cnn_action():
    payload = request.get_json()
    # post 파라미터 처리
    # post 파라미터에서의 이미지 정보를 모델 입력 형식에 맞춰 image_data로 저장
    y_pred = np.argmax(model.predict([[image_data]]))

    return jsonify({'result': y_predict})
```

이 코드에서 모든 웹 요청Web request은 전역 변수의 model을 호출해 분류 예측을 완료할 수 있습니다. 이는 하나의 무상태stateless 요청이기 때문에 간단하게 Nginx 혹은 Haproxy를 사용해 로드 밸런싱load balancing할 수 있습니다. 즉, 수평 스케일링horizontal scaling이 구현 가능합니다. 하지만 실제로 이렇게 간단할까요? 사실 그렇지 않습니다.

먼저, 해당 코드에서 전역 변수인 model을 호출하는 것은 사실상 대응하는 텐서플로 그래프TensorFlow graph와 세션session을 공유해야 한다는 것을 의미하는데, 만약 동시 요청concurrent request이 많은 경우에는 모델 오류를 일으키게 됩니다[이 점은 스택오버플로stackoverflow(참고자료 [1])를 참고합니다]. 설사 다른 해결 방식이 존재하더라도, 실제 응용 환경에서 이러한 문제를 해결하는 데 많은 시간을 쏟는 것은 옳지 않습니다.

그리고 파이썬에 기반한 케라스 구현은 처리 속도에 대한 요구가 높은 서비스 환경에는 부족한 면이 있습니다. 해당 모델의 처리 속도는 비교적 느린 편인데, 첫 번째 이유는 파이썬 자체가 인터프리터 언어interpreted language로서 실행 속도가 느린 편이기 때문이고, 두 번째 이유는 파이썬에 진정한 멀티스레드multithreading 지원이 부족하기 때문입니다.

따라서 많은 회사의 머신러닝 서비스에는 전문적인 머신러닝 모델 서비스가 필요합니다. 즉, 머신러닝 모델의 특징과 사용 방법에 맞춰 전문적인 온라인 서비스 구조를 만들어 데이터 과학자가 설계한 모델을 효율적인 전용 모델 파일로 변환해 자체 정의의 프레임워크를 통해 대외적 서비스를 진행하는 것입니다. 우리는 이러한 과정을 모델 서빙model serving이라고 부릅니다. 그림 9-1은 비교적 초기의 모델 서빙 프레임워크를 보여주고 있습니다.

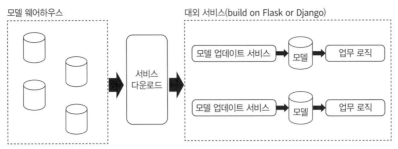
그림 9-1 비교적 초기의 모델 서빙 프레임워크

그림 9-1에서 볼 수 있듯이 Web 응용 서버는 모델 서버상에서 버전 검사를 할 때 새로운 버전이 있다면 새로운 버전으로 업데이트합니다. 모델 서버에서 관리 인터페이스 업로드를 통해 개발자로 하여금 업데이트된 머신러닝 모델을 업로드하고 저장할 수 있도록 합니다. 여기서 모델 문서와 웹 응용상의 호출은, 케라스의 h5 모델 문서를 직접 사용해 웹 응용 프레임워크에 케라스 환경을 추가해도 됩니다. 그러나 이전에 언급했듯이 생산 환경에서 케라스를 사용할 때 생기는 문제들로 인해 초기 머신러닝 서비스는 C++ 혹은 자바Java를 사용해 다시 배포에 필요한 모델을 다시 작성하고, 전문 프레임워크에서 실행했습니다.

여러 가지 이유로 인해 그림 9-1의 모델 서비스 프레임워크는 여전히 여러 회사 내에서 사용되고 있습니다. 2019년까지 인더스트리industry 업계에서는 실제 AI 모델 서비스에 광범위하게 사용되는 개발 프레임워크는 텐서플로가 유일했습니다. 엄격하게 말해, TFXTensorFlow Extension 패키지의 텐서플로 서빙이 AI 모델 서비스를 가능하게 했습니다. 여기서는 텐서플로 서빙에 대한 구조나 설계에 대해 자세히 설명하지 않고, 바로 실제 사용 방법에 대해 설명하겠습니다.

9.2 텐서플로 서빙의 응용

텐서플로 서빙TensorFlow serving은 구글Google이 내놓은 머신러닝 모델 온라인 배포 및 서비스를 위한 고성능 실행 프레임워크입니다. 텐서플로 서빙은 실제 생산 환경의 머신러닝 모델 운영을 위한 첫 번째 프레임워크이며, 텐서플로와 유기적인 연동이 가능합니다(케라스 모델의 경우는 약간의 수정을 거쳐야 하는데, 이에 대해서도 설명하겠습니다).

텐서플로 서빙은 C++로 개발되었으며, 성능이 우수할 뿐만 아니라 생산 환경에 필요한 버전 관리, 멀티 인터페이스(HTTP/gRPC) 지원, 패키지 리퀘스트 및 확장성 지원을 합니다. 텐서플로 서빙은 깃 헙GitHub에 공개된 오픈 소스입니다(참고자료 [3]). 이미 많은 회사들이 원본 코드에 기반해 자사의 필요에 맞춰 수정하며 사용하고 있습니다. 이번 장에서는 텐서플로 서빙의 원본 코드에 기반해 케라스 모델에 대한 지원 부분을 살펴보겠습니다.

9.2.1 케라스 모델 변환

우리는 텐서플로의 특정한 API를 통해 케라스 모델을 변환해야 합니다. 서로 다른 케라스 모델에 따라 두 가지 사용 가능한 API가 존재합니다. 첫 번째는 tf.contrib.saved_model.save_keras_mode(참고자료 [4])이고, 두 번째는 tf.saved_model.builder.SavedModelBuilder.save(참고자료 [5])입니다.

여기서 save_keras_model을 사용하는 것이 비교적 직관적이나, 호환성 문제 때문에 실험이 용이하지 않아 여기서는 두 번째 API를 사용해 구현해 보겠습니다. 물론, 이는 케라스 모델에서 텐서플로 PB의 형식으로 전환하기 위해 설명해야 하는 작업들을 더 직관적으로 보여줄 수 있습니다. 그러나 텐서플로 2.0 버전 이후 첫 번째 방식을 주로 많이 사용한다는 점은 기억해 두세요.

케라스 모델을 텐서플로 서빙이 지원하는 형식으로 변환하기 위해서는 다음과 같이 몇 단계의 과정을 거쳐야 합니다.

1 케라스 모델을 읽어 옵니다.

2 케라스 모델의 입력과 출력을 얻습니다(케라스 모델에서 이미 자체 정의함).

3 케라스 모델의 입력/출력 시그니처$_{signature}$(즉, 입력 데이터와 출력 결과의 형식과 정의)와 메서드 이름$_{method\ name}$을 정의합니다.

4 ModelBuilder를 만들고 저장합니다.

이 단계에서 1~2단계는 이미 생성된 케라스 모델에서 대응하는 입력과 출력을 불러오고 정의하는 일입니다. 우리는 6장에서 이미 케라스 모델 각 층의 입력과 출력이 JSON 파일(model.to_json)로 저장되는 과정을 살펴봤습니다. 따라서 케라스 model.save() 메서드에 저장된 모델 파일 안에 해당 모델의 가중치와 층의 입력과 출력의 정의가 포함되어 있음을 알고 있습니다. 그러면 세네 번째 단계에서 필요한 것은 이미 얻은 모델에 대한 정의를 텐서플로 서빙의 요구에 맞춰 다시 정의해 주고 저장하는 것입니다. 구체적인 구현 과정은 다음 코드를 참고합니다(다음의 코드는 8장의 YOLO v3 모델을 기반으로 하고 있습니다. YOLO v3 관련 구현은 8장을 참고하세요).

```
1    import os
2    import argparse, json
3    from tensorflow.keras.models import load_model
4    import tensorflow as tf
5
6    def save_with_signature(input_path, output_path):
7        model = load_model(input_path)
8
9        model_input = tf.saved_model.utils.build_tensor_info(model.inputs[0])
10       model_output1 = tf.saved_model.utils.build_tensor_info(model.outputs[0])
11       model_output2 = tf.saved_model.utils.build_tensor_info(model.outputs[1])
```

```
12        model_output3 = tf.saved_model.utils.build_tensor_info(model.outputs[2])
13
14        prediction_signature = (
15            tf.saved_model.signature_def_utils.build_signature_def(
16                inputs={'inputs': model_input},
17                outputs={'output1': model_output1, 'output2':model_output2,
18                         'output3':model_output3},
19                method_name=tf.saved_model.signature_constants.PREDICT_METHOD_NAME))
20
21        builder = tf.saved_model.builder.SavedModelBuilder(output_path)
22
23        with tf.keras.backend.get_session() as sess:
24            builder.add_meta_graph_and_variables(
25                sess=sess, tags=[tf.saved_model.tag_constants.SERVING],
26                signature_def_map={
27                    'predict':
28                        prediction_signature,
29                })
30
31        builder.save()
```

이제 이 코드를 살펴봅시다.

[1~5번 행] 라이브러리를 불러옵니다.

[7~12번 행] 모델을 읽어옵니다. 그리고 대응하는 텐서tensor 정의를 생성합니다. 여기서는 YOLO v3 모델이 1개의 입력과 2개의 출력을 포함하고 있음을 이미 알고 있습니다. 따라서 하드코딩으로 대응하는 변수를 설정해 줍니다. 실제 서비스 프로젝트에서 통용되는 모델 전환 서비스를 만들고 싶다면 model.inputs와 outputs에 대해 분석하고 새로운 처리 과정을 더해야 합니다.

[14~18번 행] 모델 예측의 시그니처를 정의합니다. 여기서는 주로 tf.saved_model.signature_def_utils.build_signature_def 함수를 사용하고, 앞서 얻은 입력과 출력 텐서 정보를 파라미터로 설정합니다. 여기서 반드시 method_name을 정의해야 하고, 미리 정의된 PREDICT_METHOD_NAME 값을 사용해 해당 모델이 예측predict 작업을 지원할 것을 보장합니다.

[22~32번 행] 먼저 [22번 행]에서 SavedModelBuilder 대상을 생성합니다. 그리고 현재 텐서플로 세션에서 앞서 만든 prediction_signature와 미리 정의된 파라미터를 사용해 텐서플로 모델의 그래프와 관련 변수를 만들고 저장해 줍니다.

모델의 파일 경로와 출력 경로를 파라미터로 설정하고 앞서 나온 코드를 호출하면 변환된 파일을 얻을 수 있습니다.

```
|__variables/*
|__saved_model.pb
```

해당 파일을 하나의 전용 리스트에 넣어 줍니다.

```
--models
    |_yolo3
    |_1
|_variables
|_saved_model.pb
```

이렇게 모델을 models/yolo3/1 아래에 넣어주었습니다. variables 리스트에는 텐서플로 네트워크 그래프의 각 변수를 서열화한 결과가 들어 있습니다. saved_model.pb는 tensorflow.SavedModel의 서열화 결과이며, 모델의 완전한 정의 및 관련 시그니처 등의 정보가 포함되어 있습니다. 주의해야 점은 models/yolo3/1에서 '1'은 버전 번호를 나타내며, 별다른 제약을 가하지 않았을 경우 텐서플로 서빙은 최신 버전 번호를 사용한다는 점입니다. 이제 모델 변환이 끝난 후 텐서플로 서빙을 어떻게 배치하는지에 대해 살펴봅시다.

9.2.2 텐서플로 서빙 배치

먼저 텐서플로 서빙의 도커_{Docker} 환경을 다운받아야 합니다. 이전에 설명한 것처럼, 우리는 텐서플로 서빙의 코드를 수정하거나 컴파일하지 않고 곧바로 도커 환경을 사용하면 됩니다.

```
docker pull tensorflow/serving
```

앞 명령어를 통해 텐서플로 서빙 환경을 가져옵니다. 앞 명령어를 실행하기 전에 도커를 설치해야 합니다(참고자료 [6]). 해당 가상 환경을 실행하기 전에 모델 파일 경로를 지정해 주어야 합니다. 텐서플로 서빙을 실행할 때 더해 줄 모델 경로를 지정할 수 있는데, 다음과 같이 하나의 config 파일로 만들어 지정해 주어도 됩니다.

```
model_config_list {
config {
    name: 'yolo3',
    base_path: '/models/yolo3/',
    model_platform: "tensorflow"
}}
```

이 config 파일은 로딩할 모델명, 경로, 그리고 모델 유형_{model platform}을 담고 있습니다. 이제 도커를 실행시킵니다.

```
docker run
-p 8500:8500
-p 8501:8501
--mount type=bind,source="$(pwd)"/serving/yolo3,target=/models/yolo3
--mount
type=bind,source="$(pwd)"/tfs_model.config,target=/models/models.config
-t tensorflow/serving
--model_config_file=/models/models.config
```

먼저 8500, 8501 두 개의 포트를 열어 텐서플로 서빙 API(8501은 Web 인터페이스, 8500은 GRPC 인터페이스)를 사용할 수 있도록 합니다. 그리고 마운트mount 파라미터를 사용해 마운트할 모델 경로와 모델 config 파일 경로를 지정합니다. 마지막으로 도커 컨테이너의 추가 파라미터를 설정해 로딩할 model_config_file을 지정합니다.

9.2.3 API 테스트

이제 어떻게 텐서플로 서빙 API를 호출하는지 살펴보고, 실행 과정이 로컬local 케라스 모델과 일치하는지 검증해 봅시다. 먼저 모델이 성공적으로 배치되었는지 확인하기 위해 다음 명령어를 실행합니다.

```
curl -X GET http://localhost:8501/v1/models/yolo3/metadata
```

다음과 같은 모델 정보를 얻을 수 있습니다.

```
{
    "model_spec": {
    "name":"yolo3",
    "signature_name": "",
    "version": "1"
    }
}
```

API 정보도 얻을 수 있습니다.

```
"metadata":{"signature_def":{
"signature_def": {
    "predict":{
    "inputs":{
    //...
    },
    "outputs":{
    "output1":{
    "dtype": "DT_FLOAT",
```

```
      "tensor_shape": {
      //...
      }
      "name":"conv_81_BiasAdd:0"
      },
      "output2": {
      //...
      }
      "output3":{
      //...
      }
      },
      "method_name":"tensorflow/serving/predict"
      }
   }
}
```

중복된 정보를 피하기 위해 앞 코드에서는 모든 API 정의에 대한 내용을 표시하지 않았습니다. 텐서플로의 메타데이터 API 호출을 통해 모델의 상세한 정의에 대해 확인할 수 있습니다. 우리는 9.2.1절에서 모델의 시그니처, 즉 입력과 출력의 데이터 형식을 어떻게 정의하는지에 대해 언급했습니다. 여기서는 반환된 결과에서 signature_def 속성의 inputs과 outputs 파라미터를 통해 9.2.1절에서 변환한 코드에서 정의한 내용과 일치하는지 여부를 확인할 수 있습니다.

이제 구체적으로 텐서플로 서빙의 모델 출력을 검증하는 방법에 대해 살펴보겠습니다. 8장에서는 predict.py 함수를 작성해 로컬 케라스 모델을 예측하는 방법에 대해 분석했습니다. 여기서는 약간의 수정을 통해 predict_tfs.py로 저장하고, 로컬 케라스 모델 호출을 텐서플로 서빙의 HTTP API 호출로 바꿔보겠습니다.

```python
import os, sys
import requests, json
import cv2
from utils.utils import get_yolo_box_tfs, makedirs
from utils.bbox import draw_boxes
import numpy as np

anchors=[]
with open('anchors.json') as anchors_str:
    anchors = json.load(anchors_str)

net_h, net_w = 416, 416
obj_thresh, nms_thresh = 0.4, 0.45

TFS_URL="http://localhost:8501/v1/models/yolo3:predict"
img_path = sys.argv[1]
img_data = cv2.imread(img_path)
```

```
boxes = get_yolo_box_tfs(TFS_URL, img_data, net_h, net_w, anchors, obj_thresh, nms_thresh)

draw_boxes(img_data, boxes, ["raccoon"], 0)
cv2.imwrite('./output/' + img_path.split('/')[-1], np.uint8(img_data))
```

이 코드와 8장에서 설명한 predict.py의 주요 차이점은 새로운 함수인 get_yolo_box_tfs를 만들어 이미지 데이터와 텐서플로 서빙의 URL 주소를 가져오고 반환한다는 것입니다. 해당 함수의 구현은 다음과 같습니다.[*]

```
1   def get_yolo_box_tfs(tfs_url, image_data, net_h, net_w, anchors, obj_thresh,
2                        nms_thresh):
3       image_h, image_w, _ = image_data.shape
4
5       input_data = np.expand_dims(image_data, axis=0)
6       input_data = mobilenet.preprocess_input(input_data)
7
8       input_data = {
9           'signature_name': 'predict',
10          'instances':input_data.tolist()
11      }
12
13      response = requests.post(tfs_url, json=input_data)
14      response_data = json.loads(response.text)
15      output1 = response_data['predictions'][0]['output1']
16      output2 = response_data['predictions'][0]['output2']
17      output3 = response_data['predictions'][0]['output3']
18
19      outputs = [output1, output2, output3]
20      boxes = []
21
22      for i in range(len(outputs)):
23          yolo_output = np.array(outputs[i])
24          bboxes = decode_netout(yolo_output, anchors, obj_thresh, net_h, net_w)
25          boxes += bboxes
26
27      correct_yolo_boxes(boxes, image_h, image_w, net_h, net_w)
28      do_nms(boxes, nms_thresh)
29
30      return boxes
```

먼저 3~6번 행 에서 이미지의 높이와 너비를 얻고, tensorflow.keras.applications.mobilenet. preprocess_input 함수를 사용해 이미지에 대한 전처리를 진행합니다. 당연히 8장에서 배운 것처럼 스스로 개발한 전처리 방법을 사용해도 됩니다. 사실, 이 과정은 단순히 이미지 데이터에 대한 스케일링 과정이며, 여기서는 모바일넷mobilenet에서 미리 정의된 방식을 사용했을 뿐입니다.

---

* 옮긴이 util.py에서 get_yolo_box_tfs 함수를 정의했습니다.

8~11번 행 행에서는 입력 데이터를 정의합니다. 텐서플로 서빙의 입력에는 여러 가지 형식이 있음에 주의합시다. 가장 자주 사용되는 것은 signature_name과 instances라는 두 개의 속성을 정의하는 방법입니다.

그리고 우리는 **13번 행** 코드처럼 파이썬의 request 패키지의 post 메서드를 사용해 텐서플로 서빙의 API를 호출합니다. 여기서는 텐서플로 서빙의 URL 구조를 주의 깊게 살펴야 합니다. 현재 우리는 두 개의 URL 주소를 호출했습니다. 바로 http://localhost:8501/v1/models/yolo3/metadata와 http://localhost:8501/v1/models/yolo3:predict입니다.

여기서 v1은 텐서플로 버전인 1.x를 뜻합니다. models/yolo3는 우리가 config에서 지정한 모델의 이름인 'yolo3'입니다. 코드는 다음과 같습니다.

```
{
    name: 'yolo3',
    base_path: '/models/yolo3/',
    model_platform: "tensorflow"
}
```

그리고 /metadata 경로를 사용해 모델의 API 속성을 얻거나 혹은 :predict를 호출해 예측을 진행합니다.

14~17번 행은 반환된 값에 대한 처리입니다. 이전에 설정한 것과 같이 3개의 반환 결과인 output1/output2/output3를 얻었습니다. 이들은 각각 YOLO v3의 세 가지 서로 다른 스케일 척도의 식별 결과입니다. 다른 단계는 8장의 predict.py와 유사합니다.

마지막으로, 우리는 온라인 예측과 오프라인 예측 결과가 같은지 검증해 보아야 합니다. 먼저, predict.py를 사용해 로컬 모델을 통해 로컬에 저장된 테스트 이미지 한 장에 대한 예측을 진행해 봅니다.

```
python predict.py -c config.json -i ./data/test1.jpg
```

그러면 다음과 같은 결과를 확인할 수 있습니다.

```
Output tensor shape:(13, 13, 18)
0.5938352
0.5915714
0.59009105
Output tensor shape:(26, 26, 18)
0.5744155
0.5738328
```

```
0.5718676
Output tensor shape:(52, 52, 18)
0.5602994
0.5489948
0.54830253
```

그러면 이제 predict_tfs.py를 호출해 텐서플로 서빙을 사용한 예측을 진행해 봅시다.

```
python predict_tfs.py ./data/test1.jpg
```

그러면 다음과 같은 결과를 확인할 수 있습니다.

```
Output tensor shape:(13, 13, 18)
0.5938352358851674
0.591571334046146
0.5900911019659046
Output tensor shape:(26, 26, 18)
0.5744156261772013
0.5738327248846318
0.5718675993838211
Output tensor shape:(52, 52, 18)
0.5602993401426218
0.5489947751588031
0.5483026401920875
```

결과를 비교해 보면 거의 일치함을 알 수 있습니다. 모델이 오프라인 성능과 온라인 성능에서 같은
성능을 발휘하는지 비교한 것이라고도 할 수 있습니다.

9.3 요약

이번 장에서는 먼저 머신러닝 모델을 온라인 서비스에 적용할 때 생기는 어려움과 문제를 살펴봤습
니다. 그리고 텐서플로 서빙TensorFlow serving에 대해서도 간략히 살펴봤습니다. 이어서 8장에서 살펴
본 YOLO v3 모델을 배치deploy하는 예제를 통해 모델 변환, 텐서플로 서빙 설치 및 실행, API 검증
및 온/오프라인 결과 일치 여부 검증까지 모든 과정에 대해 학습했습니다. 하지만 반드시 주의해야
할 점은, 실제 프로젝트 개발 과정에서 모델의 변환과 배치는 수많은 데이터 과학자가 맞닥뜨리는
문제 중 하나에 불과하다는 점입니다. 지면의 제약으로 인해 모든 문제에 대해 모두 다룰 수는 없지
만, 이번 장을 통해 실제 머신러닝 엔지니어링 프로젝트가 돌아가는 전체적인 구조에 대해 이해하
여, 조금이나마 도움이 되었기를 바랍니다.

9.4 참고자료

[1] https://stackoverflow.com/questions/56137254/python-flask-app-with-kerastensorflow-backend-unable-to-load-model-at-run

[2] https://wiki.python.org/moin/GlobalInterpreterLock

[3] https://github.com/tensorflow/serving

[4] https://tensorflow.google.cn/api_docs/python/tf/keras/experimental/export_saved_model

[5] https://www.tensorflow.org/api_docs/python/tf/saved_model/Builder

[6] https://www.docker.com/